粤港澳近现代出版史论集

金炳亮 著

中国书籍出版社
China Book Press

图书在版编目（CIP）数据

粤港澳近现代出版史论集 / 金炳亮著. -- 北京：中国书籍出版社, 2024.1

ISBN 978-7-5068-9541-5

Ⅰ.①粤… Ⅱ.①金… Ⅲ.①出版事业—文化史—广东、香港、澳门—近现代 Ⅳ.①G239.295

中国国家版本馆CIP数据核字(2023)第156418号

粤港澳近现代出版史论集

金炳亮　著

责任编辑	庞　元　杨铠瑞
责任印制	孙马飞　马　芝
封面设计	东方美迪
出版发行	中国书籍出版社
地　　址	北京市丰台区三路居路97号（邮编：100073）
电　　话	（010）52257143（总编室）　　（010）52257140（发行部）
电子邮箱	eo@chinabp.com.cn
经　　销	全国新华书店
印　　刷	河北鑫玉鸿程印刷有限公司
开　　本	787毫米×1092毫米　1/16
字　　数	438千字
印　　张	22
版　　次	2024年1月第1版
印　　次	2024年1月第1次印刷
书　　号	ISBN 978-7-5068-9541-5
定　　价	128.00元

版权所有　翻印必究

序一
改革开放：粤港出版合作的若干回忆

陈俊年

读完金炳亮这部《粤港澳近现代出版史论集》，感触良多。粤港出版界的密切关系与频繁互动，不仅仅是百年多来的历史传统，更是近些年间的现实弘扬。毕竟这是一片特别的人文生态：山水相接，血脉相连，文化同源，语言相通。因此，潜心为粤港澳近现代出版史的挖掘、梳理、归纳、研究，既做追根溯源的历史摸底，又作探索规律的理论提升，金炳亮为此著书立说，艰辛地做出了首创性、开拓性的系列工作，成果显著，令人击节。

的确，尤其改革开放，凡四十余年间，粤港澳的出版合作互动，无论广度还是深度，都呈现前所未有的发展局面。作为广东的一名出版人，我也恰恰是躬逢盛世改革开放的参与者、见证者及受益者。既亲历过许多难忘的历史场景，也目睹了许多感人的现实细节。因此，很想藉此序言，尽我所见所知，说说此期间，粤港出版业尤其是编、印、发等主要方面，合作共赢的发展史实与有趣往事。

一、关于编辑出版

改革开放之初，内地出版香港作家作品，最早是广东人民出版社文艺编辑室（岑桑任室主任），于1980年出版了阮朗的《黑裙》及海辛的《寒夜的微笑》。1981年文艺室分立并扩大为花城出版社，就设立对外合作编辑室，专司港台文学的出版业务，这也是全国率先之举。那时候，黄文俞任省委宣传部副部长兼省出版局局长，他制定的出版方针就鲜明地提出："立足广东，面向全国，兼顾海外"，并很放胆放手地鼓励我们：要充分发挥广东毗邻港澳的地缘、人缘、文缘的特殊优势，改革从我们内部做起，开放就先向港澳开放。因此，以苏晨、岑桑、李士非、易征、范汉生、林振名、黄伟经、邝雪林等一群编辑名家，深受振奋，鳖足一股劲儿，纷纷出谋献策。在"乍暖还寒"的氛围中，既有解放思想的勇气，又有成功突围的智慧，接连出版一大批港台文学作品，如金庸、梁羽生的武侠小说，琼瑶、亦舒的言情小说，后来还有柏杨的杂文、席慕蓉的诗歌。我任责编的有彦火游记《醉人的旅程》和原甸诗集《香港风景线》。港台书的印数动辄数万、几十万乃至超百万册，社会反响热烈。

林振名先生原是我们花城社的同事，移居香港后，创办香江出版公司，热心助力于香港与内地的出版文化交流，热情接待许多旅港的出版界文学界人士，及时编辑出版一系列内地作家作品，如戴厚英的三部长篇小说《人啊人》《诗人之死》《空中的足音》，后来他还重版了内地畅销书《健康忠告》（洪昭光著，广东教育出版社初版）。"香江"虽然是小公司，但对粤港文化交流作出的贡献令人敬佩。

1986年盛夏，香港文友给王曼社长送来台湾作家柏杨的《丑陋的中国人》一书，王曼嘱我看看能否出版。我读了一天一夜，觉得全书着重批判国民劣根性，而且主要是批评人们的日常陋习，如"臭鞋阵""窝里斗"及"酱缸文化"，等等，并未涉及政治体制。若能抓紧出版，当有助于解放思想，进一步清扫"文革"余毒，估计反响会很激烈。王曼即嘱我全权主持该书的编辑出版。我们一边编辑发稿，一边向全国征订。新华书店征订数竟达280万册。为稳妥起见，我采取了以下措施：①删去原版有关"文革"一文；删改书中某些敏感字眼，如"民国某某年"；②补写一则"出版说明"，如实叙述编辑过程及出版意图；③注明"内部发行"，"仅供有关专家、学者及研究人员参考之用。"④总印数压缩为210万册，分两次印制，先印80万册，后印130万册。后来，我因经办此书出版，受到批评。但实事求是地说，此事有惊无险。因为即便时至今日，也未见有任何文件把此书定性为坏书。1988年秋，当得知柏杨携夫人张香华，第一次回西安探望女儿，我便带上此书稿酬，专程赴西安亲手送给柏杨。柏杨大喜。我们还当即谈妥，由花城社编辑出版一本张香华诗集《千般是情》。为此，我遵嘱撰写序文《温香弥漫的华章》。诗集于1990年出版。有关《丑陋的中国人》一书的出版经历，2009年6月我应中国出版科学研究所约稿，写成《花城版〈丑陋的中国人〉出版前后》一文，被收入《中国出版60年（名著卷）》（中国书籍出版社2010年版）。

说实话，有关港台书稿来源，最初通过民间渠道，大多为责编的港台亲朋好友推荐或代购。后来则得益于三联书店香港分店、香江出版公司、天地图书公司等牵线搭桥，或推荐版本，或联系作家。他们的热心热情，令人难忘！与此同时，我们也常受香港出版机构委托，代为物色作者，代为组稿或一审二审。据我所知，我们有些编辑，还受聘为港方的内地新书信息员，每月负责代购代邮最新上市的内地图书。凡此种种，可见拥护改革开放，参与改革开放，的确是我们发自内心的渴望与行动。应该说，合作出版的起始阶段，双方的版权意识还较淡薄，不大注重合同协议的签订。只讲究对方看得上、能出书就好，双方合作十分愉快。记得1980年代初期，花城出版社与三联书店香港分店商定，联合出版《郁达夫文集》和《沈从文文集》，皇皇两大套各十二卷（另附一册"资料研究"）的精美图书，均由花城出版社领导苏晨率领责编林振名、邝雪林、叶曙明，前后历时四年多，深入省市图书馆，查阅搜集了大量文史资料，工作繁杂琐碎，忙于复印，细做卡片，满屋子堆放着编书文档。结果两套文集如期在内地和海外上市，深得海内外文学界和学术界的好评。这过程，双方并未讲究谁投资多，谁出力大，而是秉着精诚合作，确保质量而共担责任。对于作者稿酬等著作权益，我们倒是很上心维护。毕竟是作者心血，劳动所得。尽管那时稿酬标准顶多是千字十元，但我们尽量计足算够。只是由于人隔两地，常常未能及时付上。积压多了，我们惶恐不安。后来我分管对外合作出版业务。1986年春节前夕，我策划在羊城晚报发半版广告，向读者作者贺岁道福的同时，向尚未领取稿酬的港台作家致以歉意，并如实列出一串书名及作者名单，诚邀他们速来联系。林贤治撰写的那句广告词蛮有诗意：花城赠你一枝春！

随着改革开放，赴港人士与日俱增，因此，我提议编辑出版一本香港导游读物，得到王曼社长的肯定，而且由他领着摄影编辑丹青和我，专程赴港组稿。这是我们第一次公务赴港，审批很严。临行前，还要接受外事纪律培训，学习香港交通法规等，并且严格细致到要学吃西餐、学穿西装（按出访规定，每人有七百元服装费补助）、学打领带等，搞得紧张兮兮。好在一到香港红磡火车站，就得到三联书店香港分店同行的热情接待。午宴由肖滋先生做东，下午还开了座谈会。肖滋也不见外，直说内地出版香港旅游读物，正合时宜，大有必要。并富有经验地告知，在港组稿，找人不易，费时费力，不如改为此行专找资料，搜集图文，带回广州自己动手自主编撰。为此，双方当即敲定：由三联书店香港分店派梅子、彦火等先生负责在港联络协调，丹青负责摄影，我则要汇总资料及编著全书。

那是1984年初夏，整整半个月，我们在三联书店香港分店诸位编辑或香江出版公司林振名先生的带领陪同下，几乎跑遍全港的旅游景点，找遍大小书店及图书馆,拜访了香港旅游协会、著名酒店和主要交通部门。甚至他们还帮我们联系租用直升机,飞临维多利亚港上空,俯瞰航拍了美丽的港湾街景……那期间,时遇烈日,时遇台风,他们不辞辛苦,陪我们远足郊野,翻山越岭,去选景摄影。1986年5月,我们最早在内地出版了香港旅游指南《带你游香港》。书名很亲切(易征命名),图文很生猛,甫一上市,就畅销全国。说实话,虽然封面署名我为编著,但全书委实凝聚着粤港出版同仁的心血智慧,更是粤港合作出版的共同成果和生动见证。在书末《爱我香港(后记)》中,我写道:"尤其香港旅游协会、三联书店香港分店和香江出版公司等热情地提供了大量图书报刊资料……这一切,使我鼓足勇气,连续奋战了半年的业余时间,终于编成此书。借此,我衷心地感激他们。"

二、关于印刷复制

1980年,广东省出版局成立对外合作办公室,加挂出版进出口公司的牌子。起初是想主营图书进出口业务,但由于当时政策限制,图书进不来也出不去,偶尔经营也是极少量的。于是,他们想方设法,摸清行情,另辟蹊径,试探性开展承接港澳印刷业务:不敢接印香港书刊,只限于承印挂历、年历、通书之类。因为内地印工价格远低于港澳,所以业务大增。但也发现,部分文字涉及"运程"如"吉日、忌日、凶日"等迷信、敏感色彩,便请示局里。黄文俞局长思想比较解放,原则也很明确,他拍板定调:来料加工,照单印刷,如数交货,严禁加印内销。至此,撕开了一道口子,广东印刷业与港澳合作便由此起步启程了。这也是当时经济领域,普遍实行"三来一补""大进大出""两头在外"的基本策略,在广东印刷业的具体实践,得到了国家有关部门的肯定认可,后来广东省出版进出口公司独立经营,并加挂中国出版外贸总公司广东分公司牌子。

1980至2000年,凡20年间,深圳、珠海、汕头特区及整个珠三角的招商引资,发展外贸,如火如荼。广东印刷业也迎来了最迅猛的发展机遇。由于地价低廉、用工方便、税收优惠,加之交通运输日趋便捷,港澳外资尤其香港印刷商家,纷纷北上置地,大兴土木,或整厂迁入,或创办新厂,形成了蔚然壮观的发展热潮。

久负盛名的香港中华商务印刷有限公司,作为香港印刷业挺进内地的先头部队和主力军,早在20世纪80年代初就勇于探索,并在1988年与深圳有关部门合办了"深圳公司",形成业务设计、制版、印刷、装订等综合能力的印刷公司,承印《紫禁城宫殿》《藏传佛教艺术》《国宝》《香港回归典礼》等大型精美画册。经过10余年的发展壮大，深圳公司成长为"广东公司"，建成国内最大型的商业轮转印刷基地及国内印刷业首个企业院校式的培训中心及配套设施，步入持续高速发展阶段。2013年，广东公司年销售总额已逾14.63亿港元。先后获评国家绿色印刷环境标志产品认证企业，国家高新技术企业，国家印刷示范企业，国家文化出口重点企业，2018年获第四届中国出版政府奖，2022年获首届广东出版政府奖。

1991年落户于鹤山市古劳镇的港资"雅图仕"印刷企业，居然在西江边设有专用码头（走水运，可直抵香港），还有厂办的现代化消防车队及医疗机构，其鼎盛时员工达二万多人（据称，饭堂每天宰猪都要近百头）！这个"巨无霸"的印刷企业，拥有成片成片的现代化厂房及员工宿舍，远远看上去，俨然像珠三角的一座美丽小镇。他们承印世界各国的出版物，品种繁多，图书就有平面的、立体的、镂空的、可玩的、可吃的……单是印刷精美的手提纸袋，就占了美国市场的"半壁江山"。2020年，虽受疫情影响，雅图仕员工也多达上万人，年总产值25.20亿元。

如同浪潮汹涌，难免无序。在发展初期，有些地方，求快心切，甚至不按《印刷业管理条例》办事，在未向省新闻出版局报批，领取印刷经营许可证之前，先发工商营业执照（规范的做法，应是通常说的"先证后照"），留下了管理隐患。2005年4月，我们在全省印刷业"排查整顿"，发现1200多家外资或合资企业中，仍有46家尚未持有印刷经营许可证。对此，我们逐一调研审核，发现他们：①虽未持证，却是一直遵规守法，从未有不良记录；②投资规模大，动辄数千万或数亿元；③员工总数近五万之众；④所印出版物都是照单造货，如数外销，从未加印内销；⑤皆为当地或海关的纳税大户；⑥设备一流，管理先进，印刷质量领先内地，如首创高仿真宣纸挂历，承印国内最复杂、最精美的大型画册，连续几届荣获中国最美图书奖等等。有鉴于此，为了实事求是地妥处历史遗留问题，我们还征求了当地政府及海关部门的意见，并专程上京如实地向新闻出版总署汇报请示，得到了柳斌杰署长的重视和指导。于是，我局在举办有关政府人员及印企负责人，参加学习《印刷业管理条例》培训班之后，召开全省印刷业大会，公开、郑重地向46家印企补发印刷经营许可证，确保全省印企持续健康发展。

与此同时，得益于公安、工商、物价与新闻出版部门的通力合作，坚持在全省光盘复制业开展扫黄打非，深挖地下光盘生产线，保持高压态势，强化知识产权保护，确保合法经营的全省近七百条光盘生产线名列全国第一，前些年的年产量稳定在13亿张（片、盒）以上。近年来由于互联网的发展普及，光盘生产多为转行了。

据统计，2020年广东省印刷企业16616家，全年总产值2552.76亿元，从业人员总数59.85万人。活跃在改革开放热土上的这支庞大的印刷大军，不仅是广东出版业的主力军，也是全省文化产业的主力军。事实证明，广东不仅是全国第一的印刷强省，也是全球最发达的印刷基地之一。

为促进交流，增进情谊，感谢香港印刷企业家们，2005年2月，我带队赴港，举办粤港印刷业迎春茶话会；接着，香港印刷商会会长杨金溪带队来穗，召开""春茗答谢会"。这已成为惯例，每年新春，双方互访，走亲戚似的，你来我往，欢叙友情，共商发展。

同年9月，为落实省委、省政府关于泛珠三角（9+2）发展协议部署，由我局牵头，联合闽、赣、湘、粤、琼、桂、云、贵、川共9省区及港、澳2个特别行政区的出版行政部门及出版集团和发行集团共同举办首届"泛珠三角出版论坛"。会期三天，先在穗开会，后赴港参观交流，并共同签署了《泛珠三角出版合作发展协议》等三个文件，由此标志着内地与港澳的出版合作更广更深。

发展总是带来机遇。但未料到，广东印刷业的迅猛发展，竟也催生了印刷会展业的崛起与兴旺。

2006年8月，基于对广东印刷业实力、分布及市场需求着想，我提议，以战略眼光和全球视野，力争创办一个全国性或世界性的印刷技术设备大型展览会。在具体参与策划中，我提出会址选在东莞，并要主动邀请东莞市政府为重要的主办方。2007年4月，由中国印刷工业协会、中国国际展览中心集团、广东省经贸委、省新闻出版局、东莞市政府、省印刷复制业协会共同主办的首届中国（广东）国际印刷技术展览会（简称"广印会"），在东莞成功举行。广印会展出面积8万平方米，参展商来自15个国家和地区共1047家，其中海外268家；海内外观众10万人次，有来自31个国家和地区的40多个参观团组，来自全国各省市区的团组50多个，其中来自本省印刷企业代表18000人。2010年7月，广印会被《广东省建设文化强省规划纲要》列入全省九大文化会展之一，并确定为东莞市文化名城建设重点项目。历经三届发展，2019年第四届广印展面积14万平方米，比首届增长75%。参展商1268家，比首届增长21.1%，其中海外展商增长18.4%；专业卖家达创纪录的20万人次，比首届增长100%；贸易成交总额66亿元（含意向成交额），比首届增长32%。世界知名印刷设备器材制造商几乎全部大面积参展，如海德堡、高宝、惠普、小森、柯尼卡美能达、北正电子、天津长荣、博斯特、炜冈、乐凯、科雷等，参展厂商普遍反映取得了好于预期的订单和成交额。广印会以其壮观的规模和巨大的影响，一跃成为世界印刷第三大展、中国印刷第二大展。

第五届广印会正在紧锣密鼓筹备，将于2023年继续在东莞举办。

三、关于书刊发行

改革开放中，粤港书刊发行的紧密合作，同样充满敢闯敢试、敢为人先的勇气，取得了早改革、早发展的生机与硕果。

1980年，经"深圳市革命委员会"批复，由深圳展览馆与香港博雅艺术公司联合创办的"深圳博雅画廊"，是深圳第一家中外合资的文化企业，于1981年7月1日正式营业。这家实际上兼营图书发行的实体门店，经营面积2000平米，座落在宝安旧县城的老东门附近。

别看当年兼营图书仅限于艺术门类，但那些引进外版的画册图集，包括城市建筑、路桥园林、橱窗展示、书刊装帧、美容服饰及家居装修等等设计类艺术读物，令人惊喜雀跃，恰如久旱逢甘霖，为百废待举的特区建设，从根本上注入美学的知识力量。所以常常是，读者抢购，排队付款。1983年，深圳博雅画廊与中华书局香港分局联合主办首届"深圳书市"，进场读者5万人次。

作为深圳当年最具现代感、时尚性的文化平台和资源优势，大量名家书画通过博雅走向香港，走向国际，在业界享有"北荣宝（斋），南博雅"的美誉。博雅不仅是我国名家书画的主要集散场所，是特区文化发展的集体记忆，更是享誉海内外深圳文化的一块金字招牌。至2018年博雅实现了全资国有化，老品牌从更高的新起点出发，正焕发更蓬勃的新生机。

1994年，深圳市新华书店成立益文图书进出口公司，成为全国地方出版外贸联合体成员单位，系全国新华书店首家图书进出口公司，也是深圳市唯一以主营图书并兼营外贸的市属进出口机构。益文公司以弘扬中华优秀文化，促进文化繁荣与交流为宗旨，积极发挥中外文化交流桥梁与纽带作用，依托毗邻港澳的区位优势，提供快捷、高效、优质的订邮服务，为海外读者及内地读者推介海内外尤其是港澳台的最新图书。同时,还致力于扩大文化产品及非图书类进出口贸易。业务直接与国际接轨,网络遍及全球多个国家和地区,与数百家海内外发行机构、书店和出版社建立了密切的业务关系。作为益文公司多年打造的外文书店品牌——益文书局成立于2006年9月,以经营外文原版及港台版图书为主,是深圳市第一家综合外文书店。书局现有营业面积近400平米,图书品种1万余种,并设有海外知名出版集团童书专架及《纽约时报》畅销书榜专架,紧跟海外潮流资讯,第一时间引进世界畅销热点图书。益文书局还为读者特别提供世界主流出版机构图书征订服务,成为连接深圳与世界的文化窗口。

粤港图书发行的全面合作,规模最大的,当数"香港新华书城"。

成立背景:①贯彻中央和我省关于"中华文化走出去"的发展战略,利用广东毗邻港澳,具有地缘、人缘、语源和文化优势的有利条件,在境外设立发行机构,逐步将内地出版物打入境外市场,香港无疑是"走出去"的首选地和外延发展的中转站。②香港长期使用繁体字,在一定程度上影响与内地的文化交流。"回归"后,香港与内地交流增强,普通话逐步普及,对简体字出版物的需求增加。在香港建设一个最大的简体字出版物书城,扩大简体字的使用和影响,既是当务的市场之需更是长远的战略之举。③香港合作方聪明影音公司为霍英东集团董事霍震宇控股。霍震宇先生合办香港新华书城的理念与我方相同,其合作伙伴有较丰富从业经验,有经营简体字版图书的热情,对香港图书市场比较熟悉。④香港新华书城建设于2003年立项,经过一年多的市场调研和筹建,经广东新华发行集团董事会、股东大会同意,并报省出版集团、省外汇管理局、国家商务部批准投资,香港新华书城有限公司于2004年12月,在香港礼顿道一号正式开业。

书城管理:①粤方派出股东代表代表黄思铭、严小希,港方派出股东代表霍震宇、尹建文。②初期由港方主导管理。后因存在管理缺陷,经双方同意由省出版集团参与指导,省出版集团派出股东代表陈玉敏。广东新华集团派出股东代表陈志强、杨跃红、方端于常驻书城。

经营活动:香港新华书城,楼高三层,营业面积3千多平米,书城内销售图书品种包括5万种简体字版、逾万种繁体字版中文图书、英文及外文书籍,总册数达15万册,同时兼营文具、文创精品、咖啡店及店中店的业务,其间举办多种不同类型的文化活动逾150项。随着知名度和影响力的扩大,新华书城不仅是香港面积最大、品种最多的图书实体卖场,也是中外文化交流的重要平台,积极助力香港文化的建设发展。

由于亚洲金融风暴的严重冲击，加之香港楼市泡沫致使场地业主不断要求提高租金，香港市场包括图书市场明显萧条，于是，2008年10月，经上报批准，广东省新华发行集团退出香港新华书城股份公司。退出未必不是另一种进入。凡五年间，新华书城对繁荣香港文化出版事业作出的努力值得肯定。勇于实践"走出去"的探索弥足珍贵。

四、关于创办南国书香节和组建广东省出版集团

创办南国书香节和组建省出版集团，是广东出版业改革开放的战略举措。回想起来，筹办之初，这两件大事都与香港出版业密切关联。

1991年7月，我和省新华书店总经理童自烈、花城出版社发行科长朱讯，去香港书展摆摊参展。虽然我们书摊少人问津，但整个展场人山人海，读者冒着台风暴雨排队进场，令人震撼。当时我就联想，广东人口比香港多十几倍，读者也更多。若举全省乃至全国出版之力，创办一个类似的群众读书活动，必定大受欢迎。灵感的萌生，令我很兴奋。回穗后，我就参照香港书展的经验，着手构思策划活动宗旨、实施方案及其名称。

说实话，我为此读书活动命名为"南国书香节"，是基于如下考虑：①题名"南国"，可突破广东的地域局限，以更大的气魄和文化胸襟吸引全国出版界的参与和支持。②纵观全国全球的书市书展图书贸博会，直观强调的是图书销售交易，而忽视了她的本质意义，即传播文明，营造文化氛围。所以，我好不容易找到了"书香"一词（委实得益于台湾版散文集《书香》一书的启迪）！书香浓缩了中华优秀传统文化的悠久芬芳，中国对读书人家历来有"书香门第""书香世家"等美称，虽然久违了（曾几何时，"老九"都"臭"了，何来"书香"），但现在来激活书香，无疑是拨乱反正，是对中华优秀传统文化的传承与弘扬！③称之为"节"，即是著书人、出书人与读书人共同狂欢的盛大节日。读书活动不仅仅是传统的"面壁""坐冷板凳"，现代人读书是愉悦心灵的精神充电，有声有色，相互交流，应该拥有共同的悦读庆典。

1992年，为贯彻邓小平南方谈话精神，我向周圣英局长汇报了创办南国书香节的想法，周局长明确表态：立即向省委写报告，我们一定要办好书香节。我在报告中写道：南国书香节是作者、编者和读者共同参与的盛大节日，旨在推动群

众读书活动，提高广东人的文化素质，为改革开放从根本上注入强大的发展后劲。但未料到也有人质疑：用"南国"似有"台独"的意味。我反驳道：毛主席就有著名诗句"北国风光"，我们为什么就不能提"南国书香"？！

当时，借了十万元做开办费，归还则要二十万，头两届都按这个数上缴。万事起头难，再难我们都挺过来了。

1993年12月18日上午，首届南国书香节在广交会流花展馆隆重举行。于幼军主持开幕式，黄华华致辞讲话。展馆面积三万多平米，全国出版社及民营书商参展摊位398个，八天进场读者29万人次，国内外有近两百家媒体报道了书香节盛况。第三天，中央政治局委员、省委书记谢非亲临现场参观指导，并题词：改革开放，南国书香。谢非此行的历史照片，2018年陈列在"改革开放40周年大型展览"上。

书香节期间，举办了"好读书，读好书，读书好"的系列出版文化活动，如：书香文艺晚会、名诗名著朗诵会、铁凝、潘虹等名家签名售书，张贤亮谈创作讲座，出版学术研讨会，评奖书香节十大畅销书，评奖十大书香家庭等。

首届南国书香节特别设立了港台馆，吸引了港台出版商踊跃参加，共有327名来宾，参展摊位108个，图书品种近两万种。按当时规定，港台图书原则上只展不销。但考虑到，书已审阅，且参展商飞机来回，食宿酒店，花销较大。为减轻来宾负担，满足读者需求，组委会决定，同意港台图书现场销售。组委会还特意举办招待会，感谢港台出版商的热情参与。当年，港台馆的招商布展工作，由省出版进出口公司负责。香港联合出版集团做了许多推介动员工作。他们为支持书香节出了大力，帮了大忙。

经过近30年的培育发展，尤其在广东省委宣传部直接领导下，南国书香节不仅成为广东的文化名牌，也是全国全民阅读活动的闪亮品牌。近三年，即便受疫情冲击，南国书香节分会场却遍及全省21个地级市，包括澳门去年也办了分会场，连同网上书香节，其影响已超越岭南千家万户。进场人次，已在全球书市书展中名列前茅。明年是南国书香节创办30周年，广东出版界正携手全国出版同仁积极筹备更大的文化庆典。

下面说说广东省出版集团组建情况。

1999年6月，为贯彻"文化体制改革"精神，广东省新闻出版局党组在筹建省出版集团之初，决定兵分两路：一路由吴至强局长带队北上，去有关省市调研学习，并去中宣部、新闻出版署汇报有关构想，了解领会文化体制改革的目标方向和方针政策；一路由我带队南下香港，去香港联合出版集团拜师取经。

此行香港，得到香港中联办有关部门的具体指导和联合出版集团的盛情接待。著名出版家、联合集团名誉董事长李祖泽博士，集团总裁、董事长赵斌和副总陈万雄等先生，几番和我们座谈交流，详细地介绍集团的组建模式及发展经验。

联合出版（集团）有限公司是香港最大的综合性、多元化的出版集团，于1988年在数家历史悠久的著名出版机构，如三联书店、中华书局、中华商务印刷有限公司，以及新民主、集古斋、万里、新雅文化等的基础上组建而成。集团拥有全资子公司三十间，员工六千多名；业务以图书报刊出版、发行、零售业和印刷业为主；同时经营多媒体电子产品、唱片音带、文物书画、文具邮票等。扎根香港本土、服务全国包括澳门、台湾，业务遍及欧美。积极参与香港出版总会、图书文具商会等活动，与一大批专家学者结下深厚情缘，出版一大批好书；举办中国文化主题展览等，深入社区和学校开展售书公益慈善活动，推广阅读文化，并正在全面介入电子出版及电子商务，致力打造一个新型的现代文化传媒企业。

两路人马回穗，南北经验汇合，我们较顺利地制定省出版集团组建方案，并按照《公司法》和现代企业制度，设置董事会、经营班子和监事会。省委、省政府任命我为集团董事长、黄尚立为总经理。新闻出版总署批准确认，广东省出版集团为全国出版体制改革首家试点单位。

1999年12月22日，广东省出版集团有限公司正式挂牌成立，出席大会的领导嘉宾：于友先、杨牧之、黄丽满、于幼军、李兰芳、李祖泽等。

2003年10月，我主持省新闻出版局党组会议（当时我已转任省出版局党组书记、局长），决定除保留广东省出版技工学校之外，其余所有的省出版局局属企事业单位，包括广东新华发行集团等等，连同国有资产，全部成建制划入省出版集团主管，至此，省局主动彻底政企分开，政事分开，省出版集团成为编、印、发一条龙的大型集团。

写下以上大大小小的往事，记录点点滴滴的素材，既是对自己的经历有所回顾梳理，也想为历史研究者和著作者提供一些借鉴参考。金炳亮这部《粤港澳近现代出版史论集》内容多与粤港澳出版有关，使我对历史上粤港澳出版的关联性、密切度有了新的认识，比如书中写到，在中国共产党领导下，粤港澳出版人为了民族独立和解放，为创建新中国的新闻出版事业而不懈奋斗的光荣历史，就尤其令人印象深刻。书中提及的黄文俞、杨奇、黄秋耘、岑桑、罗宗海等新闻出版名家，也是我的老领导，读来倍感亲切。不足之处是在时间跨度上，21世纪这二十多年书里没有写。但历史证明，包括改革开放这四十余年，恰恰是粤港澳出版业合作共赢，最为迅猛、最为兴盛的发展机遇期，出版交往空前频繁密切，成果丰硕，令人瞩目。可以写、值得写的也数不胜数。所以，我不揣浅陋，在前述大篇幅地写及改革开放中粤港出版业合作发展的相关内容，权当补充，聊供参考。书中另一个不足是，新中国成立之后的港澳出版业态几乎没有涉及。其实，1949年以来的港澳出版，对于港澳地区的文化建设发展和中外文化交流，发挥了非常重要的作用，可谓功不可没。像金庸（查良镛）、李祖泽等著名出版家，即使放在整个中国出版史，都是不可遗漏的名家大师。

我认识金炳亮三十多年了，他勤奋好学，做事认真，在不同岗位都有过人业绩，在广东出版界很被大家认可。他在业余时间研究出版史，把他历史学的专业背景与编辑出版的从业经验结合起来，写出来的文章有史料有细节，也有精到评析。这是他对出版界的新贡献。这些年，他每有新作，总是赠我分享。我也常送习作，请他指点。过去我们是同事，现在是文友。我期待他在出版史领域继续深研广拓，祝福他佳作迭出。

2022年仲春

（陈俊年，编审，中国作家协会会员，历任广东省出版集团董事长、广东省新闻出版局局长、省政协常委、省政府参事。曾任广东省作家协会副主席）

序二

范 军

认识资深出版人金兄炳亮已逾二十年。他是大学历史科班出身，毕业后做了三十多年的编辑出版工作，求真务实，开拓进取，取得了不俗的业绩。一直生活、工作在改革开放的前沿——广州，但金兄始终保持着书生本色，继承了老辈文化人办出版的优良传统。即将出版的这本《粤港澳近现代出版史论集》（以下简称《论集》）就是最好的证明。

出版是理想主义者的事业，理想让出版人拥有尊严。金兄正是这样一个受人尊敬的理想主义者，不忘初心，秉持文化理念，崇尚学术精神。他长期从事具体的编辑实务和出版管理，又不离不弃地坚持学术研究，尤其是在出版文化和出版史园地里辛勤耕耘，春种秋收，成果丰硕。我注意到，金兄开始涉足地方出版史研究是20世纪90年代初广东省新闻出版局组织编纂的《广东出版史料》。作为《广东省志·出版志》的前期准备，这个内部资料（集刊）编印了三辑，金兄既是责任编辑之一，又是重要作者。集刊第一辑上，就有他撰写的两篇文章——《1927—1937广东党的出版事业概述》《论香港新民主出版社（1946—1949）》，后一篇还有附录《香港新民主出版社书目索引》。在集刊第二、三辑上，他又刊发了《抗战时期韶关出版业概述》《抗战时期大后方（广东）出版史大事记》《广雅板片历劫记》等文。得天时地利人和，他与粤港澳近现代出版史结下了不解之缘。从此以后，粤港澳近现代出版历史就成了他本职工作之外的"第二战场"，也是他念兹在兹、稳扎稳打的"学术根据地"。近些年来，他编研结合，在学术上用力尤勤，将实务派的经验、感悟与学院派的谨严、规范很好地结合起来，不断推出新作，学术上更臻佳境。

对于晚清民国时期粤港澳地区的出版，金兄既注重对出版业管理、印刷业发展、出版机构存废等宏观中观问题展开整体性审视，又深入到黄埔军校宣传出版活动、星系报纸等相对微观的方面展开具体描述。当然，这些研究都是建立在对历史资料的充分发掘、爬梳和分析基础上的。对于中国共产党领导及影响下的粤港澳出版活动，金兄给予了高度关注。大到党领导和影响下的现代广东出版事业、香港进步出版活动，小至一个地区如琼崖的革命出版事业，一家进步出版机构如人间书屋的建立与发展，他都能走进历史"现场"，抽丝剥茧，层层深入地加以探究。最近五六年来，金兄把研究重心转到新中国广东的社会主义出版事业，连续发表了多篇有分量、有影响的论文，如《广东出版70年：以制度变迁为中心的历史考察》《新中国的地方出版：以广东为中心的研究（1950—1978）》《地方出版何以崛起：以广东为中心的研究（1978—1985）》等，资料厚实，角度独特，立论新颖，立足广东但意义不限于广东。这些文章在期刊上刊行后，很快引起出版史学界的极大兴趣和业界同行的高度关注。上述几个方面的论文悉数收录在了《论集》中，可谓集腋成裘，灿然可观。有了这个基础，金兄完全可以百尺竿头更进一步，或编写综合性的《粤港澳近现代出版史》，或撰著更专精的史著，如《广东近现代出版史》《香港出版史》《澳门出版史》等。从轻重缓急来说，窃以为可以先攻克广东近现代出版史这个学术堡垒，作者编就的近现代出版大事记已经理出了基本线索。当然，完成这项克难攻坚的任务，还需要有关方面的大力支持和团队的通力协作。这项工作是非常有价值的。就像断代史的进展对于通史编纂意义重大，区域出版史的成果，于整体性中国出版史的完善和提升也至关重要。

《论集》最后一个专题为"粤港澳近现代出版人物专论"，其中既有《粤港澳近现代出版家小传》这样的群英谱，也有对梁发、金仲华等代表性出版人物的聚焦与特写，而篇幅最多的还要数王云五研究。金兄是出版家王云五研究的专家，十多年来先后出版了《文化奇人王云五》《当代岭南文化名家　王云五》《苦斗与壮游：王云五评传》，三本传记各有特点，总的趋势是由简入繁、由浅入深，资料越来越丰富，视野越来越宽广，论述越来越深入，前后赓续，后出转精，受到了史学专家和业界大咖的充分认可。金兄再接再厉，后来专门编选出版了《王云五谈编辑出版》，一方面是对几种传记资料上的有益补充，另一方面也为广大读者了解王云五编辑出版思想提供了方便。记得历史学家唐长孺先生说过，做历史研究从人物入手是个好办法。金兄的出版史研究从王云五这个巨大而复杂的存在入手，咬定青山不放松，取得了令人瞩目的成就。收在《论集》中的《王云五与中国现代出版的转型》《晚年王云五对商务印书馆精神的传承与创新》《论商务精神的传承：以张元济与王云五的交往为中心》诸篇，将出版家个体置于现代社会历史转型的语境之中，将传统与现实进行有机的勾连，立意高远，别开生面，得出让人信服且富有启发的结论，十分难能可贵。

老出版家赵家璧追求的是"书比人长寿"的境界，我觉得这个"书"主要是指编辑出版家们策划运作的图书，同时也可包括职业出版人自己撰写的论著。作为学者型的著名出版人，金兄无疑在两个方面都可圈可点。他担任编辑，尤其是总编辑、社长期间出版的那些学术文化精品一直嘉惠学林，而他个人用心血凝成的多部个人论著也将泽被后人，传诸久远。后学要了解王云五，要研究粤港澳出版文化与历史，我相信金炳亮是一个绕不开的存在。非常期待他在区域出版历史与文化的探索上再攀高峰，续推精品力作。

2022 年 5 月 31 日

（范军，系华中师范大学文科二级教授，曾任华中师范大学出版社总编辑、社长，《华中师范大学学报》主编）

粤港澳近现代出版史论略（代前言）

以报刊出版和西方印刷技术应用为特点的中国近现代新闻出版业发端于澳门，其时间早于作为中国近代史开端的鸦片战争。

学界一般将古腾堡（Johannes Gutenberg，1398—1468）1455年用活字印刷机器出版《圣经》视为西方近代出版史的开端。在古腾堡发明活字印刷机器后一百多年，日本天主教特使在访问欧洲返程时带回一部西式活字印刷机，该印刷机在中国澳门、日本用于印刷传教读物。1588年，天主教耶稣会神父范礼安（Alexander Valignano, S. J.）使用此印刷机在澳门印刷出版博尼法西奥（Juan Bonifacio）撰写的拉丁语书籍——《基督儿童教育》，这是西方活字印刷术传入中国后印刷的首本图书。可是，由于耶稣会士在中国传教采取"文化适应"（acculuration）策略，他们虽然极为重视宗教出版活动，但考虑到中国士大夫的接受程度，仍采用雕版印刷术出版宗教册子。①

由传教带来印刷技术的革命成为推动中国近代新闻出版事业发端的一个重要动力。19世纪初，基督教新教传教士来到中国，鉴于清政府的闭关锁国政策，传教策略有所调整，传教对象由上层士大夫转为下层民众。为提高印刷效率和传播效果，西方传教士逐渐转向应用西方活字印刷术和印刷机器。当时清政府厉行禁教，严防外国人印刷中文出版物。澳门由葡澳政府管治，清政府虽有主权但鞭长莫及。西方传教士的活动，包括因传教需要而兴起的出版活动，多以管制相对宽松的澳门及南洋一带为基地，再往中国内地渗透。1814年9月，马礼逊（Robert Morrison，1782—1834）创建澳门东印度公司印刷所，首次将西方近代活字印刷技术应用到中文印刷之中。1831年，澳门东印度公司印刷所首次应用西方石印术印

---

① 参见林玉凤：《中国近代报业的起点：澳门新闻出版史（1557—1840）》，社会科学文献出版社，2021年，第四章"十六世纪天主教在华传播策略：印刷出版"。

刷单张传教招帖。此时距奥匈帝国的施内费尔德（Aloys Senefelder）发明石印术（Lithography，1796年）仅仅过了35年。1833年，马礼逊在澳门创办《杂闻篇》（*A Miscellaneous Paper*），这是中国境内最早出版的中文报刊及第一份用铅活字排印的报刊。1838年，英国伦敦会传教士麦都思（Walter Medhurst）在广州创办《各国消息》，是第一本采用西方石印术出版的中文期刊。

澳门、广州一带的宗教出版活动，虽然由西方传教士主导，但也活跃着中国人的身影。1834年在广州的14名华人基督徒中，就有5个是专责不同工序的刻（印）工。梁发和屈昂（又名屈亚昂）是最早懂得西方平板印刷技术和石印技术的中国人。梁发参与了英国传教士米怜（Milliam Milne）于1815年在马六甲（今属马来西亚）创办有史以来的首份中文杂志《察世俗每月统记传》（*Chinese Monthly Magazine*）的全过程。不过，在清政府严厉禁教的政策下，在中国内地从事中文印刷和出版充满风险。1834年，梁发等10名中国印工及分发传教册子的人被清政府广州当局搜捕，中文印刷一度被迫转去南洋。

中国近代新闻出版事业发端的另一个动力是报刊的兴起。古代中国虽然有"报"和"杂志"之名，不过并非现代传播学意义上的报刊。报刊的公共性和传播性，使其成为西方资产阶级革命的重要武器。这种风气亦为转战东方的西方传教士和来华商人所继承。19世纪初，澳门土生葡人和在广州经商的外国人，开始将创办报刊作为舆论动员和传播信息的工具。1822年9月，澳门立宪党人创办《蜜蜂华报》（葡文），为中国境内最早出版的报刊。1827年11月，英美商人在广州创办《广州纪事报》（英文），为中国内地第一份报纸。1833年8月，普鲁士传教士郭士立（Charles Gutzlaff）在广州创办《东西洋考每月统记传》（*Eastern Western Monthly Magazine*），"Magazine"概念首次引入中国，因此也有人称其为中国期刊（杂志）的鼻祖。"统记传"成为"Magazine"的最早中文译名。郭士立用这个译名，或许是受到了中国史学传统的"记传体"叙事的启发。1839年，林则徐在广州设翻译馆，汇编《澳门新闻纸》，"新闻纸"为报纸（newspaper）的最早中文译名。

鸦片战争后，香港开埠。澳门、广州、马六甲的新闻出版机构纷纷迁入，一批英文报刊应运而生。然而，与香港同时开埠的上海，无论是交通和生活上的便利，还是向内地辐射渗透，对外国人显然更具吸引力。上海成为近代新闻出版中心遂成必然。

中国近代新闻出版事业发端于澳门，并且在鸦片战争前后的粤港澳一带有过一段繁盛，上海作为近代新闻出版中心晚于粤港澳这一繁盛时期，是不争的事实。近代早期粤港澳主要出版机构及报刊出版情况参见下面两个列表。

鸦片战争前后粤港澳出版机构一览表

出版机构名称	文本语言	创办时间及地点	印刷设备	出版品种及发行量	备注
澳门东印度公司印刷所	中、英、葡文	1814年，澳门	铅合金活字，西式印刷机	报刊及出版物数10种	1833年停办
亚美尼亚印刷所	葡文	1830年代，澳门	西式印刷机	报刊3种	
广州美国海外传道会会长理事会书馆	中、英文	1832年，广州	铅活字，雕版印刷，西式印刷机	不详	1858年停办，1868年在北京复办
中国益知学会	中、英文	1834年，广州	铅活字，西式印刷机	报刊及出版物数10种	约1846年停办
广东海防书局	中文	1835年，广州	雕版印刷	刊刻多种海防及广东省情书籍	
英华书院印字局（伦敦会香港书馆）	中、英文	1843年，香港	中文铅活字，西式印刷机	不详	1870年停办
澳门花华圣经书房	中、英文	1844年，澳门	中文铅活字，西式印刷机	不详	1845年迁宁波，1860年再迁上海
罗郎也印字馆	中、英、葡文	1844年，澳门	中文铅活字，西式印刷机	报刊4种	20世纪初仍在港澳经营

鸦片战争前后粤港澳报刊出版一览表

报刊名称	文本语言	创办人（机构）	创办时间	出版地点	备注
《蜜蜂华报》	葡文	巴波萨（葡）、阿马兰特（葡）	1822.9.12	澳门	1823年停刊
《澳门钞报》	葡文	孔塞桑（葡）	1824.1.3	澳门	
《广州纪事报》	英文	马地臣（英）、伍德（美）	1827	广州、香港	
《华人差报与广东钞报》	英文	伍德（美）	1831.7.28	广州、澳门	1833年并入《广州纪事报》
《广州杂文编》	英文	澳门东印度公司	1831.6	澳门	1832年停刊
《中国丛报》	英文	裨治文（美）	1832.5	广州、澳门、香港	1851年停刊
《杂闻篇》	中文	马礼逊（英）	1833.4.29	澳门	发行达20000份，1833年停刊

续表

报刊名称	文本语言	创办人（机构）	创办时间	出版地点	备注
《传教者与中国杂报》	中、英文合刊	马礼逊（英）	1833.5.1	澳门	当年6月3日被查禁
《东西洋考每月统记传》	中文	郭士立（德）	1833	广州	1838年停刊
《广州周报》	英文	英商颠地行	1835.9.12	广州、澳门、香港	1844年停刊
《各国消息》	中文	麦都思（英）	1838	广州	
《澳门政府公报》	葡文	葡澳政府	1838.9.5	澳门	持续出版至今
《澳门新闻纸》	中文	林则徐	1839	广州、澳门	不公开发行
《香港公报》	英文	马儒翰（英）	1841.5.1	香港	持续出版至今
《中国之友》	英文	奥斯维尔德（英）	1842.3.17	澳门、香港、广州、上海	1869年停刊
《德臣西报》	英文	肖特里德（英）	1845.2.20	香港	1974年停刊
《澳门土生之声》	葡文	彼加多（葡）	1846	香港	

报刊是近代新闻出版事业的重要力量[①]，当19世纪中期新闻出版中心转到上海之后，粤港澳地区的新闻出版事业跟上海相比，当然是落后的，但仍在多方面有着独特的贡献。

一方面，粤港澳地区仍在发挥中西交流的地利优势，报刊充当着西学入华和观念更新的桥头堡角色。1857年创刊的《中外新报》是香港第一份中文报纸。1868年创刊的《广州新报》是中国最早的中文医学期刊。1872年在香港创立的《华字日报》是中国人自办报纸之始。晚清时期，粤港澳地区涌现出一大批报纸，以商业性报纸和时事政治类报纸最多。前者包括《德臣西报》（1845，香港），《孖剌西报》（1857，香港），《中外新闻七日录》（1865，广州），《独立报》（1868，澳门），《述报》（1884），《广报》（1886，广州），《岭南日报》《中西日报》（1891，广州），《广东七十二行商报》（1900，广州），《羊城日报》（1902，广州），《南华早报》（1903，香港），等等。商业性报纸的涌现是粤港澳地区经济发展显著快于内地的表征。广州西关十八甫一带报馆林立，号为"报馆街"。[②]

[①] 吴义雄著《在华英文报刊与近代早期的中西关系》（社会科学文献出版社，2012年）对报刊与社会的互动，特别是鸦片战争前后英文报刊与近代早期的中西关系有精辟的阐述。

[②] 参见赵建国：《报刊史的底色：近代中国新闻出版界与社会》（暨南大学出版社，2020年）第十三章第三节"租界的延伸：西关报馆街"。

另一方面，或许更加值得注意的是，一批带有明显政治倾向的报刊活跃于粤港澳地区。在中国近代化进程中，新兴的政治力量总是借助报刊宣示政治主张、利用报刊进行社会动员。时事政治类报刊不断涌现，是粤港澳地区新闻出版事业(其中又以港澳地区最为集中)的显著特征。由于毗邻广东而又处于英葡管治，清政府往往鞭长莫及，港澳地区遂成为新兴政治力量的集聚地区，报刊出版呈现出明显的进步性，在中国近代化进程中发挥了重要作用。例如：《循环日报》（1874，香港）是中国近代第一家宣扬资产阶级改良主义思想的报纸；《镜海丛报》（1893，澳门）宣传反清思想，支持孙中山的革命活动；《知新报》（1897，澳门）在维新变法运动中发挥了重要作用；《中国日报》（1900，香港）是资产阶级革命派的重要舆论阵地；《广东日报》（1904，香港）旗帜鲜明反对君主立宪，提倡民主共和。

这一特征，在图书出版方面，同样有所体现。1873年香港中华印务总局出版王韬《普法战纪》，此时离普法战争结束不到两年，可说是开风气之先；1880年中华印务总局刊行郑观应《易言》36篇，这是《盛世危言》的最初版本，这本书对青年孙逸仙的思想由改良转向革命有着直接的影响；1895年，广州富文堂刊行黄遵宪的《日本国志》，这本书1887年已撰成并在小范围传阅，富文堂选择中国在甲午战争中惨败之后公开出版，固然有其商业动机（此书迅速成为当时的畅销书可为佐证），但由其带来的日本崛起与中国衰败的强烈刺激，对此后中国政局的走向——清政府被迫"立宪"和革命派渐成势力，则产生了深远的影响。1898年，中华印务总局刊行何启、胡礼垣合著的《新政真诠》，是维新运动的代表作。上述几本书均被梁启超著《西学书目表》列为中国人必读的西学著作，自晚清至民国，乃至新中国成立之后，不断翻印，可以说影响了几代中国人。毫无疑问，它们都是中国近代出版史的标志性出版物。

民国成立前后，上海的大型出版机构纷纷在粤港澳地区开设分支机构，商务印书馆广州分馆（1907年）、香港分馆（1914年）、中华书局广州分局（1913年）、香港分局（1927年）的开办，带动了一批中小型出版发行机构随之兴起，广州永汉北路（今北京路）一带成为民国时期的书店街。直至今日，北京路仍分布着新华书店、古籍书店、科技书店等，成为这条千年古街的文脉所在。

民国成立之后，中国现代史最重要的两股政治力量国民党、共产党相继崛起。国共两党在重视宣传上具有高度的一致性，报刊成为其最主要的舆论宣传工具。

中国共产党领导及影响下的新闻出版活动，无疑是中国共产党历史和中国现代出版史的重要组成部分。粤港澳地区在这一革命进程中，占有重要地位。

广州是早期马克思主义传播的发源地。国民革命时期，新闻出版活动达到高潮。中国共产党创建前后传播马克思主义的报刊就有《广东群报》《劳动者》《劳动与妇女》《青年周刊》《新青年》（广州版）等，出版发行机构有人民出版社广州工作机构、平民书社等。1923年4月，中共机关报《向导》迁广州出版；同年7月1日，中共在广州创办机关刊物《前锋》。在国共第一次合作中，毛泽东在广州主编国民党中央宣传部机关刊物《政治周报》，国民党中央农民部出版《中国农民》，国民党中央妇女部出版《妇女之声》，中共广东区委创办机关刊物《人民周刊》，国光书店、共青团广东区委出版《少年先锋》，等等。黄埔军校、广州农民运动讲习所、省港罢工委员会均设有专门的编辑出版部门和书刊发行部门。广东的进步新闻出版活动盛极一时，革命报刊和进步图书成为推动革命运动向前发展的重要动力。大革命失败后，在国民党的白色恐怖笼罩之下，中国共产党领导的新闻出版活动转入地下。东江、琼崖革命根据地在极其艰苦的条件下创建了一批油印报刊，且秘密发行到国统区。1927年10月中共广东省委秘密创刊的《红旗》，早于后来确定为中共中央机关刊物的同名杂志（1928年11月20日创刊），在中共党史上具有重要地位。

抗日战争全面爆发后，随着上海、南京、武汉等大城市沦陷，大批进步文化人南下广州。1938年10月广州沦陷后，进步文化人避居香港，国民党广东当局则迁居粤北韶关。作为抗战"大后方"的韶关、香港，新闻出版活动呈现出繁荣景象，为抗日民族统一战线的形成发挥了极为重要的作用。一大批宣传抗战的报刊相继出版，粤港澳新闻出版面貌焕然一新。内地知名文化人创办和主持的报刊和出版社，在广州的有《救亡呼声》（1938，郭沫若、夏衍主持），《新华日报》广州分馆（1938），《文艺阵地》（1938，茅盾主编），读书生活出版社广州分社（1938，巴金主持），南方出版社（1938，夏衍主持）等；在香港的有《生活日报》（1936，邹韬奋创办），《世界知识》（1937，金仲华创办），《大公报》（1938，胡政之、徐铸成创办，至今仍在刊行），《大风》旬刊（1938，简又文、陆丹林创办），生活书店香港分店（1938），《华商报》（1941，范长江、胡仲持、张友渔等人先后主持），南洋图书公司（1941，吉少甫主持）等。

在内地进步文化人的带动和抗日宣传的推动之双重动力之下，抗战之前一度沉寂的粤港澳新闻出版活动再次掀起高潮，当地人士主持的抗战报刊不遑多让，广州的《抗战大学》《新战线》《南针》（1937）、《抗日呼声》《新华南》（1938），澳门的《华侨报》（1937，至今仍在刊行），香港的《星岛日报》（1938年起由金仲华主持笔政，至今仍在刊行）都成为当地重要的媒体。在此之前相当一段时期，港澳地区的新闻出版活动多由外国人主导且不关心内地时事政治，进步人士讥之为"文化沙漠"。经过这一波抗战宣传高潮，情况一举改观。

需要指出的是，抗战时期的粤港澳新闻出版活动大多受到中国共产党的领导和影响。八路军广州办事处、香港办事处与进步文化人往来密切。1941年12月香港沦陷后，中国共产党直接领导了进步文化人撤回内地的行动。中国共产党在全面抗战时期发挥着中流砥柱的作用，粤港澳新闻出版事业的繁荣可为明证。

抗战胜利后，中共充分利用香港的有利条件，复办和创办了《华商报》（1946年复刊）、《正报》（1945年在香港创刊，1946年迁到广州）、中国出版社（1946年在香港复办）、新民主出版社（1946年，经办至今，现属香港联合出版集团）、《群众》周刊（1947年创办香港版）、人间书屋（1947年在香港创办，后迁广州）、《文汇报》（1948年创办香港版，至今仍在刊行）等新闻出版机构。由此可以看出，主要服务于中下阶层民众的现代港澳中文传媒，是在20世纪三四十年代奠基而成的。

港澳特殊的政治地位和便利的交通，成为粤港澳新闻出版活动互联互通的有利条件。解放战争时期，中共中央南方局文化工作委员会（简称"南方文委"）统一领导包括粤港澳地区在内的新闻出版事业，相关人员往来三地是常态。新中国广东新闻出版事业的开创者主要来自两支队伍：其一是由香港北上的新闻出版工作者，其二是跟随中国人民解放军南下的文化干部。其中，《南方日报》主要业务干部来自香港《华商报》；广州新华书店、新华书店华南总分店和华南（广东）人民出版社业务干部主要来自香港新民主出版社和人间书屋。抗战时期和解放战争时期活跃在粤港两地新闻出版战线的黄文俞（1917—1996）、杨奇（1922—2021），在新中国成立后担任《南方日报》、新华社广东分社、广东人民出版社的重要职务。曾任香港新民主出版社经理的吴仲是广州新华书店、新华书店华南总分店的首任经理。可以说，《南方日报》有着香港《华商报》的基因，华南（广东）人民出版社身上则流淌着香港新民主出版社、人间书屋的血液。

这一阶段活跃于粤港两地的本地新闻出版工作者还有刘思慕、杜埃、饶彰风、杨铁如、梁若尘、刘逸生等人，他们都参与了新中国成立后广东新闻出版事业的创建。此外，粤籍出版家王云五（广东中山人，抗战时期由上海转赴香港，领导商务印书馆），伍联德（广东台山人，上海良友图书公司创始人，晚年在香港复刊《良友》画报），虽然主要的出版活动发生在上海，但与香港也有密切关系。

新中国成立之后，西方封锁，内地闭关，然而粤港澳三地的联系并未中断。某种程度上，港澳地区成为中国与世界联通的纽带，这方面留下的回忆文字、文献记录以及相关论述相当多。1978年，国家出版局局长王匡（广东东莞人）、广东省出版事业管理局局长杨奇（广东中山人）先后赴港担任新华社香港分社要职。1979年黄文俞主政广东出版时，在出版界普遍实施"立足本省，面向全国"基础上，率先提出"立足广东，面向全国，兼顾海外"。1980年成立广东省出版进出口公司，是全国出版系统第一家由地方成立的出版外贸公司。改革开放初期，所谓"兼顾海外"，主要就是对港澳开放，并通过港澳走向世界。在国门重新打开之际，广东出版界、出版人在许多方面能够"先行一步"，既是粤港澳新闻出版关系紧密的历史延续，也充分体现出粤籍出版家群体开放包容的精神气质。这个出版家群体，除王匡、黄文俞、杨奇之外，还有中国共产党新闻事业的卓越领导人，曾任新华社社长、总编辑，及广播电视部部长的吴冷西（广东新会人）；著名作家黄秋耘（广东顺德人，20世纪70年代主持《辞源》修订工作，曾任广东省出版事业管理局副局长）；中国大百科全书出版社首任社长、总编辑，《钢铁是怎样炼成的》译者梅益（广东潮州人）；独立之后的三联书店（原为人民出版社副牌社）首任总经理、创办《读书》杂志的陈原（广东新会人）；改革开放初期任中央宣传部出版局局长、中国国际出版合作促进会首任会长许力以（广东遂溪人），长期主持人民出版社政治和领袖著作对外翻译工作的林穗芳（广东信宜人），20世纪80年代主政广东出版的罗宗海（广东潮州人），以及改革开放后与内地频繁合作的香港出版家李祖泽、陈万雄（均为广东东莞人），等等。

珠江三角洲的广府地区与狭义的粤港澳地区（即今天的粤港澳大湾区），地理相邻、语言相通（粤语）、风俗相近，历史上澳门为香山县属，香港为东莞县属，都是广州府管辖之地。16世纪中叶，葡萄牙窃据澳门，但澳门主权仍为中国所有。鸦片战争后，英国割占港岛，租借九龙。英葡管治港澳的时代，粤港澳关系发生了微妙的变化，然而粤港澳关系并没有变得疏离，港澳特殊的政治地位、经济上的区位优势成为内地发展的重要源泉。其间的史实足以写出《粤港澳关系志》《粤港澳近代关系史》① 这样的史学专著。粤港澳近现代出版史同样反映了这一历史进程。20世纪90年代末港澳相继回归祖国,粤港澳关系更为紧密。2019年,国家实施粤港澳大湾区发展战略,三地开启新的历史叙事,粤港澳近现代出版史也将展开新的历史篇章。

---

① 广东省地方志编纂委员会:《广东省志·粤港澳关系志》,广东人民出版社,2004年。邓开颂、陆晓敏主编:《粤港澳近代关系史》,广东人民出版社,1996年。

目 录

序一 ··· 陈俊年 1
序二 ·· 范 军 13
粤港澳近现代出版史论略（代前言）················16

粤港澳近现代出版史综论

民国时期广东的出版管理···························· 3
近代广东印刷业发展概况···························· 18
黄埔军校宣传出版活动述略························ 29
抗战时期韶关出版业概述···························· 41
广雅板片历劫记·· 50
星系报纸概述·· 54
晚清时期的粤港澳出版机构························ 61

中国共产党领导及影响下的粤港澳出版活动

中国共产党领导及影响下的广东出版事业············· 75
琼崖革命出版事业述评······································· 86
1949年前中国共产党领导及影响下的香港出版活动····· 94
论香港新民主出版社（1946年3月—1949年10月）······ 99
人间书屋和进步文化人······································ 111

新中国广东的社会主义出版事业

广东出版 70 年：以出版制度变迁为中心的历史考察 …………………… 115
新中国的地方出版：以广东为中心的研究（1950—1978）…………… 141
地方出版何以崛起：以广东为中心的研究（1978—1985）…………… 168
早期《随笔》（1979—1983）若干问题的历史考察…………………… 192

粤港澳近现代出版史人物专论

梁发与中国近代出版业 …………………………………………………… 207
金仲华期刊编辑生涯述评 ………………………………………………… 215
王云五与中国现代出版的转型 …………………………………………… 223
晚年王云五对商务印书馆的精神传承与创新 …………………………… 231
论商务精神的传承：以张元济和王云五的交往为中心 ………………… 240
粤港澳近现代出版家小传 ………………………………………………… 257

粤港澳近现代出版史大事记（1800—1999）…………………………… 278
后　记 ……………………………………………………………………… 320

粤港澳近现代出版史综论

民国时期广东的出版管理

出版管理与政局波动、政权更迭息息相关。民国时期的广东，政局之变动不定可谓全国之最。反映在出版管理上，当地方军阀掌权时，则行使地方出版法规，施行有别于中央的出版管理；当中央势力辖及广东时，广东又是全国出版管理的一部分。

一、出版管理机构及律例

从民国成立到大革命失败，广东政局十分动荡，革命力量与反动势力的交替时间既频且短，两方面对出版管理都根本无暇顾及，当然没有专门的出版管理机构。

这个时期，广东的新出版业薄弱，而报业则相对繁荣。1912年3月4日，民国临时政府内政部颁布中华民国成立以来的第一部报纸管理法规——《民国暂行报律》，但因其内容多承袭清政府的《大清报律》，反对者众，3月9日，临时大总统孙中山下令取消。1914年4月，袁世凯政府颁布《报纸条例》，但实际上各省都督均根据自身的利害关系来处理报纸舆论，各地封报捕人的事件不断发生，显示出军人统治时期非常的残酷性。1914年12月，民国第一部《出版法》出台，规定出版物在发行或散布之前，必须送呈一份给当地警察机关备案。《出版法》规定民众有言论及出版自由，而早些时候颁布的《戒严法》和《治安警察法》则授予警察机关可以随意停止报纸出版的权力，法律之间互为矛盾，所谓"言论及出版自由"的规定形同虚设。

因此，政府部门没有专门的管理机关，警察机关不依法令行事，随意封报捕人，对出版物操生杀予夺无上之权，是这一时期广东出版管理的特点。

1927年4月，国民党在南京建立反动统治。为了推行其专制独裁的文化政策，开始加强出版管理，各地先后建立起专门的出版管理机构。6月，国民党广州市党部设立宣传委员会，作为"统一言论机关"①，公布《宣传品检查条例》，加强对印务局和书局的管理。各下属县市则由各该县市党部"党务指导委员会"兼司其事。1928年3月，国民政府大学院设立"译名统一委员会"和编审组，颁布《暂行教科图书审查办法》，对教科书在规定期限（一个月）内进行初审和复审，审定后由大学院公报公布，方准进入各校作教科书用②。同年6月，国民党广东省党部公布《审查出版物办法》，规定"各县市出版之日报，专送各该县市党部党务指导委员会审查。如认为有反动言论，或妨害党务政治者，按其情节轻重，处以下列之处分：①警告；②禁止发售；③没收；④停版；⑤查封；⑥逮捕"③。

1929年，陈济棠掌控了广东的军政大权，并于1931年12月建立国民党中央执监委员会西南执行部、国民政府西南政务委员会，与南京国民政府分庭抗礼。陈济棠在政治上与国民党其他派系同样反动，但反对蒋介石为首的国民党统治集团，标榜抗日；在文化政策上较为宽松，出版管理比南京国民党中央政府更有系统，更加严密。

陈济棠的政府机构——西南政务委员会下设宣传组，宣传组又分四个股，其中分管新闻出版业的是第一股和第三股，其管理事项有：①编译各种宣传刊物；②审核一切宣传刊物；③拟制编译计划；④征集及发表新闻电讯及一切消息；⑤办理出版发行及保管事宜。另外，专设西南出版物审查会、广州新闻电讯检查所和西南宣传工作设计会，直属宣传组。设计会负责编撰、指导、出版、艺术四项工作。新闻电讯检查所负责检查和提供新闻电讯稿件。西南出版物审查会的前身是广州市出版物审查委员会。它由西南执行部宣传组、国民党广东省党部、国民党广州特别市党部、省公安局、市社会局等各抽调人员，用理事会的形式联合组成。审查会有常务理事11人，每个星期召开一次理事会议，议决一切大小事宜④。审查会工作的重点是对全省报馆、通讯社、杂志、小报、印务店、书摊报贩和出版品举行登记、检查和审核，对它们随时检扣、查禁、没收和取缔。为此，西南出版物审查会先后制定了《审查出版物暂行条例》（1932年底）、《西南出版物审查标准》（1932年底）、《大检查各书店办法》（1933年）、《定期出

---

① 《广州民国日报》1927年7月6日。
② 《广州民国日报》1928年3月26日。
③ 《广州民国日报》1928年6月22日。
④ 《中国国民党中央执行委员会西南执行部二十二年党务年刊》，1933年。

物保证办法）（1933年2月）、《书店登记取缔规程》（1934年2月28日）、《国民党西南各级党部审查出版物暂行条例》等律例，并以省政府或市政府的名义发布。1934年12月，西南出版物审查会改称西南出版物编审会，继续办理出版物的编译、登记及送交复审工作，原来的理事仍予保留①。为了方便随时检查出版物，1935年4月，编审会特别组织"出版物检查队"，并颁布了《检查规则》。

1936年，陈济棠、李宗仁以"抗日"的旗号发动反蒋的"两广事变"。由于蒋介石早有准备，而陈李"假抗日、真反蒋"的军阀扩张意图又被部下识破，"两广事变"宣告失败，陈济棠逃往香港。8月，蒋介石的势力进入广东。广东的出版管理遂纳入南京国民党政府的出版管理系统。

1937年7月，抗日战争全面爆发，国共开始第二次合作。但是在文化领域，国民党仍推行一党专政的文化专制政策。1938年初，国民党成立中央图书杂志审查委员会，同时颁布《地方图书杂志审查委员会组织通则》，要求各地迅速建立市县级图书杂志审查委员会。1938年7月，国民党政府公布《战时图书杂志原稿审查办法》，规定图书杂志的原稿必须经国民党"国书杂志审查委员会"检查通过才能发排付印。在这种形势下，广东成立了省、市图书杂志审查委员会及办事机构——图书杂志审查处，直属国民党广东省党部和广州市党部。1938年2月，广东图书杂志审查委员会结合广东具体情况，制定《广东省战时杂志刊物检查办法》六项，交省党政军联席会议议决，由当时广州市长曾养甫、社会局局长刘石心签发通过，转饬各报馆、通讯社和杂志社遵照执行。1941年初，国民党政府在警政部内设出版物审查委员会，审查依出版法申请登记发行之出版品及依著作权法申请注册之著作物。广东省警察厅成立相应组织，加强对进步出版物的管制。1944年2月，广东省政府通过《刊物发行保证暂行办法》，要求刊物的发行必须有保证人，保证人须缴纳现款国币5000元或在本市领有2万元以上之营业税证之商店才能作保②。

与此同时，日本帝国主义在广州建立的傀儡政府则执行汪伪中央政府的出版管理律例。1940年底和1941年初，汪伪政府连续颁布《著作权法》和《出版法》，压制中华文化，为日本帝国主义效力。广东省日伪傀儡政府于1943年6月，颁布《战

---

① 《广东省政府公报》第277期。
② 《广东省政府公报》第460期。

时文化宣传基本纲要》，宣称要"动员文化宣传之总力，担负大东亚战争中文化战、思想战之任务"，以建立"新秩序之世界文化"。为此，要"充实强化现有关于出版、新闻、著述、广播、电影、戏剧、美术、音乐各部门之机构，调整充实强化现有各种检查机构，务求机构简要，事权统一，责任分明，联系紧密，由各有关机关派出检查人员会同实施图书、新闻、杂志等有关文化宣传作品之严格审查。调整强化印刷事业，以便利出版事业之需要。强化制纸事业，以供应出版事业之需要"。

抗战胜利后，国民党广东省图书杂志审查处从曲江迁回广州，设在广州市惠爱中路维新路口191号，负责接收敌伪报社、书店和印刷厂，并多次与省党部、省教育厅等各有关机关联合对广州市书店、出版社、印制所及阅览馆（所）进行总检查。

1946年初，由广州市保安司令部政治部，省、市党部，省教育局、警察局、宪兵团，军统局办事处，广九铁路特别党部，省、市青年团，省社会局等派员联合组成广东文化协进委员会，会址设在广州市西湖路22号保安司令部政治部内。任务是"调查书报刊物，促进文化事业"，定期通告"禁售书刊"。委员会下设资料组、审议组和处理组。

针对抗战胜利后广州市内无聊小报流行的状况，市社会局、警察局、公安局，省、市党部联合成立检查队，对街头小报进行突击检查。1945年7月22日，广州市社会局签呈《关于商定本市各小报停刊办法》：①各小报已登记者暂行停刊，未登记者不准出版；②各小报名单由社会局抄送警察局备案；③如小报仍有发行，则由警察局负责临时取缔①。1946年，广州市政府颁布《广州市小报登记暂行办法》，关于小报出版发行的禁令解除，但对妨害善良风俗，影响治安之不良小报，仍坚决取缔。

二、政府对出版的强制管理

民国时期广东有系统的出版管理从大革命失败之后开始。它分两个渠道，一是国民党政府对出版的强制管理，二是出版行业团体对出版业的协助管理，前者是主渠道，后者是辅渠道。政府依据出版律例对书刊出版、印刷、发行进行强制性管理，并通过登记、发证、审查、检查及处罚等具体的管理措施，构筑起严密

---

① 广州市警察局档案，藏广州市档案馆，卷宗号8：4：192，1945年。

的出版管理体系。

（一）登记与发证

登记与发证是指：其一，出版物的生产与经营部门，包括图书、出版机构、报馆、杂志社、印务店、书店、书摊、报贩等，在成立或经营之前，必须向出版管理部门申请登记，在申请登记和审查通过后由出版管理部门颁发登记许可证，业主持此登记许可证再向商业管理部门领取营业证。经过以上手续，方准正式成立或营业。其二，出版物出版之后，要送呈出版管理部门登记备案。

这项工作，开始时由国民党广东省、广州市党部从事，西南出版物审查会成立后，则由审查会专司其事。1933年3月，西南执行部制发《各书摊报贩登记领证办法》，规定：凡本市书摊及报贩营业者须亲自到西南出版物审查会，核发营业许可证，方准贩卖各种图书杂志和大小书报；营业许可证须悬挂于书摊，报贩则随身携带；如发证后违反条例，则没收许可证，永远禁止营业。1934年2月，西南出版物编审会颁布《书店登记取缔规程》，对书店（摊）的登记要求更加详细：在本规程施行前经已设立之营业之书店，应于规程公布施行一个月内，到本会申请登记，始准继续营业；未设而准备开设的书店应于开始营业前十五日到本会填具申请表，并觅殷实保铺（营业证之资本额在五千元以上者，得免除铺保手续），申请表列有如下项目：书店名称，营业地址，股东姓名，司理姓名、地址、资本额，保铺字号、地址、资本额，保铺司理人姓名、住址，以及备考等等。书店申请登记后，由编审会核准发给登记许可证，交具收执，再依商业法规，连同登记许可证，向主管机关缴验，始可领取营业证；在马路街头摆卖书报者，则由公安局另发给认可证始准营业①。对有关登载国民党党义或党务事项之报纸杂志，则应同时向国民党广东省党部和西南出版物编审会两方申请登记。

1932—1933年西南出版物审查会一年登记小报杂志154家，印务店138家，书摊151家，报贩932名。登记过程中，审查会专门制作了《关于书籍及其他出版品领证事项》《杂志小报登记领证表》《印刷店登记领证表》《书摊登记领证表》《报贩登记领证表》，表内分别列有姓名、年龄、籍贯、住址、许可证号码、备考、领证人签名等项目。

抗战胜利后，书刊登记由广州市政府社会局负责。1947年下半年经核转内政

---

① 《中国国民党中央执行委员会西南执行部二十二年党务年刊》，1933年。

部办理登记的杂志有 21 家。1948 年杂志申请登记 20 家，经市府核转 13 家，而最后发许可证，准予创办发行的只有 3 家，可见审查之严。

（二）审查与检查

对出版物实行预审制度，审查通过，方准发售；对获准营业的书店、印务店、书摊报贩进行定期检查和突击大检查，以防止"反动"、淫秽及有伤道德风化的出版物流入市场。这是政府对出版进行强制管理的一个很重要的方面。

1914 年 12 月颁布的民国第一部《出版法》即作规定，所有出版物在发行或散布前，必须呈送一份给当地警察机关备案审查，成为出版物预审制度的滥觞。1927 年 7 月，国民党广州市特别党部宣传委员会制定《宣传品检查条例》及《检查印务局办法》，规定各印务局"除党政各机关之宣传品可照常承印外，余如公私团体之宣传品或个人出版物，关于讨论政治问题及有宣传之意义者，非盖有本会检查完讫图章不准承印"[①]，并派人对各印书局、印务局随时检查。1928 年 6 月，国民党广东省党部公布《审查出版物办法》，出版物在发行前须先送审的"预审制度"遂告确定。抗战时期，国民党政府还把它发展为"图书杂志原稿审查制度"，即书刊付印前原稿或印本校稿需官方审查，官方可以任意删改或取缔其出版，这样，就出现了报刊"开天窗"的咄咄怪事。

西南出版物审查会成立后，专设检查科。检查科有 20 个人，"第一步先行检查市内书店书摊报贩，以期杜绝一切反动及有伤风化之刊物。每月齐集检查员一次，举行大检查。又有小检查，逢星期三、六各一次，执行没收每星期理事会议议决之查禁刊物"。检查科成立仅三个月，"计借来审查之书籍 127 种，147 本；检获反动书籍 18 种，133 本；反动周报 1 种，333 本；违禁小报 3 种，120 余份。扣押违反《出版法》之书报 5 种，105 本"[②]。对于每月一次的大检查，审查会特别重视，专门制定了《大检查各书店办法》《大检查书店人员支配表》《大检查各书摊报贩人员分配表》，对检查员在各区的人数分配、报酬及主管等都作了详细的规定[③]。西南出版物编审会成立后，对出版物的检查有过之无不及，1935 年 4 月成立编审会直属的检查队，"设正、副队长各一人，检查员若干人，承西南出

---

① 《广州民国日报》1927 年 7 月 6 日。
② 《中国国民党中央执行委员会西南执行部二十三年党务年刊》上编，1934 年。
③ 《中国国民党中央执行委员会西南执行部二十二年党务年刊》，1933 年。

版物编审会理事之命及总干事之指导，专责办理一切出版物检查事宜"①。检查员每星期至少外出工作及报告一次，除执行指定的工作外，更须随时注意新到之各种出版物。检查员有权向各书店、印务店"借阅"各种印刷品，以便携回检查，并可视具体情况，具结封存。

抗战时期，根据国民党"图书原稿审查制度"及《广东省战时杂志刊物检查办法》，所有图书、杂志在正式付印之前，都要送样审查，图书杂志审查委员会有权进行任何删改，所以经常出现书报杂志开天窗的现象。而省、市图书杂志审查处则对已出版的书报刊随时审查，定期公布查禁书目及禁售书刊。

抗战胜利以后，广州市内书店、报刊及印务店如雨后春笋，而诲淫小报也鱼目混珠大量涌现。为此，市社会局会同警察局、教育局、公安局等联合组织专门检查队，由警察局秘密侦探，检查队突然袭击，大规模地检扣取缔诲淫小报②。仅1947年下半年，社会局就审查报纸22家，杂志47种③。专职检查人员均持有"书报检查证"，外出检查时须随时随身携带，"借阅"书刊必须签名，填写借阅单据。如遇拒绝，则会齐警察前往。检查员回去后得详细汇报情况，填写报告表，连同借阅单据，送队长及总干事审核盖章。

（三）处　罚

审查或检查结果，如有违反《出版法》或其他有关出版管理律例的，予以处罚。处罚是出版管理最严厉的措施。处罚的标准有两个：一个是政治标准，主要针对共产党和进步人士的出版物；一个是道德标准，用来检查社会上有伤风化的书刊小报。

对于违反上述标准的书店、印务店、出版物等，必加处罚，严惩不贷；对书店、印务店课以罚款或予以取缔；对出版物进行扣押、没收或焚毁；对当事人则罚款、拘留直至判刑。

1929年公布的《取缔不良小报办法》规定：如违反律例，一经查出，视其情节：①纠正；②警告；③停版；④查封及逮捕主持人。西南出版物审查会"对于书报之认为有违反《出版法》嫌疑者，即先行施以封存；对于贩卖违禁书报之书店书摊等，初次则施以警告，倘屡犯者，则会警将其拘送该管公安分局依法惩处。

---

① 《广东省政府公报》第293期。
② 广州市警察局档案，藏广州市档案馆，卷宗号7：11：87，1947年。
③ 广州市社会局档案，藏广州市档案馆，卷宗号10：3：215，1948年。

对没收及扣押的书籍刊物，反动报章等，除每种抽存一本备查外，悉存会候期焚毁"①。西南出版物编审会规定，书店经登记核准设立后，不得发售或代销反动及有伤风化之书籍，否则将依法处以罚金或停止营业。1933年3月21日西南执行部制发之《各书摊报贩登记领证办法》规定"领证后如有贩卖反动淫秽刊物时，本会除将其许可证没收，永远禁止营业外，并得将其拘送主管机关，依法究办"②。

广州市光复后，街头小报流行。广州市行辕新闻处、国民党广东省党部、省政府社会处及国民党广州市党部联合提交"取缔本市妨害善良风俗影响治安之小报之发行"议案，建议对小报予以切实禁止和取缔。广州市社会局1945年7月22日签呈《关于商定取缔本市各小报停刊办法》，停止所有小报出版，如有违反，则由警察局负责临时取缔，并惩处当事人。1946年11月再作具体规定，依据《警察法》第66条第5款，"贩卖或陈列查禁之书籍者，处三日以下拘留或二十元以下罚款"。

此外，对政治上"反动"的书报，除每种留一份备查外，其余焚毁；对已查获的诲淫书报则全部予以焚毁。据广州市社会局1948年1—9月统计，共检扣焚毁诲淫书报17074种，平均每月焚毁近两千种③。

出版管理部门在执行处罚时往往延请警察局或公安局配合，且参照《警察法》，因此所谓处罚，常常失之过当，殃及池鱼。实际上是"宁可错杀一千，不得漏网一个"政策的延伸，特别是在专制统治最黑暗的1946—1949年，更是如此。发生在1946年5月18日的"光明书局被毁案"就是典型的例子。光明书局平日循规蹈矩，警察局不知从哪儿听到风声，诬蔑光明书局"过去所售书籍，其中不乏言论荒谬，致为爱国青年所愤激"。5月18日下午8时，正当营业时间，十余名黑衣大汉手提短枪，"将店员指吓驱出街外，随将店中书籍搬出马路，浇以火油，举火焚烧，始扬长而去"。光明书局本小利薄，经不起如此沉重的打击，只得关门大吉，同时具状申诉。而警察局为了遮掩此事，妄称手提短枪之黑衣大汉为"爱国青年"，因激于义愤而将该店不正当言论之书籍多种抽出，搬至马路中心用火焚烧④。事实上，所焚各书，并非禁本，真是欲盖弥彰。

---

① 《中国国民党中央执行委员会西南执行部二十三年党务年刊》上编，1934年。
② 《西南党务月刊》第13期。
③ 广州市社会局档案，藏广州市档案馆，卷宗号10：4：227，1948年。
④ 广州市警察局档案，藏广州市档案馆，卷宗号临2：1：2092，1946年。

三、出版行业团体对出版业的协助管理

民间团体协助管理作为政府对出版实行强制管理的辅助，主要是通过出版业职工工会和行业公会的组织对本行业各个方面（印刷、图书、书店等）之间的关系进行协调，同时协助贯彻政府出版管理方面的方针政策。

广东出版业最早的职工工会是印刷工会，大约成立于民国初年，具体时间尚待考证。大革命失败后，广东国民党当局插手工会事务，成立广东印务总工会和书籍文具总工会[①]，利用它们来对各印务局和书籍进行调查或检查。宣传委员会公布《检查印务局办法》的同时，专门"函广东印务总工会查明"[②]，其协理作用可谓被政府大大发挥。此后，随着国民党对出版管理的加强，工会的作用被忽视而渐弱，显示出政府强制管理与行业团体协助管理此伏彼起的特点。广州光复后，出版业呈繁荣之势，行业组织如雨后春笋，纷纷成立。参见附表一。

附表一所列各行业团体的负责人中，纸商业同业公会负责人何辑屏，同时还兼任广州市商会负责人，可以知道出版业在当时所占的重要地位。

广州市政府专门成立商会指导委员会（主任常务委员邹殿邦），对包括附表一所述职工工会和行业公会在内的行业组织从筹备到正式成立，到开展活动的种种事项进行指导和监督，把它们当作政府对各行业进行管理的附属。由于有商会指导委员会的统一指导和监督，各行业组织的任务大同小异，主要是对本行业的进货、营业和利益进行调配知照，以免引起矛盾；万一出现矛盾，也由它出面调停。本来，不管是职工工会，还是行业公会，都应有一条对外的任务，即当本行业受到外人侵犯时，应出面主持公道，维护本行业的利益。但这一条既未写入《章程》，实际的作用也微乎其微。当行业内部发生争端，它还可以进行调解，而一旦冲突的对方是官府，它就无能为力了。其原因就在于它是政府帮助建立的，当然首先要维护政府的利益，其次才是本行业的利益。

1946年9月，大华、复兴、新广州、大明、惠来、学群、光中、国光、荣兴等9个书局联合对"中小学教科书七家联合供应处广州区供应委员会"（以下简称"七联处"）提出公诉："1946年8月30日（该会）突派（员）会同武装警察到9家书局，藉检查翻版国定本为词，肆意搜检，旁及绝对与国定本无关之书籍，

---

① 《广州市政公报》第265期。
② 《广州民国日报》1927年7月6日。

一并恃强封存。""七联处"由出版业的七家大户联合组成,其仰仗官方,垄断教科书市场的做法早已引起同业的不满,何况它还企图恃强抢占一般图书市场呢?市图书教育用品商业同业公会为维护本市同业的权益,先后三次函请"七联处"总部调查此事,并多次派代表接洽,均遭拒绝,对方反无理索要6亿元巨款,作为所谓"赔偿"。行业团体在突发事件中的无能暴露无遗。

这样,行业组织与政府的关系就是:政府既扶植行业组织,并利用它来协助管理出版业,又使它不至能反抗政府。为了达到这一目的,政府官员充任行业公会理事长或理事的不乏其人,最有名的是广州市政府设计委员会委员郑子展担任图书出版商业同业公会理事长,广东省政府社会处第二科科长刘飞航担任图书教育用品商业同业公会理事。每次理事会议,市商业指导委员会,省、市党部或社会局、处的官员都列席议决。职工工会和行业公会本应遵循自愿入会的原则,但其所有《章程》都对"会员"一章作明确规定:只要具备条件,"均应加入为本会会员",否则不得发给营业许可证。也是这个原因。

附表一:广州市出版行业团体一览表①

组织名称	成立日期	地址	负责人	会员人数
印刷业职业工会	1945年11月30日	文昌路4号	颜森	1236
石印业职业工会	1945年12月25日	长寿西路长兴街9号	王孙	174
切纸业职业工会	不详	文德南小隐巷2号	欧林	不详
石印工业同业公会	1946年4月10日	十八甫富善巷8号之一	陆勉勤	14
纸商业同业公会	1946年4月20日	海珠南182号2楼	何辑屏	153
报刊派贩业职业工会	1946年4月30日	文昌路4号	李标	1047
印刷工业同业公会	1946年5月12日	兴宁路18号之一2楼	何少海	157
图书教育用品商业同业公会	1946年5月22日	光复中62号2楼	刘飞航	28
图书出版商业同业公会	1947年5月	汉民北路208号2楼	郑子展	16

说明:"会员人数"一栏,职业工会是指加入工会的会员人数;行业公会则指本业加入公会的厂家、店铺或摊贩的数目,所谓"集体会员"。

附表二:民国时期广东出版管理律例(中央权力辖及广东时含中央政府)一览表

序号	出版律例名称	制颁机构	制颁年代	中央或地方
1	《出版法》	袁世凯政府	1914年12月	中央
2	《检查出版品条例》	国民党广东宣传委员会	1927年7月	地方

---

① 广州市社会局档案,藏广州市档案馆,卷宗号10:4:227,1948年。

续表

序号	出版律例名称	制颁机构	制颁年代	中央或地方
3	《检查印务局办法》	国民党广东宣传委员会	1927年7月	地方
4	《著作权法》	南京国民政府	1928年	中央
5	《审查出版物办法》	国民党广东省党部	1928年6月	地方
6	《取缔不良小报办法》	国民党广州特别市党部	1929年8月	地方
7	《出版法》	南京国民政府	1930年	中央
8	《广州市出版物审查委员会审查规程》	广州市出版物审查委员会	1932年初	地方
9	《定期出版物保证办法》	广州市出版物审查委员会	1932年初	地方
10	《取缔大小报刊登淫亵新闻办法》	广州市出版物审查委员会	1932年初	地方
11	《审查出版物暂行条例》	西南出版物审查会	1932年底	地方
12	《西南出版物审查标准》	西南出版物审查会	1932年底	地方
13	《大检查各书店办法》	西南出版物审查会	1933年	地方
14	《关于书籍及其他出版品领证事项》	西南出版物审查会	1933年	地方
15	《定期出版物保证办法》	西南出版物审查会	1933年2月	地方
16	《各书摊报贩登记领证办法》	西南出版物审查会	1933年3月	地方
17	《广州市印务店登记领证办法》	西南出版物审查会	1933年7月	地方
18	《审查出版物条例》	西南出版物审查会	不详	地方
19	《国民党西南各级党部审查出版物暂行条例》	西南出版物审查会	不详	地方
20	《书店登记取缔规程》	西南出版物审查会	1934年2月	地方
21	《今后审查反动出版物办法意见》	西南出版物审查会	1934年10月	地方
22	《取缔业经发售出版品办法》	西南出版物审查会	1934年11月	地方
23	《西南出版物编审会规程》	西南出版物审查会	1934年12月	地方
24	《西南出版物编审会检查队检查规则》	西南出版物编审会	1935年3月	地方
25	《修正报馆及通讯社登记出版改善办法》	西南出版物编审会	1936年5月	地方
26	《修正出版法》	南京国民政府	1937年7月	中央
27	《出版法施行细则》	南京国民政府内政部	1937年7月	中央
28	《修正抗战期间图书杂志审查标准》	南京国民政府	1938年	地方
29	《广东省战时杂志刊物检查办法》	国民党广东省政府	1938年2月	中央
30	《战时图书杂志原稿审查办法》	国民党政府	1940年	中央
31	《著作权法》	汪伪中央政府	1940年11月	汪伪中央
32	《出版法》	汪伪中央政府	1941年1月	汪伪中央
33	《战时文化宣传政策基本纲要》	日伪广东省政府	1943年6月	伪地方
34	《刊物发行保证暂行办法》	国民党广东省政府	1944年2月	地方
35	《关于商定本市各小报停刊办法》	广州市社会局	1945年7月	地方
36	《广州市小报登记暂行办法》	国民党广州市政府	1946年	地方

续表

序号	出版律例名称	制颁机构	制颁年代	中央或地方
37	《取缔出版品标准》	广州市社会局	1946年11月	地方
38	《对各小报所登载事项提示注意要点七项》	广州市社会局	1947年2月	地方

附表三：民国时期广州市出版发行机构一览表①

序号	机构名称	地址	营业种类	经理	资本额（万元）
1	麟书阁书局	光复中路	书籍、文具	邵永安	50
2	东方书局	光复中路2号	书籍、文具	张锡藩	100
3	大成书局	光复中路9号	书籍、文具	区康	100
4	藏经阁书局	光复中路13号	书籍、文具	卫百淇	100
5	民智书局	光复中路25号	书籍、文具	区锦鸿	120
6	醉经堂书局	光复中路41号	书籍、文具	毕苏	50
7	华兴书局	光复中路49号	书籍、文具	李汉全	100
8	乐观书局	光复中路60号	书籍、文具	何国一	100
9	上海书局	光复中路78号	书籍、文具	睦少成	80
10	崇德堂书局	光复中路116号	书籍、文具	曾玉其	50
11	鸿泰书局	光复中路139号	书籍、文具	区景洪	10
12	五桂堂书局	光复中路183号	书籍、文具	徐庚晖	100
13	启德书局	光复中路193号	书籍、文具	谈君实	50
14	建国书店	汉民北路	图书、文具	胡鑫勇	3300
15	新新文化社	汉民北路	图书	陈新	20
16	中国科学公司龙门联合书局	汉民北路24号	图书、文具	毛性初	由总公司统筹
17	国光书局	汉民北路36号	图书、文具	徐家祺	15
18	章记书店	汉民北路44号	图书、文具	刘汉平	15
19	国民书店	汉民北路45号	图书、文具	关华辉	10
20	怀远书局	汉民北路50号	图书、文具	冯慕韩	1000
21	华光书局	汉民北路54号	图书、文具	严长庆	100
22	新生书局	汉民北路54号	图书、文具	韩海林	20
23	华英图书公司	汉民北路68号	图书、文具	成濂澄	1000
24	国光新记书局	汉民北路76号	图书、文具	郭坚然	5000
25	华南书局	汉民北路100号	图书	赵勇新	2000
26	华英书局	汉民北路101号	图书	张天奕	500
27	时代书局	汉民北路102号	图书、文具	丁镜心	50
28	荣兴书局	汉民北路131号	图书、文具	江德明	50

① 广州市社会局档案，藏广州市档案馆，卷宗号10：4：227，1948年。

续表

序号	机构名称	地址	营业种类	经理	资本额（万元）
29	光明书局广州分局	汉民北路138号	图书、文具	周润波	不详
30	共和书局永记	汉民北路148号	图书、文具	吕调卿	不详
31	合和书局	汉民北路151号	图书、文具	区舜肃	20
32	学群书店	汉民北路153号	图书	张天奕	15
33	中华书局广州分局	汉民北路158号	图书	郑子展	由总局统筹
34	大业书局	汉民北路164号	图书	高豪柏	10
35	兴华书局	汉民北路166号	图书	徐道德	500
36	世界书局广州分局	汉民北路170号	图书	汤厚生	由总局统筹
37	开明书店广州分店	汉民北路179号	图书	陆联堂	由总店统筹
38	万有书店	汉民北路182号	图书、文具	李松江	1000
39	大东书局广州分局	汉民北路192号	图书	不详	不详
40	商务印书馆广州分馆	汉民北路196号	图书	黄访书	由总馆统筹
41	正大书店	汉民北路226号	图书	李邺	200
42	天地书店	汉民北路241号	图书	徐启楣	1000
43	中国文化服务社广州分社	汉民北路249号	图书、文具	胡寿冰	不详
44	南光书店	汉民北路251号	图书、文具	苏锡麟	9
45	新南书店	汉民北路257号	图书	睦镇辉	100
46	正中书局广州分局	汉民北路265号	图书	何辉云	不详
47	八记书店	文德路	图书	李莞	15
48	裕泰书店	文德路	图书	李惠文	8
49	萃经堂	文德路	图书	卢慈华	7
50	民生书店	文德路	图书	陈恩甫	50
51	桃记	文德路68号	图书	黄耀南	15
52	玩文斋	文德路72号	图书	李少泉	25
53	文华阁	文德路74号	图书	陈焕科	20
54	灼华书店	文德路76号之一	图书	黄灼华	10
55	古香书店	文德路80号	图书	禤少屏	6
56	大中书店	文德路178号	图书	梁灌南	40
57	模范书店	文德路180号	图书	谢少权	30
58	苏记书店	文德路182号	图书	彭苏	10
59	正大书店	文德路184号	图书	陈广	10
60	信诚文具行	第十甫	书籍、文具	张绍焜	10
61	昭信书店	第十甫22号	书籍、文具	刘符	50
62	文化书店	第十甫98号	书籍、文具	李耀唐	70
63	光明书局	第十甫174号	书籍、文具	高豪柏	500
64	中华书局	十七甫68号	书籍、小说	王孔能	150
65	大华书局	十八甫5号	书籍、文具	林东璧	40

续表

序号	机构名称	地址	营业种类	经理	资本额（万元）
66	新生书局	十八甫北 26 号	书籍、文具	梁仕任	30
67	惠来书局	十八甫路 55 号	书籍、文具	卫耀文	30
68	大明书局	十八甫路 96 号	书籍、文具	钟天表	30
69	光中书局	十八甫路 97 号	书籍、文具	林伦 郭金泉	100
70	新新公司文具部	十八甫路 103 号	书籍、文具	廖志游	300
71	大中书局	十八甫北 174 号	书籍、文具	李汉	25
72	中央书局	惠爱西路 106 号	书籍、文具	刘绍贤	50
73	成记商号	惠爱西路 109 号	书籍、文具	黄成	70
74	广用祥	惠爱西路 125 号	书籍、文具	吕日新	30
75	广东文化事业公司	惠爱中路	书籍、文具	刘飞航	10000
76	胜利出版社	惠爱中路 168 号	书籍、文具	杨德隆	100
77	集思书局	惠爱中路 172 号	书籍、文具	张熙辉	150
78	新中国	惠爱中路 179 号	书籍、文具	苏舜阶	30
79	国华书局	惠爱东路 324 号	图书	秦绍元	1000
80	文通书局广州分局	惠爱东路 328 号	书籍、文具	吕鹤鸣	不详
81	复兴文具行	惠福西路 208 号	书籍、文具	王锦波	100
82	兴华书局	惠福西路 244 号	书籍、文具	陶承章	72
83	建生书店	惠福西路 252 号	书籍、文具	张建生	5
84	新广州文具行	西湖路 15 号	书籍、文具	谢惠能	150
85	香港文化供应社广州分社	西湖路 102 号 2 楼	书籍、文具	毛羽鸣	不详
86	守经堂书局	九曜坊 32 号	书籍、文具	戴洁生	100
87	协英书局	大新路	书籍、文具	何少康	50
88	复兴书局	上九东路 17 号	图书、文具	叶天使	35
89	九江佬书店	上九东路 29 号	图书	关子西	50
90	萃文	文明路	图书	冼銮均	30
91	粹存斋	文明路 177 号之一	图书	黎士鸣	40
92	永大文具行	奖栏路	图书、文具	欧国钊	50
93	独立出版社广州分社	昌兴街 49 号	图书	刘伯奎	由总社统筹
94	白马书店	教育路 91 号	图书	胡鉴	20
95	黎辉书报社	沙面同仁路 4 号	图书	区萍	50
96	新新商店	东山庙前直街 11 号	图书、文具	张绍翰	300
97	锦江书店	逢源路 5 号	图书、文具	刘耀文	50
98	申记书店	河南南华西 47 号	图书、文具	罗海申	100
99	万里书店	河南南华中 191 号	图书、文具	陈德	100
100	大陆书店	大德西	图书、杂志	萧友	不详
101	启明书局广州办事处	广仁路 1 号	图书	不详	不详

续表

序号	机构名称	地址	营业种类	经理	资本额（万元）
102	实学书局	越华路123号	图书	李实斋	不详

［原载《广东史志》1995年第1—2期，收入本书时增补了附表三，略有改动。附表三原载广东省新闻出版局《广东出版史料》（内部资料）第三辑，1992年。"舒平"为本人笔名］

近代广东印刷业发展概况

近代广东的书刊印刷有四种形态：其一是传统刊刻，也就是雕板印刷；其二是铅印印刷（又称凸印）；其三是平板印刷（又称平印或石印）；其四是电板印刷（又称凹印）。

传统的雕板印刷主要用于刻印古籍、小说、通历、年画等，它并没有因为西方现代印刷术的传入而退出历史舞台，而是一脉相续，继续存在至民国，甚至中华人民共和国成立以后也还有少量特种书籍运用传统雕板工艺进行印刷。如1917年由古籍整理专家徐信符主持建立的广雅板片印行所，就曾以广东省立图书馆馆藏广雅板片为基础，"择其版式一律者凡一百五十余种，汇为《广雅丛书》，刊行于世"[①]。民国时期广州光复路一带的私营书坊，如藏经阁、麟书阁、崇德堂、以文堂、六经堂、五桂堂等，以及十六甫的萃古堂、群经阁、十八甫的品经堂、石经堂、太白书楼，文德路的九经阁、凰文楼、芸书阁、文华阁、研经阁、大文堂等等，大都售书兼刻书，虽然规模很小，且属手工操作，倒也能满足一般市民对旧小说、连环画、通历、年画等的需要。再如佛山木刻年画，直到新中国成立前夕，从事年画生产的仍有一千多人，较著名的作坊有冯均记、广兴、广生、周添、长生、楠记、炳记、吴三兴、李保记等十多家[②]。

近代出版业的兴起，以现代西方印刷术的传入为标志，而现代西方印刷术是由西方传教士为布道传教的需要，经马六甲（今属马来西亚）、香港和澳门首先传入广东的。

西方现代印刷术传到广东以凸版印刷（活字铅印）最早，平板印刷（石印）次之，

---

① 参见温仲良：《二十年来广东省图书馆事业办理概况与其计划》，载《广州大学图书馆季刊》第1卷4期，1934年。

② 林明体：《佛山木版年画》，载佛山市政协《佛山文史资料》第9辑。

电板印刷（凹印）最晚。

清嘉庆十二年（1807），伦敦布道会遣马礼逊（Robert Morrison，1782—1834）到广州传教，编辑《华英字典》，又翻译圣经新约为中文，秘密雇人刻印。接着，有美国人台约尔（又译戴尔，Samuel Dyer）自选中文字模在香港开局印刷。1844年，美国长老会派谷玄（Richard Cole）在澳门设花华圣经书房，所铸之字模即后人所称的"香港字"。当时花华圣经书房即用"香港字"广印书籍。①

协助马礼逊等在广州从事印刷事业、对印刷技术的引进作出重要贡献的是两个广东人蔡高和梁发。

梁发（1789—1855），又称梁阿（亚）发，广东高明县人。1804年去广州当雕板刻字学徒。1810年被马礼逊雇佣刻印《华英字典》，开始接触现代西方印刷术。1815年随米怜赴马六甲设立印刷所。1833年用手工刻铅活字排印出中国最早的中文铅排本书籍。

中国人第一个学会石印术的，是梁发的徒弟，广东人屈昂。他跟马礼逊的长子马儒翰（John Robert Morrison，1814—1843）学习石印术，经常在澳门印刷一面经文、一面图画的布道宣传品。1833年，在广州出现了第一间石印所。现在能看到的广州最早的石印印刷品，是道光十八年（1838）由麦都思（W. H. Medhurst）主编的中文月刊《各国消息》，以刊载新闻及商情为主，用连四纸石印。②

石印印刷技术虽较早传入广东，但并无多大发展。直到20世纪初，广东的平板印刷才出现持续的发展。这主要是因为当时规模较大的几个平板印刷机构，如"东雅""明新""国民"等，不惜花费巨资进口设备，并派人去国外学习，聘请外国技术人员作顾问。通过这些方式，大大促进了平板印刷的发展。东雅印务公司（后改名中兴印务局）最后发展成为广东资本最雄厚的一间平板印刷机构。这些规模较大的平印机构的发展，促成了广东整个石印业的繁荣。抗战以前广州的平印机构达到30余间。③

电板方面，粤人黄洪基是最早学会电板技术并在广州率先开业制造电板的中国人。黄洪基1908年赴美游历时，看到美国电板所陈列的样本工精物美，非国内雕板印刷的图画可比，"乃寻机就学于某电板所"。回国后先在广州以所学电板

---

① 参见张静庐辑：《中国近代出版史料》初编第258—600页，群联出版社，1954年。
② 张秀民：《中国印刷史》，第580页，上海人民出版社，1989年。
③ 谭挹：《广州市东方红印刷公司的发展》（未刊稿）。

技术承印《世界公益报》，旋因"较配药料未得其法"而失败。于是再次赴美，拜美国电板大家为师，结果"全得其秘诀"。回国后即在广州开设了中国第一间电板所。所制电板，"手工奇巧，美丽夺目"。①

延及20世纪20年代，特别是大革命开始以后，由于国共合作和革命浪潮风起云涌，适应宣传的需要（主要是各种宣传画和街头招贴），广州市的电板业盛极一时，"当时电板所愈开愈多，几触目皆是"。蒋介石为首的国民党叛变革命后，宣传类图书日见减少，电板业亦因而衰弱。②以后几个时期，广州电板业因政治形势的升降及国民党地方当局对出版业的钳制，时起时落，一直没有得到稳定的发展。

印刷设备方面，印刷厂家多用手工印刷，主要使用石板、木刻活字和手摇印刷机等。③原因是印刷业主多数资本薄弱，无力购买先进设备，而行业的不稳定也造成设备趋向简陋，印刷机构旋起旋散的格局就此形成。20世纪30年代稍有发展，一些规模较大的铅印、石印印刷机构，如培英印务局、志成印务局、广大印务公司、清华印务馆、东雅印务公司、明新石印局等相继购置印刷机器设备，但接着爆发的抗日战争，广州、汕头等沿海的印刷设备或遭袭毁，或陷敌手，只有一小部分被转移到韶关、梅县等地，使得这些原本印刷业很落后的地区获得一定程度的发展。但这种发展极不平衡，以韶关为例，各印刷厂有的还在用手摇或脚踏的石印机，有的则用上了对开机；有的只有一两部六度机，十六度机，有的则有多部；有的只能承印少量书刊，有的则不但承印大量书刊，且兼印票据、广告、招贴等。④

抗战胜利后，广东印刷业获得较大发展，各地陆续建立了一些小型机械厂和机修厂，除生产其他机械设备外，也生产一些电动的印刷机械。到中华人民共和国成立前夕，铅印方面，广州全市有对开机50多台、四开机200余台；⑤石印方面，有半自动柯式胶印机38台、石印机12台、半自动印铁机2台、手摇平台印刷机4台、凹印机5台。⑥

印刷队伍方面，直到中华人民共和国成立前夕，广东全省也没有形成一支完

---

① 《中国最先开业制造电版之黄洪基小传》，载《济生月报》第2期，1918年。
② 《本市电版业冷淡》，载《广州民国日报》1929年12月31日。
③ 广东省新闻出版局：《广东省印刷业大全》（内部资料），1989年。
④ 参见金炳亮：《抗战时期韶关出版业概述》，载《广东出版史料》（内部资料）第2辑。
⑤ 《广州市十年来的出版事业》，藏广东省档案馆，卷宗号84：194，1959年。
⑥ 根据《广州市石印工业同业公会会员名册》统计，藏广州市档案馆，卷宗号10：2，1948年。

整的印刷队伍。书刊印刷主要集中在广州。根据广州市印刷工业同业公会、石印业同业公会的登记调查，中华人民共和国成立前夕广州市有铅印印刷工人2313人，其中兼事书刊印刷的有752人，加上石印工人708人，两者合计1460人。其他地区印刷业既不发达，书刊印刷更是少之又少，印刷工人充其量不超过1000人，这样，全省书刊印刷工人就只有2000余人。①

印刷工人人数虽不多，但工资却较一般行业高，特别是技术工人，更是如此。据档案记载，1946年广州市各业工人年均工资如下：石印业，男112500，女40000；装船业24000；杉木料业42300（以上厂方供膳费）；汽车技工司机204000（膳费自备）。②因此，为了赚取更高的利润，很多厂家都大量使用女工和童工，如石印工人708人中，有女工104人，童工149人。

如上所述，虽然凸印、平印、电板等西方现代印刷术首先传入广东，但广东的印刷业并没有因此获得大发展，这一方面固然是由于清末民初的广东政局极端不稳，造成商人投资的困难；另一方面则由于上海作为新出版业中心的迅速崛起，西人竞相趋之。由于租界的掩护而使西方印刷术在中国的土壤上不断拓进——已传入的西方印刷术的每一项技术革新几乎都是在上海完成的。经过改进发展的印刷技术和设备再返回广东，使广东始终处于亦步亦趋的状况。同时，由于香港特殊的政治背景和地理位置，印刷术一向发达，加之印刷物件容易进口，印刷成本低，周期快，也使广东的出版商多以香港为自己的印刷基地。往返粤港，虽多了运费，但总的费用却要低廉得多，印刷质量也高。以上因素，是广东在西方印刷术传入后印刷事业没有蓬勃发展的主要原因。

20世纪30年代前后，陈济棠统治时期政局稍稳，经济的发展较前更快，印刷事业也相应发展，出现了志成印务局、红轮印务铸字局、广大印务公司、神州国光社、亚东印务局、顺天印务局、广州文华美术图书印刷公司等规模较大的印刷机构。然而好景不长，抗战烽烟一起，广州受到日寇轰炸，印刷设备大多因来不及搬迁和隐蔽而损毁。沦陷期间，小印刷机构的老板更作鸟兽散，广州的印刷事业遂残败至于凋零。抗战胜利后民主气氛相对浓厚，出版业有重振旗鼓之势，由政府出资以及私人投资的印刷机构遂以前所未有的势头发展起来。1946年在广

---

① 《广州市各业工人工资》，藏广州市档案馆，卷宗号10：3，1947年。
② 根据《广州市石印工业同业公会会员名册》统计，藏广州市档案馆，卷宗号10：2，1948年。

州成立的印刷机构竟达 88 间，占当年印刷机构总数的 40%。但是这种发展不过是印刷机构和印刷工人数量上的简单扩充而已，印刷技术并没有多少改进，印刷设备大体也还是原来的水平。

附表一：广州市印刷机构一览表[①]

序号	名称	地址	经理	组织形式	创办年月
1	文锋	光复中路 83 号	陈泉	合股	1945
2	三元堂	光复中路 87 号	蔡钧祥	独资	1945
3	环球印刷所	光复中路 100 号	郭英殊	合伙	1947.9
4	三民主义学会合作社	光复路 103 号	陈劭南	合伙	1947.6
5	建国电版	光复路 106 号	陈德恒	合股	1946
6	建国日报印刷厂	光复中路 126 号	李少镁	公司组织	1947
7	亨记	光复中路 129 号	高福初	独资	1933
8	杰臣印刷所	光复中 145 号	陈芳	独资	1941
9	新万利	光复中 146 号	苏全	独资	1946
10	光复印刷社	光复中 511 号	曾锦枢	合股	1946.1
11	大信	光复中 160 号	甘鸿光	合股	1946
12	岭南	光复中成嘉巷 2 号	冯享	合资	1946.10
13	善美	光复中	黎松	合股	1946
14	民安印刷所	光复南扬仁里 27 号	何其生	独资	1936
15	东壁斋	西湖路 3 号	罗亮初	独资	1926
16	顺成	西湖路 5 号	黎明初	独资	1946
17	宏昌	西湖路 7 号	梁垣	独资	1946
18	觉文	西湖路 9 号	李科	独资	1946
19	智文堂	西湖路 11 号	罗瀚文	独资	不详
20	新洲	西湖路 15 号	许昌	独资	1946
21	昌兴	西湖路 17 号	刘应	合股	1939
22	桂庭印刷所	西湖路 19 号	黄家树	独资	1946
23	鸿生	西湖路 21 号	雷震宇	合股	1947
24	明星	西湖路 24 号	刘国兴	独资	1945 年复业
25	明新	西湖路 24 号	刘国兴	独资	不详
26	景成	西湖路 25 号	黎强	合股	1947.5
27	荣昌	西湖路 26 号	徐伯炽	合资	1925
28	美亚	西湖路 30 号	罗炜	合资	1946
29	新运印刷厂	西湖路 31 号	刘光普	合伙	1947.5
30	文光	西湖路 32 号	黎耀	独资	1929.4

① 《广州市印刷工业同业公会会员名册》，藏广州市档案馆，卷宗号 10-2-943。

续表

序号	名称	地址	经理	组织形式	创办年月
31	天才	西湖路 39 号	苏天保	独资	1947
32	全城	西湖路 41 号	陈荣	独资	1941
33	中成印务局	西湖路 44 号	陈智亭	合股	1935.12
34	植华	西湖路 48 号	李林	合股	1947
35	文艺	西湖路 52 号	区芬	合股	1948.3
36	中英	西湖路 55 号	谢贯一	独资	1922
37	信诚	西湖路 57 号	王信开	独资	1948
38	兴华	西湖路 63 号之一	刘炽	合股	1946
39	民业印刷所	西湖路 63 号之二	吴辉南	独资	1946
40	大中工业社	西湖路 65 号	黄善余	独资	不详
41	中兴	西湖路 66 号	关如城	独资	1946
42	天华	西湖路 67 号	李锦	独资	1946
43	光中	西湖路 71 号	陆宗耀	独资	1946
44	生生	西湖路 97 号	严生宽	独资	1948
45	协和印务局	西湖路龙藏街 79 号	黎润生	独资	1946 年复业
46	蔚兴印刷厂	教育路 16 号	梁明德	股份	不详
47	联华	教育路 34 号	邝恩修	合股	1947.7
48	庆文	教育路 70 号	廖庆余	独资	1946
49	奇文印务局	教育路 113 号	何少海	独资	1913
50	科学印刷馆	教育路 114 号	曾深铭	合股	1946
51	威灵	惠福东赵家巷 2 号	邓泗	独资	1946
52	白云印务局	惠福东 18 号	刘卓云	独资	1947
53	明德印务书局	惠福东 68 号	陈公陶	独资	1946
54	建文	惠福东 76 号	区瀚	独资	1948
55	天成印务局	惠福东 126 号	冼乃祥	独资	1927
56	信生	惠福西 251 号	黎潜望	独资	1946
57	云成印刷厂	惠福西 255 号	梁志成	合伙	1920
58	鹤年	惠福西温良里 26 号之一	黄启铨	独资	1921
59	新以泰	惠福东 184 号	钟泰	合伙	民国前
60	大地印刷工业社	惠爱西 12 号之三	但明	独资	1945.11
61	永新印刷厂（第 1 工场）	惠爱中达名里 1 号	刘文湛	合伙	1948.4
62	华南文化事业有限公司	惠爱中达名里 1 号	刘文湛	合股	1946
63	清华印书馆	惠爱东毓秀新街	张式洪	合伙	1947
64	明新	大新中 207 号	刘钜明	独资	1946
65	协英印务局	大新路 213 号	何少康	独资	1942
66	九龄	大新路 245 号	张叟令	独资	1945
67	恒发	大新中 250 号	黄荣光	独资	1936
68	同利	大新路安命里 25 号	黄锐锡	独资	1936

续表

序号	名称	地址	经理	组织形式	创办年月
69	大新	大新西 49 号	林焕章	独资	1946
70	永泰祥印刷厂	大新西 386 号	黎星焕	合股	1946
71	南亚	大新西升平新街 26 号	靳少强	独资	不详
72	真民	大马站 12 号	李明	独资	1931
73	永荣	大马站 44 号	冯子正	独资	1946.5
74	建成	大马站 45 号	葛昌宁	合股	1946
75	能记	大马站 77 号	梁能	独资	1946
76	飞亚	大南路 39 号之一	郭鹤洲	独资	1946
77	大芳	大南路 134 号	朱朝灼	合股	1946 年复业
78	新亚洲	大德西 361 号	谭标	独资	1937
79	三光电版	长寿东 11 号	何鸾	独资	1946
80	东亚	长寿大街 14 号	阮玉衡	独资	1945
81	大华电版所	长寿东 14–16 号	吕彬	独资	1945.11
82	兴强	长寿东 14 号	靳兴强	独资	1938
83	永祥	长寿东 26 号	欧兆麟	独资	1948.1
84	艺新	长寿东 39 号	欧兆衡	独资	1931
85	精工电版	长寿东 51 号	冼量初	独资	1936.1
86	长城电版	长寿东 54 号 3 楼	朱希云	合股	1947
87	公诚印刷所	长寿东 58 号	梁建联	独资	1940
88	胜利电版	长寿东 62 号	何继昌	合股	1946
89	邵利兴	长寿东 91 号	邵棪	独资	1941
90	美美电版	长寿东 101 号 2 楼	李才单	独资	1940
91	美艺	长寿东	苏炘	独资	1939
92	中美电版	长寿东 130 号 2 楼	李仁和	合股	1945
93	长寿印刷局	长寿东 132 号	容式文	合资	1932
94	黄精华	长寿东 136 号	黄和祯	独资	1944
95	奇昌	长寿东 138 号	邵植	独资	不详
96	文明印务局	长寿东 146 号	龚玉衡	独资	1913
97	真光电版	长寿模街 3 号 2 楼	梁盛祥	独资	1945.5
98	国光印务局	长寿东担贵巷 6 号	陆煊	合股	1946.9
99	梁炜	长寿东成嘉巷 30 号	梁炜	独资	1946.6
100	银光电版	长寿西 35 号 4 楼	陈东	独资	1944
101	子刚	长寿西 45 号	陈子刚	独资	1927
102	均记印务局	长寿西 128 号	叶平一	独资	1921
103	东南	长寿西 136 号之一	何鹤荣	独资	1938
104	勉初印刷合作社	长寿西鸿昌大街 39 号	梁勉初	独资	1946
105	联兴	长乐路 9 号	刘裕	独资	1945
106	广安	长乐路 26 号	谢瑞棠	合股	1946.8

续表

序号	名称	地址	经理	组织形式	创办年月
107	同兴隆	长兴大街 23 号	李锡洪	独资	1946
108	艺成印刷社	长兴大街 31 号	李铭	独资	1946
109	初记	长春里 4 号	谢泰初	合资	1945
110	振华	抗日中 71 号	任振	独资	1946
111	新锋	抗日中 75 号	黎生	合股	1946
112	谢荣发	抗日中 94 号	谢荣发	独资	1941
113	明光电版	抗日中 127 号	文英明	独资	1944
114	日安电版	抗日中	池日安	独资	1941
115	福源	抗日西 12 号	冯沃荣	独资	不详
116	伟文	九曜坊 25 号	陈镜湖	独资	1912
117	九龙	九曜坊 28 号	何策	独资	1946
118	文元堂	九曜坊 31 号	李澄波	独资	1945
119	怡安	宝华路 15 号	严启文	独资	1946
120	利达	宝贤东 19 号	吴惠普	独资	1946
121	迪行	宝华路 35 号	任树培	独资	1939
122	岭东凹凸版印刷所	第八甫荣华西街 19 号	梁达文	合伙	1947.11
123	汉全	第八甫水脚街 29 号	徐全	独资	1946
124	复兴印务局	十八甫 7 号	黎复泉	合伙	1945
125	新新	十八甫南 11 号	任新泉	独资	1946
126	新中	十八甫南亚西街 17 号	任新才	独资	1946
127	华南印刷局	十八甫 18 号	李锦竹	独资	1946
128	怡盛号	十八甫南亚西街 28 号	任浩宏	合股	1933
129	大盛隆	十八甫 58 号	张广	合股	1946
130	华文印刷所	第十甫路 2 号	卢慎忠	独资	1926
131	刘英记	上九路永安街 3 号	刘英	独资	1933
132	建华	上九路连桂里 6 号	傅剑虹	合股	1946
133	广东凹凸印刷所	下九路星泉里 2 号	王公平	合资	1941.1
134	开文	下九路荣光里 4 号	卢发祥	合伙	1945.10
135	开文铸字厂	下九路荣光里 4 号	卢发祥	合伙	1945.11
136	瑞记	杨巷绿巷 6 号	冯维德	独资	1946
137	美华印刷厂	杨巷路淘沙氹 18 号	郭葵	合股	1947
138	善工制版	扬仁里 36 号 2 楼	高善藻	独资	1926.5
139	林宜印刷所	小圃园 9 号	林宜	独资	1946
140	青华印务馆	小圃园南社巷 11 号	林光	独资	1946
141	大东	小圃园 25 号	谭东成	独资	1946
142	溢诚	小圃北 35 号之一	曾溢云	独资	1945.9
143	艺昌	汉民北路 33 号	李萃亨	合股	1925
144	中华印刷所	汉民北路 63 号	王甘良	合股	1947

续表

序号	名称	地址	经理	组织形式	创办年月
145	焕文	汉民北路 71 号	韩端	合股	1946
146	鸿昌印务局	汉民北路 86 号	钟瓒	合股	1928
147	光天印务公司	汉民北路 118 号	郭英殊	公司	1946.1
148	中国	汉民北 195 号	李石深	合资	不详
149	胜利	汉民北 210 号	陈克强	独资	1946
150	粤华兴	汉民南迎恩里 41 号	廖荫棠	独资	1946
151	图良	清平路 100 号	潘常	独资	1931
152	秉元盛	清平路陈塘南 1 号	刘智侣	独资	1945
153	西南	清平路陈基 27 号	霍楚弓	独资	1947
154	协兴	高第西街 64 号	李显良	独资	1947
155	国兴	高第路福寿巷 6 号之一	李海	合股	1946
156	黄道田	龙津东 8 号	黄兴杰	独资	1946
157	海泉	龙津东占巷	邓少峰	独资	1946
158	赵华	龙津东五桂南 55 号	曾三	独资	1947
159	萃经堂	龙藏街 75 号	陈耀泉	独资	1916
160	友文斋	龙藏街 84 号	何湛光	独资	1936
161	培兴	海珠中路 97 号	熊培兴	独资	1948.5
162	艺源	海珠中 104 号	何少物	独资	1946
163	苏记	海珠中 108 号	苏维	独资	1946
164	永安电版	海珠中广府前街 70 号 4 楼	黄安	独资	1946
165	建华铸字公司	诗书路永禄新街 1 号	李少穆	合伙	1946.4
166	大生	诗书西街 2 号	邱霖	独资	1938
167	新华电版所	诗书街 51 号	吴性初	独资	1946
168	宏盛	诗书街 51 号之一	甘鸿光	独资	1937
169	达成印务局	新民路 30 号	杨伯韶	合资	不详
170	怀远印刷厂	新民路 50 号	曾启忠	合股	1947
171	国风	洪寿直街 7 号	冯励峰	独资	1946
172	合兴	洪寿直街 35 号	邹锦焯	合股	1946
173	东兴印务书局	梯云东 73 号	任谓兴	1944 年前合伙，后独资	1938.7
174	广兴印刷所	梯云东 90 号	张卓芬	独资	1934
175	尚古斋	梯云东 94 号	萧介平	独资	1946.3
176	岭海印务局	梯云东 232 号	张敬初	独资	1922
177	永光	珠玑路迪龙里 19 号	刘康	独资	1946
178	仲平印刷厂	珠玑路 52-54 号	任侣英	合资	1916.5
179	中华印刷所	珠玑路 151 号	戴松	独资	1923.1
180	荣兴	带河路晚景新 1 号	吴亮	独资	1948.5
181	利通印务局	带河路中兴里 17 号	余致力	独资	1948

续表

序号	名称	地址	经理	组织形式	创办年月
182	陆万记	文兴大街19号	陆万记	独资	1926
183	华成	文兴大街29号	范聪	独资	1938
184	成记	文兴大街45号	聂龙	独资	1946
185	兴生	青丘新巷6号	丁贺宠	独资	1939
186	三友社	青丘里21号	陆勉勤	合股	不详
187	子坚	中华中起云里瑞和新街3号	黄子坚	独资	1947
188	国华印刷厂	中华中316号之一	黄镜如	合伙	1946.1
189	永新印刷厂（第2工场）	公园路41-43号	刘文湛	合股	不详
190	穗兴印务馆	公园路43号	刘桂伍	合伙	1946
191	艺雄电版	华林寺前街13号2楼	黎标	独资	1946
192	羊城	驿巷杠杆巷9号	蔡国基	独资	1946
193	永和	洞神坊18号	潘永源	合股	1946
194	义兴	聚德里9号	陈溥华	独资	1945
195	竟成	南华西31号	谭竟芳	独资	1946
196	焯民	德兴路冼家巷37号	龚炜燊	独资	1946
197	国民印刷厂	仙湖街72号	朱瑞华	公司	1946
198	华成	沙基东中横街2号之一	任宗颔	独资	1946
199	神农	杉木栏萃胜里6号	冯惠农	独资	1945
200	华安	西曜口4号	梁泰	合股	1947
201	友联	兴伦里22号	潘秋	独资	1946
202	精致印刷厂	光雅里43号之一	梁侠生	独资	1933.4
203	昌华	吉星里33号	仇澄	独资	1945
204	友成	毓桂巷15号	雷兆海	合股	1947
205	美捷	文明路233号3楼	何志	独资	1946
206	光华图书印务公司	维新路425号	方华兴	合股	1946
207	年记印刷部	一德东103号	简军	独资	1937
208	三江印务局	连珠街23号	谢景森	独资	不详
209	根源	文昌路78号	冯根	独资	1946
210	永新印刷厂（第3工场）	石岐凤鸣路山凤街48号	刘文湛	合股	不详
211	德辉印刷所	安畴里49号	罗德辉	独资	1946
212	美胜	禺山市学源里143号	聂剑慧	独资	1948.3
213	炎明	谭新街6号	罗炽	独资	1946
214	志成印务局	仁济路39号	曾瀚洲	独资	1922.2
215	美华印刷所	镇安路17号	夏士华	独资	1942
216	昆仑印刷所	兴隆路149号	陈永泽	合伙	1946.8
217	正山	天成路仁居里2号	冯公正	独资	不详
218	中心印务局	西荣巷25号	蒋明	独资	1947

续表

序号	名称	地址	经理	组织形式	创办年月
219	兴华	鸡栏街5号	杨绍桓	独资	1942.11
220	美华	不详	王业成	合股	不详
221	西南印刷所	不详	易健菴	独资	不详

附表二：广州市石印印刷机构一览表[①]

序号	工厂名称	地址	负责人	组织形式	创办年月
1	华美石印局	光复中路16号	胡景文	合伙	1946年1月
2	明新石印局	光复中路32号	熊少棠	独资	1915年10月
3	三友石印局	光复中路34号	陆勉勤	合伙	1933年
4	广新印铁厂	光复中路37号	何仲平	合伙	1932年1月
5	万国石印局	光复中路52号	冯伯吉	合伙	1942年1月
6	南京印务局	光复中路75、77号	关祖谋	合伙	1946年1月
7	新中国印制工厂	光复中路95号	邓泽传	合伙	1948年2月
8	大成石印局	光复南路扬仁里37、39号	梁谦甫	合伙	1946年2月
9	光华印铁厂	十八甫路富善3巷15号	谭日	合伙	1947年1月
10	中兴纸铁印刷局	十八甫南路西后街12号	关凤池	合伙	1928年5月
11	国民石印局	杉木栏路199号之一	冯国基	合伙	1929年
12	新华石印局	西湖路56号	李中和	独资	1943年
13	两广石印局	抗日中路47号	邓国威	合伙	1947年2月
14	中雅印刷局	海珠中路179号	陈祖榆	合伙	1940年5月
15	公诚印刷所	长寿东路58号	梁惠联	独资	1940年
16	永源石印局	十三行路99号	吴瑞文	合伙	1946年1月
17	五洲橡皮印刷局	奖栏路西荣巷25号	何美	合伙	1947年8月
18	商业纸铁印刷局	光雅里15号	关健全	合伙	1946年7月

［原载广东省地方志办公室：《广东史志》1994年第1期，收入本书时增补了附表一、二，略有改动。附表一、二，原载广东省新闻出版局《广东出版史料》（内部资料）第三辑，1992年。"舒平"为本人笔名］

---

① 《广州市石印工业同业公会会员名册》，藏广州市档案馆档案，卷宗号10：2，1948年6月。

黄埔军校宣传出版活动述略

史学界在整理黄埔军校史料、研究黄埔军校历史方面做了大量工作，且取得较大成就，但这些研究大多集中于黄埔军校校史、黄埔军校的军事成就、孙中山的建军思想与实践、苏俄模式的影响等方面，这显然是不够的。事实上，黄埔军校在政治教育、宣传出版等方面所取得的成就在当时也是极为重要的，只不过被军事成就所掩盖了。因此，有必要对史学界这一长期忽视的领域进行考察和研究。

一

关于宣传的重要性，孙中山大约在1918年就已开始注意到了。在此之前，孙中山把大部分时间与精力放在军事方面。1918年6月，护法运动失败，孙中山辞去非常国会的职务，定居上海，对自己前半生的革命事业进行深刻的反思，他开始认识到两点：其一，南北军阀，一丘之貉，要想革命成功，必须有自己的武装；其二，必须唤醒民众觉悟，必须对民众进行主义的宣传。

宣传与出版是紧密相连的。书面宣传就得通过报刊、图书、传单、小册子等传播媒介。孙中山深知于此，在此后一段时间，他在上海闭门谢客，著书立说，写成《建国方略》等著作。同时，指示胡汉民、戴季陶等创办《建设》杂志和《星期评论》，鼓励他们从事理论研究，着力做革命宣传工作。

1922年陈炯明的叛变使孙中山深受打击，孙中山一方面更加感到拥有军队和革命宣传的重要性；一方面由于势单力孤，开始转向苏俄与中国共产党。孙中山惊奇地发现，原来他的建军思想与主义宣传构想与布尔什维克的论述竟是如此吻合。由于这个原因，孙中山一度认为三民主义就是社会主义，就是共产主义。胡汉民、戴季陶等追随者也认为马克思主义是解决中国问题的一把钥匙，发表大量文章阐述马克思社会经济观和社会历史观。在某些方面，孙中山及其追随者正与中国共产党走向一致，这是国共合作的思想基础。

1920年，戴季陶在《建设》杂志发表《致陈竞存论革命的信》，阐述建立苏联式的红军与革命宣传的必要性及重要性。①朱执信则号召建立一支"能宣传主义"的革命军队，强调"现在我们着手，是要弄出一种能有主义的、有希望的、非依赖的、不突然过劳的、精神上平等的生活来改造兵的心理，完成兵的改造，再拿兵来解决各种问题"②。应该说，在黄埔军校建立前，国民党领导层里关于在军队里宣传主义，把兵改造成富于理想与战斗精神的革命军队的构想已经相当成熟了。在以后黄埔军校的宣传出版活动中，主义与军队结合，武力与民众结合的内容仍占了相当大的比重。

二

中国共产党从成立之日起，就非常注重宣传出版活动，大革命时期刊物之多，只有五四时期可以相比，在国共合作重大成果之一的黄埔军校里，国共双方在宣传出版方面的趋同为黄埔军校宣传出版活动的兴盛起了极大的促进作用。

黄埔军校建立后，中共把重视宣传出版的作风带入黄埔军校，共产党员周恩来、熊雄、鲁易、恽代英、聂荣臻、萧楚女、张秋人等先后担任政治部主任、副主任、政治部秘书和政治教官，为开展宣传出版活动提供了极为有利的条件。黄埔军校的课程有政治教育、军事教育和军事训练三项，政治教育主要掌握在中共手里，与政治教育相应的宣传出版也大部分掌握在中共手里。

中国共产党把政治教育当作宣传革命理论的大好机会。政治教育采取授课、讲演和宣传队的方式，授课科目有：①政治理论：三民主义浅说、帝国主义浅说、帝国主义的解剖、社会主义、社会进化史、社会发展史、党的组织问题、军队政治工作、本党（案指国民党）政策、国民革命概论、失业问题、工人运动、农民运动。②一般社会科学知识：社会科学概论、政治学、经济学、经济思想史、各国宪法比较、中国政治经济状况、世界政治经济状况、政治、经济、地理、不平等条约概略、社会问题。③中国革命史与世界革命史：中国国民党党史、中国近代史、中国近代民族革命史、各国政党史略。政治讲演的情况与此类似，但一般具体到某个专题，如谭延闿《国民政府之组织及其工作》、罗绮园《广东的农民

---

① 戴季陶：《致陈竞存论革命的信》，《建设》杂志第2卷第1号。
② 《兵的改造与其心理》，载《朱执信集》（下册），第835—836页，中华书局，1981年。

运动之经过》、恽代英《中央各省联席会议之经过》等。① 授课讲义和演讲稿或已出版成册，或已制成一般印刷物。

为了配合政治教育和宣传，设立质问箱，并形成制度，"凡学生关于主义及一切政治经济问题有疑问时，可投函于质问箱。每星期一日开箱，检查各质问函件，由主任、教授分别以书面或口头答复质问者"。书面答案往往同时在校刊《黄埔日刊》上发表，以扩大影响。1927年1月，政治部还将恽代英、萧楚女等共产党人在《黄埔日刊》上发表的政治问题答案编成《政治问答集》出版，长达十万余言。②

黄埔军校大量印制政治教育讲义，组织学生宣传队，建立质问箱制度。如此重视宣传出版工作，没有相应的组织机构是办不到的。黄埔军校采取总理领导下的校长、党代表负责制，下设政治部、教练部、教授部、总教官、管理部、军需部、军医部、特别官佐。③ 政治部以其特殊的重要性位居第一。政治部下设编译委员会、政治指导员、教官、总务科、宣传科、党务科。④ 宣传出版工作主要由编译委员会和宣传科负责，编译委员会"专司本校编译事宜，并管理印刷所，设高级编译官、编译官若干员，绘图员三员，副官一员，管理二员，会计一员，书记、校对、司书若干员，其分掌职务如下：①关于教育、图书、编译事项；②关于图表调制及保管事项；③关于印刷管理事项；四、关于所属人员统计调查及升降调补、赏罚考绩事项"⑤。宣传科包括编纂股、发行股、指导股，负责书报的编辑与发行。还有一个俱乐部，为科内同志活动场所；一个图书室；一个书报流通所，是从事收藏、存储资料和交换书刊的机构。书报流通所还经售书刊，实际上是宣传科的书刊门市部（书店）。如1926年12月23日《黄埔日刊》就刊登书报流通所的书刊广告（《新书无几，廉价出售》），经售的书刊计有：《中国青年》《向导》《人民周刊》《少年先锋》《国民周刊》《海丰农民运动》《孙文主义之理论与实践》《列宁主义之理论及其实施》《反基督教运动》《新青年》《黄埔潮》《创造月刊》，等等。可见，宣传科的机构是相当完备的，适应了实际工作的需要。

黄埔军校报刊与图书大部分是由政治部宣传科编辑出版的，主要有《黄埔日刊》

---

① 《官长政治教育计划》"附预定特别讲演题目及讲演人"，载《黄埔日刊》1926年11月19日。
② 《政治问答箱办法》，载《黄埔军校史料》，第203页，广东人民出版社，1985年。
③ 《黄埔军校史料》，第94页，广东人民出版社，1985年。
④ 《黄埔军校史料》，第103页，广东人民出版社，1985年。
⑤ 《组织条例·第二十条》，载《黄埔军校史料》第128页，广东人民出版社，1985年。

《黄埔生活》《黄埔武力》《黄埔周刊》《黄埔军人》等，蒋介石发动"四一二"反革命政变后，宣传科在邓文仪的指使下，更是不遗余力，肆意污蔑、辱骂共产党与国共合作。

另外，黄埔同学会和中国青年军人联合会也热衷出版期刊，宣传革命、联络感情。黄埔同学会是一个"以联络感情、互相砥砺、团结精神、统一意志、遵守总理遗嘱、努力国民革命为宗旨"的组织，①设有总务科、组织科、宣传科和监察委员，为了加强革命的宣传工作，《黄埔同学会简章》"会务"第一条即规定："本会为联合确实起见，创办会刊一种，以传递消息，发表一切意见。"这就是著名的《黄埔潮》，由黄埔同学会宣传科编辑股负责编辑出版。此外，黄埔同学会还出版过一种对开四版的《军人日报》，黄埔同学会设有恳亲会，分为两个部：总务部与游艺部。游艺部分管血花剧社，作革命宣传；总务部分管文书、编辑、招待、庶务等，编有《恳亲会特刊》出版。

中国青年军人联合会于1925年2月正式成立，是以黄埔军校为主，联合粤军讲武学校、桂军军官学校、滇军干部学校、铁甲车队、军用飞机学校及海军舰、兵舰的革命军人组织②。中国青年军人联合会成立之初，即创办会刊《中国军人》，围绕军人的改造、自救、团结和奋斗，开展革命宣传活动。同时创办的还有由黄埔军校特别区党部青年军人社（周恩来为主要负责人）主办的半月刊《青年军人》及《革命军》。

黄埔军校出版物在发行上搞得有声有色，他们设立总发行所，在各地设分售处和零售点，点线结合，形成有效的发行网络，《革命军》为了"将本社各种出版物传播至于天涯海角"，专门向读者征求公私团体、通讯社的名称地址，以便邮购，如团体一栏就有：工会、商会、农会、教育会、图书馆、司法机关、新闻杂志社、行政机关、军事机关、同学会、同乡会、警署、学生会、律师公会、慈善机关、学会、政团、领使驻在地、服务社会各团体、妇女团体等。③分售处在广州有丁卜图书公司、国光书局、民智书局、培英公司等，其他各地有香港萃文书局、巴黎中国书报社、上海书店、民智书局、武昌共进社、时中书报社、长沙文化书社、杭州古会图书店、重庆唯一书社、太原晋华书社、成都华阳书报流通社、云南新

---

① 《黄埔同学会简章》总则（二），载《黄埔军校史料》第382页，广东人民出版社，1985年。
② 《中国军人》第1期。
③ 《征求全国各团体私人通讯处》，载《革命军》第4期。

亚书社、济南齐鲁书社、南昌明星书社、芜湖科学图书馆、福州工学社、福州书店、开封文化书社、北京大学号房、南京乐天书店、琼州中华书局、西安书局、潮州青年书店、梧州文化图书印刷公司、衡阳宝华书局等。① 为了鼓励购阅，采取灵活的销售方法，《黄埔潮》每册大洋5分，10册以上7折，50份以上6折，百份以上5折，军队人员、学校和机关，所有报刊免费赠阅，函索即寄。②

出版报刊图书，印刷是重要一环，黄埔军校除自己建立小型印刷厂（归政治部编译委员会管理）外，还与华兴中西印务局、官印书局、广州宏艺印务公司、东雅公司、人民印务局等保持密切联系，《黄埔潮》《中国军人》《青年军人》等期刊都是经由它们印刷的。

出版这么多的报刊图书（见文末附表），稿源又是一个问题。一般说来，政治部宣传科里的同志大多经常撰写稿件，校长、主任、教官的讲演、训话也常在报刊上发表。师生投稿，尤受重视，有投必登，有时几达稿满为患。《黄浦潮》曾刊登启事："近来收到来稿很多，本应即时发表，只因篇幅有限，未能按期披露，此后当陆续付印。"③ 学生习作则往往辟有专栏，大力提倡。

从1926年起，随着东征、北伐的胜利，黄埔军校陆续在武汉、广西、潮州等地建立分校。1926年8月，潮州分校创办《满地红》。1927年4月，武汉分校创办《革命生活》，随即出版《讨蒋特刊》，对蒋介石发动反革命政变进行口诛笔伐，揭露了蒋介石反革命真面目，团结了广大人民。广西分校也在这个时期出版《广西革命军》，声援革命。

三

下面着重介绍三种主要的进步报刊。

（一）《黄埔潮》

原为油印壁报，1926年7月正式创办，由中央军事政治学校政治部编辑出版，初为三日刊，8月初"因特种关系，改半周刊为周刊，并入《军人日报》副刊，改由黄埔同学会宣传科编辑股出版"。为什么叫作《黄埔潮》呢？因为它"是八千同学言论机关，也就是黄埔潮高潮的声息，所以就借用《黄埔潮》这个名词来做

---

① 参见《中国军人》第5期版权页"分售处"，及《黄埔潮》第4期《发行总章·分售处》。
② 《发行总章》，载《黄埔潮》第4期。
③ 《本刊编辑股启事一》，载《黄埔潮》第4期。

这个周刊的名号"①。第 4 期还发表了《本刊投稿条例》，宣称："凡与本会宗旨相合之文字，一律欢迎""无论黄埔同学与非黄埔同学均可投稿。"提出"研究或讨论本党一切重要问题"，并征求关于"土地问题解决论文"及"平均地权之研究"的文章。"以经济、社会、政治、田赋、哲学、逻辑等为基础，且须明了中国五千年来之农民生活习惯，风尚制度，一一考查而合之于现在之情况，此在历史古书中可考查者，而其目的全在解决现在土地制度，详细研究规定也"②。经过《黄埔潮》的发动，军校师生踊跃投稿，大大扩大了《黄埔潮》的影响。

第 5 期是"廖党代表逝世周年纪念特刊号"。提出："廖党代表是死在帝国主义者，买办阶级及反革命派手里。"封面一轮高照，孤帆一片海上漂，题名"同舟共济"，暗示黄埔军校内党派、团体的分歧已剧，须精诚团结，和衷共济。到第 6 期，由于军校内部裂痕的加剧，该刊旗帜鲜明地号召："革命势力，贵在团结；诚意合作，庶免猜疑。"同时表示，对一切以三民主义为指导思想的党派团体，"愿以很诚恳之态度与之合作，决不稍存歧视之心，以分散革命力量"。③

从第 9 期（1926 年 9 月出版）起，编辑部决定"把版子改大一些，同时对于内容，则注重有系统的论述与一贯的主张"。④到第 11 期，文章的分量明显加重，这从文章的题目也可以看出，如《我们对总理的联俄联共政策怀疑吗？》《黄埔同学会目前重要的工作》《今后本党的政治主张》《国民政府今后大政方针》《会师武汉后政局前途》《孙文主义与列宁主义之比较观》，等等。

《黄埔潮》与《黄埔日刊》一报一刊，是黄埔军校的机关报刊，对军校的各方面起指导推进作用，蒋介石深知这一点，所以对这一报一刊控制得非常紧，这在《黄埔潮》表现得更为明显。它经常以蒋介石的肖像作封面，在显要位置刊登蒋介石的言论，如第 9 期《校长格言》、第 13 期《蒋总司令之政治党务报告》等。从第 4 期开始，《黄埔潮》根据蒋介石的提议，着重征集以下稿件：①关于国际革命的新闻；②对于帝国主义者时事之攻击与批评，但须以经济学识为根据；③注意农工利益及其组织；④发表同学会及本党主张；⑤研究三民主义之真谛；

---

① 《编辑股紧要启事》，载《黄埔潮》第 4 期。
② 《本刊投稿条例》《征文启事》，载《黄埔潮》第 4 期。
③ 《本会重要宣言》，载《黄埔潮》第 6 期。
④ 《编者报告》，载《黄埔潮》第 9 期。

⑥讨论土地问题之解决及平均地权之研究。①

由于编辑部人事变动，稿源时挤时空等原因，《黄埔潮》开本竟一再改变，先后用过 16 开、32 开、64 开、24 开等几种开本，但以 16 开本横排为主。当时办刊，开本、刊期、页数规定皆不严格，这似乎并不妨碍它的宣传职能。

（二）《黄埔日刊》

1926 年 5 月创办，前身是《国民革命军中央军事政治学校日刊》，中央军事政治学校政治部编辑出版，每日一张，对开四版，一版印有"中华邮政特准挂号立券之新闻纸"字样，是政府承认的正式出版物。《黄埔日刊》版面丰富多彩，但安排较混乱，是一份主要报道军校时事及日常生活的通俗机关报，主要栏目有："本周本校口号""本周各学生队政治讨论会题目""时评""校闻""党务""政治""军事""经济""要讯""杂讯""专件""本周政治述评""日评"，等等。副刊《革命之路》，主要刊登通俗的理论宣传文章、演讲稿及反映军旅生活的文学作品；《短剑》主要刊登讽刺小品；《问答》（质问箱），由学生提出问题，教员公开作简短回答，以一问一答的形式刊登于日刊上。

《黄埔日刊》每日一刊，富于时代气息，是珍贵的历史资料，很真实地反映了当时军校的情况，如"本周本校口号"，每周变动一次，宣传不同的政治内容。第 207 号（1926 年 12 月 6 日出版）口号是："严守学校纪律，学习革命技术，增进战斗能力，发扬黄埔精神，扩大农工组织，团结革命分子，拥护国民政府，打倒帝国主义。"第 213 号"本校本周口号"为："严守学校纪律，实行总理遗嘱，增进战斗能力，发扬黄埔精神，锻炼革命意志，拥护民权建设，完成北伐工作，打倒一切军阀。"第 211 号"本校本周口号"为："主张以党治国，服从党令军令，革去浪漫习惯，反对个人主义，要有政治头脑，要有战斗本领，反对文化侵略，打倒教会政策。"

"学生队政治讨论会题目"也是每周公布一次，公布的题目往往是当时比较尖锐，容易混淆的问题。如第 207 号刊登的讨论会题目是："军队中的同志对于与革命有利的工作，应当不待民众有此要求即挺身上前为民众奋斗呢？抑当设民众有此要求，顺着民众意思上前为民众奋斗呢？"

---

① 《本刊重要启事三》，载《黄埔潮》第 4 期。

（三）《中国军人》

1925年2月20日创刊，中国青年军人联合会编辑委员会编辑出版，是青年军人联合会的会刊。创刊号封面是孙中山的大幅戎装标准像，刊登有青年军人联合会的《本会成立宣言》《本会组织缘起》《本会成立大会记》和《本会总章》，对该会宗旨和各项方针、条例都作了全面的阐述。主笔王一飞，主要撰稿人有蒋先云、周逸群等。

初为半月刊，第5期虽"改定为月刊"，实际上从第6期起变为不定期出版，其间出过一期旬刊（第2号）。现在可以见到的最后一期是第9号（1926年3月出版）。

《中国军人》"以团结革命军人，拥护革命政府，宣传革命精神为主旨"。强调军人的团结精神和牺牲精神，"我们青年军人自命为人类的牺牲者，革命的先锋队，不但要用我们的力量来打破革命的障碍，还要用我们的喉咙喊醒人类之迷梦"。它还模仿马克思、恩格斯在《共产党宣言》中的名言："全世界无产者，联合起来！"号召"全中国革命军人，联合起来！"[①]

《中国军人》以团结革命军人为己任。中国青年军人联合会成立之际，已有粤军讲武学校、桂军军官学校、滇军干部学校、铁甲车队、福安兵舰、舞风兵舰、飞鹰兵舰、军用飞机学校等加入，《中国军人》并不就此满足，而是在更大范围内征求会员。[②]《中国军人》视野开阔，观察独到。军人的使命是奋斗，是牺牲，《中国军人》却站在更高的角度，提出："要防止战争，只有总觉悟的兵士、工人、农人和一切被压迫民族联合起来获得胜利以后，才能成功。"[③]《中国军人》对军人的研究范围非常广泛，请看第3期的目次：《敬告全中国的兵友》《中国军人与世界革命》《军人与妇女》《军人与工人》《段祺瑞与中国军人》《善后会议中革命军人应有之准备》《废除省军名义与划一军制》《对于湘军整理之希望》，同时制作"军事调查表"，广泛征集"关于军事调查之投稿"[④]。

《中国军人》的编辑人员并不限于编辑刊物，还组织力量，搜集材料，"作宣传兵士的小册子"[⑤]。

---

① 《中国青年军人联合会编辑委员会启事》《征文通启》，载《中国军人》创刊号。
② 《征求会员》，载《中国军人》第2期。
③ 《敬告全中国的兵友》，载《中国军人》第3期。
④ 《中国青年军人联合会编辑委员会启事》《征文通启》，载《中国军人》创刊号。
⑤ 《中国军人》第5期。

由于时局动荡,《中国军人》的刊期、编辑兼发行处、印刷处等一再改变,刊期由半月刊而旬刊,而月刊,而不定期;编辑兼发行处先在广州小市街,次到大沙头,再到长堤,又到南堤;印刷处也由华兴中西印务局,到官印书局,再到广州东雅公司。

四

黄埔军校宣传出版活动大致可以分三个阶段,第一阶段从1924年1月黄埔军校成立到1926年1月黄埔军校改名为中央军事政治学校;第二阶段从1926年1月到1927年4月"四一二"反革命政变;第三阶段从1927年4月到1928年蒋介石在南京建立反革命政权。

第一阶段(1924年1月至1926年1月),周恩来、汪精卫、邵力子、鲁易等先后任政治部主任、副主任。这一阶段,政治部的主要活动是做好政治课的教育,组织政治讨论及革命宣传活动,加上这一阶段政治部负责人更迭频繁,工作缺乏连贯性;其间更发生了商团叛乱、两次东征和平定刘杨叛乱,所以,这一阶段黄埔军校的宣传出版活动较少,报刊只有《军人日报》《中国军人》《青年军人》几种,出版的书籍更只有少数几种宣传小册子。

第二阶段(1926年1月到1927年4月),是革命的宣传出版活动最旺盛时期,1926年1月,黄埔军校改组为中央军事政治学校,共产党员熊雄同时被任命为政治部主任,一直到1927年4月蒋介石发动反革命政变,这使他有可能推行他的一整套设想与方针。他在原有基础上,根据发展了的形势,对政治部的组织机构和工作范围,作了一些相应的调整,从调整后的机构可以看出,他非常注重宣传出版工作,编委会、博览室、俱乐部、图书室、书报流通所等就是这时设立的。熊雄一方面改革政治部机构,使之向宣传出版这个方面发展,一方面还聘请了恽代英、萧楚女、高语罕、张秋人、于树德、韩麟符、李求实等共产党员和知名人士担任专职政治教官和临时政治教官,政治部人员一度由二十多人增到七十多人。校报、期刊、特刊、文集、讲义、丛书、画报和传单大量印行,据1926年八个月的统计,印行各种宣传品达千万份以上,发行点达三四千处[①]。黄埔军校由此声名广著。这一阶段出版的报刊有《黄埔潮》《黄埔日刊》《军事政治日刊》和《满地红》等,

---

① 《黄埔军校名人传略》(第一卷),第145—146页,河南人民出版社,1986年。

多是颇有影响的报刊,书籍则有《黄埔丛书》《蒋校长讲演集》等。(见文末附表)

第三阶段(1927年4月至1928年)中,1927年4月12日,蒋介石发动"四一二"反革命政变,4月15日,广州也发生反革命政变,一度是革命摇篮的黄埔军校顿时被一片白色恐怖所笼罩,校长蒋介石下令大肆搜捕共产党人和进步师生,开展所谓清党运动,政治部主任熊雄被捕后殉难,反革命理论家邓文仪继任为政治部主任。邓文仪一上台就力图扑灭革命的宣传出版,对熊雄开创的事业以"分别改良""对内作切实之贯施,对外求广大之宣传"为名加以扼杀。① 邓文仪公布封存书目,计有:《过去之一九二六年》《社会进化史》《社会科学概论》《苏联近况大纲》《政治演讲》《帝国主义侵略中国史》《帝国主义》《政治问答》《帝国主义集》《党的常识》《国民革命》《中国国民与农民运动》等,总册数达十五万之多②。为了抵消中共宣传出版造成的影响,新创办的《黄埔武力》《黄埔生活》《黄埔周刊》《黄埔军人》四种期刊,加紧反动宣传攻势,同时加强对《黄埔日刊》的改造与控制,声称:"《黄埔武力》旬刊——内容多属实际运动之方法与理论;《黄埔生活》周刊——内容多属富于革命性之文艺;《黄埔军人》周刊——内容多属有研究性的长篇论著;《黄埔日刊》——内容多属普通的革命论文及其他有价值的新闻材料。"③ 实际上大多是污蔑辱骂中国共产党,破坏国共合作之作,对当时革命青年起了极坏的影响。邓文仪本人更是赤膊上阵,亲自撰写了大量反动文章,竭力宣传反共言论。在发行方面,每日发行《黄埔日刊》4万份,每周发行《黄埔生活》《黄埔周刊》《黄埔军人》各1万份,发行各种丛书共21种21008册,军校师生各类报刊丛书人手一册,作为任务,强制阅读,目的是消除共产党的影响。对于"共产党的机关书报"更是视若洪水猛兽,由各连队党部执行全部烧毁。④

黄埔军校在大革命时期出版了大量的报刊、书籍、小册子、传单等,这些都是珍贵的历史资料,能较全面地反映军校发展的各个方面。搜集这些报刊书籍并进行研究,是一项艰苦细致的工作,限于材料,本文只作了概括性的叙述,希望它能在史学界对这方面的研究中起到抛砖引玉的作用。

---

① 《政治部清党初期状况》,载《黄埔军校史料》第439、441页,广东人民出版社,1985年。
② 《政治部清党初期状况》,载《黄埔军校史料》第439、441页,广东人民出版社,1985年。
③ 《本校政治部出版之五种刊物》,载《黄埔生活》第3期。
④ 《生活的近谈》,载《黄埔生活》第8期。

附：黄埔军校出版物一览表

名称	类别	出版单位	出版年代	刊期	开本
《黄埔潮》	期刊	黄埔同学会	1926年7月	先为半周刊后为周刊	16开
《军人日报》	报纸	黄埔同学会	1925年	日报	对开四版
《建国粤军月刊》	期刊	不详	1925年1月	月刊	16开
《中国军人》	期刊	中国青年军人联合会	1925年2月	初为半月刊后改不定期	16开
《青年军人》	期刊	特别区党部青年军人社	1925年2月	半月刊	32开
《军事政治月刊》	期刊	不详	1926年1月	月刊	不详
《黄埔日刊》	报纸	中央军事政治学校政治部	1926年5月	日报	对开四版
《满地红》	期刊	潮州分校	1926年8月	不详	不详
《革命生活》	期刊	武汉分校	1927年4月	月刊	不详
《黄埔武力》	期刊	中央军事政治学校政治部	1927年5月	旬刊	不详
《黄埔生活》	期刊	中央军事政治学校政治部	1927年5月	月刊	64开
《黄埔周刊》	期刊	中央军事政治学校政治部	1927年5月	周刊	32开
《黄埔军人》	期刊	中央军事政治学校政治部	1927年5月	周刊	16开
《革命军》	期刊	革命军社	不详	月刊	32开
《士兵之夜》	油印壁报	中国青年军人联合会	不详	半月刊	不详
《广西革命军》	期刊	广西分校	不详	半月刊	不详
《克复潮汕之捷报》	特刊	不详	不详	不详	不详
《十四年七月一日第三期开学讲演录》	图书	不详	1925年9月	不详	不详
《第四期毕业纪念册》	图书	不详	1926年	不详	不详
《拥护省港罢工》	特刊	不详	1926年	不详	不详
《黄埔丛书》	丛书	不详	1926年	不详	不详
《蒋校长讲演集》	图书	不详	1926年	不详	不详
《政治问答集》	图书	黄埔日刊社	1927年1月	不详	32开
《黄埔精神》	图书	武汉分校	1927年	不详	不详
《革命政治》	图书	不详	1927年	不详	不详
《方教育长言论集》	图书	不详	1927年	不详	不详
《政治工作报告书》	图书	不详	1927年5月	不详	不详
《过去之一九二六年》	图书	不详	1927年	不详	不详
《蒋校长最近之言论》	图书	不详	1927年	不详	不详
《中央军事政治学校法规全部》	图书	不详	1927年	分上、中、下三册	不详

此外，笔者检索到书目，但未能查到相关出版信息的还有：《沙基屠杀中党立军校死难者》《吴稚晖先生最近之言论》《国民政府最近重要宣言及训令》《中

央军事政治学校教育大纲》《一年来本校之政治工作》《入伍生之训练》《党的常识》《国民革命》《中国国民党与农民运动》《东征纪略》《本校清党情形》《清党运动》《帝国主义集》《帝国主义》《帝国主义侵略中国史》《政治演讲》《苏联近况大纲》《社会进化史》《社会科学概论》等。

(原载中山大学《孙中山研究论丛》第 7 集，1990 年)

抗战时期韶关出版业概述

1938年10月,广州沦陷,作为大后方之一的广州已不复存在,避居广州的一部分文化人或走香港,或避桂林,广东省的军政机关和文化单位不得不迁到粤北丛林中的韶关。韶关作为广东临时省会(广东之大后方)一直存在到1945年韶关沦陷。

抗日战争全面爆发(1937年7月7日)之前,据统计,韶关的报刊只有《曲江民国日报》《七一新报》《三师周刊》和《岭南民国日报》(南雄)几种[①]。出版机构空白,书店、印刷厂等相关部门也寥若晨星。韶关成为临时省会后,大批文化人涌入韶关,大大推动了韶关文化出版业的发展,曲江风度中路报馆书店林立,文化氛围十分浓重。[②]本文试从报纸、期刊、出版机构、书店、印刷厂等几个方面作一概述。

一、报　纸

整个抗战时期,韶关存在的报纸先后有十多份。试择要述之。

《中山日报》,国民党广东省党部机关报,社长及总编辑都是李伯鸣。原在广州出版,广州沦陷后迁到韶关。该报一般就是执行党部的意见,作党部的传声筒。但国共第二次合作确定后,随着形势变化,也发表一些抗战、团结、进步的文章。销行约二千份,订户多为学校与机关。

《大光日报》,原称《大光报》,是省政府的机关报,曾献声为主笔,言论较温和,但也经常发表反共言论。销行约四五千份,当时还算是较高的。

《阵中日报》,第四战区政治部主办,总编辑是坚持反共的政治部主任丘誉

[①] 燕京大学:《中国报界交通录》广东部分,1932年。
[②] 参见《广东年鉴》第二十五篇《社会事业》"书店"一节,1941年。

的亲信。《阵中日报》是反共的急先锋，一切言论都是违反团结抗战的。销行很少，大约只有一千份，其中有些还是赠阅的。①

《时报》《新报》《明星报》《晨报》，这是同一报纸的四次更名。1941年，梁若尘从海外归来，接受叶剑英建议，留在国内办报，在韶关利用自己作为《中央日报》驻粤记者及中国青年记者协会会员的身份创办了《时报》。该报为四开，双日刊。它公开标明"说公道话"。其指导思想是："拥护抗战到底，争取最后胜利，反对国共分裂，拥护发动群众全面抗战，反对单一军事作战，主张关心战时前后方群众疾苦，反对官商勾结发国难财。"《时报》《新报》《明星报》三报因言论与当局有违，不断更换报名。三报只出了一年左右。《晨报》原已存在，为潘允中（潘为梁若尘在香港中国新闻学院学生）注册。但缺人缺钱，梁若尘看准时机，接办《晨报》。②梁若尘任社长，赵元浩任经理，营业主任刘锦汉、陈展漠，编辑邹维梓、陈畸，经济版编辑兼记者林铃，记者陈乃桐、林世璋。③《晨报》宣传抗战，追求进步，一直坚持到抗战胜利，之后在广州还出版过一个时期。

《建国日报》，第七战区政治部创办，社长李育培。

《北江日报》，1939年由原国民党广东省党部书记余森文（进步人士，后参加中共）掌握，后潘允中、何家槐等接办。

《雄风日报》，1945年8月在南雄创办，不久移至韶关，同年12月底停刊，国民党军队办，周冷任总编辑，对开四版。

二、期　刊

报纸的特色表现在报道的广度上，而期刊的特色则表现在分析的深度上，两者相辅相成。抗战时期在韶关出版的期刊比报纸少，只有8种：《新建设》杂志、《新妇女》（《广东妇女》），及《曲江风》《阵中文汇》《满地红》《广东民众》《新华南》《新军》。下面着重介绍几种。

《新军》半月刊，内容包括政治、经济、国际、社会、文化等各个方面。主

---

① 广东省档案馆、中共广东省委党史办编：《广东区党、团研究史料（1937—1945）》（下册），第302页，广东人民出版社，1988年。
② 作者访谈梁若尘先生记录。
③ 林铃：《在乌云滚滚中翱翔——回顾韶关〈晨报〉出版前后》，载广东省委党史资料征集委员会等编《广东革命报刊研究》第一辑，第217页。

编钟天心，编辑委员方天白、左恭、黄中廑、叶兆南、钟敬文、缪培基。由动员书店总经售。主要栏目有：时事分析、半月笔谈、不朽碑、各地通讯、资料室、各国内幕、战斗记等。其中，时事分析占的比重较大，位置也比较显著，作者有胡愈之、叶兆南、张志让等知名人士，也有一些论述解放区、游击区的文章。如一卷八期《论广东游击区政治工作》《游击区的民主政治》《论华北敌后战局》等。

《新军》虽为国民党文化人创办，但进步色彩浓厚，充分体现了国共合作、团结抗战的精神，销数约一千至一千五百份。

《广东妇女》，原名《新妇女》，1940年初创刊，16开，半月刊，由广东省新生活运动促进会妇女工作委员会编辑出版，新生活图书合作社发行。宣称"凡属妇女问题、妇女生活、妇运状况、对妇运工作的意见，及介绍妇女学术知识等稿件，均所欢迎"。① 该刊广泛征集妇女稿件，把一大批妇运学者和实践家团结在自己周围，其作者群包括吴菊芳、丘斌存、谌小岑、陈明淑、陆淑英、宋云彬、林觉夫等知名人士。主要栏目有：《短评》《组训妇女特辑》《通讯》《文艺》《卫生常识》《妇女动态》等。

广东省新生活运动促进会妇女工作委员会、新生活图书合作社的负责人均为吴菊芳女士。吴菊芳，广东吴川人，生于1911年，中山大学农学系毕业。其丈夫李汉魂（伯豪）是参加过武汉保卫战的抗日英雄，广州沦陷后升任广东省政府主席。她利用这层关系开展儿童教养、妇女生产、妇女运动等工作，曾任广东儿童教养院院长、广东妇女生产工作团团长、广东省妇女工作委员会主任委员等职。② 她主持《广东妇女》和新生活图书合作社，不但为抗战妇运作出贡献，也为图书出版与发行事业作出了贡献。

《新华南》，1939年初创办，中共广东省委机关刊物，16开。"它是在党的领导下以统一战线的名义，由民主党派、各界人士利用国民党仅有的一点点出版'自由'，于1939年4月1日在广东战时省会韶关创办的。"③ 编委会主任尚仲衣，委员有何家槐、左洪涛、任毕明、石辟澜。尚仲衣是中山大学知名教授，他牺牲后由石辟澜接任，并增加李章达、张文为编委。作为省委机关刊物，《新华南》

---

① 《投稿简约》，载《广东妇女》第10期。
② 《广东时人志》第二辑"吴菊芳传"，开通出版社，1947年9月。
③ 转引自钟紫、侯月祥：《抗日时期中共广东省委的喉舌——〈新华南〉杂志》，载广东省委党史资料征集委员会等编《广东革命报刊研究》第一辑。

始终高举抗战旗帜，发表大量宣传抗日民族统一战线，动员民众抗日，批判消极悲观思想的文章，用马克思主义解释国际、国内问题。1941年春，国民党掀起第二次反共高潮，《新华南》被国民党查封。

三、出版机构

新中国成立前书局书店等出版机构多属私营，除少数几个外，一般的书局书店出书很少，有的还兼营文具或小百货等业务。所以当广州沦陷后，这些书局书店大多关门避难。

战时韶关的出版机构则与此不同，它们大都是广东省军政机关为了推动抗日宣传所创办，虽然有很多文化人参与，但经费方面往往得到资助，出版的期刊图书也很有针对性。

（一）第七战区长官部编纂部

第七战区长官部是当时广东最高军事机构，张发奎、余汉谋分任正副司令，设在曲江。[①] 成立编纂部的目的是为了加强抗战宣传，安置文化人。编纂部主任许崇清是中山大学校长，知名教授，因其兄许崇智的关系，与广东军界交谊颇深。编纂部出版两种杂志，即《新建设》杂志和《阵中文汇》，前者为综合性的学术期刊，撰稿人大部分都是中山大学的教授，由许崇清亲任主编。后者主要内容是宣传抗战，是给部队士兵阅读的。此外还出版过一些宣传三民主义及抗战建国的小册子。

（二）新建设出版社

新建设出版社是第七战区长官部编纂部的下属机构，由编纂部出版部主任干事陈荡担任经理。设有门市部、批发部、邮购部。名为出版社，实际上不搞出版，专做发行。编纂部负责书刊出版工作，新建设出版社则负责发行工作，经售本版和外版书刊。新建设出版社有一批共产党派去的干部和进步人士，因此从事进步书刊的发行工作，把生活、新知书店宣传马列主义或含有革命思想的图书，巧妙地送到广大群众手中，批发到全国各地。[②]

[①] 陈荡：《回忆广东曲江新建设出版社》（载《出版史料》第1辑，学林出版社，1982年）的"第七战区长官司令部编辑委员会"，应为"第七战区长官部编纂部"。参见"准印杂志"，广东省政府档案，卷宗号：2（1）258。

[②] 参见陈荡：《回忆广东曲江新建设出版社》，载《出版史料》第1辑，学林出版社，1982年。

（三）广东省文化运动委员会

该委员会主任李汉魂，与文化界关系密切，出版会刊《民族文化》月刊，印行约四千册。组织出版《民族文化丛书》。它自己还建有较大规模的国民印刷所。①

（四）新生活图书合作社

新生活运动促进会妇女工作委员会主办。编辑出版《广东妇女》半月刊，并经售其他书刊。

（五）中心出版社

国民党广东省党部主办，1939年初创办。主编梁紫邱，在梅县及其他地方都设有办事处，出版《新年代》月刊、《民族画报》及《三民主义哲学选集》《广东政治新阶段》等小册子。②

（六）大道文化事业公司

设在曲江，1944年开业，主要从事书刊发行工作，也印刷、出版少量小册子之类的图书，在连县、兴宁等地设有发行所及印刷厂。在重庆、纽约等地则设办事处。③

此外尚有大时代书局，经理魏志澄，曾在广东省教育厅任科长；中山大学出版组，主任罗时宪，等等。

四、书　店

据1941年《广东年鉴》统计，截至1941年10月，全省除沦陷区外，共有36县市设有书店122间。其中韶关境内有34间，计曲江18间、乐昌2间、南雄3间、坪石10间、乳源1间④。这个统计大致反映了抗战时期广东图书发行业的分布情况，但不够全面，我根据1941年10月前的档案作了补充。计有曲江26间、南雄4间、翁源1间、乳源1间、坪石10间、乐昌2间，共计43间。⑤占全省总

---

① 广东省文化运动委员会会议录，广东省政府档案，卷宗号：83（5）018。
② 《出版界动态》《广东省图书杂志审查处呈报广东省文化界动态及审准书刊一览表》，广东省政府档案，卷宗号：2（1）258，1945年5月。
③ 《文化团体之兴替及其重要活动》，广东省政府档案，卷宗号：2（1）258，1945年2月。
④ 《广东年鉴》第二十五编《社会事业》，1941年。
⑤ 这些补充材料来自1941年前的广东省政府档案和《广东区党、团研究史料》（1937—1945）》（上下册），广东人民出版社，1988年。

数的三分之一，由此可见韶关作为广东大后方图书发行业的中心地位。试列表如下：

抗战时期韶关书刊发行机构一览表

名称	负责人	资本额（元）
1. 曲江县		
中国文化服务社广东分社	薛君义	11000
商务印书馆曲江支馆	沈陶荪	3000
商务书店	不详	不详
中华书局曲江办事处	蔡名焯	不详
开明书局驻粤办事处	金世泽	不详
新建设出版社门市部	廖坛业	10000
动员书店	冯荫韩	10000
大道文化事业公司发行所	不详	不详
生活·新知·读书书店曲江分店	不详	不详
五五书店	不详	不详
马坝书店	不详	不详
民众书店	不详	不详
复兴书店	黄仙岩	3000
青年书店	李遇霆	不详
"八·一三"图书公司	王三辛	不详
新华日报曲江分销处		不详
北新书店曲江办事处	顾靖	不详
东北图书馆曲江办事处	顾靖	不详
亚光舆地学社曲江办事处	顾靖	不详
东江书店办事处	韩楚泉	不详
宝元书店	刘仲鲁	不详
中善堂书局	陈宪中	800
经善书局	陈广	1000
裕华书店	陈煦	2000
新大陆	郑宗	5000
新生活图书合作社	吴菊芳	不详
2. 乐昌县		
公益书店	陆伍岳	不详
励志书店	孙剑云	不详
3. 南雄县		
雄华书店	彭震达	1300
抗战书店	不详	不详
保民书局	杨保民	1200
中国文化服务社南雄分社	黎超骏	不详

续表

名称	负责人	资本额（元）
4. 坪石县		
国家书局	陈昭	2000
八·一三图书公司	王三辛	3000
坪石商店	黄石光	2400
又新书店	欧阳秋三	6000
群力书店	章德宜	5000
中国文化服务社坪石分社	高信	5000
文友图书公司	不详	5000
三友书店	黄定远	1000
动员书店	冯泰韩	5000
花文魁书店	李荣甫	500
5. 翁源县		
进贤书店	不详	不详
6. 乳源县		
民众书店	严师训	不详

下面重点介绍几间书店。

（一）动员书店

分设曲江和坪石，由冯荫韩、冯泰韩兄弟主持，直属国民党广东省政府。1939年开张，初售进步书籍，如生活、新知书店出版的新书，及《解放》《群众》《新华日报》等报刊。但1941年形势逆转，国民党掀起反共高潮，生活书店被查封，动员书店退缩保守，多卖托派如叶青之流的作品和正中书局出版的书籍、小册子。[1]

（二）青年书店

国民党三青团主办，是重庆开在韶关的分店。"售的完全是托派的破坏团结抗战言论"的书籍，与进步出版发行机构为敌。

（三）新生活图书合作社

妇运干将吴菊芳主持，发行《广东妇女》，开始较进步，后来就专售正中书局、托派的书籍，还有其他文具。

（四）民众书店

设在乳源，严师训任经理，出售的书较杂，既有抗战进步的，也有托派一类的。

---

[1] 广东省档案馆、中共广东省委党史办编：《广东区党、团研究史料（1937—1945）》（下册），第303—304页，广东人民出版社，1988年。

（五）商务书店

表面上售卖一些进步书籍，实为以书店为掩护的托派机关。

（六）新建设出版社门市部

大量出售进步书籍，开张之时，它就把生活书店曲江分店，桂林新知书店的存书买下，"用国民党的钱来买下被国民党查禁封闭的图书，而且把它又发行出去"。这样就引起动员、青年两家书店的妒忌，1942年关闭。①

五、印刷机构

印刷是出版业编印发的中间一环，不可或缺。印刷厂（所）的数量与布局反映出版业的兴盛与疲软，印刷设备的新旧则直接影响书刊印刷的速度与质量，让我们以这个标准衡量一下韶关的印刷业。

据统计，截至1941年10月，广东省除沦陷区外，计有19县市设有印刷所共53间。② 其中韶关30间，占总数的一半以上，与战时韶关出版业的鼎盛和书店的遍布成正比，详见下表：

抗战时期韶关印刷机构一览表

名称	负责人	名称	负责人
1.曲江县			
粤强印刷厂	任颖辉	中国文化服务社广东分社印刷所	薛君义
中山印刷厂	李伯鸣		
复兴书店印刷部	黄仙岩	中国印业公司	李良
文化印务局	林孟皆	宇宙印务局	何慰农
建国印刷工场	梁定慧	明艺印务局	李照生
先导印刷公司	何振	国民印刷所	肖依明
文华印务局	胡芳	复兴印刷所	许书微
南洲印务局	罗纯锦	河西印刷工业合作社	唐宇棉
利民印务局	陈智明	荣兴石印局	王秀栋
鸿昌印务局	钟瓒	广东文化印刷公司	郑季楷
三民印务局	黎华巨	兴业印刷公司	李兴业
明德印刷所	陈公陶	大成印务局	杨伯韶
印刷、樟脑、机器合作社	不详		

---

① 陈荡：《回忆广东曲江新建设出版社》，载《出版史料》第1辑，学林出版社，1982年。
② 《广东年鉴》第二十五编《社会事业》，1941年。

续表

名称	负责人	名称	负责人
2. 南雄县			
昌兴印刷所	叶柏林	永昌印务局	黄宇平
成德堂印刷局	陈万泉	衷昌记印刷局	衷荣魁
成光印务局	叶英煌	衷裕兴印刷所	衷原田

在印刷设备方面，各个印刷厂参差不齐，极不一致。有的还在用手摇或脚踏的石印机，有的则用上了对开机；有的只有一两部6度机、16度机，有的则有多部；另有照镜机、铸字机、订装、制版、摄影机、针孔机等；有的只能承印少量书刊，有的则不但承印大量书刊，且兼印票据、广告招贴等业务。

抗战时期是国共双方第二次携手合作，共同抵抗日本侵略者，国共双方都暂时隐匿锋芒，但从地域上看，共产党的势力主要在东江潮梅一带，在韶关国民党占绝对优势，且是国民党军政的临时中心，不利共产党活动，共产党只是在少数机构占有主动权。从时间看，1941年国民党掀起第二次反共高潮，使共产党仅有的一点主动权也随之丧失，进步出版发行机构如生活书店曲江分店、新建设出版社等或被借故查封，或因无法经营而被迫解散。

［原载广东省新闻出版局：《广东出版史料》（内部资料）第二辑，1991年］

广雅板片历劫记

明清时期，广东官私刻书俱盛，而最著者为广雅书局。

光绪十年（1884），张之洞任两广总督，开始兴办洋务，相继在广州开办了缫丝局、制钱局及水陆师学堂。筹建广雅书局是张之洞在广州的一项重要文化建设。光绪十三年（1887）10月25日，张之洞上奏朝廷请设广雅书局获准。"广者大也，雅者正也；大而能正，是为广雅。"广雅书局设在广州文明门外聚贤坊，即今文德路81号孙中山文献馆所在地，系在旧机器局的基础上重加修葺扩建而成。书局的开办经费来自公私捐赠：张之洞捐银一万两，吴大澂（时任广东巡抚）捐银三千两，顺德县青云文社捐银一万两，仁银堂西商捐银一万两，省城惠济仓绅士捐银五千两，潮州府朱丙寿捐银五千两，以上共银四万三千两。以此银出商生息，每年得息银二千三百六十五两，加上诚信堂、敬忠堂（均为本地富商）每年捐银五千两，两项合计七千三百六十五两，作为书局的日常开支。

广雅书局规模宏大，雕板、印刷及校书各设堂馆，另有藏书楼、藏板楼等建筑。其主要任务是校勘及刻印古籍。张之洞令由王秉恩提调局事，聘请著名学者南海人廖泽群为总校，分任校勘（分校）的则有：李肇沅、屠敬山、陶濬宣、何翰章、王仁俊、吴翌寅、叶昌炽、缪荃孙、黄涛、沈葆和、丁树屏等，皆通经博古之士。选本极精，多为珍本秘籍，或未刊手稿、传抄本等。付梓之前，须经三校（初校、复校、总校），卷后均有署名，以示负责，此为广雅书局版本区别于其他书局之特色。充足的经费，优秀的人才，加上严格的审校制度，使广雅书局刊刻之书籍具有极高的学术价值，所刊者无俗本、无劣工，远超之前官私书局所刻各书，为士林所传颂。

光绪三十年（1904）书局停办。在广雅书局存在的十七年中，共刻印书籍177种，

5890 卷，[1] 主要是清人著述，内容涉及经史子集各部典籍。著名的有：《周易解故》1 卷，《易学象数论》4 卷，《孟子集注》7 卷，《四书集注》19 卷，《礼记经传运解》37 卷，《劝学篇》（张之洞著），《朱子语类日钞》5 卷，《勾股通义》3 卷，《史记索隐》30 卷，《汉书辨疑》22 卷，《后汉书补表》8 卷，《三国志辨疑》3 卷，《十七史商榷》100 卷，《二十二史考异》100 卷，《二十二史劄记》36 卷，《历代史表》59 卷，《历代职官表》71 卷，《历代地理沿革表》47 卷，等等。

谭钟麟督粤时，又重编校刊了《武英殿聚珍版丛书》，虽属帖刻，而非写刻，校对粗疏，然卷帙浩繁，计有经部 34 种，史部 36 种，子部 34 种，集部 44 种，共 148 种，1000 册。

广雅书局因故停办后，留下大量藏书和刻印古籍后留下的书板。光绪三十三年（1907），广东提学使于式枚在旧广雅书局前校书堂之东建筑新"藏板楼"，面积较前大为宽广，用以储放广雅书局及学海堂、菊坡精舍、应元书院、海山仙馆、粤雅堂等处刻书留下的板片，统称为"广雅板片"。宣统二年（1910），广东提学使沈曾桐命学务公所图书科科长冯愿筹设广东图书馆。

1912 年 6 月，以广雅书局留下的藏书及广雅板片为基础，广东省立图书馆宣告成立，"内藏书籍 10 万余卷，木刻书板 50 万余片"。[2] 1917 年，古籍整理专家徐信符（1879—1948）就任广东省立图书馆馆长。时任广东省长李耀汉下令，仿江苏板片印行所，在广东省立图书馆内附设广雅板片印行所。在徐信符主持下，开始着手清理广雅书局留下的木刻板片。经过两年的努力，全部板片清理完毕，于是择其大小一律者凡 150 余种，汇为《广雅丛书》（又称《广雅书局丛书》）[3]，于 1920 年汇编重印，共计 600 册。又编《广雅书局书目提要》。上海文澜书局将《广雅丛书》中之史部书籍凡 93 种 1771 卷，别为《史学丛书》，石印出版；内容涉及考证、辨伪、注疏、校勘、补正等等，为治史者不可不读之书。

1923 年，广雅板片印行所呈准当局自行筹款扩充，获准后将广雅板片印行所改为广雅印行所，并从 1927 年始发行征订书目，为进一步刊印广雅书籍作准备。

---

[1] 广雅书局刊刻书籍的数目，历来说法不一，本文采用暨南大学图书馆叶农先生的说法。参见叶农：《广雅书局始末及刻书考》，载《出版史料》1990 年第 2 期，上海书店。

[2] 温仲良：《二十年来广东省图书馆事业办理概况与其计划》，载《广州大学图书馆季刊》1 卷 4 期，1934 年 9 月出版。

[3] 参见吴家驹：《广雅书局与〈广雅书局丛书〉》，载《图书馆园地》1989 年第 2 期。

1934年，广东省立图书馆并入广州市立中山图书馆，所藏典籍普通者移送中山图书馆，而广雅板片不动，同时在文德路原址成立广东省立编印局，继承广雅印行所的工作，试图以新式印刷机铅印出版广雅古籍，刊印新籍。编印局隶属广东省教育厅，采用委员会制，主席为黄希声，委员6人分别为：廖景曾（兼总务部主任）、徐信符（兼发行部主任）、谢群彬、朱念慈、谭太冲和杨寿昌。另有干事4人，分别为：梁荫庭、卢景菜、金毓柏和罗鉴深。设总务部、编辑部和发行部。"编印局工作第一步：整理广雅板片，印行古籍，以维国故；第二步：俟下年度预算开始，添置铅字机，再罗致专门人才，编译印行新籍，充分介绍近代学术。"①

谁料时隔不久，抗日战争爆发，编印局工作停顿，广雅板片从此开始遭殃。1938年10月广州陷于敌手，幸亏在徐信符和廖景曾的主持下，广雅板片早已分散移存于市内番禺学宫（今农讲所）和南海县良宝乡廖氏宗祠之中。不过因屡受轰炸，亦有所损失。抗战胜利后，旧广雅书局的全部堂宇成为广州国民政府及各局办事之所。1946年9月，廖景曾组织人员两次将广雅板片全部运至省文献馆东馆及广东图书馆后厅储存。不久，再迁石牌中山大学寄存。其间，由于气候蒸湿，虫蚁滋生，不少板片已被蚁蛀霉烂。屡经折腾，广雅板片只剩14—16万片了。1953年，广东省文管会购置德政路48、50两号民房，派车运回广雅板片，共用货车29辆次，总重量87吨。②1958年两座楼均出现楼板被压弯、地面下沉的现象。加上空气不通，白蚁丛生，板片的保存受到极大威胁。

到了1961年，房屋下塌、白蚁蛀食的情况更为严重，引起当时广东省文化局和省政府有关领导的重视。经过研究，省文化局和省文管会一面拨出专款整修旧房（仍没钱另盖房屋），一面召开处理广雅书板座谈会，认真听取专家的意见。当时，参加会议的有中山大学教授商承祚、谭彼岸、冼玉清，省政协张友仁、杜定友，省文史馆侯过、胡希明、陈伯任、胡根天等人，都是古籍整理方面的专家学者。他们建议成立一个鉴定小组，对所有板片进行鉴定，选出一定数量板片作为文物保存，其他作非文物处理。最后，这个办法经省文化局报省政府领导同意，决定：所有书板每部选二十块存于省博物馆，或分送本省有关文物、历史研究机关，

---

① 温仲良：《二十年来广东省图书馆事业办理概况与其计划》，载《广州大学图书馆季刊》1卷4期，1934年9月。

② 《关于书板处理经过的报告》，广东省文化局档案，卷宗号260：29，1963年。

作为文物长期妥善保管，其余折价分给有关机关作木料使用。

（本文内容原载于广州市地方志办公室《羊城今古》1991年第3期及广东省地方志办公室《广东史志》1993年第1期，收入本书时笔者进行了整合）

星系报纸概述

南洋巨富胡文虎平生有两大事业：一是手创万金油（有两大公司：虎标永安堂、虎豹兄弟有限公司）；二为创办星系报业集团（有限公司）。对于胡文虎创办实业、捐资社会的活动，已有诸多论述，且有专著问世（张永和著《万金油大王胡文虎》，鹭江出版社1989年），而对星系报纸则较少论及，语焉不详。实际上，1954年，胡文虎逝世后，虎标实业股份逐渐为外国财团所购买，而星系报纸则几经波折，基本上维持了下来，有的发展为当地主流大报，胡氏爱女胡仙且成为当代香港报业大王。因此，星系报纸在胡文虎的事业中实在占有重要的地位。本文仅据现有材料，对星系报纸进行一般性的概述。

一、胡文虎与星系报纸

胡文虎，福建永定人。其父1862年只身远赴缅甸仰光，创设永安堂国药行。生子三人，为文龙、文虎、文豹。胡文虎1879年生于仰光，1889年十岁时返回故里，学习中国文化，1893年回仰光，即在药行习商，并专心研习医书。

1908年，胡父殁。十九岁的胡文虎与其胞弟胡文豹同承父业。兄弟俩为扩充药行，"指导中西医师、化学师多人，研究中国丹膏丸散良方百余种，撷其精华，择其功效迅速，服用最易者，为万金油、头痛粉、止痛散、轻快水、八卦丹等五种，制成问世"[①]。这五种药"因神效卓著，遂风行于印度、缅甸，万国传颂，行销日广，嗣因供不应求，加设虎豹行于仰光大街"[②]。

万金油、止痛散等药品行销日广，虽说有药力神效的原因，但也与胡文虎精通广告心理、热衷广告宣传很有关系。因为在万金油之前，已有与万金油类似，

[①] 《胡文虎先生传》，载香港《东南亚学报》创刊号，1965年1月。
[②] 《胡文虎先生事略》，《星洲日报》1954年9月6日。

由黄祥华经营的"如意油"占据市场。胡文虎虽然修学较浅,但才智过人,对广告心理颇有研究,万金油发明问世后,他广邀各界朋友,先以醇酒待之,待酒足饭饱,客人头晕之时,赠以万金油,让客人涂擦,结果立竿见影。万金油的美名不胫而走,传播四方。① 这是胡文虎在创办商业报纸之前,运用广告心理推销产品的典型事例。

在二三十年代,报纸是主要的大众传媒,在报纸上刊登广告也就成了实业家和商人宣传产品的最佳途径。胡文虎深谙广告术,知道光靠那种江湖医生卖药手法,虽也可得逞一时,但终非长久之计,就有意开始做报纸广告。这时期,胡文虎在仰光办过两种报纸,即《仰光日报》和《缅甸晨报》,前者为合资性质,但胡氏占大部股本;后者为胡氏独资所有。这两家报纸由于创刊仓促,刊期较短,胡文虎的办报宗旨和具体规划都尚处于萌芽阶段,因此成就不大。不过,在版面设计、广告登载上,已显示出一定的水平。

1926年,随着产品销路的扩大,胡文虎移设制药厂于星(新)加坡。从此,"虎标诸药,不仅为印缅及南洋各属人士所信仰,且不胫而走,复风行于欧美各大埠"。在中国各省均设分厂、分行,世界各大城市亦设特约经理。② 而不管设分行,还是特约经理,都得在当地报纸大做广告。胡文虎很注重产品的宣传推广,经常整版购买报纸版面,登载虎标永安药厂的广告,广告费支出是一笔不少的数目。胡文虎认为,与其让别人赚取广告费,不如自办报纸,一方面可随意登载自己产品的广告,一方面可借此提高声誉。至此,创办报纸—刊登广告—推销产品—提高声誉,成为胡文虎的总体办报思想。

二、星系报纸概述

1928年6月,胡文虎着人筹备《星洲日报》,至1929年1月15日,《星洲日报》正式出版。在此之前,胡文虎在新加坡办有一家小型报纸《星报》。《星洲日报》以原《星报》为基础,合并邓荔生的春源印刷所扩充而成。

星系报业以《星洲日报》为嚆矢,不断扩充。1931年在汕头出版《星华日报》。

---

① 这件事是作者访谈胡伟夫先生时,他亲口告知。胡伟夫1935年进《星中日报》,继进《总汇报》,1945年《星洲日报》复刊出"联合版",胡伟夫参予社务,不久担任总编并任记者公会主席。胡伟夫是国内仍健在的在星系报纸工作时间最长的人。

② 《胡文虎先生事略》,《星洲日报》1954年9月6日。

1935年，创办新加坡《星中日报》和厦门《星光日报》。1938年，香港《星岛日报》创刊；广州《星粤日报》已万事俱备，准备出版，由于当年10月广州沦陷，被迫放弃。1940年，《星洲日报》槟城版扩大为《星槟日报》，同时接办《总汇新报》，改为《总汇报》出版。

1941年，为了有效地管理散布在各地的星系报纸，胡文虎创立星系报业有限公司，总部设在新加坡，胡氏自任董事长。之后，日本占领新加坡，星系报纸受到重大打击，人员逃散，设备被移作他用。直到1945年抗战胜利，上海《星沪日报》、福州《星闽日报》相继出版；《星洲日报》与《总汇报》出"联合版"，继续发行。1946年，香港英文《虎报》（Standard）创办；1950年，新加坡又有《星洲日报》英文版和《星洲虎报》（Singarpore Standard）出版。与此同时，星系报业有限公司拆分为新加坡和香港两大机构，分别进行管理。

星系报纸总计16种，加上系列报则有23种。其中中国香港2种，中国内地5种，东南亚9种。兹列表如下：

星系报纸一览表

出版地	报名	创办时间
新加坡	《星报》	1928年
	《星洲日报》（系列报有《星光图画周刊》《星光画报》《星洲周刊》《星洲半月刊》）	1929年
	《星中日报》	1935年
	《总汇报》	1940年
	《星洲虎报》	1949年
	《英文星洲日报》	1950年
槟城	《星槟日报》	1940年
中国香港	《星岛日报》（《星岛周刊》《星岛晚刊》《星岛画报》为星岛日报旗下的系列子报》）	1938年
	《虎报》（英文）	1950年
泰国	《星暹日报》	1950年
	《星泰日报》	1950年
中国汕头	《星华日报》	1931年
中国厦门	《星光日报》	1935年
中国广州	《星粤日报》	1938年
中国福州	《星闽日报》	1945年
中国上海	《星沪日报》	1945年

据统计，20世纪60年代以前，东南亚有华人创办的中英文报95种[①]。在这95种报纸中，星系报纸约占12.6%，分量实在不轻。著名学者罗香林对胡文虎办报有如此评价："近世国人办报者多矣，然以一己之资力，而创设中英文报至十余种，销行遍中外各地，则前此未尝有也。"[②]

胡文虎力创星系报纸，至少有两点意义。第一，"胡先生为华人经营大规模报业的第一人，手创报社十余单位。现有星系报业机构，是远东首屈一指的国际新闻事业"。这是从国际上讲。第二，星系报业遍布上海、广州、福州、汕头等地，华侨在国内大规模办报，胡文虎也是第一人。国内星系报纸实际上起到了沟通中外，在唤醒华侨的爱国爱乡意识、支援祖国抗战和建设等方面，都起了不可低估的作用。这是从国内来讲。

胡文虎办报初衷是为了节省广告费，抬高自己身价，以利产品的推销。因此，最初的星系报纸，广告的分量非常重，有的竟占三分之二版面。这种情况随着胡氏财富的急剧膨胀而有所改变。一些大报逐渐由纯商业性报纸转向以报道新闻、分析时事为主的综合性报纸。

星系报业公司为胡文虎私人所有。胡文虎亲任董事长，其子胡蛟、胡山、胡好、胡一虎、胡二虎及女胡仙先后任常务理事，外人极少参与报纸经营。但他们只把办报作为商业活动，具体编辑出版则聘请有一定名望的人充任社长、总编和主笔，由专业的报人全权负责。所以，星系报纸没有固定的宗旨和办报方针，而是随着社长、总编和主笔的轮换而不断变更，有时激进，有时温和，有时进步，有时反动。如香港《星岛日报》1938年延聘金仲华任社长，金仲华为中国著名的国际问题专家和编辑出版家，为人正直、思想进步。他的到来自然吸引了一大批当时滞港的进步文化人，《星岛日报》因而名声大振，销行日广。《星岛画报》《星岛晚刊》《星岛周刊》等三家系列子报就是这一时期创办的。香港沦陷后，胡文虎为了维护他在香港的利益，《星岛日报》改名为《香岛日报》，以贾纳夫为社长。《香岛日报》在日寇的庇护下，助纣为虐，使星系报业的声誉大受损失。又如《星洲日报》1938年延请郁达夫主编文艺副刊，接着又聘请胡愈之、俞颂华为社长和主笔，《星洲日报》旋即成为南洋华侨抗日文化宣传的中心。星（新）加坡沦陷，胡愈之、

---

① 《东南亚中文报纸统计》，载香港《东南亚学报》创刊号。
② 转引自《本报简史》A5—14，载《从〈星洲日报〉看星洲五十年（1929—1979）》，《星洲日报》编印，1979年版。

俞颂华、郁达夫三杰避走印尼后，胡氏改聘关楚仆主编《星洲日报》。关楚仆当过香港《大光报》主笔，曾任南京汪伪政府的铨叙部长，是臭名昭著的大汉奸。关楚仆仰日本人鼻息，改《星洲日报》为《昭南日报》，成为臭名昭著的汉奸报纸。

胡文虎与陈嘉庚两位华侨领袖在商业上和个人关系上存在龃龉，这种关系也反映在各自所办的报纸上。陈嘉庚1923年创办《南洋商报》，1946年创办《南侨日报》，在政治上比较激进，对国内事件报道详尽而有力度。但胡文虎星系报纸对陈的功绩只字不提，报纸出现陈嘉庚的名字，一般都是坏消息。如1930年3月31日《星洲日报》的报道，标题就是《陈嘉庚工厂大火损失四十万元》，颇有幸灾乐祸的意味。这种不正常的情况直到抗日战争胜利后，《星洲日报》复刊，破例刊登陈嘉庚的讲演，才告终止。

三、《星洲日报》

《星洲日报》在星系报纸中创办较早，历时最久，规模最大。对这一星系主要报纸的个案解剖，有助于进一步了解星系报纸的各个方面。

下面分四个时期来略述《星洲日报》的历史[①]。

（一）创建时期（1929—1942）

《星洲日报》1929年1月创刊时，与邓荔生合股，以邓为总经理，周宝筠为主笔。6月，邓将所有股份转让予胡文虎，胡氏遂独资经营，改以林霭民为总经理。同年9月聘请傅无闷为编辑主任。

《星洲日报》宣称以"提高国人智识，补助学校教育之不足"为宗旨。在上海、厦门、香港各地派驻专员，逐日拍发主要消息，质与量均开南洋报界之纪录。当时，东南亚各华文报每日销售量一般不超过五千份，《星洲日报》却达七千份。

1938年，《星洲日报》延聘郁达夫主持文艺副刊，郁以中国一代文学名家主持笔政，很快使《星洲日报》达到辉煌，成为南洋抗日文化宣传的主要阵地。

1942年2月，新加坡沦陷，《星洲日报》暂告停顿。

（二）战后的复兴与发展时期（1945—1959）

1945年8月，日本投降后，星马各报纷纷筹备复刊。1945年9月8日，《星洲日报》发行复刊第一号，与《总汇报》联合出版。从1946年6月1日起，《星

---

① 以下资料均采自《本报简史》A5—14，载《从〈星洲日报〉看星洲五十年（1929—1979）》，《星洲日报》编印，1979年版。

洲日报》《总汇报》各在原地出版，分别发行。

这一时期，《星洲日报》改变发行办法，以专车发运，当日清晨送到读者手中。后来并各设印刷厂，就地印刷发行，确立总编主持编辑事务，而与社论、撰述分开的制度，大大提高了工作效率。同时采用新五号字排印，取代战前的老五号字粒，每版容纳字数增加三分之一。

1954年8月，胡文虎逝世，其侄胡清才出任星系报业有限公司及《星洲日报》董事长。1959年，新加坡成为自治邦，《星洲日报》发生新的转折。

（三）新加坡独立初期的私营报纸（1959—1975）

1958年，新加坡实施公民权法令，使数十万久居此地的华侨通过登记手续成为当地公民。1959年，新加坡成立自治邦，《星洲日报》改变侨报地位，成为新加坡私营报纸之一。它宣扬新加坡国策，代收国防基金，培养国家意识，提倡本地色彩的文学艺术等等，充分体现了作为独立国家私营报纸的特色。1971年，史特勒华克证券公司宣布取得虎豹兄弟国际有限公司51%的股份。为了抵抗外资干预，作为子公司的星系报业机构—星系报业集团宣布脱离虎豹兄弟国际有限公司。

（四）公共公司成立时期（1975—　）

《星洲日报》根据1974年实施的新加坡报章法令，1975年4月改组为公共公司——星洲日报（新加坡）有限公司。由原有的星系报业有限公司接管过所有和出版《星洲日报》有关的报章业务。

据统计，1976年新加坡各种日报的总销数为235200份，《星洲日报》占订户的66%，其他华文报最高的也仅占18.7%。

总之，具有四十多年历史的《星洲日报》发展非常惊人。有人作这样的概括："半个世纪之间，销路由每日数千份增至十多万份，出纸由每日四大张增至十余大张，规模由一间古老的建筑物发展为一间巍峨堂皇的大报社，员工由寥寥数十名扩充至五百人（只限于新加坡《星洲日报》），印刷工具由旧式的平板机改为新式的大型柯式彩色印报机，版式由传统的直排改为现代科学的横排。公司由一个家族的私营企业变为一个公共的投资机构；报纸地位也由殖民地的侨民舆论机关变为新兴独立国家的国民论坛。"

《星洲日报》在几十年的发展过程中，有几个特点值得注意。

1. 经办系列报，开风气之先

《星洲日报》利用固有人力，发挥潜能，共办过四份系列报：《星洲半月刊》《星洲周刊》《星光画报》和《星光图画周刊》。系列报的形成，拓展了报社的业务，增加了报社的经济来源。

2. 副刊多姿多彩

《星洲日报》办过大量副刊。文艺副刊有"野葩"（1930年），"文艺"（郁达夫主持），"晨星""文艺广场"等。其他副刊还有"南洋研究""南洋文化""南洋史地"等。到1954年，"新闻的以及原有的副刊，一共不下十种，诸如星云、晨星、人物、史地、艺术、社会服务、妇女园地、学生园地、儿童园地"等等。后来还有"语文""星洲少年""华校生英文学园""英校生华文学园"等。

3. 出版专刊、特刊和其他书籍

如"周年纪念刊"，多达数百页，多属专门著述，史家誉为星马以至中国报业史上的创举，是南洋史研究极为重要的资料。"星洲十年特刊"，达一千余页，内容类似地方志，史料丰富。此外，尚有"星期刊""十周年纪念专刊""新年特刊"，等等。

1953，开始编纂《星洲日报丛书》，包括《摄影入门》《东南亚风情画》《马华小说选集》《马华青年创作选集》等，风行一时，旋即售罄，至今已成稀贵的绝版书。

1970年，出版《新加坡共和国建国七周年画册》；又与海峡时报集团属下的联邦出版社推行联合出版计划，出版《华校中学生作品选》《英校中学生作品选》《成语故事》《新闻选译》等。《星洲日报》实际上兼有了综合性出版集团（公司）的性质。

4. 积极参与社会

如与各航空公司联合主办多次读者观光团，游览世界各地名胜古迹。1976年，建立"文化活动中心"，与各界人士沟通。主办或赞助文化学术活动，如经济论文比赛，地理、历史、数学、生物知识比赛，百人画展、素描画展，风筝欣赏展览，古今名书画欣赏展，全国选区大竞走，钢琴演奏比赛、棋王赛、端午节龙舟舞龙游行摄影比赛，民歌民乐晚会，星港之夜小说征文，美术设计比赛等。还有一系列文学艺术或工商业座谈会，如"我国乐坛的展望""如何促进新加坡美术的发展""婚姻问题面面观"等。

（原载广东省侨务办公室：《侨史学刊》1990年第4期）

晚清时期的粤港澳出版机构

正如本书总论所言，中国近现代出版是从粤港澳开始，且主要由西方传教士因为宣教所需而发其端。鸦片战争后上海开埠，凭借其各种优势在19世纪六七十年代成为中国唯一的出版中心，一直持续到1949年中华人民共和国成立。

在近现代出版业转向上海之后，澳门、广州的报刊出版仍然发达，而图书出版业相对沉寂，香港则凭借其独特的地理环境和政治地位，书报刊出版均较为发达。在西方先进印刷技术传入之后，中国传统刻书虽然在工业能效上明显落后，并影响其传播效果，但仍以其精湛技艺顽强生存，在文献典籍的传承上有所贡献。限于资料和能力不足，本人未能对晚清时期的出版机构进行统计，不过，以下选介的25家粤港澳出版机构，仍在某种程度反映了这一历史进程，具有一定的代表性。

一、澳门东印度公司印刷所（The Honorable East India Company's Press）

中国最早使用铅合金活字排版、机器印刷的出版机构。1814年9月由英国东印度公司雇用的印刷工彼特·汤姆斯（Peter Perring Thomas）在澳门创立。位于龙嵩街附近（今江沙路里，Beco de Goncalo），屋主为澳门富商、土生葡人江沙路（Goncalo Pereira da Silveira）。初期主要为刊印马礼逊编撰的《华英词典》服务，之后也为东印度公司的商业印刷服务，并为传教士印刷宗教出版物。经费出自东印度公司。目前所见最早出版物为1815年2月5日刊行的《嘉庆皇帝上谕》（马礼逊译）和小说《三与楼》（李渔著，德庇时译）；同年出版马礼逊译自中文《京报》的英文著作《中文原本翻译》。1816年出版马礼逊编著的汉语口语对话教材《中文对话与例句》，供外国人学习中文使用。1817年出版《中国一览》，是第一本向西方世界介绍中国历史的英文图书。1822年协助印刷澳门第一份葡文报纸《蜜蜂华报》。1815—1823年陆续出版马礼逊编写的《华英词典》，共6册，5000余页，采用中英铅活字合排和相应的拼版技术，中文自左至右横排，均为中国出版史首创。1828年出版英文版《广东土话字汇》（Vocabulary of the Canton Dialect），是最早介绍粤方言的专门工具书，为中西文化交流打下良好基础。早期使用铅活字为英国传教士马施曼（Joshua Marshman）在澳门创制。为印制马礼逊的巨著《华英词典》（A Dictionary of the Chinese Language），彼特·汤姆斯带领中国刻工刻制铅合金活字约十万枚，用雕版浇铅版后割开制成，是中国最早的一副中文铅字字模。1831年印刷澳门第一份英文期刊《广州杂志》（The Canton Miscellany）（又译为《广州杂文编》）。1832年出版瑞典学者龙思泰（Anders Ljungstedt）著的《早期澳门史》、麦都思（W. H. Medhurst）编撰的《福建方言字典》。此外，还出版了马儒翰编写的《华英通书》（中英文对照历书）若干本，《汉文诗解》等。目前可查知的出版品种近30种，还有数量极为可观的用于传教的宣传单。1833年6月30日被葡澳政府以刊印违反罗马天主教教义出版物为由关闭。首次将中文铅活字应用到西方印刷术中，是中国印刷史上的重大变革，标志着中国近代出版史的开端，在中外文化交流史上具有重要地位。

二、马家英式印刷所（The Morrison's Albion Press）

澳门印刷出版机构，又称亚本印刷厂。由于传闻澳门东印度公司将关闭其在华办事处，服务于传教事业的东印度公司印刷所前途未卜，马礼逊于1832年11月在澳门家中自设私人性质的印刷所。"马家"即马礼逊家，"Albion"是印刷机的名称。印刷所的设备为马礼逊购自伦敦的英式平板印刷机和他1826年从英国带回澳门的中国第一部石印机，还有一些中文铜活字。具体负责印刷出版事务的，是马礼逊之子马儒翰。11月19日，马礼逊将其纪念来华廿五周年的英文报告《基督教在华廿五年发展经过》付印，成为其最早出版物。1833年4月29日，出版发行马礼逊创办的中文报刊《杂闻篇》（A Miscellaneous Paper），是为中国境内出版的第一份中文报刊及第一份用铅活字排印的报刊。1833年5月1日，出版发行《传教者与中国杂报》（The Evangelist and Miscellanea Sinica），为中国境内第一份中英文合刊的报刊。以宣教的单张和小册子为最大宗，也有一些实用书籍，如马儒翰编撰的《华英通书1834》及《中国商业指南》等。出版物印量大，宣教单张印刷动辄上万份，《杂闻篇》印刷达2万份，开创了以西方近代印刷术配以中文铜活字印刷的先河。1833年底，澳葡政府以违反"出版预检制度"为名，下令关闭。

马礼逊父子将印刷机移送到广州继续其出版工作,至 1834 年 8 月,因马礼逊逝世而完全关停。

三、亚美尼亚印刷所(葡文 Tipografia Arménia)

澳门印刷出版机构。前身为费力西安诺印刷公司(葡文 Tipografia Feliciano),创始人费力西安诺·克鲁斯(葡文 Félix Feliciano da Cruz,1810—1879)为澳门土生克鲁斯(Cruz)家族第三代。约创建于 19 世纪 30 年代。出版《澳门土生公正报》(葡文 *O Macaista Imparcial*,1836 年 6 月 9 日创刊,1838 年 7 月 4 日停刊)《澳门土生灯塔报》(葡文 *O Farol Macaense*,1841 年 7 月 23 日创刊,1842 年 1 月 14 日停刊);《澳门土生曙光报》(葡文 *A Aurora Macaense*,1843 年 1 月 14 日创刊,1849 年停刊)。

四、广州美国海外传道会会长理事会书馆

又名美国海外传教委员会印刷所、布鲁因印刷所(纪念一位名叫布鲁因的牧师)。基督教在华编辑出版机构。清道光十二年(1832)由英国伦敦会传教士马礼逊(Robert Morrison)发起,在广州成立。聘请美国传教士裨治文(E. C. Bridgman)主持。次年,美国传教士卫三畏(S. W. Williams)加入。共有 5 名印刷工,其中华人 3 名,葡萄牙人 2 名。印刷发行《中国丛报》及各种教会出版物。初期用雕版印刷,1838 年戴尔(Samuel Dyer)牧师发明钢冲压制造中文字模后,用此法制造的中文铅活字排印,为中国内地最早,同时仍保持雕版印刷。在 1858 年英法发动的第二次鸦片战争中,因馆舍被毁,外国传教士被驱逐出境而停办。1868 年在北京复办,由亨特(P. R. Hunt)主持,经费来源于馆舍被毁的赔款。

五、广东海防书局

清代官办编辑出版机构。清道光年间在广州设立。清道光十五年(1835),两广总督邓廷桢聘请梁廷枏为书局总纂。编辑出版了《广东海防汇览》《粤海关志》《海国四说》等有关海防及介绍广东省情的书籍。道光二十六年(1846)刊印的《海国四说》(包括反映美国历史的《合省国说》和反映英国历史的《兰仑偶说》)开创了中国人编写外国史的先例。

六、中国益知学会（Society for The Diffusion of Useful Knowledge in China）

又译为"在华实用知识传播会"。基督教在华翻译出版机构。其母体"英国实用知识传播会"为1832年在伦敦成立的文化团体，以向公众传播基督教神学和科学知识为宗旨。清道光十四年（1834）11月29日，经德国传教士郭士立（Charles Gutzlaff，又译为郭实腊）提议，在广州成立。英商马地臣（James Matheson）任会长。裨治文（E.C. Bridgman）、郭士立为中文秘书，马儒翰（John Robert Morrison）为英文秘书。其宗旨是"尽其所能，以各种办法和廉价的方式，筹备并出版通俗易懂、适合于中国之现状的实用知识的中文书刊"。中文秘书负责实际事务，其职责是"审查所有提交给本会出版之著作，并就此向委员会作出报告；根据委员会的指令，负责并监督出版、销售和发行事宜"。编制通用中文术语表，供外国人中文写作使用。出版的中文著作有郭士立著《古今万国纲鉴》《万国地理全集》，裨治文著《美理哥合省国志略》《广东方言文选》（中英双语），以及《伊索寓言》等。1837年接手编辑出版《东西洋考每月统记传》。1839年出版的《中文选辑》（Chinese Chrestomathy）包括中国文选及地理、数学、建筑、博物等，是中国最早西式学堂马礼逊学堂（1839年11月4日在澳门创立）的教科书。会员除传教士外，多为广州英美商民头面人物，初期有会员47人，1838年发展到83人。约1846年停止活动。

七、英华书院印字局

又称为"伦敦会（London Missionary Society）香港书馆"。香港印刷出版机构。1843年11月创立，为香港英华书院（Anglo-Chinese College）所有。前身是1820年马礼逊、米怜等传教士在马六甲创建的英华书院印刷所和戴尔（Samuel Dyer）负责的中文字模铸造厂，何亚新（Ho Ah Sun，何启的祖父）等中国活字刻工参与相关工作，出版了一批中文书籍，其中1823年刊印马礼逊、米怜翻译的《神天圣书》（开本为12cm×17cm，线装21册）为早期流行最广的《圣经》中文版本。迁港后由理雅各（James Legge）负责，以出版中文《圣经》、宗教读物等为主，主要采用铅活字排版、机器印刷。1870年停办。

八、澳门花华圣经书房（The Chinese and American Holy Classic Book Establishment）

又译华英校书房。澳门印刷出版机构。1844年2月由基督教（新教）美国长老会（American Presbyterian Mission）传教士麦嘉缔（Davie B. McCartee）、柯理（Richard Cole，又译为谷玄，来华之前在美国接受过专门的印刷技术训练）、娄礼华（Walter Macon Lowrie，又译为劳里）牧师创设于澳门。其印刷设备和中文活字字模（由娄礼华父亲从巴黎订购，数量达数千个）均由创办人从美国带来。除美国传教士外，只雇2名印刷工人和1名排字工人。采用活字排版。因所铸活字在香港制作，世称"香港字"，其规格与现在流行的四号字相同；又曾使用泥版浇铸铅版之法进行印刷，以提高印刷效率。主要为基督教圣书公会和教育、医学团体出版书籍，并承印各种报刊。1845年4月，美国长老会将宁波确定为主要的传教基地，书房随传教士迁至宁波。截至1851年，共印刷出版《圣经》在内的各种传教小册子达2100万页之多。1860年再迁上海，改名为美华书馆（The American Prebyterian Mission Press）。至19世纪后期，逐渐发展成为中国规模最大、设备最齐全的印刷出版机构。其刊印的书籍《地理全志》《格致质学》，报刊《万国公报》《中华医学杂志》均为当时影响很大的出版物。以电解法铸造汉字字模，按部首排列汉字字盘，均为首创。1897年，在该馆任职的夏瑞芳和鲍咸恩、鲍咸昌兄弟共同创立商务印书馆。在西方现代印刷技术传入中国和中国现代出版建立进程中占有重要地位。

九、罗郎也印字馆

香港印刷出版机构。1844年由澳门土生葡人德尔菲诺·罗郎也（1824—1900，Delfino Joaquim de Noronha）在香港创办。罗郎也早年在澳门圣若瑟书院（St. Joseph's College）学习排版印刷技术，约1842年到香港，在《孖剌报》馆做印刷工，为首位在香港开拓工商业的澳门葡人。馆址设在港岛威灵顿街柯士华尔特台。职员均为澳门葡人。罗郎也是澳门土生葡人罗郎也家族之第四代，族人在上海、新加坡等地均设有印刷厂。承印和出版多种在粤港澳三地出版的中、英、葡文报刊：《香港政府宪报》（英文）；《真理与自由》（葡文），1852年4月15日在广州创刊，主编为若瑟·苏沙，为澳门土生葡人在广州创办的唯一一份报纸；《近事编录》（中文），1864年罗郎也在香港创办，为澳门土生葡人创办的第一份中文报刊；《爱国者》（葡文），1902年在香港创办的周刊。停办时间不详。

十、商务印字馆（Tipografis Mercantil）

澳门印刷出版机构。约19世纪中期由尼阁老·飞南第（1823—1898，Nicolau Tolentino Fernandes）在澳门创办，为当时澳门唯一采用国际先进技术和设备的印刷企业。主要经营出版、印刷业务。飞南第家族为澳门葡人望族。尼阁老为家族之第二代。第三代先拿·飞南第（1815—1893）经营博彩业成为澳门首富，曾任意大利驻澳门领事，1893年获封伯爵称号。1893年，尼阁老之子弗兰西斯科·飞南第（Francisco Hermenegildo Fernandes，孙中山密友）接手经营，同时创办葡汉双语周刊《镜海丛报》。承印报刊有：《澳门政府宪报》（1901年1月起改由澳门官印书局印刷）；《运动报》（葡文，O Movimento）1863年1月7日在香港创办，3月12日停办；《澳门新闻纸》（葡文，Gazeta de Macau e Timor）周刊，1872年9月20日创刊，1874年3月20日停刊，共出版78期；《澳门土生人报》（葡文，O Macaense）周刊，1882年2月28日创刊，1886年10月28日停刊，原由大众印刷厂印刷，后改由商务印字馆印刷；《人民回声报》（葡文季刊，1919年8月11日创刊，后改由《自由报》印刷所承印）；《澳门土生回声报》（葡文周报，1931年10月3日创刊，1932年10月24日停刊）。

十一、中华印务总局

香港印刷出版机构。由王韬、黄胜等合资合作，于1873年二三月间在香港荷里活道门牌第29号创立。采用股份制公司经营，集资参股并作为"值理人"的还有和记洋行买办梁安（云汉，字鹤巢），有利银行买办冯明珊（普熙），瑞记洋行买办陈桂士（瑞南）等，为中国近代首家华人资本的民间印刷出版机构。王韬（1828—1897）主持局务。印刷设备和中文活字钢模从停办的香港英华书院印字局以一万墨西哥鹰洋购买。"专印各种活字版书籍"，并出售铅字活版，代印"告白"（广告招贴）。1873年出资创办并印刷出版《循环日报》。至1884年王韬返沪定居，印刷出版湛约翰《粤英字典》、邝其照《华英字典》等各类书籍30余种。王韬居港期间著述均由其刊印。其中，1873年7月用铅活字排印出版王韬著《普法战纪》，共14卷21万余字，后重版又增补6卷，是梁启超在《西学书目表》中列为中国人必读的西学书之一；同年刊行英国传教士宾为霖（William Chalmers Burns,1815—1867）译著的基督教名著《天路历程》；1880年刊行郑观应《易言》36篇；1898年刊行何启、胡礼垣合著的《新政真诠》，是维新变法思想的代表作；

1900年出版全面反映中日甲午战争的长篇白话历史小说《说倭传》；均为中国近代史影响深远的图书。

十二、汕头英国长老会书馆（The English Presbyterian Mission Press）

英国长老会（English Presbyterian Mission）在华印刷出版机构。清光绪六年（1880）由英国传教士吉布森（Joseph Gibson）和詹姆斯（James Anderson）等在汕头创办。设在一家寄宿学校中，学生兼做排印工作。初期主要采用雕版印刷，手工操作。1890年后，逐渐转为以活字排版、机器印刷为主。拥有浇制铅版设备、装订设备和数台印刷机、压书机、切纸机等。主要出版以潮汕方言写成的教会书籍和《基督教每月消息》杂志。出版物主要在潮汕地区和惠州地区发行，部分书刊发行到东南亚地区。

十三、海墨楼石印书局

私营印刷出版机构。清光绪八年（1882）刘学洵在广州西关十五甫外多宝大街设立。仿西法机器点石印书，因此坊间又称为"点石书局"。出版科举用书、书画墨迹和舆图等，并承印粤秀书院、越华书院、羊城书院的课卷、文选等教学用书。1884年4月18日出版发行《述报》，每月合刊一册，名为《中西近事汇编》，是中国最早的报刊合订本。每期均载有插图，开中国近代报刊插图之先河。所出图书多在《述报》《循环日报》上刊登广告（"告白"）。

十四、拿撒勒印书馆

又称纳匝肋印书馆。香港天主教出版机构。1884年由巴黎外方传道会在香港创办。以中文、法文、拉丁文、马来语等12种语文刊印书籍。至1934年的50年间，平均每年出版图书29种，印行62000册以上。内容除宗教册子外，还有历史、地理、语言、文学，以及哲学、教育、传记等，仅各语种字典就出版了28种，其中4种获得法国学术界的嘉奖，各语种《圣经》多至33种版本；总印数超过300万册。

十五、广雅书局

清代刻书机构。清光绪十二年（1886），两广总督张之洞上奏清廷开办书局，次年准奏开办。广者大也，雅者正也，大而能正，是为广雅。为晚清"四大官书局"（指浙江书局、崇文书局、金陵书局和广雅书局）之一。开办经费43000两，其中张之洞捐银10000两，广东巡抚吴大澂捐银3000两，地方绅商捐银30000两。书局设址广州文明门外聚贤坊（今文德路81号孙中山文献馆），在旧机器局的基础上重加修葺扩建而成。规模宏大，有校书堂、藏书楼、藏板楼等。设提调专司雕板、刊刻、印刷之事；设总校、复校、初校专司文字校勘之事，并在卷后署名，以示负责。以捐银发商生息（每年得息2365两），加上诚信堂、敬忠堂（均为本地富商）每年捐银5000两，作为日常办理费用。张之洞令王秉恩提调局事，廖泽群为总校，复校、初校则有李肇沅、屠敬山、陶濬宣、何翰章、王仁俊、吴翌寅、叶昌炽、缪荃孙、黄涛、沈葆和、丁树屏等，皆通经博古之士。多选用珍异孤本，详审精校，所刊者无俗本、无劣工，远超之前官私书局所刻各书。所刻较著名的图书有《周易解故》1卷、《易学象数论》4卷、《孟子集注》7卷、《四书集注》19卷、《礼记经传运解》37卷、《朱子语类日钞》5卷、《勾股通义》3卷、《史记索隐》30卷、《汉书辨疑》22卷、《后汉书补表》8卷、《三国志辨疑》3卷、《十七史商榷》100卷、《二十二史考异》100卷、《二十二史劄记》36卷、《历代史表》59卷、《历代职官表》71卷、《历代地理沿革表》47卷等。谭钟麟督粤时，重编校刊《武英殿聚珍版丛书》，虽属帖刻，而非写刻，且校对粗疏，然卷帙浩繁，达148种1000册之多。以史部诸书最见特色，吴翌寅编有《广雅史学丛书书目》，其中不乏稿本、孤本；上海文澜书局从中选辑《史学丛书》93种1771卷石印出版，极受好评，胡适称为"不朽名著"。光绪三十年（1904）停办。根据徐信符主持广东省立图书馆时整理印行的《广雅书局书目提要》，总计刊刻经史子集各部典籍177种，5890卷。光绪三十三年（1907），广东提学使于式枚建藏板楼，入藏学海堂、菊坡精舍、应元书院、海山仙馆、粤雅堂和广雅书局的刻书板片。1912年由广东图书馆接收。

十六、海南岛教会印书局

基督教（新教）美国长老会（American Presbyterian Mission）在海南岛创办的印刷出版机构。约19世纪80年代末建立。以海南方言编印出版教会通俗读物，在海南岛发行。

十七、圣教书楼

晚清新学书店。约 19 世纪 90 年代在广州双门底（今北京路北段）开设。创始人左斗山为基督教徒。主要销售上海广学会出版的《万国公报》，以及林乐知、李提摩太等译、撰的西学书籍。1893 年春，孙中山到广州行医，借书楼开办诊所，并以此为掩护，在这里秘密联系陆皓东、陈少白、郑士良、尢列、区凤墀等革命党人，策划革命活动。冯自由称其"实为广州唯一的新学书店"。

十八、广州美华浸信会印书局（The China Baptist Publication Society Press）

美国浸信会（Foreign Mission Board of the Southern Baptist Convention）在华印刷出版机构。直译为"中国浸礼会出版社"。清光绪二十五年（1899）由美国传教士湛罗弼（B. E. Chambers）发起，联合全国各浸礼会、差会和其他教会，在广州沙面创办。中国基督徒捐款达 2000 美元。实行董事会制度，湛罗弼自任总干事兼司库。考尔斯（R. T. Cowles）负责印刷工作。1902 年，出版《真光杂志》，是中国基督教杂志的鼻祖。另有中文《恩喻周刊》和英文《新东方》两种杂志出版。1910 年，书局全部交由美国浸信会传道部和南方浸信会传道部办理，湛罗弼改任总理。华人张亦镜、叶芳圃、李会珍等先后参与其事。1911 年迁到广州东山新合浦，规模扩大。设有一个 70 余人的印刷厂和一个发行机构——光楼，雇有 20 多个书刊推销员。书刊除在中国内地发行外，还向海外华侨销售。共出版用文言文、白话文、粤语、潮汕话、客家话写成的各式出版物 300 余种，共计 7000 万页之多，是华南地区最大的基督教出版机构。20 世纪 20 年代迁往上海。

十九、蒙学书局

私营印刷出版机构。约 20 世纪初设立于广州双门底（今北京路）。采用西方传入的印刷技术，出版发行面向大众的史书、医书、韵书等。1902 年 5 月 8 日在广州创办《文言报》半月刊（13 号起改名《文言编》，共出 15 号）。机制白报纸两面印刷，为广东首创。

二十、岭南小说社

私营出版机构。约 20 世纪初期在广州西关设立。清宣统三年（1911）11 月，为配合革命党人宣传活动，出版《革党赵声历史》《革党暗杀团林时爽、林冠慈合史》《湖北革命军》《凤山将军炸弹记》《两王入粤杀汉人记》《近世党人碑》等一批反清革命小说。

二十一、安雅书局

私营印刷出版机构。清光绪年间在广州创建。以刊印各种通俗小说、医方杂史为主。1900年冬，书局老板梁志文在原《博闻报》基础上创办报纸《安雅书局世说编》（俗称《安雅报》），每日刊行。以黎佩诗（伯尹）为经理，朱鹤、谭荔垣、詹菊慈等任主笔。以其言论平稳，在清末民初动荡局势下得以较快发展。1920年停刊。

二十二、商务印书馆广州分馆

晚清民国图书发行机构。1907年在广州永汉路（今北京路336号）设立。以发行总部位于上海的商务印书馆（1897年创建）出版的图书杂志为主，兼营文具等。中华人民共和国成立后由广州市军事接管委员会接管，广州新华书店成立后在原址开办科技书店，专营科技书刊发行，营业至今。

二十三、悟群著书社

私营出版发行机构。清宣统元年（1909）在广州九曜坊创设。出版了《禁烟伟人林则徐》《自由女佛山故事》《岑督征西演义》《叶名琛失城记》等白话小说（又称新小说）。是广东首家新小说出版发行机构，在当时有较大影响。

二十四、华南圣教书会

基督教在华编辑出版机构。清宣统元年（1909）成立。为伦敦圣教书会在广州设立的分支机构，负责教会出版物的编辑出版和印刷发行。1914年与美华浸会书局联合成立华南基督教图书公司，负责华南地区教会书刊的销售。约19世纪20年代后期停止活动。

二十五、香港圣书公会

伦敦圣教书会在香港设立的分支机构，负责教会出版物的编辑出版和印刷发行。1909年前后成立。发行范围以港澳为主,兼及内地和东南亚地区。

［选自《岭南文化辞典》（总编辑黄天骥,本人主编其中的新闻出版卷），广东人民出版社2023年］

中国共产党领导及影响下的粤港澳出版活动

中国共产党领导及影响下的广东出版事业

第一次国内革命战争时期，广东是全国革命出版活动的中心，也是党的出版事业最发达的地区。大革命失败后，革命中心转移，广东党的出版活动转入地下。接着，在土地革命战争时期、抗日战争时期和解放战争时期，广东党的出版事业在国统区、革命根据地以及英国统治下的香港，都有不同程度的发展，并形成各自不同的特点。

一、从五四运动到大革命时期党的出版事业

从五四运动到大革命时期，为了适应日渐高涨的革命形势，中国共产党在广东编辑出版了大量的期刊、图书和小册子，并成立了专门的出版发行机构：新青年社、平民书社和国光书店等。

在早期马克思主义传播过程中，广东先后创办了《中华新报》《广东群报》和《劳动者》。杨匏安撰写的《马克思主义》一文，从1919年11月11日至12月4日在《中华新报》连载，在华南地区最早系统介绍马克思主义。《广东群报》，1920年10月创刊，由谭平山、陈公博和谭植棠3人主持。《新青年》评价该报"是中国南部文化运动的枢纽，介绍世界劳动消息的总机关"[1]。1922年7月陈炯明叛变后停刊。《劳动者》，1920年10月3日在广州创办，由广东社会主义者同盟主持，向工人宣传马克思主义，同时介绍苏俄革命的经验。第2至6号上连载了列悲翻译的《劳动歌》，首次介绍了欧仁·鲍狄埃《劳动歌》（即《国际歌》）全诗[2]。1921年1月2日出至第8期停刊。

---

[1] 转引自谭天度：《回忆〈广东群报〉的创办和广东党组织的诞生》，《广州党史资料》第1期。
[2] 参见谢骏：《广州〈劳动者〉研究》，广东省委党史资料征集委员会等编《广东革命报刊研究》第一辑。

1924年，大革命开始后，在国共合作的形势下，党的出版事业在广东蓬勃发展，其中成就最大的是出版了大量的期刊以及创办了专门的出版发行机构。

期刊方面，以各级党委、共青团、工会、农民协会、妇女团体等的机关刊物为主。

《向导》周刊，中共中央机关刊物，1922年9月13日创刊于上海，后迁至汉口、广州出版。

《人民周刊》，中共广东区委机关刊物，1926年2月7日在广州创刊，国光书店发行，张太雷、任卓宣先后担任主编。1927年4月10日停刊，共出50期。

《政治周报》，国民党中央宣传部的机关刊物，1925年12月5日在广州创刊，由当时任国民党中央代理宣传部长的毛泽东担任主编，每期印数达4万份。

《新青年》，共青团中央机关刊物，1923年10月在上海创刊，从1926年6月第123期起迁至广州出版。

《工人之路》周刊，中华全国总工会刊物，1925年5月31日创刊，出版宗旨是"作工人阶级的喉舌"。后改为《工人之路特号》（日报）。

《农民运动》周刊，国民党中央执委会农民部的机关刊物，1926年8月1日在广州创刊。第8期刊登毛泽东为《农民问题丛刊》撰写的序言《国民革命与农民运动》。1926年12月迁武汉出版。

《犁头》，广东省农民协会机关刊物，由该会宣传部编辑出版，1926年1月25日在广州创刊，初为旬报，1926年7月21日改为周报。发行一万余份。

此外，尚有《我们的生活》《少年先锋》《前锋》《中国农民》及《妇女解放协会会刊》，等等。

出版发行机构主要有以下这些。

（一）新青年社

1920年9月，《新青年》杂志脱离上海群益书社，成立新青年社，出版发行《新青年》和其他进步书刊。1921年因被法租界捕房封闭而迁到广州，继续从事党的出版与发行工作，社址在昌兴马路①26号，经理是苏馨甫②。新青年社发行的书籍主要有：《新青年丛书》（包括《共产党党纲草案》《无产阶级之哲学——唯物论》《阶级斗争》《列宁主义概论》等），《京汉工人流血记》《社会主义史》《到自由之路》《欧

---

① 不同史料分别写为昌兴马路、昌兴街、昌兴新街，实为同一个地方。
② 张静庐编：《中国现代出版史料》甲编，第74—75页，中华书局，1954年。

洲和议之经济》《工团主义》《共产主义ABC》《中国共产党五年来的政治主张》等。1922年10月，新青年社迁回上海，所有存书全部移交给上海书店。

（二）平民书社

1923年在广州成立，由中共广东地方党组织领导，社址在昌兴街28号。平民书社负责《新青年》杂志在广州的发行工作，同时还翻印出版和发行了一系列马列主义和社会科学方面的书籍，如《共产党宣言》《陈独秀先生讲演集》《新社会观》等。大约在1924年底结束。

（三）国光书店

1924年秋，陈延年担任中共广东区委书记，为了加强宣传、出版和发行工作，在平民书社的基础上成立国光书店，由广东区委宣传部直接领导，区委总务黄国梁兼任经理，店址在永汉路（今北京路）省财厅前。国光书店适应革命形势的发展，大量翻印《共产党宣言》《帝国主义浅说》《新青年丛书》等革命书籍，同时还印发大量小册子，作为农讲所学员及党员深造班的教材或课外读物[①]。国光书店还印行过著名的《农民问题丛刊》《湖南农民运动考察报告》《海丰农民运动》等书籍。

此外，在中国共产党领导及影响下的各级机关、团体和学校也大量编印出版物，是这个时期党的出版事业的一个显著特点。下面亦做一些重点介绍：

（一）农民运动讲习所

农讲所因学习的需要，编辑出版了一系列图书，供学员作教材或课外读物，主要有：《中国国民党农民运动讲习所丛书》《农民问题丛刊》《中国农民运动》《国际主义与民族问题讲义大纲》《帝国主义讲授大纲》等。

《农民问题丛刊》，1926年9月毛泽东主办第六届农民运动讲习所时主编，国光书店发行，共有26种。内容涉及孙中山的农民观、国民党的农民政策、农民运动宣言、农民协会章程、农民自卫军组织法、农民代表大会决议案、中外农民问题研究，等等。每种单独成书，成套发行。

《海丰农民运动》，广东农民运动领袖彭湃著，国光书店印行。最早以《海丰农民运动报告》为题连载在1926年出版的《中国农民》第1、3、4、5期上。同年收入农讲所编辑的《农民问题丛刊》第19种，首次印出单行本。1926年10

---

① 参见赖先声：《在广东革命洪流中》，载《广东党史资料》第1辑。

月改名为《海丰农民运动》，作为《广东省农民协会丛书》之一种，由广东省农民协会正式出版，周恩来题写书名，中共广东区委书记陈延年为该书作最后校订。

（二）黄埔军校

黄埔军校政治部下设编译委员会、政治指导员、教育科、总务科、宣传科和党务科等部门。宣传出版活动由编译委员会和宣传科经办。编译委员会"专司本校编译事宜，并管理印刷所"；宣传科下设编纂股、发行股和指导股，并有书报流通所经售书刊[①]。大革命时期黄埔军校的出版物，期刊有《黄埔潮》《建国粤军月刊》《中国军人》《青年军人》《军事政治月刊》等30余种。图书有《政治问答集》《中央军事政治学校法规全部》《入伍生之训练》《东征纪略》等，以及《黄埔丛书》多种；并出版两辑特刊《克复潮汕之捷报》和《拥护省港罢工》。

《黄埔潮》，1925年10月创办，半月刊，是黄埔军校最主要的期刊，至1926年5月均由黄埔军校政治部编印。1926年8月初改为周刊，由黄埔同学会宣传科编辑股出版，改版后成为蒋介石的"喉舌"。

（三）省港罢工委员会

省港罢工委员会为配合省港大罢工，非常重视宣传出版工作，除出版《工人之路特号》（日报）外，还编辑出版了一系列以省港大罢工为题材的小册子，主要有：《省港罢工概观》，邓中夏著，1926年8月出版，内收大量有关省港罢工的珍贵照片；《罢工与东征》，省港罢工委员会宣传部编辑股编印，收有汪精卫、邓中夏、谭平山、鲍罗庭关于省港罢工与东征的文章6篇；《省港罢工中之中英谈判》，邓中夏著，省港罢工委员会宣传部印行，国光书店发行。

党的出版活动的兴盛与印刷业的积极配合是分不开的。中共广东区委创办的国光书店附设国民印刷所，承印党内书刊；黄埔军校编译委员会也自设印刷厂，并与华兴中西印务局、广东官印书局、宏艺印务公司、东雅公司、人民印务局等保持密切联系。同时，党还积极在印刷工人中开展活动，帮助建立印务工会等组织，为党的出版事业服务。

党的出版活动又是与发行业紧密相连。新青年社、平民书社、国光书店是专门的编辑出版与书刊发行机构，发行所有党内书刊和进步的文艺书刊。其他发行

[①] 参见金炳亮：《黄埔军校宣传出版活动述略》，载中山大学《孙中山研究论丛》第7集，1990年。

革命书刊的机构还有民智书局、丁卜图书公司、培英印务公司、光东书局等。

二、党在国统区的出版活动

大革命失败后，国民党全面推行其反动统治，党的出版活动转入地下。广东国统区的出版活动在土地革命时期、抗日战争时期和解放战争时期，经历了一个从地下到半公开，再转入地下的曲折过程。

（一）土地革命战争时期

这个时期，由于国统区白色恐怖严重，广东党的出版活动完全处于地下秘密状态。中共广东省委先后创办的期刊共有9种：《红旗》《省委通讯》《学习》《党的生活》《教育杂志》《红五月》《半周宣传大纲》《工农通讯》和《政治消息》。

《红旗》，是中共广东省委的机关刊物，1927年10月在广州创刊，由省委常委、宣传部长恽代英主编，广州印刷工会负责印刷，秘密发行。初为16开，半周刊，主要任务是鼓动广州起义。12月11日广州起义爆发后，改为《红旗日报》，成为广州苏维埃工农民主政府的机关报，并在当天出版号外，印发25万份，在全市张贴。广州起义失败后，《红旗》转入地下继续出版，刊期先改周刊，再改旬刊，并增出四开一页的特刊。

《省委通讯》月刊，广东省委秘书处编，1927年9月出版，登载省委给各地党委或支部的复函及重要报告，"作内部教育训练之材料"[①]。

《教育杂志》，1929年1月创刊，名义上由广东大学训育处出版，广益书店承印，实际上是广东党的理论刊物。刊名和所谓"广东大学训育处"均系伪装。

此外，其他期刊还有广东省委直属支部承印的《支部生活》，广州市委编印的《工农小报》，两广省委出版的《南方红旗》和《两广实话》，以及《广州工人之路》《地下火》等。

由于条件艰苦，这一时期除《红旗》和《党的生活》铅印外，其他所有刊物均为刻印；为了避免国民党反动派的残酷迫害，很多期刊以种种方式，在封面和内容上予以伪装。

发行方面，实行分配供给制。广东省委设有专门组织"宣传委员会"，"负

[①] 《广东区党团研究史料（1927—1934）》第125页，广东人民出版社，1986年。

责供给各种宣传刊物"①，又曾尝试开办地下书店，以书店为掩护，作地下活动的交通站，如"绿波书店"。

（二）抗日战争时期

抗战时期，国共第二次合作，党的出版活动由地下秘密状态转为半公开状态。其主要任务是指导进步人士创办报刊和出版机构，用宣传出版来巩固和扩大抗日民族统一战线。1938年1月，八路军广州办事处成立，云广英担任主任，廖承志指导工作。同年4月，成立新的中共广东省委，张文彬为书记，饶彰风为宣传部长。党的出版事业（包括进步出版活动）遂由八路军办事处和省委实行双重领导。

这一时期，在中国共产党领导及影响下创办的期刊，主要有：《救亡呼声》《新战线》《文艺阵地》《新华南》《抗战大学》等。《新华南》，中共广东省委机关刊物，1939年4月1日创刊于韶关，编委会主任尚仲衣（尚牺牲后由石辟澜接任），委员有何家槐、左洪涛、任毕明、石辟澜等。

期刊之外，党还领导创建了专门出版机构——统一出版社和南方出版社。

1. 统一出版社

1937年11月1日，《抗战大学》杂志正式创刊，统一出版社作为《抗战大学》的出版者（后改为发行者）同时登记注册。统一出版社的总编是共产党员阳光（温京），另由阳光、梁威林、李育中、龙世雄等组成编委会。除出版"新型的战时综合杂志"《抗战大学》外，统一出版社还出版了《抗战大学小丛书》（包括《抗日军队中的政治工作问题》等）、《列宁丛书》（包括《二月革命至十月革命》等），《一党专政》（毛泽东谈话），《目前抗战中的几个问题》（叶剑英演讲词），以及《解放文学》《宣传、组织、武装、训练民众的方法》，等等。统一出版社的书籍除由自己发行外，主要由广州一般书店、生活书店、上海杂志公司、新华日报广州分馆、新民图书杂志公司、民众书店、新知书店等发行。发行范围远及梅县、广西和香港。

2. 南方出版社

1938年7月在广州创办。由夏衍直接领导，作为《救亡日报》社编印图书和杂志（《十日文萃》）的一个出版部门，它先后出版了日本反战小说《未死的兵》、沙汀著的《华北的烽火》等图书以及期刊《十日文萃》3期。1938年10月广州沦

---

① 《编者的话》，载《红旗》第21期。

陷后迁往桂林，继续出版《十日文萃》至第 9 期。

发行方面，在广州，有新华日报广州分馆，于 1938 年 4 月设立，地址在汉民路 40 号，每天由飞机从汉口将该报纸型运到广州印刷、发行。5 月，广东省委调整和加强新华日报广州分馆，增设发行部和服务部，李峰任支部书记，兼发行部主任，张尔华任经理，发行《群众》周刊、《救亡日报》及我党出版的各种书籍。《新华日报》最高日发行量达 4000 份。1938 年 10 月广州沦陷后迁往粤北，改称《新华日报》曲江分销处。在佛山，有精神粮食供应社，抗战初期成立，负责人是何若愚、黄月夫妇，两人后都加入中国共产党，该供应社也成为我党活动的一个据点。除出售学生教科书之外，主要经售《新华日报》《群众》周刊等。在曲江，有五四书店和马坝救亡书店，都是广东省委的交通联络点。还有《新华日报》曲江分销处和新建设出版社等。

3. 新建设出版社

1938 年底成立，名为出版社，实际上不搞出版，专搞发行，出版工作由第七战区长官部编纂部负责。经理由编纂部出版部主任陈荡（中共党员）担任，下设门市部、批发部、邮购部。专门从事进步书刊的发行工作。

此外，生活书店在广州、曲江、梅县等处开设的分店也发行了大量进步书刊。

（三）解放战争时期

抗战胜利以后到内战全面爆发之前的一年左右时间，国民党对出版的控制有所放松，中国共产党利用这一有利时机，在公开、半公开和秘密的出版方面都取得很大的发展。其主要的成就就是创建了一批专门的出版和发行机构。

1. 出版机构

（1）学习知识出版社

1945 年 12 月，中共广州地下市委创办《学习知识》，以学习知识出版社的名义注册和出版。出版社社址原设在教育南路铭贤坊 3 号 4 楼，后迁惠福东路 159 号 3 楼。《学习知识》是当时广州地下市委唯一公开发行的刊物，主编为邓邦俊。除出版《学习知识》半月刊外，还不定期地编印各种"小丛书"，主要有：《政协文汇》《东北问题》《较场口血案》《评二中全会》《纪念"四·八"死难烈士》等，大多由剪报编辑成册出版。1946 年 5 月，在国民党当局的公开迫害下被迫关闭。

（2）中流出版社

1946 年夏，由李汉霖、刘学龄、李庆华（李坚）等发起，招募兴宁县军政、工商、文化界知名人士股份而创办。社址在广州教育路72号2楼（后迁到昌兴街），经理李汉霖。同年11月创办《世界新潮》半月刊，社长罗志甫，发行人李方生（李道澄），编委成员有李庆华、严刘祜、陈戈等。除出版《世界新潮》半月刊外，先后出版过《民间歌曲选》（一、二辑），《世界新潮文艺丛刊》，《从罗斯福到杜鲁门的美国》等。还利用自设的文业印刷所，大量印刷传单、宣言和小册子等，对广州"五卅"运动起了积极的推动作用。1948年春，因出版社职员大多投笔从戎，宣告结束。

（3）中印出版社

1946年10月，以章导为首的中山大学教授吸收印尼华侨资金，在广州成立中印文化企业公司。公司下属三个机构：《每日论坛报》社、中印出版社（附设门市部）和中印印刷厂，地址在今省财厅前。中印出版社成立于1946年冬，社长刘渠，编委有王亚南、梅龚彬、钟敬文、冯海燕、廖钺等。专职职员只有廖钺和钟嫦英两位。廖钺任编辑部主任，钟嫦英为编辑兼校对。编辑出版《论坛》杂志。1947年5月被国民党封禁。

2. 发行机构

（1）兄弟图书公司

1944年夏首次在广西贺县八步镇由生活、新知、读书三家联合开办。同年12月迁到广东连县，由唐津霖任经理。1945年12月再迁广州，地址在惠爱东路329号（今中山四路328号），仓库和宿舍则在西湖路路口，经理吴仲。除经售本版、外版书刊外，还兼搞批发业务。1946年5月，被广州国民党当局指使特务捣毁。

（2）香港《华商报》广州分社、《正报》广州分社

1946年初成立，除销售本版报纸外，还经售香港出版的其他进步书刊，是香港进步书刊流向本地读者的桥头堡。同年5月被国民党当局强行查封。

（3）广州书报杂志供应社

1946年元旦，由李嘉人主持在广州开办，地址在西湖路100、102号。表面上和其他书店一样，在门市部陈列和出售的是一般的图书杂志，实际上却是中共机关报《新华日报》的地下读报室。为了隐蔽和保护自己，在经营方式上以外地邮寄批发为主，本地批销和门市部零售为辅。同年6月30日，国民党特务在捣毁了兄弟图书公司、《华商报》广州分社后，下令查封了广州书报杂志供应社。

三、革命根据地党的出版事业

革命根据地的出版活动是党的出版事业的重要组成部分之一。广东革命根据地党的出版事业主要集中在东江、琼崖两个革命根据地。

（一）东江革命根据地

1927年4月下旬，中共东江特委正式成立，从而开始了革命根据地的艰苦创建历程。在1927—1937年这十年中，由于白色恐怖非常严重，东江党的出版事业又处于初创阶段，因此出版物数量不多，且全部用钢笔抄写。主要有5种期刊，即：《东江红旗》《政治通讯》《我们的生活》《转变》和《群众》。其中1931年5月创刊的《东江红旗》旬刊，是东江特委的机关刊物。

1937年，抗日战争全面爆发，东江人民抗日武装迅速发展为有1.1万余人的东江纵队，东江抗日根据地随之建立。为根据地党的出版事业的发展提供了较好的环境和条件。

东江纵队的前身是两支抗日游击队：曾生领导的惠（阳）宝（安）人民抗日游击总队和王作尧领导的东（莞）宝（安）惠（阳）边抗日游击大队。1941年1月，曾生大队在东莞敌后创办了《大家团结》周报；2月，王作尧在宝安创办《新百姓报》。同年7月，部队为了加强两队的战斗力，实行统一领导，成立前线出版社，陈嘉（杜襟南）为机关支部书记，沙克（李廉东）为副社长，继续出版两报。1942年2月，在邹韬奋的提议下，《新百姓报》改名为《东江民报》，谭天度为总编辑。同年3月29日，广东人民抗日游击总队将《东江民报》改名为《前进报》，作为总部的机关报（后成为东江纵队的机关报）。《前进报》社长杨奇，副社长涂夫。全盛时期设有编辑部、出版部、发行部、印刷厂、油印室、资料室等，有工作人员四五十人。发行范围除东江革命根据地外，还发行到珠江、粤中、粤北、西江、韩江、南路等游击区和部队。共出版了100期。抗战胜利后，《前进报》社的一批干部抽调到香港创办党刊《正报》。1946年6月，东江纵队北撤山东，《前进报》停刊。

1944年，《前进报》出版部独立而成前进出版社，仍归《前进报》社领导。前进出版社出版的书计有：《前进文萃》（3辑）、《时论汇集》（8本），以及《电讯汇辑》《韬奋先生逝世纪念特刊》《团结的大会，胜利的大会》（中共"七大"文件汇编）等。

此外，东江抗日根据地出版的书刊还有：《抗日杂志》《政工导报》《锻炼》《岳中导报》(以上为期刊);《整风文件》《对东江当局暴行的控诉》《连队政治工作》《建设新民主主义新政权》《十要运动》《军队政治工作条例》《国共两党与中国之命运》《基本战斗教练》《野外演习》《行军》《基本战术》(以上为图书)等。

《抗日杂志》月刊,1943年6月创刊,是东江抗日根据地最主要的期刊,主编王作尧,编委有曾生、王作尧、竟天、思明、邬强等。以提高全队干部的军事政治修养和学习热情为宗旨。设有军事、政治、自然科学、工作经验、文艺、通讯、歌曲等栏目。

《政工导报》,东江纵队政治部出版,1944年11月20日创刊。宗旨是"帮助我们改造全军政治工作的领导和工作作风"①。

《岳中导报》,1944年12月创刊,东江纵队第一支队政治处出版。

《锻炼》,东江纵队政治部组织科编印,宗旨是"加强党性锻炼,提高马列主义,指导全军组织工作进行"②。

东江抗日根据地出版的图书,一部分翻印自延安解放出版社出版的图书,如《整风文件》,主要是工作指导性质;其余自己编印的书籍、小册子则大多具有针对性和实用性,如东江纵队政治部印发、清溪乡政府翻印的《十要运动》,以群众喜闻乐见的形式向民众作抗日的宣传。军政干部学校编印的《连队政治工作》是供连指导员使用的政治小百科全书;《野外演习》《基本战术》《基本战斗训练》《行军》等,则是学校军事训练课程的教材。

由于日寇的封锁,东江抗日根据地的出版物除《前进报》有过短期铅印外,其余都是蜡纸刻印(油印)的。《前进报》社有一小型印刷厂刻印书刊。印刷人员在如此艰苦的条件下,克服重重困难,摸索出一套优良的刻印技术。《前进报》创造了一张蜡纸印7000张而不破损的惊人纪录③。

发行工作,在根据地主要通过赠阅和散发的方式,使每一个识字的干部和战士都能读到党的书刊。在敌后(日占区)和国统区,发行工作则由各交通站以秘密方式进行。

(二)琼崖革命根据地

(内容详见本书《琼崖革命出版事业述评》一文。)

---

① 《政工导报》创刊号。
② 《锻炼》创刊号。
③ 广东省党史办公室:《东江纵队资料》,第174页,广东人民出版社,1983年。

四、党在香港的出版活动

（内容详见本书《1949 年前中国共产党领导及影响下的香港出版活动》一文。）

（原载中共广东省委党史研究室《广东党史资料》第 24 辑，广东人民出版社 1994 年）

琼崖革命出版事业述评

海南（琼崖）地处天涯海角，古代被视为蛮荒不化之地，但是近代以来，进步文化（包括新闻出版）始而暗流潜动，终于在革命洪流的推动下，演变为滚滚波涛。

一

1919年的五四运动也影响到琼崖。经受过五四爱国运动洗礼的琼籍青年徐成章，1920年从云南讲武堂毕业返琼后，决定创办报刊，启发民智，改造琼崖。1921年4月1日，徐成章正式创办《琼崖旬报》于海口。《琼崖旬报》，4开铅印，每期印2000份。初以传播五四新思想，宣传民主科学为宗旨。同年12月，从欧洲勤工俭学回国的罗汉、鲁易、吴明及由北京派来海南进行革命活动的李实等抵琼，并从第21期开始担任《琼崖旬报》的编辑及撰述，报纸言论转趋革命，成为海南最早的马克思主义传播者。1922年1月，罗汉、鲁易、吴明、李实、徐成章、徐天炳等发起组织琼崖社会主义青年团，拟将《琼崖旬报》改为青年团机关报，旋因该报股东拒绝，于是另创《琼岛日报》。《琼岛日报》仅出3期，就因经费困难及反动势力的迫害而被迫停刊了。1923年，乐会县自治研究会创办《良心》月刊，强烈反对尊孔读经，提倡婚姻自由，提倡新文学和白话文，同时也介绍一些马克思主义学说，因此可以看作五四新文化运动在琼崖萌动的一份刊物。

这段时期，琼崖学生在京穗沪宁等地从事革命出版活动也很活跃。在广州，1923年有杨善集、洪善效、王家齐等组织琼声周报社，出版《琼声周报》；组织"海外品学观摩会"，出版《觉觉年刊》；1924年有徐成章、杨善集、洪剑雄等26人组织新琼崖评论社，出版《新琼崖评论》半月刊；1925年有杨善集、周士第、徐成章等组织"琼崖革命大同盟"，出版《琼崖革命大同盟盟刊》（不定期）。在上海，有复旦大学学生刘长关以琼崖留沪学生会的名义出版《海南潮》旬刊；王文明、陈垂斌、叶文龙、罗文淹、黄昌炜、周逸、符向一、郭儒灏等组织琼崖新青年社，出版《琼崖新青年》；组织南语社，出版《南语季刊》。在北京，有莫孔融、何柏森、柯嘉予组织琼岛社，出版《琼岛魂》；在南京，有黄声渠、李嘉平等组织琼崖青年社，出版《琼崖青年》。这些琼籍学生办的刊物虽处异乡，但都以改造琼崖为己任，其内容必然会对琼崖本土产生影响，并与琼崖革命报刊的宣传遥相呼应。

在中共琼崖地方组织成立之前，中国共产党主要协助陈公仁创办了《路灯》半月刊以及出版《琼崖民国日报》作为自己的代言人。《路灯》半月刊，主编陈公仁，1926年春创刊，不久即因国民党发动反革命政变而停刊。《琼崖民国日报》，1926年3月在海口出版，由中共党员罗文淹任社长，每天4开1张，由海南书局代理排印，销行约500份，主要报道国内外时事和岛内外工、农、商、学、青运动消息，宣传共产主义和新三民主义。1926年6月，中共琼崖地方委员会成立，王文明任书记。琼崖地委成立后，连续创办《扫把》《现代青年》和《琼崖青年》。《扫把》旬刊，1926年夏创刊，油印，期印三五百份，所刊文章用海南方言创作。《现代青年》，由琼崖地委负责宣传工作的许侠夫、罗文淹、林基等9人发起创办，以指导琼崖文化运动为宗旨。《琼崖青年》，海口和府城青年运动委员会联合主办，以统一海口、府城两地青年运动，致力国民革命为宗旨。此外，这一时期宣传革命的刊物尚有《琼崖东路》（琼东县）、《三日刊》（文昌县）、《救世宝筏》（澄迈县）等①。

二

如果说，从五四运动到大革命时期是琼崖革命出版事业的初创时期，那么，到土地革命时期，琼崖革命出版事业就进入了发展的阶段。这一方面是由于前一时期的经验积累，另一方面则是为了适应革命根据地的工作需要。

大革命失败后，1927年6月，中共琼崖地委改为琼崖特委。从1927—1937年这10年，由于国民党白色恐怖笼罩，琼崖革命根据地孤悬海外，使得中央及省委的报刊难以到达，特委也难以与中央保持联系。为了宣传发动群众，琼崖特委在十分艰苦的条件下，大量创办报刊，印发小册子，琼崖遂成为这一时期广东革命出版事业最兴盛的地区。这个时期创办的期刊，据不完全统计，共有12种（不

---

① 参见邢谷：《琼崖时期革命报刊》，载广东省委党史资料征集委员会等编《广东革命报刊研究》第一辑。

计县级刊物），即：《琼崖红旗》《红潮周报》《特委通讯》《党团生活》《团内生活》《布尔塞维克》《工农兵小报》《赤光报》《少年旗帜》《琼崖苏维埃》和《列宁园》。

《琼崖红旗》，是琼崖特委宣传部出版的特委机关刊物。1930年10月创办，月刊，油印。内容多为提纲式的宣传文章。

《党团生活》和《布尔塞维克》，琼崖特委宣传部主办，均为半月刊。《党团生活》文章较短、浅白，适合文化程度浅显的读者阅读。《布尔塞维克》文章较长，大多有系统地传达中共的策略路线以及理论教育等，适合较高水平的读者阅读[①]。

《工农兵小报》，旬刊，琼崖苏维埃政府主办，1929年9月1日创刊。内容以宣传国内外革命形势，介绍琼岛各地苏维埃政府情形为主。

《团内生活》，琼崖特委宣传部主办，不定期出版。

《赤光报》和《少年旗帜》，均为少年先锋队琼崖总队部出版，以指导各地少先队活动为宗旨。

期刊之外，尚有各种各样的小册子及大量的干部训练材料，如《共产主义十好》（中共琼崖特委书记王文明编写的演唱材料），《党校训练材料》《训练材料》《发行工作材料》《支部工作入门》《高级列宁学校教科书》《政治大纲》等。

这一时期，琼崖报刊的发行有自己的特点。根据地各级报刊的发行，由琼崖苏维埃政府交通总局负责，层层传递至县苏维埃交通局，再传递到乡交通站。白区报刊发行则多通过牧童、小商小贩、邮差以及苏区人民的亲戚朋友去散发。笔者在广东省档案馆发现的一份《发行工作材料》，正是这一特点的真实反映。该材料明确表示要在全琼建立特委属下的发行交通网：在县区分设发行部、发行科，地方支部建立发行队，有专职的发行干事和发行员。发行对象"是在各种工厂、盐场、农场及一切工人集中的地方，是在中心农区和沿交通要道的地方，在一切学校、教育文化机构、圩场、公园及一切人群聚会的场所"[②]。支部发行干事对发行队散发宣传品，须检查其散发方法以及影响程度。

[①] 广东省党史资料征集委员会、海南区党史办编：《琼崖抗日斗争史料选编》，第45页，1986年。

[②] 《发行工作材料》，转引自广东省新闻出版局编《广东出版史料》（内部资料）第一辑，1991年。

三

1938年10月,广州沦陷,海南告急。在形势的逼迫下,琼崖国共两党达成协议,琼崖红军改编为广东民众抗日自卫团第十四区独立队,队长冯白驹。琼崖抗日民族统一战线正式形成。统一战线的建立,给革命出版事业带来勃勃的生机。琼崖革命出版事业从此进入全面发展的时期。抗战时期琼崖出版的革命报刊主要有:《救亡呼声》《救亡旬报》《新琼崖》《抗日新闻》《每日要电》《南路堡垒》《军政杂志》《战斗生活》《每周时事》《新琼崖报》和《新文昌报》,共11种。

作为统一战线的成果,琼崖特委适应抗日救亡运动全面掀起的形势,先后创办了《救亡旬报》《救亡呼声》(后改为以冯白驹为发行人的公开出版物《新琼崖》)。《救亡旬报》"每十天出版一次,它是公开地来宣传党的政治主张,传达党的政治消息,指出群众的出路,特别着重于民族方面的宣传"。①

琼崖敌后抗日根据地建立以后,革命出版事业更为发展,主要创办了以下几种报刊。

《抗日新闻》,1938年创办,油印出版,是当时唯一的敌后报纸。"它出版日期是三至五天出一次,它的篇幅三版至四版,它的内容,除国内外和本岛海外,还有社论、论文和转载中共中央重要文件等等。它起初只出版三四百份,但现在(案指1940年初)已出版至二千份之多。全琼党政军各重要机关、民众团体阅读着它,每个支部同志阅读着它,各市镇和人口集中的地方张贴着它,它是琼崖最大的最博得民众欢迎的一个报纸。"②该报创办人是林李明和黄魂,陈健、李雨枫也主持过,后期由李英敏担任主编。报社有印刷所,负责人是吴炬。③

《每日要电》《战斗生活》《军政杂志》和《每周时事》,均由独立队政训处(室)主办。《战斗生活》是一般战士读物,《军政杂志》则是适合军政干部阅读的理论刊物,这些刊物"也发到各机关团体去,可惜数量不多,广大民众都是很少看

---

① 广东省党史资料征集委员会、海南区党史办编:《琼崖抗日斗争史料选编》,第104—105页,1986年。

② 广东省党史资料征集委员会、海南区党史办编:《琼崖抗日斗争史料选编》,第104—105页,1986年。

③ 参见李英敏:《海南敌后办报》,载广东省委党史资料征集委员会等编《广东革命报刊研究》第一辑。

到的"①。

《南路堡垒》半月刊,是独立队与中共创办的一个铅印刊物,在广州湾印刷,每期约出版 2000 份。大部分销往海南各地。"内容以地方性的写实为主,一般论文次之。"②

《新文昌报》,1941 年 8 月创办的文昌县报,主编李英敏。编辑、印刷及交通员大部分是归国华侨和侨眷,在海外有一定的影响。

《新琼崖报》,琼崖抗日民主政府的机关报,1942 年春夏之交创办,主编李英敏,编辑及印刷人员大部分从《新文昌报》调来。

此外,琼崖抗日根据地还出版了许多小册子,如歌曲、漫画以及文化课本、学习资料等,"源源不断地供给基层干部作文化、政治宣传及教育之用"③。

这个时期琼崖革命出版事业的特点,就是中国共产党加强了对出版的领导和管理,这是革命出版事业走向成熟的标志。独立队总队部下设政训处(室),政训室有 11 人,分为编辑、组训、民运三个部。编辑部下设印刷科与发行科。"负责集编对外的宣传刊物、传单、标语和对内刊物、教育材料及管理印刷科、发行科等。"④特委方面,除直接领导政训处的工作外,本身设有印刷处,经管印刷与发行工作。"特委的发行工作,就由印刷处主持,将各种印刷品按照一定比例分配包裹后交给总交通站递送到各地去"。⑤

由于国共合作,中共就能够在发行方面有更好的渠道,这就是公开开办书店。早在大革命时期,海南进步的青年学生就在海口开办"书报巡回阅览社",在加积镇开办"文化书局",出售和供读者借阅进步文化书籍,开琼崖风气之先⑥。琼崖国共合作形成后,特委宣传部在海口开办了"大众书店"。另有马白山、史中坚在昌江县新街墟开办"时代书店",吴绍荣(吴浪渡)等人在儋县新州镇开办"大

---

① 广东省党史资料征集委员会、海南区党史办编:《琼崖抗日斗争史料选编》,第 111 页,1986 年。

② 广东省党史资料征集委员会、海南区党史办编:《琼崖抗日斗争史料选编》,第 104—105 页,1986 年。

③ 广东省党史资料征集委员会编:《广东党史资料》第 5 辑,第 142 页。

④ 广东省党史资料征集委员会编:《广东党史资料》第 5 辑,第 142 页。

⑤ 广东省党史资料征集委员会编:《广东党史资料》第 5 辑,第 103 页。

⑥ 广东省党史资料征集委员会编:《广东党史资料》第 5 辑,第 50 页。

众书店",大量出售马列主义书籍及有关抗日救亡的书报。①

琼崖革命出版事业在抗战时期虽然有很大发展,但仍跟不上革命形势的发展,"尚不能达到党给予的完成程度"②。究其原因主要有三点:一是琼崖文化落后,部队中文盲极多。"他们(指部队战士)在文字上是特别的缺乏,能够完全看懂党的一切刊物和文件,则是少之又少,甚至绝无仅有"③。这一方面造成发行工作的困难,另一方面也使革命的文化工作者不得不首先把主要精力放到扫盲工作上。二是特委内能写文章的同志异常缺乏,在早期,"老实说,文字工作除了白驹同志通通包办之外,其他很难找到一二同志来作帮手"④。1940年8月,李英敏调到特委,才使编辑力量有所充实。三是由于日寇的封锁,造成印刷物资极端缺乏。

四

解放战争时期,随着琼崖人民武装的壮大和革命根据地的巩固扩大,琼崖革命出版事业在原来的基础上又有了新的发展。这一时期出版的主要报刊有:《建党》《建军报》《新民主报》《工作》《同声》《斗争》《琼文导报》和《南路消息》,共8种。

《新民主报》,琼崖区党委机关报。前身是《抗日新闻》。1945年5月15日起改为综合性半月刊。1950年5月海南解放前夕停刊,共出版18期。设有社论、国内半月、琼崖半月、解放区介绍、新中国横断面、思想修养等栏目,另出版三辑《中国人民政治协商会议特辑》。《新民主报》由琼崖出版社出版。琼崖出版社是一个以出版报刊为主,兼出书籍和小册子的专门出版机构。所出的书籍主要有:毛泽东的《论联合政府》《目前形势和任务》,刘少奇的《论共产党员的修养》《论党》,还有《革命战士修养读物》(1—3集),《论战局》《群众工作手册》《追

---

① 琼崖武装斗争史办公室编:《琼崖纵队史》,第90—91页,广东人民出版社,1986年。
② 广东省党史资料征集委员会、海南区党史办编:《琼崖抗日斗争史料选编》,第221页,1986年。
③ 广东省党史资料征集委员会、海南区党史办编:《琼崖抗日斗争史料选编》,第43页,1986年。
④ 广东省党史资料征集委员会、海南区党史办编:《琼崖抗日斗争史料选编》,第45页,1986年。

悼王白伦同志特辑》，等等①。

《建党》，琼崖区委宣传部编印，1948年5月15日创刊。发刊辞宣示其是"全琼党组织的思想、工作、生活的指导中心阵地"。

《斗争》月刊，东区地委宣传部编印，1947年8月30日创刊。创刊号宣示其是"东区党政军民思想意识教育的园地"。

《同声》半月刊，北区地委宣传部编印，1947年11月创刊，主要刊载党建方面的文章。

《建军报》，琼崖纵队政治部主办的内部刊物，1948年9月1日创刊。以"教育自己，教育战士，改造部队，提高部队战斗力"为宗旨②。

《工作》，1947年创刊，是文昌县民主政府主办的工作指导性刊物，以文昌出版社的名义油印出版。

此外，琼崖区党委为配合形势，还有系统地编辑出版了宣传中共各项方针政策的书籍以及供党员干部使用的学习材料，并大量翻印发行。这是这个时期琼崖革命出版事业的一个显著特点。宣传中共各项方针政策的书籍有：《中国共产党的政策学习提纲》《政策研究》（分几辑出版），《中国共产党总路线与总政策》等。出版这些书的目的在于纠正由于对中共中央政策缺乏了解而造成的工作失误，使各项工作有章可循。这些书籍收集了大量中共的重要文件，如《中国共产党总路线与总政策》一书就搜集了人民革命战争以来中共中央及毛泽东所发表有关土地改革和整党的九个文件。作为学习材料（教材），多数书籍在各章之后都列有"讨论问题"及"参考资料"，以引起更广泛的讨论和更深入的学习。关于党员干部自我修养和学习的材料，则有《党员须知》《共产党员学习手册》《反省与改造》《连队政治工作教材》《政治服务员职责教材》《宣传指南》等。

由于印刷物资的匮乏，上述所有书刊全部油印出版。在这种艰苦条件下，印刷人员发扬大无畏的革命精神，刻工精细，油印美观，在革命出版史上写下了动人心怀的篇章。

---

① 参见李英敏：《海南敌后办报》，载广东省委党史资料征集委员会等编《广东革命报刊研究》第一辑。

② 《建军报》第2期"编后语"。

（本文参加新闻出版署党史资料征集领导小组办公室召集的新民主主义革命时期出版史学术讨论会，该会于1991年12月在山西太原召开。后收入《新民主主义革命时期出版史学术讨论会论文集》，中国书籍出版社1993年）

1949年前中国共产党领导及影响下的香港出版活动

香港由于其特殊的地理和政治环境，成为中国共产党向广大港澳同胞、海外侨胞进行宣传的桥头堡。因宣传的需要而产生的出版活动也随之兴盛起来。

党在香港的出版活动是从成立八路军香港办事处开始的。在此之前，香港只有一些零星的出版物，被茅盾称为"文化沙漠"[①]。1938年1月，在廖承志和潘汉年策划下，八路军香港办事处正式成立，工作人员有连贯、李默农（少石）、梁上苑、潘柱（静安）、罗雁子（理实）、杜埃等。从事新闻出版的组织和领导工作，是八路军香港办事处的重要政治任务之一。办事处除翻印出版《新华日报》和《群众》周刊外，还先后创办了《华侨通讯》和《华商报》，并领导和指导香港的进步文化人士创办各种进步报刊，宣传抗战。为了适应出版事业的发展，1940年3月，杜埃、梁上苑等以办事处的名义在香港创建美苑印刷厂，承印《华侨通讯》和其他出版物。

《华商报》，由八路军香港办事处筹备创办，1941年4月8日正式出版，为对开晚报，领导人是范长江。1941年12月12日因香港沦陷而停刊。1946年1月4日复刊，改为日报。董事长兼督印人是邓文钊，总经理萨空了，总编辑刘思慕。共产党员章汉夫、许涤新、廖沫沙、夏衍、乔冠华、张铁生等人为报社委员会成员。由于它代表了人民的呼声，反映了群众的愿望，特别关心港澳同胞和海外侨胞的利益，因而深受欢迎，销行约1万份，是当时香港发行量较大的报纸。

八路军香港办事处建立后，适应抗战形势的进步报刊如雨后春笋，纷纷创办。主要有：金仲华主编的《世界知识》和《星岛周报》；沈志远主编的《理论与现实》；马国亮主编的《大地杂志》；黄宁婴主编的《中国诗坛》等。

---

① 茅盾：《我走过的道路》，第74页，人民文学出版社，1988年。

1938年7月1日,生活书店香港分店创办,经售革命书刊,兼营印刷业务。当时香港出版的《世界知识》,以及内地出版的《全民抗战》《妇女生活》和《读书月报》等都是由生活书店香港分店排版印刷的。皖南事变后,被勒令停业,其业务由光夏书店、南洋图书公司和星群书店所接替。

1938年6月,宋庆龄领导的保卫中国同盟在香港成立,与我党关系密切的邹韬奋、金仲华、邓文钊等新闻出版工作者先后加入"保盟",负责"保盟"出版委员会的工作。"保盟"除出版"年度报告"外,还邀请国际友人撰写并出版长篇战地报告,如杰克·贝尔敦的《新四军》,杰姆斯·贝尔特兰的《从红卍字到红十字》,马海德的《西北边区的医疗工作》等。7月,又创办英文版《新闻通讯》,作为"保盟"的机关刊物。1941年11月,出至36期停刊。此外,宋庆龄还主编出版了《妇女与抗战丛书》,宣传妇女对抗日救亡运动的贡献。

1941年初,由于皖南事变和桂林沦陷,内地大批文化名人避至香港。接着,茅盾主编的《笔谈》、端木蕻良主编的《时代文学》、周鲸文主编的《时代批评》、张铁生主编的《青年知识》、黄庆云主编的《世界儿童》、乔冠华主编的《今日中国画报》、马国亮主编的《大地画报》等相继在香港创刊。香港进步出版活动遂极一时之盛。同年5月,中共在香港成立文化工作委员会("文委"),由廖承志、夏衍、潘汉年、胡绳、张友渔等五人组成。领导包括出版在内的进步文化工作。

1941年5月17日,《大众生活》在香港复刊,邹韬奋任主编。编委除邹韬奋外,还有夏衍、千家驹、茅盾、金仲华、乔冠华和胡绳等七人。《大众生活》与《华商报》紧密合作,在宣传战线上起了很大的作用。

抗战胜利后,中国共产党利用香港较为宽松的政治环境和优越的印刷条件,出版事业更上一层楼。除将《华商报》改为日报复刊,并出版党的机关刊物《群众》周刊香港版和广东区委机关刊物《正报》外,还成立了专门的出版发行机构新民主出版社、中国出版社及印刷机构有利印务公司。

一、《群众》周刊(香港版)

《群众》周刊是中共机关刊物,抗战时期创办于重庆,后至武汉出版。1947年1月,《群众》在香港正式复刊。章汉夫以"章潮"的名字作为督印人注册。日常业务由林默涵、廖沫沙、黎澍、范剑涯等负责。后期主要由杜埃、陈夏苏两人负责。《群众》的发行对象,主要是港澳同胞和海外侨胞。《群众》周刊在香港的发行由新民主出版社代办；在海外发行则由设在纽约、旧金山、伦敦、巴黎、马尼拉等各大都市的代销处经办；内地发行，用伪装的办法，改换封面，通过地下运输线秘密发行，也有先打好纸型，秘密带往上海印刷发行的，当时《群众》周刊在各地的总发行量大约7000份。

二、《正报》

中共广东区委机关报，由东江纵队派人在香港创办。1945年11月13日创刊，四开小报型，初为三日刊，很快改为二日刊。1946年7月21日再改为旬刊，10月19日又改为周刊。地点设在皇后大道中33号2楼10室，设有门市部和图书部。除出版《正报》外，还编印出版了一系列革命书籍，如《论党内斗争》《献给人民团体》《论农村工作》《准备总反攻》《论文艺工作》《论群众观点》《中国共产党与土地革命》《为纯洁党的组织而斗争》（土改丛书第2种）等。门市部出售大量的进步书刊，以"推荐好书""星期廉售""征求纪念订户"的方法促销，并加强与读者的联系。1948年11月13日，《正报》宣告停刊，改为正报出版社，继续出版进步书籍。

三、新民主出版社

1946年3月，在《华商报》社的大力支持下，香港新民主出版社正式成立。它是华商报董事会属下的三个注册机构之一（《华商报》、新民主出版社、有利印务公司）。初由邓家恺任经理，廖沫沙为主编。1946年5月，吴仲接替邓家恺为经理。作为党在香港开办的正式出版机构，新民主版图书具有鲜明的特色。它大量编选中共中央文件，如《一九四七年以来中共中央重要文件集》《整风文丛》《关于修改党章的报告》等；它大量印发马恩列斯和毛泽东著作，共出版马恩列斯著作24种，毛泽东著作单行本22篇；并出版过《中国人民文艺丛书》《青年知识丛书》等，在香港及海外产生了巨大的影响。发行方面，新民主出版社专设门市部经售本版和外版书刊。由新民主出版社发行的期刊，有党的机关刊物《群众》周刊，《正报》周刊及其他民主党派、进步人士主办的刊物。发行的重点（主要是批发户），是南洋和海外的华侨报社及由爱国华侨经营的书店。内地发行，主要面向华南游击区和南方国统区。1946年五六月间，《华商报》广州分社、《正报》广州分社和兄弟图书公司被广州国民党当局强行查封后，苏群和钟仪夫妇在广州惠福路开设"联合书报社",秘密发行新民主出版社的书刊。上海的黄河书店则通过寄运纸型的办法,印行新民主出版社书刊。华南游击区一般在香港都设有联络站,通过联络站购进新民主出版社的革命书刊。如当时设在九龙的学生书店,就是东江游击区的驻港联络站,也是革命书刊的采购供应站[①]。1949年10月,吴仲带领新民主出版社部分人员回广州开设新华书店。到1950年5月,出版社其他留港人员陆续调回广州。

四、有利印务公司

1941年9、10月间,《华商报》决定自筹印刷厂,由《华商报》督印人邓文田投资4万港元,在铜锣湾买下一间小印刷厂,以"有利印务有限公司"的名义注册,黎兆芳任经理。香港沦陷后,有利印务公司因僻处东区,未受损失。1945年底,有利印务公司复业,地点设在干诺道中123号,经理黎兆芳,以后邓重行、王家振、麦慕平相继接任。《华商报》复刊后,有利印务公司担负着报纸的全部印刷任务,同时还为《正报》、新民主出版社、《群众》周刊香港版等报刊和出版机构服务。此后,有利印务公司又协助回港印务人员,筹建了大千印刷厂和香港印刷生产合作社,组织"港九印务职业工会"。为了提高印刷工人的政治和业务素质,有利印务公司从东江解放区选拔了一批青年,聘请《新华日报》排字技工进行培训。同时还组织工人学习政治文化,邀请郭沫若、胡绳、林默涵、廖沫沙等给职工讲授哲学、文学和政治形势,教唱革命歌曲。1949年10月15日,有利印务公司职工随从《华商报》人员回广州,参加筹办《南方日报》。

五、中国出版社

1938年在武汉创办,是中共中央长江局的出版机构。抗战胜利后因国共谈判失败而停办。1946年9月在香港复业,社址先后在干诺道西99号4楼,中环机利文理街11号。主要出版政治类书籍,其中又以出版革命领袖的经典著作最引人注目。如毛泽东《开展大规模的群众文教运动》《论联合政府》《辩证法唯物论》,刘少奇《关于修改党章的报告》,朱德《论解放区战场》,以及《马列主义理论丛书》等。

[①] 吴仲:《新民主出版社与〈群众〉周刊》,载新华日报群众周刊史学会编《〈群众〉周刊回忆录》,1980年。

另有大批介绍解放区各项建设的书籍,如《解放区的土地政策》《解放区的民兵》《解放区的生产运动》《解放区图片选辑》《土地改革与整党典型经验》《关于工商业政策》等。出书之外,兼营售书;设有门市部,专门经售本版和外版的进步书刊。

战后香港(特别是1947—1948年),由于港英政府在管制上较为宽松,内地大批进步文化人遂避居香港,加之中国共产党注重宣传出版,使得香港的进步出版业出现了第二次繁荣(第一次出版繁荣出现在抗战初期),进步刊物有几十种之多。进步的出版发行机构,除上述由我党直接领导和创办的几家外,尚有生活书店、读书出版社、知识出版社、海洋书屋、春秋书店、扬子出版社、人间书屋、学生书店、前进书店、文化供应社、自由世界出版社、南方书店、中新出版社、智源书局、新知书店、新光图书文具公司等几十间,构成一股进步出版业的巨大洪流。香港出版业的兴盛与中国共产党在香港的出版活动实在是分不开的。

党在香港组织和领导的进步出版活动,大大提高了中国共产党的威信,为新中国的成立作了思想上、心理上和组织上的准备。

(原载广东省文史馆《岭南文史》1994年第1期)

论香港新民主出版社
（1946年3月—1949年10月）

香港新民主出版社是1946年中国共产党在香港设立的正式出版机构。它为解放区及国统区人民带来精神食粮，为沟通香港、内地及海外的图书市场发挥了重大作用。它还与广东省新华书店、广东人民出版社和《南方日报》等具有渊源关系。因此，研究香港新民主出版社具有历史意义与现实意义。

一、编辑与出版

抗战胜利后，中国共产党领导及影响下的进步新闻出版机构不断遭到国民党的袭击，乃至封禁。在这种情况下，中共决定首先在香港占领宣传阵地，以作内地坚强的舆论后方。当时，一方面，大批进步文化人不堪国民党的高压统治和特务迫害，被迫南下避入香港；另一方面，中共也有意选拔精通粤语、谙熟岭南风土人情的党员干部及进步人士到香港开展工作。

1946年1月4日，停刊四年之久的香港《华商报》复刊，随即受到香港和内地读者的欢迎，订户骤增。接着，《华商报》拨出一部分经费，筹备成立新民主出版社。

1946年3月，新民主出版社正式开张营业，邓家恺担任经理，廖沫沙为主编，具体掌握出版工作的方针大计。新民主出版社接受《华商报》社委与"南方文委"（中共中央南方局文化工作委员会）的双重领导。1946年5月，吴仲由广州兄弟图书公司调入新民主出版社，接替邓家恺，成为经理。

初期的新民主出版社条件简陋，一楼设有小门市部，经售"新民主"版图书，办公则在四楼。经理吴仲手下只有朱超、老庄、刘苑、文坚、韩琪、袁沃芬、殷勋、谭白华、梁任天等几个人，具体分工是：殷勋担任会计；老庄任出纳；朱超、谭白华搞批发和门市；梁任天搞宣传推广兼门市。由于人员太少，所以所谓分工也是模糊的，实际上，大部分编辑都兼做校对、发行及门市值班等事务。工作的繁忙由此可见。

1948年冬，随着解放战争的节节胜利，新民主出版社为迎接全国解放，决定扩大业务，大量调进新人，队伍发展到二十多人；尤其是业务人员，由原来的两人增加到十二人之多。分工更加明确：封面设计和绘制工作，由黄光、黎湛承担；印刷业务方面由具有丰富经验的任志伟担任；宣传推广工作由欧阳耀承担。其他一般都安排做校对工作。

新民主出版社由于条件简陋，人员不足，自己组稿，编辑出版的书很少，大部分是翻印外版书。这些书通过各种渠道由解放区和游击区输入。如1947年下半年，刘邓大军渡过黄河，开展外线作战，形势大变，东北及华东的解放区经常可以利用大连和烟台等港口开展对外贸易。新民主出版社就利用香港与这些港口的贸易关系，从东北新华书店、烟台大众书店等进新书样本，同时利用香港优越的印刷条件，重新大批翻印，运到解放区和国统区。

新民主出版社经售的图书具有鲜明的进步色彩。

（一）大量编选中共中央文件和民主党派、妇女运动等文献，宣传党的方针政策

主要有：《一九四七年以来中共中央重要文件集》，《整风文丛》（包括五本：《整顿作风》《改造学习》《反对党八股》《加强锻炼》和《一往无前》），《关于修改党章的报告》（附"七大党章"），《中国新民主主义青年团第一次全国代表大会文件集》《中国妇女联合会第一次全国代表大会文件集》《实现和平民主文献》《政协文献》《中国土地法大纲》《中国共产党抗战文献》等。

（二）大量印发马恩列斯和毛泽东等领袖著作，宣传马列主义、毛泽东思想

共出版马恩列斯著作24种，马克思、列宁、斯大林传记6种。延安整风运动以后，全党掀起学习马列主义热潮；1945年，中共七大召开，确立毛泽东思想为中国共产党的指导思想。新民主出版社紧密配合形势，在原已出版几种党的文件基础上，重新出版一套《毛泽东著作》。出版的形式是一篇著作作为一个单行本，但都冠以《毛泽东著作》的总称，各个单行本都用统一的封面图案，只以颜色不同为区别。从1946年3月到1949年10月，这套新民主版的《毛泽东著作》

先后编选了《新民主主义论》《在延安文艺座谈会上的讲话》《中国革命战争的战略问题》《游击战争的战略问题》《目前形势和我们的任务》《论联合政府》《论新阶段》《论持久战》《中国革命与中国共产党》《在晋绥干部会议上的讲话》《论人民民主专政》《中国共产党红军第四军第九次代表大会决议案》《经济问题与财政问题》《论文艺问题》《反对自由主义》《改造我们的学习》《怎样向韬奋学习》《将革命进行到底》《湖南农民运动考察报告》《农村调查》《农民运动与农村调查》《生产组织与农村调查》，共22篇著作，成为香港轰动一时的大新闻。此外，还出版了刘少奇的《论共产党员的修养》《论国际主义与民族主义》《论群众路线》、朱德的《论解放区战场》等。在短时期内，像这样大规模印发马恩列斯和毛泽东等领袖著作，不但香港从来没有，解放区也很少有。

为了树立毛泽东作为全党领袖的威信，新民主出版社除了出版《毛泽东著作》外，还出版了几种毛泽东的传记和连环画。有根据斯诺《西行漫记》改编的《毛泽东自传》，爱泼斯坦著《毛泽东印象》，萧三著《毛泽东的青年时代》；有连环画《少年毛泽东》；以及张如心著《毛泽东论》等。这些书出版后非常畅销，海内外读者争相购阅，对确立毛泽东的威望发挥了不可低估的作用。

（三）指导青年树立正确的人生观，追求民主与进步

新民主出版社为此出版一套《青年知识丛书》，主要有《怎样求得新知识》《怎样交朋友》《生活与理想》《怎样谈恋爱》《怎样做一个好学生》《读书的故事》《学习的故事》等十余种书。

（四）宣传新民主理论，为新中国成立作舆论准备

出版社组织留港作家、政治理论家撰稿，系统阐述新民主主义的政治、经济、艺术等。这方面的出版物有：《新民主主义的政治》《新民主主义的经济》《新民主主义的文艺》《论土地问题》《工商业家的出路》《论工商业政策》等。

此外，新民主出版社还出版了大批进步作家的文艺作品。最著名的是《中国人民文艺丛书》。这套丛书系统介绍了解放区作家新撰的诸多优秀文艺作品，这些作品大都取材于解放区火热的生活，因而使港澳及海外人士对解放区生活又有了一层感性了解。

二、宣传与发行

新民主出版社本身很少组织出版新书，而以翻印外版新书、经售港版及外版

书刊（包括内地中文版及莫斯科英文版）为主，因而出版周期短，宣传与发行工作显得格外重要，投入的人力也最多。

新民主出版社采取生活书店的经验，非常重视书刊的宣传推广工作，指导专人负责，经理吴仲还经常亲自动手绘制广告画。宣传方式很多，主要有：①将本版书绘成广告悬挂在门市部大门口，同时将广告画贴到大街小巷、车站码头等人群聚集的地方。②将本版新书设计广告稿，在《华商报》上刊登。同时印制单张或成册的新书目录供读者按需选购。两相配合，争取到不少读者。由于新民主出版社与《华商报》、有利印务公司是一个董事会下的三个注册单位，新民主出版社更是《华商报》属下的一个出版机构，资金由该报拨付，利润交一部分给报社使用，所以出版社向《华商报》发广告稿不花广告费。有一段时间，新民主出版社还编印一种三十二开本的小刊物《读书通讯》，发表出版简讯、新书评介、新书目录等，也适当刊登本版书的广告。③重视书刊的评介工作，引导读者的阅读趣味。1949年初，由廖沫沙提出，邀请周钢鸣、杜埃、黄秋耘、林林、华嘉等文化界名流组成新书评介小组，轮流执笔评介本版或外版新书，在《华商报》上发表。由于临近全国解放，评介小组忙于其他事务，这项工作并没有很好开展。但由此可见新民主出版社对书刊评介和宣传推广工作的重视。④利用"双十""五一""三八"等节日，实行大减价（"特价"）扩大发行，达到很好的宣传效果。

新民主出版社力争利用香港这个有利位置，向海外拓展业务，设立多个代售点。1948年3月，出版社发行部负责人朱超、潘德声等冒着生命危险，偷渡到新加坡，筹建新民主出版社马来亚分销处。由于有新华社、《南侨报》及其地方党组织的支持，分销处业务开展得很顺利。但不久，朱超、潘德声相继被当局逮捕，分销处的业务遂告停顿。

此外，新民主出版社还利用读者关系，建立发行网络。出版社抽出专人，负责将当时搜集到的国内外读者的地址，整理抄录，制成卡片，每人一张。这类卡片记录的读者遍布世界各地，远到欧洲、美洲、澳洲，最多的是马来亚的新加坡、吉隆坡，其次是印尼、泰国、缅甸、菲律宾、荷属北婆罗洲。读者卡片达几千张，逐张分地区以读者姓名笔画编成四角号码，检索起来非常方便。读者卡片加强了出版社与读者联系，有助于增进编者与读者的感情。分布在世界各地的读者都有一个生活圈子，实际上就成了一个发行网。一些忠实读者也以发行新民主版的出版物为己任，不辞劳苦，不计任何报酬。马来亚读者黄循辉通过不断联系，与新民主出版社建立了深厚的感情。1948年，他到香港，在出版社居住达几个月之久，亲身体验了革命队伍里的阶级情谊。他回到马来亚后，积极配合新民主出版社派到马来亚的朱超，建立分销处，扩大出版社在海外的影响。

新民主出版社的书刊发行工作，是同《华商报》的发行密切配合的。《华商报》的发行网，同时就是新民主出版社的发行网。新民主出版社发行的重点（主要是批发户）是南洋地区和海外的华侨报社，以及爱国华侨经营的书店，主要有曼谷的《全民报》社，新加坡的《南侨报》和南侨出版社，越南堤岸的亚新书店，苏门答腊的光华书店，美国旧金山的《华侨日报》社，法国的巴黎书店等。在内地，新民主出版社于广州、上海、昆明、桂林等都建有秘密发行点。

新民主出版社面向华南游击区的发行工作就顺利得多。当时，华南地区的海南岛、东江、西江、粤北、南路等游击区和闽粤赣边区等都分别在香港设立联络站，采办《华商报》、《群众》周刊，以及新民主出版社发行的革命书刊。如九龙的学生书店就是东江游击区的驻港联络点，也是革命书刊的供应站。

三、功绩与意义

第一，为解放区、国统区人民提供了精神食粮。

1946年6月，全面内战爆发。1947年2月，中共在重庆、南京等地的代表机关被迫撤走，接着，中共中央撤离延安。全国的城市主要为国民党所占，中国共产党领导的出版发行机构被国民党特务破坏殆尽，广大人民看不到进步书刊。在这种情况下，向国统区和海外出版发行进步书刊，及时传达党的声音的责任便落到新民主出版社身上。新民主出版社不负众望，成绩斐然。

第二，提高了中国共产党的威信，为新中国的成立作了舆论上的准备。

抗战以来，大批进步文化人聚集港澳、南洋，中共及时把握时机，派出秘密党员，团结进步人士，开展新闻出版活动，宣传党的方针政策。新民主出版社建立后，充分利用港英当局管制相对较松和香港地缘优势，向海外大量发行进步书刊，粉碎了国民党特务散布的污蔑中共的谣言，提高了中国共产党的威信。新民主出版社实际上成了党对海外宣传的一个桥头堡。

第三，为新中国广东省出版事业奠定了基础。

1949年春，中共中央南方局文委发出指示：广州解放时，由香港新民主出版社负责开设新华书店。新民主出版社当即着手准备工作：充实和扩大出版社的人员配备，主动同北平、上海的新华书店取得联系，大量印制准备在广州发售的进步书刊。1949年10月，吴仲带领十多位同志秘密北上，进入广东解放区，参与教导营培训。广州解放后，吴仲这支肩负特殊使命的队伍随军进入广州市。广州军管会接管委员会成立后，吴仲被任命为出版发行接管组长，接管国民党正中书局、文化服务社、怀远书局印务有限公司等机构，在此基础上，很快就成立了广州新华书店。至1950年5月，新民主出版社留港人员陆续调回广州。7月，广州新华书店改为新华书店华南总分店，经理吴仲，下设办公室、财务室、发行部和编审出版部。1954年4月，全国新华书店实行出版、发行、印刷分工，编审出版部脱离新华书店，并在此基础上成立华南人民出版社（后又发展为广东人民出版社）。吴仲、朱超、黄光等人成为广东省新华书店的创业元老；黎湛、老庄、林卓华、任志伟、谢理渊等人则成为华南人民出版社的创业元老。毫无疑问，新中国的广东出版事业，香港新民主出版社是一个重要的源头。

附：香港新民主出版社书目（1946年3月—1949年10月）

一、马克思主义经典作家著作

马克思、恩格斯著作：《法兰西内战》《〈逻辑学〉一书摘要》《德意志意识形态》《路易·波拿巴政变记》《共产党宣言》《自然辩证法》《社会主义从空想到科学的发展》《社会发展史》《费尔巴哈和德国古典哲学的终结》《家庭、私有制和国家的起源》

列宁著作：《帝国主义是资本主义的最高阶段》《论共产主义运动中的"左"派幼稚病》《国家与革命》

斯大林著作：《列宁主义基础》《列宁主义问题》《论列宁主义的几个问题》《论中国革命问题》《辩证唯物主义与历史唯物主义》《马恩列斯论游击战争》《马恩列斯论经济问题》《马恩列斯论中国》《马恩列斯论妇女解放》

毛泽东著作：《新民主主义论》《在延安文艺座谈会上的讲话》《中国革命战争的战略问题》《游击战争的战略问题》《目前形势和我们的任务》《论联合政府》《论新阶段》《论持久战》《中国革命与中国共产党》《在晋绥干部会议上的讲话》《论人民民主专政》《中国共产党红军第四军第九次代表大会决议案》《湖南农

民运动考察报告》《经济问题与财政问题》《农村调查》《生产组织与农村调查》《论文艺问题》《怎样向韬奋学习》《反对自由主义》《农民运动与农村调查》《改造我们的学习》《将革命进行到底》

刘少奇著作：《论群众路线》《关于修改党章的报告》（附"七大党章"），《论共产党员的修养》《论国际主义与民族主义》

朱德著作：《论解放区战场》

陈云著作：《怎样做一个共产党员》

二、中共中央文件（文献）

《整风文丛》：《整顿作风》《改造学习》《反对党八股》《加强锻炼》《一往无前》

《一九四七年以来中共中央重要文件集》

《中国新民主主义青年团第一次全国代表大会文件集》

《中国妇女联合会第一次全国代表大会文件集》

《实现和平民主文献》

《论目前时局》

《政协文献》

《中国共产党抗战文献》

《目前形势和我们的任务》

《中国土地法大纲》

《妇女运动文献》

三、时事政治与社会科学

爱泼斯坦：《毛泽东印象》

史诺（今译斯诺，即埃德加·斯诺）：《毛泽东自传》

张如心：《毛泽东论》

萧三：《毛泽东的青年时代》

《马克斯（今译马克思）生平》

《列宁生平事业简史》（据莫斯科版影印）

《列宁在一九一八》

《献给人民团体》

《人民公敌蒋介石》

《我所认识的蒋介石》

《蒋党内幕》

《中国四大家族》

《窃国大盗袁世凯》

《什么人应负战争责任》

《无可奈何的供状》

《介绍南区合作社》

《四个民办小学》

《怎样组织起来》

《社会教育的组织领导和方法》

《工人的旗帜赵占魁》

《中国土地改革问题》

《土改整党典型经验》

《开展大规模的群众文教运动》

《从一个村看解放区的文化建设》

《中国妇女大翻身》

《新民主主义工商政策》

《新民主主义与中国经济》

《新民主主义经济论》

《工商业家的出路》

《新民主主义城市政策》

《关于知识分子的改造》

《新中国的诞生》

《中国解放区妇女生产运动》

《论新解放区土地政策》

《农业建设问题》

《解放区贸易须知》

《一个女人翻身的故事》

《地覆天翻记》
《新中国的曙光》
《从法令中看解放区》
《中国经济的动向》
《藏大咬子申冤记》
《新中国的合作社》
《妇女问题新讲》
《新妇女读本》
《中国解放区妇女翻身运动素描》
《新五四运动》
《论当前青年运动》
《中国新民主主义青年团》
《中国学生大团结》
《中国妇女第一次代表大会》
《一二·一民主运动纪念集》
《论党与个人》
《人性、党性、个性》
《新政治讲话》
《将军向后转》
《中国共产党烈士传》
《中国现代革命运动史》
《太平天国革命运动》
《中国历史读本》
《中国共产党党章教材》
《联共（布）党史简明教程》
《简明哲学辞典》
《自然辩证法》

四、文艺作品

《逼上梁山》

《圈套》

《东方红》

《白毛女》

《货郎担》

《把眼光放远点》

《过关》

王血波：《宝山参军》

周而复：《朱永贵挂彩》《诺尔曼·白求恩片断》

鲁易等：《团结立功》

傅锋等：《王秀鸾》

周元青：《解救》

丁奋：《没有弦的炸弹》

郑笃等：《英雄沟》

邵子南：《地雷阵》

韩希梁：《飞兵在沂蒙山下》

马烽、西戎：《吕梁英雄传》

默涵：《狮和龙》

谷柳：《虾球传》三部曲（《春风秋雨》《白云珠海》《山长水远》）

李季：《王贵与李香香》

贺敬之等：《白毛女》

欧阳山：《高干大》

马健翎：《大家喜欢》《保卫和平》《穷人恨》

杜烽：《李国瑞》

韩起祥：《刘巧团圆》

柳青：《种谷记》

柳夷：《红灯记》

阿英：《李闯王》《不夜城》

周立波：《暴风骤雨》

华山：《英雄的十月》

刘白羽：《无敌三勇士》

王大化：《兄妹开荒》
王尊之：《晋察冀的小姑娘》
王希坚：《佃户林》
赵树理：《小二黑结婚》《李有才板话》《李家庄的变迁》
阮章竞：《改变旧作风》《赤叶河》
周白：《花木兰》

五、青少年教育与修养读物

"儿童文库"：《商店和农村》《列宁故事》《木偶奇遇记》《陈毅读书的故事》《彭湃的故事》《长征故事》《朱德的故事》《刘伯承的故事》《鸟枪的故事》《蝶外传》《半弯镰刀》《先有天？先有地？》《活捉笑面虎》《由奴隶到英雄》《刘志丹的故事》《顽童流浪记》

《十万个为什么》

《小学的教材与教法研究》

《小学教育理论与实践》

《教师的新方向》

《关于中等教育的改造》

《怎样培养小学生》

《生活修养新论》

《恋爱新论》

《谈交朋友》

《实用学生辞典》

《人民教育家徐特立》

六、地图、连环画

《香港九龙新界全图》

《中国解放区地图》

《中华民国新地图》

《少年毛泽东》

《小二黑结婚》

《白毛女》

《春风秋雨》

［说明：本目录根据《华商报》书刊广告（1946年3月—1949年10月）并参考黄光同志的回忆录整理而成。仅收录新民主出版社本版图书，不包括其经售的外版书刊。］

参考文献：

1.《白首记者话当年——华商报创刊四十五周年纪念文集》

2.《广东省出版工作者协会通讯》（内部刊物）第11期（内有黄毅、黄光、林卓华等人的回忆文章）

3. 新华日报群众周刊史学会编：《新闻出版史料征集简报》第6期（内有黄光、吴仲、杜埃等人的回忆文章）

4. 朱超：《赴星纪实》，载广东省新华书店编：《广东发行》（内部刊物），第151期

5.《黄光日记》（未刊）

6. 吴仲：《回忆香港新民主出版社和到广州建立新华书店》，载《广东文史资料》，第52期

［原载新华日报群众周刊史学会编:《新闻出版史料征集简报》(增刊)第12期，1990年5月］

人间书屋和进步文化人

人间书屋于1947年创办于香港，是进步作家以合作形式创办的民间出版机构。最早的发起人是黄新波、陈实等，后来参加的有黄宁婴、黄药眠、华嘉等人，并得到当时"南方文委"（中共中央南方局文化工作委员会）领导夏衍、邵荃麟、冯乃超等人的支持。

人间书屋出版的第一本书是罗曼·罗兰的《造物者悲多汶（贝多芬）》。其后相继出版了三套丛书，即《人间文丛》，收入夏衍著《春寒》、黄秋耘著《浮沉》、黄药眠著《论约瑟夫的外套》、聂绀弩著《天亮了》、杜埃著《在吕宋平原》、夏衍著《蜗楼随笔》、华嘉著《论方言文艺》、林默涵著《狮和龙》、黄茅著《读画随笔》等十多种文艺作品；《人间译丛》，收入陈实译著《造物者悲多汶》、黄秋耘译著《搏斗》、杜伯魁译著《盐场上》等；《人间诗丛》，收入黄宁婴著《民主短简》《溃退》、楼栖著《鸳鸯子》、林林选编《海涅诗选》等。这些书出版后，在文艺界引起强烈的反响，读者遍及香港和东南亚地区。

人间书屋的出版方式很独特：作者不拿稿酬和版税，还要承担一部分印刷费；印刷厂赊账印刷，书出版后拿到书店寄售，卖书所得用来偿还印刷费。所有作者都是人间书屋当然的参与者。在这种情况下，中共地下党领导的香港新民主出版社、工合印刷厂以及其他进步书店都给予极大的支持。

1949年10月，广州解放后，人间书屋迁广州继续经营，参与创办人间书屋的作家们则散居在香港、广州、北京、上海等地。当时广州还没有正式的出版机构。经广州市军管会新闻出版处处长饶彰风同意，把没收的正中书局作为广州人间书屋的新址。由于广州的作家大都在文联工作，因此广州人间书屋实际上成了华南文联的一个非正式出版机构。工作人员除门市部职工由新闻出版处派出（约七八人，总负责是黄宁婴夫人王文娴同志）之外，其余都是业余兼职。编辑工作，理论部分由杜埃负责，文丛部分由华嘉负责，粤剧部分由黄宁婴负责。

广州人间书屋除了承担军管会交给的任务，包括承印部分中小学教材外，主要出版华南文联编写的书，特别是粤剧方面的通俗读物。影响比较大的有两套丛书，即《广州文艺丛书》，主要是新粤剧，共 10 多种，如《九件衣》《血泪仇》《红娘子》《珠江泪》《愁龙苦凤两翻身》《三打节妇碑》《白毛女》等，供工作队下乡演出。还有一套丛书是《青年学习丛书》，共有五六种，如张江明著《新民主主义讲话》《认识苏联》、萧殷著《生活·思想·随笔》、黄茅著《新美术讲话》、周钢鸣著《论文艺改造》、林林著《诗歌杂谈》、戴夫著《坚定的人》等等。为配合抗美援朝，出版了华南文艺学院编的歌曲集《美帝滚出去》，新粤剧《打虎不离亲兄弟》。《人间文丛》和《人间译丛》也出了一些新书。

1953 年开展"三反"运动，整顿出版机构，广东省委宣传部决定人间书屋合并到华南人民出版社，作者的稿酬和版税照付，大部分作者都将这笔钱交了党费。

粤港人间书屋对香港新文艺的开展起了一定的促进作用，对粤剧的革新也起了较大的推动作用。作家们利用业余时间工作，不领稿酬和版税，传播文化，值得钦佩。

（原载广州市地方志办公室《羊城今古》1993 年第 1 期）

新中国广东的社会主义出版事业

广东出版70年：
以出版制度变迁为中心的历史考察

当代历史，最难书写。从制度入手撰史，是中国史学的一个传统。在中华人民共和国成立70周年之际，书写新中国的出版历史，理应提上议事日程。张志强教授在第十四届海峡两岸华文出版与文化创意学术论坛（2019年8月，杭州）的发言中谈到，新中国出版业发展变迁，"以政治、技术、产业为主线逻辑"：政治主导内容，技术引领介质，产业推动发展。李频教授《新中国出版史研究的四维结构初探》提出以出版人及思想—出版制度—出版媒介—出版效果的四维结构，取代原来的出版人—出版物—出版单位三维结构[①]。本文试以出版制度变迁为线索，梳理广东出版70年发展历程，或可为书写中华人民共和国的出版历史提供一个地方出版的样本。

一、地方出版的兴起和曲折发展（1949—1979）

近些年来，尽管出版史研究颇多成果，但对地方出版的研究，大多停留于出版史料的收集、整理与出版上。范军教授曾于2014—2016年在《出版科学》连续发表九篇"区域出版史料书刊经眼录"，包括湖南、湖北、河北、山东、陕西、广东、广西等地出版史料。王铸人在《浅析地方出版工作的十年改革》一文，对改革开放十年以来地方出版工作进行了有益的探讨。总体而言，学界对地方出版迄今很少关注，出版人的回忆文章亦较少涉及，目前所见成果多属叙述性的地方史志出版物。

地方出版，顾名思义，是相对于中央出版而言。这是新中国成立后特有的一项出版制度安排。现代出版，在市场经济发育成熟的国家，出版中心一般都在人

---

① 李频：《新中国出版史研究的四维结构初探》，载《编辑之友》2019年第9期。

口最为密集、经济最为发达的中心城市,如美国纽约、英国伦敦、法国巴黎、德国法兰克福、日本东京,等等。民国时期的出版中心上海也是如此。

中华人民共和国成立后,北京成为全国的政治、经济和文化中心,上海的商务印书馆、中华书局等知名出版机构相继北迁。作为全国出版中心的上海在1956年完成"从全国性到地方化"的转型①。与此同时,新华书店成为全国图书发行的统一管理机构和门店品牌,人民出版社和各省相继成立的地方人民出版社成为全国图书出版的主要生产单位,各地新华印刷厂成为承印书刊的专门印刷厂。人民出版社成立于1921年的上海(大革命时期曾在广州设立工作机构),新华书店成立于1937年的延安。以"人民""新华"为品牌统领全国出版,是对1921年以来中国共产党领导的出版事业的优良传统的继承。

1949年10月14日,广州解放。仅仅半个多月后,11月7日,广州新华书店宣告成立并在广州的文化街永汉路265号(今北京路347号)开业。随着解放进程和新政权的建立,各地新华书店也相继建成开业。1950年7月1日,中央出版总署发布《关于统一全国新华书店的决定》,"各地新华书店分店、支店完全统一集中(包括资金)于各地区之总分店"。据此,广州新华书店改制为新华书店华南总分店,辖管广东省各地新华书店和广西部分新华书店。与此同时,新华书店华南总分店设立编审出版部,承担编印书刊的出版任务。

1950年10月28日,中央出版总署发布《关于国营书刊出版印刷发行企业分工专业化与调整公私关系的决定》,要求"全国各级新华书店兼营出版印刷业务者,从目前起应即着手分为三个独立的企业单位,即出版企业、印刷企业和发行企业"。根据这个决定,1951年4月,在新华书店华南总分店编审出版部的基础上,成立华南人民出版社。1952年4月,新华书店华南总分店更名为新华书店广东分店,不再辖管广西部分新华书店。1956年春,华南人民出版社更名为广东人民出版社。

广东省在新旧政权交接之际,能够迅速组建全新体制下的出版事业,一个重要原因是,党的出版事业在广东有比较好的基础。在大革命时期(1924—1927),广州是党的出版事业的中心。这一传统并没有因为大革命失败而消失,而是由后来的广东革命力量东江纵队、琼崖纵队和党在香港的宣传组织机构所继

---

① 周武:《从全国性到地方化:1945至1956年上海出版业的变迁》,载《史林》2006年第6期。

承。新中国广东出版事业的筹建和组织就由党在香港的出版机构新民主出版社全面负责。1949年10月19日，新民主出版社经理吴仲带领14位同志抵达广州，由于事先做了充分准备，广州新华书店很快开张。

广州军管会任命吴仲为文教接管委员会新闻出版处的组长。根据军管会的接管名单，吴仲带领军代表依次接管了正中书局、中国文化服务社等国民党留下的出版发行机构。另有11家私营出版机构，其中较具规模的是南方通俗读物联合出版社和人间书屋。1951年12月，南方通俗读物联合出版社由私人联营转为公私合营，社长杨铁如是进步人士。人间书屋原是进步作家在香港创办的出版社，广州解放后，华嘉、杜埃等在广州复办人间书屋。人间书屋承担了广州军管会交给的出版任务。

中华人民共和成立之初，已着手对私营出版业进行必要的调整和初步的改造。1954年1月，中央发出"对于私营出版业必须积极地、有计划地、稳步地进行社会主义改造"，到1956年基本完成这项工作。其间，人间书屋（1953年）、南方通俗读物联合出版社（1956年5月）相继并入广东人民出版社。

1949年11月，广东新华印刷厂成立。1950年5月，改称广东人民印刷厂。1965年，重新改回广东新华印刷厂。其间，不断有私营、国营印刷厂并入。省内韶关、汕头、肇庆、梅县、湛江等地先后建成以"新华""人民"命名的印刷厂。

至此，按专业分工、省辖区域布局的编辑（广东人民出版社），印刷（广东新华印刷厂和省内各地新华、人民印刷厂），发行（广东省新华书店和各地新华书店）的地方出版在广东省成型。

在高度计划和"统一集中"的新中国出版体制下，地方出版如何开展？据许力以回忆："1954年曾用了不少的时间来研究地方出版工作的方针，当时由我起草了《中共中央宣传部关于地方出版社工作的指示》……在方针中强调，地方出版社应根据地方的特点出书，同时'地方出版社亦可以出版一些适合文化水平较高的读者阅读的文艺著作或理论著作'。"[①] 社会主义改造完成之后，这一思路被逐渐定型为："地方化、通俗化、群众化"（简称"三化"），作为中央对地方出版的工作方针。"根据这个规定，地方出版社只能出版一些'字大、图多、本薄、

---

① 许力以：《春天的脚步：许力以回忆录》，华龄出版社，2012年，第61页。

价廉'的通俗小册子；只能向本地作者组稿，不能任意向外地作者组稿。"①新华书店发行图书，"除北京、上海等地的出版物外，其他地方出版物不能跨省发行"。②为此，广东人民出版社将主要出书范围定为：①配合党的中心工作和省委指示精神，编辑出版通俗小册子；②广东作家创作的反映岭南特色的革命文艺作品。前者如《谁养活谁》《为什么要把粮食卖给国家》《婚姻法图解》《学习党在过渡时期的总路线》；后者如长篇小说《高山大峒》《前途似锦》等。1959年初，成立仅一年的广州文化出版社出版长篇报告文学《向秀丽》，宣传向秀丽舍身救厂的英勇事迹，发行百余万册。这一时期，广东人民出版社也开始关注本地学者的学术著作出版，其中最知名的是出版了中山大学历史系教授陈锡祺先生著的《同盟会成立前的孙中山》。受极"左"路线影响，广东人民出版社不可避免地出版了一些宣传共产风、浮夸风的通俗小册子，如《连县星子公社亩产稻谷六万斤的经验介绍》《歌唱吃饭不要钱》等。

在三年困难时期，纸张匮乏，广东人民出版社本版书出版逐渐减少。1961年，为保证课本用纸，完全停止了本版书的出版。1962年恢复。这时主政广东的陶铸同志比较重视文化工作。一批本地学者、作家创作的成果陆续出版，主要有《珠江怒潮》《山乡风云录》《形式逻辑》等。其中知名报人刘逸生撰著的《唐诗小札》不断再版重印，自1962年初版至1982年10月，印行达11次，总印数达77万余册。陶铸同志的散文集《理想·情操·精神生活》在短时间内就印了26次，发行高达150万册。这两本书可以视为新中国广东出版前三十年的畅销书代表。而前三十年的标志性出版物，则非《广东名画家选集》莫属。该书出版于1961年9月，其时王匡同志（1917—2003，广东东莞人）任中共广东省委宣传部长，提出编选《广东名画家选集》出版计划，主要是基于外宣工作的需要。陶铸亲自批准成立画册编委会，进口纸张、油墨，又专程从上海聘请技术工人到广东指导。该书选取广东明代至民国初年的62个画家的108幅美术作品，全彩印刷，对开精装，是继北京《故宫博物院藏画集》《上海博物馆藏画集》之后全国第三本大型画册，代表了中华人民共和国成立以来的最高出版水平。该书由陶铸同志题写书名，定价160元，共印1500册，其中500册为散页，全部挂在当时广东最大的外宾接待宾馆东

---

① 方厚枢、魏玉山：《中国出版通史9》（中华人民共和国卷），中国书籍出版社，2008年，第210页。

② 喻建章：《我的七十年出版生涯》，江西教育出版社，2008年，第143页。

方宾馆（对面就是广交会，即中国出口商品交易会场馆）的客房。

地方出版是计划经济的产物。然而在国家并无拨款支持的情况下，出版社、新华书店和新华印刷厂作为经营单位要生存发展，仅靠"三化"安排生产任务是远远不够的。事实上，地方出版得以发展，主要来自教材（人民教育出版社）、领袖著作和党的文件（人民出版社）的租型生产及销售。中央出版社在出版图书之前，制作多套纸型（后改为型片，现在一般刻录PDF光盘）发往各省，由各省人民出版社安排印刷厂付印，交省新华书店在全省发行，中央出版社与各省人民出版社按总印数、租型费率统一结算租型费用（类似版税）。这种中央下达指令、地方安排生产和销售的经济方式是典型的计划经济模式，自中华人民共和国成立以来，历经社会主义革命和建设时期、"文革"时期、改革开放和市场经济时期，延续至今。

租型生产和销售，带有强烈的计划性和政治性。由于必须在规定时间内高标准高质量完成生产销售任务，广东人民出版社、广东省新华书店、广东新华印刷厂坚持将租型生产和销售作为政治任务，周密安排，零差错容忍。租型生产和销售需要配套较好的基础设施，特别是纸张仓库和书仓，为此，广东人民出版社在广州市革新路和南海县（今属佛山市）盐步镇（均邻近珠江码头）建立纸张仓库，广东省新华书店在广州市大沙头四马路和五山长阪乡建立书仓。这些基础设施成为广东省出版事业主要固定资产，为改革开放以后加速发展奠定了良好条件。

本版书出版让位于租型生产和销售，是这项制度的特点。1961年、1968年，广东人民出版社两次停止本版书生产，一度改称"毛主席著作出版办公室""毛主席著作广东省出版发行站"。据统计，1966—1968年，共发行《毛泽东选集》580万册，《毛泽东著作选读》740万册，《毛主席语录》4750万册，《毛主席诗词》820万册，其他各种毛泽东著作单行本、选编本、汇编本等7984万册。[①] 改革开放以后，虽然未再出现如此极端情况，但由于租型生产和销售的特殊性，相关单位在某个时间段调集主要力量，加班加点，全力以赴完成租型工作，仍是每年季节性的工作常态。

1975年，广东人民出版社、广东省新华书店分别迁入广州市大沙头四马路10号、12号新址办公。这里成为新中国成立以来广东省的首个出版基地。

---

① 广东省地方志编纂委员会：《广东省志·出版志》，广东人民出版社，1997年，第190页。

1971—1974年,广东人民出版社接受国务院出版口的任务,组织翻译和出版了大洋洲地区的国别史(俗称"灰皮书")。1975年5月,国家出版局在广州召开中外语文词典出版规划座谈会,要求广东承担10部词典的编写出版任务。随后,专门设立"广东省修订《辞源》编辑室"(统筹承担修订任务的广东、广西、河南、湖南四省区工作)。这两件事虽然不是租型出版,但同样体现地方出版承担中央指令的特点。

1979年12月,国家出版局在长沙召开全国出版工作座谈会。会前,国家出版局曾到各地进行调查,召开座谈会,研究如何制定地方出版工作方针。[1] 在此基础上形成一份调查报告《立足本省面向全国——地方出版社发展的必由之路》。主持会议的陈翰伯同志表示:"地方出版社的同志要求立足本省、面向全国或兼顾全国,可以试行。地方出版社出书不受'三化'限制。"1983年6月,中共中央、国务院发布《关于加强出版工作的决定》,明确指出:"出版工作要在统一领导下发挥中央和地方部门的积极性。地方出版社立足本地面向全国。"

在这种情况下,广东省出版事业管理局(1978年3月成立)提出"立足广东,面向全国,兼顾海外"的出版方针,取代原来的"地方化、通俗化、群众化"。

二、对外开放对内搞活带来出版全面繁荣(1980—1989)

十一届三中全会后,广东作为改革开放先行一步的试验田,呈现出一派欣欣向荣的景象。出版事业也迎来了百废待举、拨乱反正的重要转折期。广东省及时将"立足本省、面向全国、兼顾海外"作为新时期的出版方针,极大地调动了广大出版工作者的积极性,出版事业蓬勃向上。

1980年4月,国家出版局颁布的《出版社工作暂行条例》认可"不同性质的出版社,按照各自的分工和特点,确定出书范围",并且"出版社要根据科学文化事业的特点,加强和改善经营管理"。广东出版业根据市场需求开始调整自身定位,拓宽出版种类与范围,形成了综合与专业相结合的出版格局。广东人民出版社作为一家老牌综合出版社,当时已根据不同的学科划分出了不少科室,后来分出五家出版社,分别是:1978年分出广东科技出版社,1981年分出岭南美术出版社和花城出版社,1985年,又分出广东教育出版社和新世纪出版社。其他专业

---

[1] 许力以:《春天的脚步:许力以回忆录》,华龄出版社,2012年,第171页。

出版社也纷纷成立，主要集中在广州，1980年广东省地图出版社成立，1981年广东旅游出版社成立，1983年中山大学出版社成立，1984年广东高等教育出版社成立，1985年全国第一家特区出版社海天出版社成立，等等，到1987年广东省共有16家出版社。此外，广东省出版公司成立于1980年7月，是广东省出版集团的前身。它专门承担全省中小学课本、中央文件、党和国家领导人的重要讲话等租型图书的出版印刷以及新闻出版用纸供应等，这项业务原属广东人民出版社。至此，广东省形成了综合出版社与专业出版社并立格局。

出版流通领域中改革较早开展起来。1982年文化部《关于图书发行体制改革工作的通知》中提出"一主三多一少"发行体制改革，从而打破了新华书店单一发行渠道垄断经营的局面，民营书业走上舞台。1983年6月，中共中央、国务院发出《关于加强出版工作的决定》中指出了出版工作既要注意社会效益也要注意经济效益，承认了出版物商品属性的一面。出版业彼时尚属于供方市场，"买书难"的现象十分突出，强大的市场需求推动了购销方式的改变。1984年，广东人民、科技、花城、岭南四家出版社与省新华书店联合制定"寄销本版图书试行办法"，推进寄销制，向市场要效益。广州民营书业如雨后春笋般冒出来，他们大部分集中在东山区东园路租用房子开展业务，经营范围不局限于本省，1984年后逐渐形成了国内闻名的广州市东园路书刊批发市场。1985年，广东省将市县新华书店人财物下放给当地管理，推进了新华书店改革。新华书店逐渐扭转在计划经济之下而造成的图书产销分割、信息不畅、与市场脱轨的不利局面，根据市场供需情况积极进行调整，加强经营能力。1988年，《关于当前图书发行体制改革的若干意见》明确了图书产品的商品属性，将发行体制改革从之前的完善和巩固"三多一少"，推进到"三放一联"，充分调动发行主体积极性，包销、经销、寄销等多种形式并存，建立和发展开放式的效率高的充满活力的图书发行体系。随着图书发行体制改革的深入，出版社自办发行也逐渐成长起来。广东在图书批销市场上，出版社、新华书店、集体书店同台竞争。到80年代末，广州地区图书批发单位发展到200多家。出版社、新华书店与民营书业共同承担着图书发行任务，维护发行渠道秩序和书业市场信息畅通，大大疏解读者"买书难"问题。广东图书文化产业市场发展迅速，沿海地区人们的物质文化水平和精神文化需求旺盛，尤其是广州、深圳等人口集中的大城市，广大群众求知若渴，为了更好地提供知识服务与传播，大型书市紧锣密鼓地策划起来。1981年6月，省出版事业管理局、省新华书店、广州市新华书店联合在广州文化公园举办首届羊城书市,这是国内第一个全国性书市。全国各地103家出版社参加,为期18天,展出图书1万多种,共接待读者35万多人次,销售图书近300万册,销售额达92万多元,图书订货400多万元。1987年广东省图书销售额达2.2亿元,首次突破两亿元大关,由全国排列第五位升到第四位。

1984年6月召开的哈尔滨工作会议和一年之后全国出版局长会议上,重点讨论了出版社改革的问题,而出版社性质成为首要明确的问题。出版社被定性为"事业单位,实行企业管理",可以说兼顾了出版方针与出版经济规律,从而统一思想,推进出版单位从计划经济时代的生产型向生产经营型转型。改革中的广东图书出版界注重满足人民群众健康的文化和精神需求,为思想道德建设和教育科学文化建设添砖加瓦,贡献自己的力量。从1979年—1988年十年间,广东共出版图书12604种,印行26.9亿册(张),均占新中国成立以后种数和印数的一半以上。其中有不少高质量图书,如广东人民出版社的《新时期哲学丛书》《人和创造丛书》《社会主义四百年》等,广东科技出版社的实用性和科学性较强的图书如《饮食疗法》《广东植物志》等,花城出版社出版的广东籍作家例如秦牧、陈残云、黄秋耘、黄药眠等人的作品选,岭南美术出版社出版的《岭南名画家画丛》等。粤版书内容多、门类全,装帧设计、印刷质量精美,形成了"短平快"的特色。

粤港之间由于天然的地缘、语缘优势,80年代初期就迅速恢复了文化交流,香港大众文化潮流源源不断地涌入广东,并吹向内地。当时,香港作为大众文化的引领者,形成了从通俗小说到影视、歌曲等多种形式并存的多元文化产品。当时依附于报刊媒介诞生了风靡一时的武侠小说,著名作家梁羽生、金庸笔下的新派武侠小说作品在华人文化圈里获得拥趸追捧,乃至这股武侠风席卷台湾、东南亚,经久不衰。广东敏锐地抓住文化市场发展新趋势,最早将新派武侠小说引入内地市场。1981年初成立的花城出版社在当年6月份就引进出版了梁羽生《萍踪侠影》,为内地读者提供了一条阅读原汁原味的香港武侠小说的正规渠道。同年7月创刊于广州的《武林》杂志因连载金庸小说也火遍大江南北,创刊号首印30万册,很快脱销。之后,《武林》第二期的印数即达到70万册,三、四期以后发行约有100万册,《武林》一跃成为"百万大刊"中的佼佼者。其他影视剧、流行歌曲、言情小说等深受市民喜爱的流行文化也都通过广州源源不断地向内地传播,广州成为港台与内地流行文化传播的重要桥梁。除了大众文化外,在纯文学领域两地出版界通过合作联合推出了一些精品文集,1982年,花城出版社与生活·读书·新知三联书店香港分店合作，出版了《沈从文文集》（12卷）、《郁达夫文集》（12卷）等，这两套书一经出版即为现当代文学研究者所重视。1987年2月花城出版社引进出版台湾地区著名诗人席慕蓉诗集《七里香》，那些清新唯美的诗句激发起青年人对于诗歌的阅读热潮。广东在有选择地引进港台读物外，还兼顾海外读者的阅读需求，出版并向海外出口了一批高质量图书。1980年10月，广东省出版进出口公司成立，次年加挂"中国出版对外贸易公司广东分公司"牌子，开展出版进出口业务。1981—1988年，广东出版部门共向外出口粤版图书9084种、112万册，扩大了广东版图书在港澳地区和海外的影响。这种密切的文化交流与合作为后来的"走出去"战略打下了良好的基础。

广东期刊出版乘着改革开放的春风发展迅猛，恢复和新创办期刊较多，种数激增，发行量暴涨。广东人民出版社的文艺编辑室在1979年4月推出了大型文化丛刊《花城》，创刊号的中篇小说《被囚的普罗米修斯》（华夏著）作为头条刊载，一经面市立即引起各方关注，第一辑印刷20万册，远远满足不了社会需求，后又加印两次，总印数达25万册。该刊后来与文学期刊界其他三本著名刊物《十月》《当代》《收获》并列为"四大名旦"，《花城》以其婀娜多姿的文学姿态被美誉为纯文学期刊的"花旦"，流传至今。该刊深刻把握社会思想潮流，勇敢地反映社会现实生活，在编辑手法、运营策略上也不断开拓创新，体现了不拘一格的开放包容的气质。时任省出版事业管理局局长黄文俞说"《花城》诞生，是打开广东出版工作新局面的重要标志"。出版社兴办刊物成为潮流，广东人民出版社一口气出了多种大型文化类丛刊，例如《风采》《旅游》《希望》《香港风情》以及与《花城》共同迎接40岁生日的高端文化刊物《随笔》，另外还有岭南美术出版社推出《周末》画报和美术刊物《画廊》，《周末》最高发行量达到180多万份，在广州家喻户晓。两年之间，由各出版社编印的刊物有十几种，极大丰富了期刊种群，这些刊物甚至成为出版社的品牌和拳头产品，当时主持出版工作的黄文俞局长指出"这个30年所未见之盛况，发轫于《花城》"[①]。1980年，广东共有34种期刊，总印数为1927万册，1985年共有170种，总印数为12768万册，五年间种数增幅为400%，经省批准新创办的期刊每年都在30种以上，1985年达到50种，一年就超过"文革"前10多年创办期刊的总和，而总印数增幅超过500%，全省

---

① 黄文俞：《我与〈花城〉及其他》，载《黄文俞选集》，广东人民出版社，1997年，第178页。

期刊平均期印数超过 40 万册的共有 7 种。广东期刊的发展势头足，为了谋求更大的市场，开始在省外设置分印点，并走向海外。1985 年，《家庭》分别在北京、沈阳、长春、西安、南京等地设立了 14 个分印点，组织利用各地邮局负责杂志分销，以占领更广阔的市场。由此逐步建立起一个遍布全国、便捷通畅的销售网络，使《家庭》每期都能及时地送到全国各地。另外，该刊还积极开拓海外市场，陆续将刊物行销到世界上 27 个国家和地区，不断刷新发行纪录。1987 年，《家庭》明确提出"一体两翼"的经营方针，开始走上产业化经营的道路。除此之外，《黄金时代》《家庭医生》《武林》《广东第二课堂》《人之初》《广东支部生活》《少先队员》等百万大刊，风靡海内外，推动着广东省迅速成长为期刊大省。1988 年，全省期刊总数达到 283 种，其中社科类 184 种，自然科学类 99 种。此外，广东还编辑出版近百种侨刊，发行遍及世界五大洲 50 多个国家和地区，发挥了"传送乡音、服务乡梓、宣传政策、增进友谊"的积极作用。至此，广东期刊大省的基本格局形成。1988 年 11 月，广东省杂志出版协会（1995 年改为广东期刊协会）在广州成立，它是我国第一个全省性的杂志行业协会。

改革开放给广东音像出版带来了空前发展机会与广阔的市场空间，在电子技术的不断进步下，音像出版与复录业迅速发展起来，一路领跑。全国第一个录音带、第一盒录像带、第一张激光唱片、第一座录音棚都诞生在广州，音像制品占领全国市场。至 1990 年广东共有音像出版单位 23 家，复录单位 43 家。广东第一家音像出版单位是中国唱片社广州分社（1964 年成立，1987 年改名为中国唱片公司广州分公司，1992 年改为中国唱片广州公司），早在 1981 年开始自行出版和发行盒式音带，1983 年成立了盒式节目带厂，同年又成立发行公司。广东音像出版机构不像书刊出版机构在计划经济时已形成特有的运营模式，而是在改革开放的新环境下，借助地理优势，以合资或合作的形式进行生产经营，并且形成了自编自产自销"一条龙"的经营模式。1979 年 1 月成立的太平洋影音公司，与香港百利唱片公司、香港三众公司签订合作合同，以补偿贸易方式，引进国际上最先进的录音、录像制品的录制和生产设备，成为中国内地第一家拥有国际先进水平录音录像制品生产线的音像机构。该公司录制了中国内地第一盒立体声盒式录音带《朱逢博独唱歌曲选》（1979 年）、第一盒录像带《中国录影集》（1979 年）、第一本自行拍摄的《中国正宗太极拳》（1983 年）、第一张激光唱片《蒋大为金曲》（1987 年），率先建设一万多平方米的现代化综合影音大楼（1987 年），等等，创造了音像出版业的多个"第一"。它所生产的音像制品远销海内外,后来,太平洋影音公司迅速建立起发行公司,专门从事公司制作出版的音像制品的销售业务。该公司市场占有率高,增长迅速,成立时年销售收入 11 万元,1985 年达到 2606 万元,增加了 200 多倍。1986 年,太平洋影音公司牵头,联合省内几家音像复制出版发行单位筹备成立了南方音像集团,共同举办全国音像制品订货会,每年举行两届,向全国各地集中提供音像制品。年底,南方音像集团在珠海市拱北宾馆举办第一届全国订货会,有 300 多各地经销商前来参加。

签约歌手制度是广东音像电子出版机构在学习境外同行业的经验中率先运用并推行的,从而奠定了广东作为内地流行乐坛基地的地位。太平洋影音公司是"第一个吃螃蟹的人",1982 年 5 月与青年歌手沈小岑签约,一首《请到天涯海角来》唱遍大江南北,1984 年又推出歌手朱晓林,一首《妈妈的吻》打动普罗大众,名不见经传的青年歌手红遍中国。港台歌手最早也是通过音像制品而为人熟悉的,中国唱片广州公司 1985 年与香港宝丽金唱片公司合作并引进《谭咏麟独唱精选》《苏芮》《张学友》《邓丽君》等一批节目,由中国唱片广州公司加工成音像制品在内地出版发行,开创了中国音像电子出版业对外合作的先河。

广东身处改革开放前沿阵地,同国外和港澳台之间人员和商业往来密切,新鲜事物和观点层出不穷,面对着比内地更复杂的社会情形,新闻出版管理主动而且自觉地注意贯彻社会主义出版方针,正如广东省新闻出版局局长罗宗海说:"只有坚持四项基本原则,才能真正搞好改革开放。只有坚持在社会主义原则指导下的改革开放,才能真正坚持四项基本原则。"[①] 因此,80 年代中后期,广东省强调坚持社会主义方向,坚持图书出版必须以社会效益第一的原则,坚持一手抓整顿,一手抓繁荣。1986 年,由出版、文化、广播、电视、公安、工商等管理部门联合组成广东省社会文化管理委员会,管理包括出版物在内的文化市场。1987 年 8 月 20 日,广东省社会文化管理委员会和省新闻出版局联合举办"广东省整顿出版物成果展览"。12 月,全省整顿音像出版工作会议在省广播电视大厦召开,传达全国整顿音像出版工作会议精神。

1989 年,广东省继续加强出版市场管理,一是管理部门细分,5 月广东省新

[①] 转引自孔祥贵:《金秋羊城话出版——访广东省新闻出版局长罗宗海》,《中国图书评论》1990 年第 1 期。

闻出版局将出版事业管理处分为图书、报刊、印刷、发行和版权管理处；二是加强审读，分别成立了图书、报刊审读委员会。7月，广州市整顿图书市场，共收缴封存不健康书报刊236种。在10月广东省召开压缩整顿报刊出版社工作会议，要求压缩过多过滥、缺乏办刊办社条件、雷同重复、布局不合理的报刊。广州文化出版社、科普出版社广州分社先后被撤销。1990年，全省共压缩报刊社、出版社48个。

三、广东出版市场格局的初步形成（1989—1999）

广东作为改革开放先行地，经济建设走在内陆其他省份之前，市场观念强。随着出版业不断加强经营管理，积极应对市场，出版市场进一步开放，从而逐渐成长为全国最大最开放的图书市场。1991年8月，《关于出版社自办发行图书暂行规定》出台，促进了出版社自办发行工作，图书市场更加活跃。1991年9月，在广州举行的第四届全国书市受到广泛关注，进场人次高达55万人，总销售额达到1150万元，订货码洋达4000万元。这一火爆场面使省新闻出版局深受鼓舞，在同年9月25日、10月29日先后两次向上级报送《关于举办"南国书香节（第一届）"基本构想的报告》，并获得通过，1993年8月，首届南国书香节在广交会场馆举行。经过二十多年的发展，南国书香节已成为全民阅读活动知名品牌，也为粤版图书搭建了最好的展示舞台，促进了粤版书的繁荣发展。

1992年11月18日，经广州市体制改革委员会批准，广州新华书店企业集团正式挂牌成立，它是我国首家图书发行企业集团。1994年成立的、由广东省新华书店控股的广东省新新图书股份有限公司，是全国图书发行业中的第一个股份有限公司。1994年11月建成的广州购书中心是当时国内规模最大的图书销售场所，被国内外媒体誉为"神州第一书城"。广州购书中心开业的当天举行了第二届羊城书市，展销5万种图书音像出版物，12天内共接待读者80万人次，销售收入1200万元。1996年11月，深圳书城开业，在这里举行了第七届全国书市。这些创造了全国第一的成绩是广东省自觉遵循市场规律办事，搞活图书市场的重要成果，大大激发国有新华书店和其他非国有经济成分的发行主体的创造力与活力。

广东图书销售总额从20世纪90年代起就一直处于全国前列。1992年，广州市人均购书89.20元，居全国大中城市第一位。1993年，全省图书销售总额以8.6亿元位居全国第一位。1999年，深圳市人均购书240元，居全国大中城市第一位。

随着图书批发业务的开展,广东省在1994年推出了《广东省书报刊市场管理条例》,该条例在培育和规范出版物市场起到相当大的作用。1990年以后,广东省新华书店图书发行码洋始终居全国前列,覆盖全省发行网络达6000多家,同时大型书城也拔地而起,除广州购书中心、深圳书城外,还有珠海、东莞等地建有新华书店大楼。同时,非国有经济成分的发行分销企业逐步壮大。1995年,全省有书刊二级批发单位300家。在已有东园路、大沙头两个大型民营图书批发市场之后,又先后建立了深圳八卦岭图书批发市场和东莞虎门图书批发市场。民营书业与新华书店发行分销企业共同发展的格局初步形成,推进了市场容量体积庞大的区域市场逐渐形成。广东省对于出版物市场管理与搞活两手抓,积极推行经营许可证制度、"先证后照"制度、实行二级批发单位进场经营制度和售前送审制度等。图书流通体制的改革使广东图书市场成为图书业界的"晴雨表",业内流行这么一句话:广东好卖的书全国必定好卖,广东不好卖的书全国卖得亦有限。

这一时期广东创办7家出版社,分别是暨南大学出版社(1989年)、汕头大学出版社(1992年)、广州出版社(1992年)、珠海出版社(1993年)、广东经济出版社(1995年)、南方日报出版社(1998年)、羊城晚报出版社(1998年),至2000年全省有23家出版社,出版社总量在北京、上海之后,居第三位。从业人员也大幅增长。2000年,出版图书品种达4374种,印数26978万册,总印张数1482942千印张,分别比1980年约增长534%、60%、116%。然而,品位高、影响大的粤版学术著作比较少。1991年10月,省出版局召开了"繁荣广东图书出版研讨会"展开有针对性的研究讨论,明确了出版优势和三个主攻方向,分别是大力挖掘搜集整理出版广东近代以来的政治经济文化成果;总结广东改革先行一步的相关成果;加强港澳地区的研究,充分开展海外合作出版。省新闻出版局充分关注精品重点图书出版工程,1991—2000年共投入资金2000万元给予扶持。这个时期,涌现出不少精品图书。1991年,广东人民出版社《岭南文库》、花城出版社《海外华人文学大系》、广东科技出版社《广东植物志》等被列为重点图书出版规划选题。1995年,广东教育出版社出版的《新三字经》,当年印行3500万册,创国内单本一般图书出版发行新纪录。另外,为了缓解学术著作出版难的问题,广东省前后共成立了7个图书出版基金,专门资助出版,分别是:广东优秀科技专著出版基金(1989年)、广东岭南文库出版基金(1995年)、广东优秀社会科学著作出版基金(1997年)、广东优秀文艺著作出版基金(1997年)、广东优秀教育专著出版基金（1997年）、广东优秀少儿读物出版基金（1997年）、中山大学学术著作出版基金（1996年）。出版基金的设立不仅在一定程度上解决了学术著作出版难的问题，而且也保证了出版学术水准。例如《岭南文库》是广东具有代表性的一套地域文化图书，为了保证其高品质出版，专门成立了岭南文库出版基金，原始资金450万元，至2000年底，本金达到920万元，受资助图书中有18种获得了27个奖项。

中共十四大之后，出版单位大刀阔斧进行机制改革，按劳分配成为出版人关心的头等大事，也是搞活企业提高效率的重要环节。1992年，省新闻出版局属出版社在全系统推行目标管理责任制，这一举措全面推动了局属出版社机制改革。"目标责任制的推行，促进局属出版社从生产型向生产经营型转变，向管理要效益。目标责任制的推行，推动局属出版社机制改革，职工按劳分配制度进一步落实。"[①] 广东旅游出版社1992年经省体制改革委员会等有关部门批准，由事业单位改为企业，这在国内具有开创性。

期刊出版经过20世纪80年代末与90年代初的调整之后，理性分析市场，积极调整市场定位，不断增强自身竞争实力，并开始放眼世界与国际大刊进行竞争。由于经营机制灵活，各刊社八仙过海，各显神通，在市场经济大潮中找到了生存之道。以打工群体为主要阅读对象的《佛山文艺》在文学期刊落入低潮形势下逆势而上，1992年每期发行量达到44.8万份，相当于当年全国所有文学期刊发行量的总和。其后，发行量居高不下，并且在原有栏目的基础上创办了全国第一份面向广大打工群体的刊物——《外来工》，创刊之初便达到10万册。1994年《佛山文艺》率先改为半月刊，月发行量突破100万份，"双效益"明显，被誉为"佛山文艺现象"。1996年8月创办《新周刊》，以"中国最新锐的时事生活类杂志"在市场上迅速崛起，打破了业内"一本期刊走上成熟的生长期要三年时间"的定论。老牌百万大刊也继续书写辉煌。大众健康类刊物《家庭医生》连续多年发行量超100万册，具有丰实的经济基础，按"立体办刊"模式，以期刊为龙头，相继创办了家庭医生门诊、医学整形美容中心、健康中心、科技开发公司等一系列产业，投资超亿元筹建广东阳西月亮湾健康度假中心和阳西新科技中药基地，并于2001年正式注册成立了广州家庭医生集团有限公司。综合文化类刊物《家庭》在1990

---

① 杨荣：《周圣英主持广东出版工作二三事》，载《出版史料》2012年第4期。

年代同样在文化市场中如鱼得水，发行量逐年上升。1998年5月发行量280多万份，该年世界期刊联盟公布，《家庭》月发行量在全球综合类期刊发行排行榜排名第10名。1999年1月，《家庭》增出下半月版。1999年，全省发行量超100万册的期刊，分别是《家庭》《家庭医生》《广东支部生活》《人之初》《广东第二课堂》。该年期刊总数323种，总印数为2.5亿万册，平均期印数为1645万册，分别比1990年增长27.6%、129.1%、58.3%。2000年，《广东支部生活》《佛山文艺》《家庭》等6种期刊入选"第二届全国百种重点社科期刊"，广东的入选量在全国省市中排名第一。《家庭》《家庭医生》《少男少女》被"国际期刊联盟"评为综合类文化期刊前20名。

音像出版业百尺竿长，更进一步，产业保持领先地位。1995年，全省音像出版单位24家，音像复录单位45家，激光唱、视盘生产单位15家，珠三角地区成为中国最重要的音像生产基地之一。同时，签约制度得到完善和发展。中国唱片广州公司启动了签约演员制度，1992年该公司专门成立了企划部，策划宣传包装歌手，李春波的《小芳》《一封家书》、方芳的《摇太阳》、陈明的《快乐老家》等都由此红遍中国。广州市新时代影音公司推红了杨钰莹、毛宁一对"金童玉女"以及林依轮。太平洋影音公司推出了原创青年歌手李进、"山鹰组合"，等等。1996—2000年，广东又先后成立了76家音像制作单位，主要集中在广州、深圳两地。部分民营音像制作、复制单位投入资金广泛参与音像出版各环节，并逐步控制广东音像销售市场，获取了较大的收益，实力增长较快。90年代中期后，民营资本逐步控制广东音像销售市场。1996年，广东音像城作为第一个"国家级音像制品批发市场"在广州开业，广州成为国内音像电子出版物最大的集散地。1994—2000年，广东发行各类音像制品13.4亿盒（张），其中录音制品9901.5万盒（张），录像制品3532.16万盒（张）。广东拥有各类只读光盘复制生产线和母盘刻录生产线，只读光盘复制生产能力约占全国一半。

书刊印刷业发展迅猛。在技术上，"八五"期间已基本实现"激光照排、电子分色、胶印轮转、装订联动"，书刊印刷进入光与电的时代，胶印、彩印大量运用于书刊印刷。"九五"期间，书刊印刷工业总产值按不变价增加至66838.84万元，按现行价增加至78805.79万元。印刷产品质量不断提高，国家评定优质品率达到50%以上。而且，随着技术的精进，印刷企业不但印制省内书刊产品，还承接其他省的精品图书印制，世界各国及香港地区的书刊印制也有不少是在广东完成的。至 2000 年，近 70% 的香港地区印刷企业迁入内地，其中近千家落户珠三角地区。广东省书刊印刷企业达一万多家，成为名副其实的书刊印刷大省。

四、三大出版发行集团主导广东出版（1999—2009）

1999 年 12 月 22 日，广东省出版集团成立。此前不久，1999 年 6 月，广东新华发行集团股份有限公司成立；此后相隔不到十天，广州市新华书店集团有限公司正式挂牌。2002 年，《家庭》期刊集团成立，为全国首家期刊出版集团。

组建企业集团是市场化、产业化的必然结果。邓小平南方谈话和党的十四大确立建设社会主义市场经济体制，为出版业发展注入强大的活力，持续高速发展，使得中国出版产业集中度低，规模小，出版单位原子型组织结构明显，以及区域市场分割等弊端显露无遗。与此同时，行政改革要求政企分开，党委、政府必须与经营实体脱钩，行政改革成为推动集团化的主要力量。

广东出版界的集团化改革具有明显的先行先试的特点。其中广州新华书店企业集团在小平南方谈话后不久即宣告成立，是全国首家图书发行企业集团，1999 年 4 月获得国有资产授权经营，实行公司化运作。广东新华发行集团，则是全国首家完成股份制改造并且集团化运营的省级新华书店。广东省出版集团是全国第一家正式获得中央批准同意组建，且一开始就实行"有限公司"运营的出版集团。据陈俊年同志回忆，集团挂牌前，他带队去北京拜会有关方面，有领导对他递上的名片，劈头就问：谁任命你做董事长？谁让你成立公司的？[①] 这是因为当时宣传文化战线组建集团时均为管委会领导班子，一把手称为"管委会主任"；对出版集团是实行原来的事业单位企业管理，还是市场经济体制下的企业经营实体，存在较大争议。

2003 年 6 月，中央正式启动全国文化体制改革和出版发行体制改革试点工作，广东省出版集团和广东新华发行集团均为试点单位，其中广东省出版集团是中央宣传部全国文化体制改革、新闻出版总署全国出版发行体制改革的"双试点"单位，广东新华发行集团则是全国首批三家出版发行体制改革试点单位之一。广东省出版集团成立之初，就建立起规范的母子公司管理体制。广东省出版集团有限公司作为集团的核心企业（母公司）。母子公司都是具备独立法人资格的经营主体。

---

① 访谈陈俊年记录，2019 年 9 月 1 日。

集团倡导"母子公司共发展"的经营理念，按照管导向、管资产、管干部相结合的要求和集权与分权相协调的原则，对所属单位实施指导、管理协调和监督工作。

2004年，在省委、省政府的大力支持下，广东省出版集团进行了战略重组和整体转制。重组之后，原由省新闻出版局主管主办的13家企事业单位以及广东新华发行集团的国家股划转省出版集团。广东省出版集团由"小集团"变成"大集团"，结束了局属出版社延续了几十年的管办合一的旧管理模式，实现了政企分开、政事分开、管办分离，成为省内第一家实现整体转制和国资授权经营的文化集团，解决了长期以来各成员单位国有资产出资人缺位的问题。同年，在深圳市新华书店基础上，深圳市发行（集团）公司成立。深圳市发行集团与深圳报业集团、深圳广电集团共同构成深圳三大文化产业集团，并于2005年被确定为深圳市首批9个文化产业示范基地之一。

在省新华发行集团并入省出版集团之后，深圳市发行集团、广州市新华书店集团先后与海天出版社、广州出版社重组，分别成立深圳出版发行集团（2007年11月，后更名为深圳出版集团有限公司）、广州新华出版发行集团（2008年12月）。一个省拥有三家全出版产业链的出版集团（多数省市为一家，个别为出版与发行两家），广东开了先例。

如前所述，地方出版赖以生存发展的经济基础主要是租型教材和党的文献。三大集团上有党委政府大力支持，下有教材教辅发行地盘，占尽天时地利。三大集团之外的出版单位为谋求发展，各寻出路。其中，广东高等教育出版社归入广东省教育研究院主管、主办，由于省教研院是省教育厅所属事业单位，行政隶属关系明显，在教材教辅出版发行上具有一定优势。成立于1990年代初期的广东省教育书店一开始就获得部分中小学教材发行权，发展势头迅猛，后借壳上市，成为广东广弘控股股份有限公司优质资产。以教材教辅的出版发行为中心，以行政区划为基础，广东省出版市场逐渐形成五大竞争主体，即广东省出版集团、广州市新华出版发行集团、深圳出版发行集团、广东高等教育出版社和广东省教育书店。"五大"之外的大学出版社、报业集团出版社、岭南美术出版社、广东旅游出版社、广东省地图出版社等市场主体，由于缺乏教材教辅做支撑，同时在行政区划上缺乏"地盘"，难以获得相关行政资源，在市场竞争中处于明显不利地位，大多苦苦挣扎。

中国加入世界贸易组织后，出版物发行加速开放。截止2004年9月，已有11家民营企业先后获得了出版物的总发行权。民营发行公司和经过改制的国有邮政发行公司对教材发行市场虎视眈眈，一直由新华书店主导的教材发行面临强大挑战。当其时，新一轮的课程标准教材编写已经放开，已有民营企业投入巨资开发教材。这个时候，如果教材发行失守，则整个市场格局将完全改写。

幸运的是，已经转变职能的政府有关部门，找到了解决这个问题的办法，这就是将教材定位为公共文化产品，由政府采购，免费发放给中小学生；教材出版及发行环节总供应商实行公开招投标制度，由政府有关部门制定政策，监督执行。在"政企分开，政事分离"之前，原本属于一家人的政府有关部门和省出版集团、发行集团等达成默契，后者按招标程序成为教材出版及发行环节总供应商，每三年为一轮。

在这种情况下，广东出版的产业链条，各种生产要素均不断向三大集团流动和集聚。除大学出版社情况特殊之外，全省主要的出版社，各地新华书店，大中城市的书城和购书中心，基本聚集到三大出版集团。广东省出版集团是广东省中小学教材生产销售的主要经营者，全产业链确保全省中小学教材"课前到书"。集团立项、编写的粤版新课标教材有19个科目获得教育部审查通过，数量在全国地方出版集团排名第一，覆盖除上海以外的全国其他省市区。广州新华出版发行集团和深圳出版发行集团出版发行所在城市的部分教材，供应中小学校的教辅读物（通过教育行政部门审定目录和政府公共产品采购程序）。与此同时，党委、政府掌控的大量资源流向三大集团，如各级文化产业发展项目基金、媒体融合基金、新媒体扶持资金、文化扶贫扶困项目资金，等等；政府主导的重大项目，如每年的主题出版、岭南文化推广普及、地方文献积累（《广州大典》）大多落户三大集团；政府推动的公共文化服务和全民阅读活动如农家书屋建设、南国书香节、羊城书展、深圳读书月、深圳书展等基本由三大集团承办。以农家书屋为例，新闻出版总署于2006年启动农家书屋工程，广东省新闻出版局于2008年成立广东省农家书屋工程协调小组办公室，到2009年底，全省累计投入资金约1亿元（主要是财政投入），建成农家书屋4879家。农家书屋图书主要由省内出版社出版，新华书店负责配书，市场扩容效益明显。

出版集团完成组建后，出版社体制机制改革提上议程。2003年9月，中共中央、国务院颁布《关于深化文化体制改革的若干意见》，要求国有文化单位转制为企业。"'事转企改革'的目的是要把出版单位转变为真正的市场主体，使其在发展过程中碰到问题时不是通过找政府而是通过找市场来加以解决"。①广东省出版集团所属出版社率先改革,包括广东人民出版社在内,各出版社在 2005 年底前全部完成"事转企改革",当年开始享受国家对转企改制单位实施的税收优惠政策。从全国来说,这项工作到 2012 年才全部完成。

与出版业转企改制同时并进的,是出版管理方面的政府职能转变。广东省新闻出版局由管"脚下"(直属出版单位)向管"天下"(全省出版单位和出版物市场)转变。全省各地市先后组建文化广电新闻出版局和文化市场执法队,主要职能为行政审批和市场规范。广东作为书刊印刷大省,外资、合资印刷企业一直未获得书刊印刷许可证的问题得以解决。

这一时期,中共中央政治局常委李长春同志多次到广东考察,对文化体制改革做出指示批示,2007 年 1 月、2009 年 11 月分别来到广东省出版集团和深圳出版发行集团调研,体现出中央对广东出版体制改革的高度重视。

三大出版集团充分利用政府扶持,集聚资源,在短时间实现了做大做强。在强势出版集团和政府产业政策的合力作用之下,广东出版逐渐走出以品种暴涨、库存高企、流动不足为主要特征的"膨胀性衰退"。②

从经济学上说,集团化经营是为了打破市场分割,降低运营成本,实现规模效益。然而由于成立集团主要来自行政推动,而不是市场驱动,市场分割不仅难以打破,反而产生了更多的壁垒。出版集团使某些生产要素实现了跨部门、跨行业流动,然而由于中国式的市场分割,跨地区发展始终是一道难以逾越的障碍;地区之间的市场壁垒在三大集团成立之后,一定程度上反而进一步强化了。

五、资本化、信息化中的市场机会(2009—2019)

2009 年,中国 GDP 首超日本,成为全球第二大经济体;中国图书出版品种首次突破 30 万种,发行 70 余亿册,均创历史新高;国务院颁布《文化产业振兴规划》,包括出版业在内的文化产业成为国家战略性产业。在这样的背景下,新闻出版总署提出,要加快转型升级,由出版大国迈向出版强国。2010 年 1 月,新闻出版总署出台"一号文件"《关于进一步推进新闻出版体制改革的指导意见》,"鼓

---

① 陈昕:《中国图书出版产业增长方式转变研究》,广西师范大学出版社 2008,第 105 页。
② 出版家巢峰在 2005 年提出这一引发出版界关注的概念。

励条件成熟的新闻出版企业上市融资"①。

成立于 2009 年 12 月 30 日的南方出版传媒股份有限公司，很好地契合了这一历史进程。较早之前，南方出版传媒的控股母公司广东省出版集团在完成出版社转企改制任务之后，将目标放在了进军资本市场，于 2008 年 8 月启动了上市计划。2016 年 2 月 15 日，南方出版传媒股份有限公司（以下简称"南方传媒"）在上海证券交易所挂牌上市。

对于出版集团是否应该上市，尽管出版界存在较大分歧，但广东省出版集团从未动摇。南方传媒是广东省第一家彻底实现整体股份制改造的国有文化企业，是省级文化企业整体上市的第一股。它涵盖广东省出版集团的主要经营性资产和业务，致力于建设数字、物流、印务三大产业基地，构建图书、报刊、数字、发行、印务、投资六大业务平台。上市以来各方面运营稳健，财务状况良好，资产规模、营业收入、利润等多项经济指标逐年上升，为做强主业、做大产业、做优企业提供了强大的资本保障。

出版界对出版企业上市的主要争议在于是否应该多元化经营，是否有利于图书出版主业发展。为此，南方传媒积极夯实出版主业，编辑出版了一大批精品力作，主题出版更是亮点纷呈，每年入选国家、省的主题出版项目，获国家出版基金资助图书、获国家图书三大奖（中国出版政府奖、中华优秀出版物奖和中宣部精神文明建设"五个一"工程奖）均为历史最好时期。花城出版社在五年时间内勇夺两次全国"五个一"工程奖（2015 年长篇小说《这边风景》，2019 年报告文学《中国桥——港珠澳大桥圆梦之路》）。广东教育出版社 2017 年荣获中国出版政府奖（先进出版单位）。广东人民出版社、花城出版社、广东经济出版社、广东新世纪出版社在 21 世纪前后，经济效益普遍只有二三百万元，且大幅波动，有的濒临亏损；广东时代传媒有限公司一度亏损高达 2400 万元。这一阶段，经过一系列的体制机制改革，并抓住政府大力扶持出版的有利时机，上述以书报刊为出版主业的经营单位，经济效益均大幅好转，除广东经济出版社之外，其余全部成为千万元以上的利润大户，广东人民出版社 2018 年实现利润近 4000 万元。

"中国图书出版产业一直以来都存在着严重依赖教材教辅的现象……图书市场中教材教辅的产值比重一直超过 60%，教育出版的利润在整个出版中的比例更

---

① 转引自《中国出版年鉴 2011》，第 152 页。

高，教材教辅类图书成为中国图书出版产业利润的最重要的来源。"[1] 教育出版是基石。然而开卷图书销售市场数据排名长期徘徊在中下游（出版集团排名在20位上下，单体出版社排名大都在两三百名之间，仅有一家出版社在少数年份进入前一百名），也让南方传媒倍感压力。上市以来，南方传媒较好地处理了教材教辅与一般图书之间的关系。坚持两手抓、两手硬的措施：教材教辅以"上靠、下沉、内统"为指导思想，既加强统一领导和协调推进，又不像有的出版集团一样将教材教辅全部集聚到一家出版单位，而是灵活放开，使各出版社都有基本口粮，并有机会在政策窗口开拓新品；对一般图书则出台一系列措施，推动出版社开发市场图书。这一举措对教材教辅出版发行效果明显，人教版教材市场占有率由48%上升至52%；教辅出版更为显著，由原来各出版社零星的合作出版，一变而为省教育厅审定全品种目录，年销售由不到1亿急剧上升至7亿多元。而在一般图书方面，却效果不明显，虽偶尔有几个畅销品种，如新世纪出版社的《小屁孩日记》，但整体市场排名仅略有上升。

在实施文化"走出去"战略方面，广东省出版集团、南方出版传媒也勇当先锋。2013年，南方出版传媒股份有限公司因上一年输出170项海外版权项目创历史新高的好成绩，被授予"版权输出进步奖"；广东人民出版社、花城出版社入选"中国图书世界影响力出版社100强"。广东省出版集团2007—2018年连续12年被商务部、中央宣传部等五部委评为"国家文化出口重点企业"。

在一系列体制机制改革推动下，广东出版呈现出较大活力。广东出版界历来有"短平快"之贬，各出版社虽有一些重大选题立项，但有的半途而废（如广州出版社《中国大通史》，人民社《世界大通史》，岭南美术出版社《康有为全集》），有的无疾而终（如《陈寅恪全集》《陈垣全集》），还有的推进十分缓慢（如《孙文全集》）。2010年以后，一批标志性出版工程陆续出版，主要有：广东人民出版社的《车王府戏曲全编》《叶名琛档案》《清代稿抄本》《容庚藏帖》《海外广东珍本文献丛刊》；广东教育出版社《王国维全集》（与浙江教育出版社合作），《中国寺观壁画全集》（《中国美术分类全集》之一），《黄埔军校史料汇编》《葡萄牙外交部藏葡国驻广州总领事馆档案》；广东科技出版社《岭南中医药文库》；广东经济出版社《近代华侨报刊大系》；花城出版社《蓝色东欧译丛》；广州出

---

[1] 陈昕：《中国图书出版产业增长方式转变研究》，广西师范大学出版社，2008年，第20页。

版社《广州大典》；海天出版社《中国玉器全集》；等等。说明广东出版界在保持"短平快"特色的同时，重大出版工程这块短板已经补上。

广东出版能够补上重大出版工程这块短板，一方面固然由于集团化改革和出版社转企改制（以上列举重大出版工程全部来自三大出版集团），另一方面也与这一时期党委、政府大力支持出版事业密切相关。在政府职能由直接办出版转变为制定出版政策、规范出版市场行为之后，一批有利于出版产业发展的财政、税收、金融政策出台（主要有2009年3月财政部、海关总署和国家税务总局发布的《关于支持文化企业发展若干税收政策问题的通知》，2009年4月商务部、新闻出版总署等发布的《关于金融支持文化出口的指导意见》，2009年12月财政部、海关总署和国家税务总局发布的《关于继续实行宣传文化增值税和营业税优惠政策的通知》等）；大量资金投向重大出版项目（主要有中央扶持文化产业发展专项资金、国家出版基金、广东省扶持文化产业发展专项资金、广东省原创精品图书出版专项基金等）；政府大力倡导的全民阅读活动，使得原本不温不火，甚至一度陷入困境的南国书香节、深圳读书月等迅速升温。2010年7月，中共广东省委、省政府印发《广东省建设文化强省规划纲要（2011—2020）》，南国书香节作为"文化会展品牌"被写进纲要。2011年起，南国书香节永久入驻广州琶洲会展中心，每年8月暑假期间举办一年一度的南国书香节，日均入场人次已超过100万。2013年10月，联合国教科文组织特别授予深圳"全球全民阅读典范城市"荣誉称号。通过政府与企业的良性互动，全民阅读活动营造了读书氛围，培育了图书市场，对出版业发展起到了重要作用。

在获得广东省扶持文化产业发展专项资金7.5亿元之后，广东省新华发行集团加快了对全省新华书店的整合。与各省新华书店由省发行集团统管人财物体系不同，广东各地新华书店在1985年下放当地，有的归口文化系统，有的归口宣传部门，有的经过改制吸收了民营资本参股，这种情况，对于志在统一全省图书市场，实现新华书店品牌连锁经营的省发行集团而言，显然是硬伤。在省领导和有关部门的大力支持下，历经数年艰苦谈判，至2017年，全省近百家新华书店，除广州、深圳之外，其余均重新回到省新华发行集团，并成为南方传媒的股东。

与此同时，线上渠道对实体书店造成严重冲击，省出版管理部门及时出台税费减免、资金扶持等政策，仅2014年广东5家实体书店就获得1100万元资金扶持。2011年11月，民营资本背景的方所在广州最繁华的天河太古汇商城开业，带动了资本入场，图书发行转型升级加速推进。

这个阶段，出版业信息化加速发展，传统出版面临互联网强烈冲击。2008年7月24日，中国互联网信息中心发布报告显示，中国网民数量达2.53亿人，首次超过美国，跃居世界第一。2009年，新闻出版总署发布报告显示，中国数字出版总额（780亿元）超过图书出版总码洋。其中手机出版（包括手机音乐、游戏、动漫、阅读等）314亿元，网络游戏256亿元，网络广告206亿元。[①]2010年，新闻出版总署发布《关于加快我国数字出版产业发展的若干意见》。

新技术发展极大扩展了出版业的边界。《关于进一步推动新闻出版产业发展的指导意见》明确新闻出版产业涵盖的领域包括：图书、报纸、期刊等纸介质传统出版产业，数字出版等非纸介质战略新兴出版产业，动漫、游戏出版产业，印刷、复制产业，新闻出版流通、物流产业。[②]数字出版产业高速发展，广东增速则为全国最快。2017年，广东省数字出版产业营业收入超过1000亿元（其中游戏收入超过900亿元）。

在这一波数字出版浪潮中，广东出版界保持了较强的定力，既顺势而变，又避免盲目冒进。2008年1月，经省编办批准，广东省新闻出版局在全国率先设置数字出版管理处（早于新闻出版总署设置科技与数字出版司）。2009年1月，广东省出版集团创建数字出版公司，以数字教材为主攻方向，实行公司化运营。2010年5月，广东国家音乐创意产业基地（深圳园区、广州园区）获得批准设立。2011年2月，广东国家数字出版基地获得批准设立。2013年7月，《中国家庭医生》杂志社有限公司等5个单位被国家新闻出版广电总局确定为全国首批数字出版转型示范单位。2014年，广东省新闻出版局评出全省首批22家数字出版转型示范单位。

2015年3月31日，国家新闻出版广电总局发布《关于推动传统出版和新兴出版融合发展的指导意见》，明确提出通过推动传统出版和新兴出版在内容、渠道、平台、经营、管理等方面深度融合，"打造一批形态多样、手段先进、市场竞争力强的新型出版机构，建设若干家具有强大实力和传播力公信力影响力的新型出版传媒集团"。出版融合加速发展。广东省出版集团制定了《推动媒体融合发展

---

① 《中国出版年鉴2011》，第54页。

② 转引自《中国出版年鉴2011》，第208页。

实施方案》，该方案以"资源整合，多媒融合，重点突破，加速转型"为基本思路，围绕"五朵云"，即云媒体、云教育、云阅读、云出版、云终端开展项目运作。南方传媒专门成立新媒体部，制定配套政策，进行责任考核，把媒体融合发展任务、重点项目落在实处。① 经过数年发展，在云媒体、云教育上取得突破。其中云媒体项目"时代财经"App 于 2016 年 6 月上线，全渠道用户已突破 1000 万，日均活跃用户超过 50 万，运营收入近 3000 万元，荣登《互联网周刊》研究院财经 App 排行第一名，成为华南地区有着重要影响的原创财经头条新闻资讯移动平台。"时代财经"也成为引领广东时代传媒有限公司（南方出版传媒旗下报刊出版平台）实现转型升级的重要推动力。云教育项目"广东省国家课程数字教材规模化应用全覆盖工程"基本完成，已与广东省教育厅达成战略合作意向，未来有望在全省推广应用粤版数字教材（包括国家课程标准教材和省编教材）。2019 年初，广东人民出版社成立出版融合分社，转型目标更加明确。

在此过程中，传统出版领域的数字化转型和融合发展，获得中央和省的扶持文化产业发展专项资金极大支持，以南方出版传媒为例，2009 年以来，共获得各类专项资金、项目基金等 3 亿多元，主要用于信息化技术改造、数字出版项目开发、出版融合项目推进。显然，政府对新技术和产业发展趋势的把握，一定程度上减缓了互联网对传统出版的冲击，而政府相关产业政策的出台和大量资金投入，则极大增强了传统出版的信心。

2019 年 4 月，根据广东省政府常务会议决定，广东商贸控股集团有限公司将所属广东省广弘资产经营有限公司 51% 国有股权整体划转广东省出版集团有限公司。广弘的教材教辅发行业务承继广东省教育书店。如前所述，教育书店是行政分割教材发行的产物，如今再次以政府有形之手推进了市场无形之手难以完成的事，对于省出版集团整合资源，统一全省教材教辅市场，将起到积极作用。

六、小　结

我们将广东出版 70 年以前 30 年和后 40 年作为历史分期。前 30 年中央确立了独具中国特色的地方出版制度，地方出版遵循"地方化、通俗化、大众化"出

---

① 参见段乐川：《出版融合发展研究：问题与对策》第四部分《南方出版传媒的融合发展历程与问题》，南方出版传媒股份有限公司博士后科研工作站出站报告，未刊稿。

版方针。地处边陲的广东省能够快速建立地方出版体制,得益于广东具有较好的党的出版事业优良传统。

20世纪八九十年代地方出版的崛起,是中国出版史的重大事件。出版方针(由"三化"转变为"立足广东,面向全国,兼顾海外")的转变、浓厚的思想解放氛围和处于改革开放前沿的地利条件,造就了广东出版的繁荣景象和"短、平、快"出版风格。20世纪80年代,出版社由改革开放之前仅有一家广东人民出版社,发展为16家出版社,专业涵盖科技、文艺、美术、地图、旅游、教育、少儿,以及大学出版社、城市出版社等;出版了一批开风气之先的图书;对外合作出版开全国先河;港台图书引进引领潮流;期刊出版风起云涌;出版社自办发行、开发地方教材、新华书店下放搞活等举措大胆推进,出版事业呈现出鲜明的开放品格和先行特色,出版繁荣之势成为后来广东出版人对标的一个伟大时代。20世纪90年代,随着小平南方谈话和党的十四大确立社会主义市场经济改革方向,广东出版迎来又一个爆发期,新成立7家出版社,出版社总数达23家,在全国地方出版社中仅次于上海。广东出版以编印发供各个环节的运行机制改革加快推进,书刊印刷和音像复制产业突飞猛进,书城建设如火如荼,出版基金制度、羊城书展、南国书香节等均在全国率先探索。

进入21世纪,中国出版业由量的扩增向提质增效转型。广东省仅增加一家深圳报业集团出版社(2004年),因珠海出版社出现政治导向问题被注销(2011年),出版社总数遂维持20世纪90年代水平。1999年广东省出版集团成立。2004—2008年广东新华发行集团并入省出版集团;深圳出版发行集团、广州新华出版发行集团相继重组,海天出版社与广州出版社分别进入集团,标志着广东出版进入一个新时代。集团以做大做强为目标,出版市场各种资源主要向三大出版集团集聚,而其他市场主体则逐渐边缘化。

最近这10年,在国家大力推动下,文化产业进入大发展大繁荣阶段。南方出版传媒股份有限公司成功上市,并在主题出版、重大出版项目、"走出去"等方面表现出色;出版主业做强的同时,控股母公司广东省出版集团迅速做大,2017年进入全国文化企业30强。全省新华书店除广州、深圳之外,重回广东新华发行集团;实体书店在政府扶持下加快改造升级,民营资本开设的新型书店引人注目,图书市场呈现出全新格局。与此同时,飞速发展的互联网技术极大拓展了出版业的边界,广东出版在此过程中仍然扮演了先行者角色,他们充分把握出版融合发展趋势和政府职能转变中的市场机会，以稳健的心态，积极应对。然而先行并不意味做好，先行之后的后劲不足、厚重不够或许是广东出版人需要警醒和思考的。

（原载中国传媒大学《现代出版》2019年第5期，本文两位作者分别是金炳亮和刘晖，收入本书时征得刘晖博士同意）

新中国的地方出版：
以广东为中心的研究（1950—1978）

地方出版是中华人民共和国出版史最具特色的部分之一。地方出版布局的形成反映了新中国"人民出版事业"的创建历程。以"地方化、通俗化、群众化"（以下简称"三化"）为指导方针的地方出版，虽然存在种种局限，但在巩固社会主义新政权、繁荣地方文教事业、服务地方党委政府中心工作等方面发挥了重要作用，并为改革开放后出版事业快速发展积聚了势能。作为特定条件下的一种出版形态，"地方出版"已成为历史名词；但是，建立在教材及中央文件租型出版模式基础上的地方出版产业链，则被各省市自治区出版集团、发行集团所继承，"地方出版"的余脉绵延至今。由于种种原因，目前学界对新中国出版史的研究主要集中在中央决策层面及个别中央级出版社，在新中国出版历史的主流叙事中，地方出版基本缺失。本文试以广东为个案，梳理新中国地方出版的创建、形成，总结其得失，并尝试解释地方出版绵延至今的生态逻辑。

一、地方出版布局的形成

1949年10月中华人民共和国成立，开启了出版事业崭新的一页。新中国的一切事业都体现为人民性，出版事业也不例外。1949年9月29日通过的《中国人民政治协商会议共同纲领》是新中国的建国大纲，其第49条规定："发展人民出版事业，并注重出版有益于人民的通俗书报。"[①] 1950年9月，第一届全国出版会议在北京召开，会后出版总署发布《关于发展人民出版事业的基本方针》等五项

---

① 中国出版科学研究所、中央档案馆编：《中华人民共和国出版史料（4）》，中国书籍出版社，1998年，第229页。

决议。确定:"为人民大众的利益服务是人民出版事业的基本方针。"①在这一基本方针指导下,中央很快成立了人民出版社、人民教育出版社、人民文学出版社、人民美术出版社、人民卫生出版社、人民交通出版社、人民体育出版社、人民音乐出版社等"人民"字号的出版社。毛泽东主席专门为人民出版社题写了社名。"人民社"成为中国特色社会主义出版事业的金字招牌。

新中国出版事业的另一个特色是严格的计划性,体现为集中统一、统筹兼顾和分工合作,以达到"消灭无计划无组织的状况,实现专业化与计划化"的目的。②1950年10月,出版总署发出《关于国营书刊出版印刷发行企业分工专业化与调整公私关系的决定》,规定:"各大行政区经出版总署批准,各省市经各大行政区出版行政机关批准,得设地方人民出版社,其名称一律冠以大行政区或省市地名,以别于中央的人民出版社。地方人民出版社的专业方向、组织、任务大体上与中央的人民出版社相同,但应以出版地方性的读物或当地作家的作品为主。人民出版社未设有办事处自行造货的地区,得委托地方人民出版社担任分区造货任务。"③

到1955年5月,全国已在27个省(市)、民族自治区建立地方人民出版社。这样,全国就形成了中央和地方的两级"人民社"系统,中央级出版社(包括后来陆续成立的科技类出版社)为专业性出版社,地方出版社为综合性出版社;前者服务于全国,后者主要服务于各省市自治区。"中央与地方出版任务之划分"在上述文件发出之前,也就是出版业务还集中统一于全国新华书店时就已明确,其中属于地方出版的有:①通俗读物、文艺作品、地方性的书刊;②本地区的典型经验及材料;③活页文件与地区性的各种补充教材;④经核准可以分区编印的小学教科书及其他出版物。④

与全国情形一样,新华书店成为新中国成立后华南地区最早成立的出版机构。

---

① 中国出版科学研究所、中央档案馆编:《中华人民共和国出版史料(2)》,中国书籍出版社,1996年,第646页。

② 中国出版科学研究所、中央档案馆编:《中华人民共和国出版史料(2)》,中国书籍出版社,1996年,第647页。

③ 中国出版科学研究所、中央档案馆编:《中华人民共和国出版史料(2)》,中国书籍出版社,1996年,第656页。

④ 中国出版科学研究所、中央档案馆编:《中华人民共和国出版史料(2)》,中国书籍出版社,1996年,第110页。

1949年11月7日，广州解放才半个多月，广州新华书店开业。吴仲任经理。1950年7月，在广州新华书店基础上，组建新华书店华南总分店，负责广东、广西两处分店、港澳地区及东南亚的图书发行工作。初期新华书店实际上是包括编辑、出版和印刷、发行为一体的综合机构，定性为"国营之出版企业"，"担任国家的出版任务，发展人民的出版事业"。[1]因此新华书店华南总分店设有编审出版部，负责书刊出版任务，同时兼管广东人民印刷厂。

地方人民出版社系统，首先成立的是六个大区的人民出版社，即华北人民出版社（设于北京）、东北人民出版社（设于沈阳）、华东人民出版社（设于上海）、中南人民出版社（设于武汉）、西南人民出版社（设于重庆）、西北人民出版社（设于西安）及另外六个省市人民出版社，华南人民出版社即为其中之一。广东、广西隶属中南大区，在成立中南人民出版社的同时，又成立华南人民出版社，大约与两广处于国防边陲的重要性有关。之后随着各省市自治区成立人民出版社，大区人民出版社改为所在省市的人民出版社。这一过程大体持续到社会主义改造完成。据统计，至1955年底，全国共有出版社98家（其中国营62家，公私合营17家，私营19家），其中中央级出版社50家（包括副牌社13家），地方出版社48家（包括副牌社8家）。[2]华南地区3家，分别是国营的华南人民出版社、广西人民出版社和公私合营的南方通俗读物联合出版社（以下简称"南方通俗"）。1956年，随着南方通俗并入及华南人民出版社改为广东人民出版社，广东全省由一家人民社统筹出版事业。除少数民族地区和港澳台之外，全国大多数省市自治区与此类似。由各省市自治区人民社为主体构成的地方出版，由此基本成型。

中央人民社（俗称"大人民社"）与地方人民社是一个系统。胡愈之在人民出版社成立大会讲话中指出：人民出版社"应当负起领导各地方人民出版社的责任"。[3]怎么领导？从组织关系（人、财、物）来说，中央人民社当然归中央直管，而地方人民社则由地方党委政府管理。从业务关系来说，则是统筹兼顾（中央人民社）与分工合作（地方人民社）的关系：出书方面，中央人民社主要服务于中央，

---

[1] 中国出版科学研究所、中央档案馆编：《中华人民共和国出版史料（2）》，中国书籍出版社，1996年，第107页。

[2] 中国出版科学研究所、中央档案馆编：《中华人民共和国出版史料（7）》，中国书籍出版社，2001年，第424页。

[3] 转引自《王仿子出版文集》，中国书籍出版社，1994年，第392页。

出版全国发行的时事政治读物；地方人民社则"以出版地方性的读物或当地作家的作品为主"。印刷方面，总体由中央人民社统筹，但"人民出版社未设有办事处自行造货的地区，得委托地方人民出版社担任分区造货任务"①。中央人民社与地方人民社在业务上的领导关系和租型造货出版模式由此形成，延续至今。人民教育出版社成立后，租型造货出版模式扩大到全国统编教材。租型造货充分体现了中央制订计划、地方安排生产的计划经济模式和新中国人民出版事业中央统筹兼顾、地方分工合作的特色。

需要指出的是，央地的区分不在地域，而在性质（承担统筹任务的即为中央级出版社，承担分工任务的则为地方出版社）和是否由中央直接管理。因此北京市管理的出版社仍是地方出版社。比较特殊的是上海。上海各社按理应归入地方出版社，但由于近代以来上海是全国唯一的出版中心，集中了全国绝大部分出版力量和占有全国绝大部分图书市场份额；新中国成立后，虽然商务印书馆、中华书局等迁到北京，但仍有大量私营、公私合营机构存在，出版力量仍然很强，与其他地方一般只有一二家出版社不同，到1955年底，上海仍有14家出版机构，其中国有4家（2家为副牌），公私合营10家（5家为副牌社）。再加上上海作为国家经济中心和高校云集的地位，使得上海出版机构除了承担地方出版社服务党委政府中心工作之外，在出书范围和发行对象上与中央级出版社产生诸多矛盾。

1955年，新华书店总店在出版物发行范围上首先开了口子，同意"上海各出版社出版的图书一般均可在全国范围内发行"。②1959年，鉴于"上海的著译力量和出版的物质基础很大，出版任务很多是同中央的出版社相同的"，中央宣传部开始将上海与各省市自治区出版社区分。③一度考虑将上海各出版社改为中央级专业出版社在上海的分社，如上海人民出版社改为人民出版社上海社，上海文艺出版社改为人民文学出版社上海社，上海人民美术出版社改为人民美术出版社上

---

① 中国出版科学研究所、中央档案馆编：《中华人民共和国出版史料（2）》，中国书籍出版社，1996年，第656页。

② 中国出版科学研究所、中央档案馆编：《中华人民共和国出版史料（7）》，中国书籍出版社，2001年，第183页。

③ 中国出版科学研究所、中央档案馆编：《中华人民共和国出版史料（10）》，中国书籍出版社，2005年，第107—108页。

海社等。①从 1960 年开始，上海各出版社有了"全国性出版社"这样一个既区别于中央级出版社，又不同于地方出版社的特定称谓②，在实际的工作和统计归类上，则基本等同于中央级出版社。

二、从华南人民出版社到广东人民出版社

新中国成立初期，大部分私营出版机构或被新政权接收，或停业歇业。1950年上半年，据出版总署统计，仍在营业的广州私营出版发行机构有南方书店、前进书店、正大书局、人间书屋、华美图书公司和中华乐学社 6 家③。

6 家里面，较有规模的是从香港迁到广州的人间书屋。人间书屋由进步作家黄新波、陈实发起，1947 年在香港成立。中共南方局文化工作委员会（简称"南方文委"）给予大力支持。先后出版《人间文丛》《人间译丛》和《人间诗丛》，作者有夏衍、黄秋耘、黄药眠、聂绀弩、杜埃、华嘉、林默涵、黄宁婴、楼栖、林林等，在香港及东南亚有较大影响。1949 年 10 月迁到广州（汉民北路 249 号），并在接收国民党正中书局基础上重新开业。设有门市部。主要出版华南文联编写的图书，也承印部分中小学教材。

1950 年 7 月，新华书店华南总分店编审出版部成立，是广东省首个国营图书出版机构。编审出版部的人员主要来自两支队伍：一是筹建广州新华书店的香港新民主出版社业务骨干，由经理吴仲带领北上进入东江解放区集训，可称为北上队伍。新华书店华南总分店成立后，一部分人做发行业务（吴仲为首任经理），一部分人进入编审出版部。二是由华中新华书店总店派出的南下队伍。杜埃（1914—1993）任编审出版部主任。杜埃长期在粤港及东南亚从事进步文化活动，具有丰富的新闻出版工作经验，曾任中共党刊《群众》周刊总编辑，负责人间书屋图书编辑。编审出版部出版的图书，以"华南大众小丛书"最多，多为宣传形势、政策及文艺方面的通俗小册子，如《翻身姻缘》《劳动兴家》《泥足陷朝鲜》等。"华

---

① 中国出版科学研究所、中央档案馆编：《中华人民共和国出版史料（10）》，中国书籍出版社，2005 年，第 158 页。

② 中国出版科学研究所、中央档案馆编：《中华人民共和国出版史料（10）》，中国书籍出版社，2005 年，第 289 页。

③ 中国出版科学研究所、中央档案馆编：《中华人民共和国出版史料（2）》，中国书籍出版社，1996 年，第 829 页。

南大众读物"系列也出版较多，如《广东的解放》《新战士·新英雄》《谁养活谁》等。图书封面印有"新华书店华南总分店出版"字样。封底版权页有书名、著者、出版者、发行者、印刷者、初版时间、首印数量、基本定价等信息。封底印有"华南出版编号：（南）####"字样，应是当时自编的书号。目前所见最早的书是"华南出版编号：（南）0013"《献给人民团体》（华南大众读物之一），作者署名"星星"，为方方（时任中共华南分局第三书记）笔名，初版时间为 1950 年 8 月。根据编号顺序和华南总分店成立于 1950 年 7 月推测，此前的七八月间还出版了 12 本书，但笔者尚未发现"华南出版编号：（南）0001"，即编审出版部编辑出版的第一本书。目前所见编审出版部的最后一本书是《漫画集（第二集）》，自编书号为"华南书号：（南）0089"，初版时间为 1951 年 2 月。两个月之后，华南人民出版社正式成立。据此推测，在编审出版部存在的半年多时间，出版的图书在 100 种左右。

同期华南共青团工委以"华南青年出版社"名义出版书刊，但并无实际机构成立，因此，中南区出版局并未将其统计在公营出版机构之列。①

1951 年 3 月，广州 40 多家私营书店联合成立私营的南方通俗读物联合出版社。中南大区同期成立的，还有武汉通俗出版社和湖南通俗读物出版社。② 可见这是中南区出版局的一个统一部署。广东省新闻出版处副处长罗戈东兼任南方通俗的社长，杨铁如为副社长。

这就是华南人民出版社成立之前广东省人民出版事业发展的基本情形。

1951 年 4 月 1 日，中共华南分局宣传部批准成立华南人民出版社。社址设在广州市大南路 43 号。华南人民出版社是在新华书店华南总分店编审出版部基础上组建的。如前所述，编审出版部在干部配备和图书出版经验上已有充分储备，实际上已是一家初具规模的国有出版机构，因此成立华南人民出版社，并无任何实际困难。事实上，从现有资料看，在中共华南分局宣传部正式批准同意成立前，以"华南人民出版社"名义出版的图书就已面世了。

华南人民出版社的首任社长为曾彦修（1919—2015），杜埃、倪康华为副社长。曾彦修是 1938 年入党的老革命，中华人民共和国成立后，先后任中共华南分局宣

---

① 中国出版科学研究所、中央档案馆编：《中华人民共和国出版史料（3）》，中国书籍出版社，1996 年，第 472 页。

② 中国出版科学研究所、中央档案馆编：《中华人民共和国出版史料（3）》，中国书籍出版社，1996 年，第 471 页。

传部副部长、《南方日报》社长。1951年4月兼任华南人民出版社社长（至1953年不再兼任）。紧随其后的第二任社长陈越平（1953—1955）、第三任社长罗戈东（1955—1957）也都是以上级领导的身份兼任。陈越平兼任社长时是中共广州市委宣传部副部长，罗戈东兼任社长时是广东省文化局新闻出版处处长。杜埃亦同时兼任《南方日报》副总编辑。如此多的兼任，一来说明上级对出版社工作重视，二来也是因为当时懂出版的领导干部紧缺。

值得一提的是倪康华。目前可以查到的倪康华资料极少。他是一位老印刷、老报人。抗战时期参加革命，在山东临沂创建中共领导的秘密书刊印刷厂，并任厂长。后转入八路军一一五师《战士报》印刷厂、《大众日报》印刷二厂工作。1946年参与创建中共山东滨海区党委机关报《滨海农村》报，任报社秘书长。1948年6月任中原支队四中队（抽调新华书店、印刷厂干部组成）指导员，赴河南郑州参与筹建《中原日报》。1949年5月南下武汉负责接管国民党出版机构。中华人民共和国成立后，先在华中新华书店总店工作，不久再次带队南下进入新华书店华南总分店工作。

华南人民出版社创建之时，已有相当不错的阵容。杜埃分管编辑业务，兼任编辑部主任；倪康华分管印刷业务。内设社长办、编辑部和经理部三个部门：社长办主任为林卓华，秘书老庄（均来自香港新民主出版社），下设人事组、总务组和文书组；编辑部下设编辑组（组长李士非、副组长刘焜炀，均来自华中新华书店总店），美术组（组长黎湛，来自香港新民主出版社）和资料组；经理部下设财务组，材料组（组长谢理渊，来自香港新民主出版社），校对组和出版组（组长任志伟，来自香港新民主出版社，副组长胡基德，来自华中新华书店总店）。建社三个月后，杨重华（1919—2002）调入华南人民出版社。他是1938年入党的老革命，曾任中共连县、连山、阳江县委宣传部部长、粤桂湘边纵队连江支队政治部宣传科长等职。中华人民共和国成立后，先后任北江公学教育长、《北江日报》总编辑、中共北江地委宣传部教育科长、中共华南分局宣传部干部教育科副科长等职务。当时他因历史问题受审查，因此主动要求到华南人民出版社工作，是建社初期仅有的4名具有大学文化程度的元老之一。

1953年，华南人民出版社进行机构调整，经理部并入社长办。这样就变成两个部门。一为社长办，内设7个组，即出版组（组长为任志伟）、财务组（组长为老庄）、人事组（组长为林彬）、计划组（组长由倪康华兼任）、文书组、总务组和材料组。二为编辑部,内设 7 个组,即第一至三编辑组、美术设计组、通联组、资料组和校对组。据当年 5 月统计,全社 72 人,其中编辑部 29 人。全社员工中,中共党员 9 人;文化程度大学仅 4 人,高中 17 人,甚至还有一些是文盲。最显著的特征是年轻。所有员工都在 45 岁以下,约六成为 26—45 岁,四成为 15—25 岁。领导班子中,曾彦修 33 岁,杜埃 40 岁,倪康华 39 岁。中层干部大多为 30 岁上下的年轻人。

综上可知,初创时期华南人民出版社的员工队伍,虽然文化程度不高,但年轻而富有朝气,其中业务骨干大多具有相当丰富的新闻出版工作经验。根据文化部 1956 年统计:全国 28 个地方出版社,"编辑一共只有 348 人,能独立处理稿件的编辑,平均每个出版社只有 10 人左右,很多编辑干部只有高中或初中文化水平……有些出版社只有几个编辑干部"[①]。华南人民出版社在地方出版社中,应该算是比较好的。

1956 年春,由于中共华南分局撤销,华南人民出版社改名为广东人民出版社。在成立后的 15 年(1951—1966)间,华南(广东)人民出版社有过三次扩充。

(一)1953 年人间书屋并入华南人民出版社

在新中国的文学体制下,人间书屋实际上成为华南文联的一个出版机构,主要出版华南文联编写的图书,如《广州文艺丛书》(主要是新编粤剧),《青年学习丛书》等。负责编辑工作的有杜埃、华嘉、黄宁婴等人,均为兼职。因杜埃在华南人民出版社创社的时候就担任了分管编辑工作的副社长,缺乏经费来源且属于私人经营的人间书屋并入华南人民出版社是顺理成章的事。人间书屋之并入,虽然并没有在编辑力量上加强华南人民出版社,但一定程度上密切了出版社与粤港澳三地作家的联系,升级强化了出版社的文艺基因。

(二)1956 年南方通俗读物联合出版社并入广东人民出版社

南方通俗的成立略早于华南人民出版社。社址设在广州市永汉北路(今北京路)263 号,与 170 号的新华书店华南总分店隔街相望。虽然是私人联营,但中共华南分局党委极为重视,新闻出版处(当时省市合署)副处长罗戈东兼任该社社长。1954 年 9 月,罗戈东又兼任了华南人民出版社的社长。因此,实际上社内主持日

---

① 中国出版科学研究所、中央档案馆编:《中华人民共和国出版史料(9)》,中国书籍出版社,2004 年,第 106 页。

常工作的是副社长杨铁如。杨铁如（1908—1983），广东海丰人，大革命时期加入中国共产党，并追随彭湃开展农民运动。1935年，在香港九龙弥敦道创办半岛书店，从事革命书刊发行工作。1936年初，在广西梧州创办苍梧书店（抗战胜利后迁往南宁，改为春秋书店）。1940年，在桂林创办白虹书店。以开办书店掩护中共地下党组织及从事革命活动。抗战胜利后加入中国民主建国会。1950年9月，作为广东三名代表之一，出席第一届全国出版会议。

在中共华南分局的强力领导下，南方通俗与华南人民出版社在出版方针和读者对象上并无多大区别。出版图书中，通俗文艺作品最多，其中又以演唱材料比例最高。大部分为配合政策和时事宣传的读物。如配合《婚姻法》实施，就组织编写出版了《自由婚姻》《幸福新婚姻》《童养媳翻身》等；配合互助合作，出版了《家家参加互助组》《互助组长李桂英》《互助庆丰收》等。因此经过一段时间的公私合营，并入广东人民出版社也是顺理成章的事。南方通俗的并入，极大加强了广东人民出版社的编辑力量。全社员工增加至97人，其中编辑部44人。编辑部内设有第一（农业）编辑室、第二（理论）编辑室、第三（文艺）编辑室和第四（文教）编辑室，及美术组、通联组和资料组。杨铁如转任广东人民出版社副社长。

（三）1957年汕头《工农兵》月刊并入广东人民出版社

《工农兵》月刊原为中共汕头地委宣传部办的杂志，并入后成为广东人民出版社第五编辑室，13个编辑一起归入人民社编制，仍在汕头办公。编刊之外，主要出版潮州歌册。1958年，第五编辑室撤销，杂志仍归汕头地委。

（四）1959年广州文化出版社并入广东人民出版社

广州文化出版社成立于1958年7月，杨铁如任社长。社址为广州市永汉北路230号。该社成立于"大跃进"高潮之际，各地大放卫星，纷纷成立出版社，甚至有些县级政权都成立了出版社，广州市文化局"把创建一家出版社，也列为要放的'卫星'之一"。[①] 不过，与多数"多快好省"背景下成立的出版社基本没出过什么像样的书有所不同，该社有一定的编辑力量，也出版过一些书刊。1959年10月，广州文化出版社并入广东人民出版社，办公用房及19名职工一同转入。杨铁如仍任广东人民出版社副社长。

---

① 岑桑：我与文学之缘（代序），载《海韵》，花城出版社，2021年，第21页。

三、"三化"方针指导下的编辑出版

新中国成立后的出版事业区别于民国的出版业，最根本的是其人民性。正如胡愈之所言："书籍不再是少数有闲阶级的专有品，而是广大的劳动人民和革命干部所迫切需要的精神食粮了。"①

新中国成立后地方出版展开布局不久，1952年7月召开第二届全国教科书出版会议，会上确定了"中央出版社和地方出版社的分工"：一般图书方面，地方出版社"出版地方性的通俗读物、政策法令和传布地方工作经验的书籍"；教科书方面，"根据人民教育出版社提出的造货和负责范围如期完成任务"。②三个月后召开的第二届全国出版行政会议，再次做了强调："通行全国的一般图书，由中央一级的国营专业出版社出版。地方国营出版社的任务为：按照当地人民生活状况和每一时期的中心任务，出版当地所需要的，解决群众思想问题的，传播先进经验的，介绍先进人物的，指导工农群众的生产、学习的通俗读物。"③对地方出版社分工和职责的表述，后来被概括为"地方化、通俗化、群众化"，成为指导地方出版的"三化"方针。

在中央级出版社和地方出版社的体制下，中央级出版社为中央服务，统筹"通行全国的一般图书"④，重点是中小学教材、中央文献和宣传国家政策的读物；地方出版社则是为地方党委、政府服务，"以出版地方性的读物或当地作家的作品为主"⑤，主要面向基层，特别是农村。地方出版社的人、财、物归属地方党委政府领导，而出版方针政策、书刊用纸供应则由中央统筹。

"三化"之中，"地方化"是前提，它规定了地方出版社编辑出版书刊要与"地

---

① 中国出版科学研究所、中央档案馆编：《中华人民共和国出版史料（4）》，中国书籍出版社，1998年，第229页。
② 中国出版科学研究所、中央档案馆编：《中华人民共和国出版史料（4）》，中国书籍出版社，1998年，第132—133页。
③ 中国出版科学研究所、中央档案馆编：《中华人民共和国出版史料（4）》，中国书籍出版社，1998年，第319页。
④ 中国出版科学研究所、中央档案馆编：《中华人民共和国出版史料（4）》，中国书籍出版社，1998年，第319页。
⑤ 中国出版科学研究所、中央档案馆编：《中华人民共和国出版史料（4）》，中国书籍出版社，1996年，第656页。

方"有关。从作者来说，应该是当地作者，出版社"一般应在本省范围内组稿"。①从题材来说，要反映地方特点；从表现形式来说，要为当地群众所喜闻乐见，"字大、有画、易唱、易读、听得懂"。②从读者对象来说，主要面向基层群众，原则上不跨省发行。由于"地方人民出版社、地方书刊印刷厂直属于各地方出版行政机关，但同时分别受中央人民出版社与新华印刷厂总管理处的领导或指导"，③因此地方党委政府与地方出版社的关系极为密切，出版社的方针政策、选题计划、组织人事都由地方党委政府直接管理。"地方化"意味着，地方出版社首先服务于地方党委政府，服从于地方的中心工作，地方出版社首先是作为地方党委政府的宣传工具（阵地）而存在的。

"通俗化、群众化"是对所有出版社甚至是整个宣传文化系统而言，并非专门针对地方出版社。第一届全国出版会议发布的《关于改进和发展出版工作的决议》第六项有这样的表述："为配合工农兵的识字教育与文化政治教育，应大量出版各种通俗书刊，包括业余课本、政治常识、生产知识、科学知识、生活常识、文艺作品等。……中央及地方人民出版社更应做好关于政府政策法令的通俗宣传解释。"④中宣部在1951年4月专门召开通俗报刊图书出版会议，陆定一部长明确要求"唤起大家，眼睛要向下看"。⑤

由于地方出版社主要面向农村和基层，"通俗化、群众化"的要求显然更高。"一般省的地方出版社，应该面向农村，面向工厂，特别是面向农村，以出版供应本省的工农群众和基层干部阅读的通俗读物，作为自己的主要任务。"⑥"以教

---

① 中国出版科学研究所、中央档案馆编:《中华人民共和国出版史料(4)》，中国书籍出版社，2001年，第105页。
② 中国出版科学研究所、中央档案馆编:《中华人民共和国出版史料(4)》，中国书籍出版社，1996年，第136页。
③ 中国出版科学研究所、中央档案馆编:《中华人民共和国出版史料(4)》，中国书籍出版社，1996年，第655页。
④ 中国出版科学研究所、中央档案馆编:《中华人民共和国出版史料(4)》，中国书籍出版社，1996年，第648页。
⑤ 中国出版科学研究所、中央档案馆编:《中华人民共和国出版史料(3)》，中国书籍出版社，1996年，第133页。
⑥ 中国出版科学研究所、中央档案馆编:《中华人民共和国出版史料(9)》，中国书籍出版社，2004年，第380页。

育农民为首要任务。"① "地方的出版工作应特别照顾到农民、工人、县以下的工作干部以及少数民族的需要。"② 华南（广东）人民出版社通俗读物中，以面向农村的农民读物为最大宗（农业编辑室是第一编辑室），且多为本薄价廉的小册子，如1958年出版的《农业生产经验丛书》（21种）、《农业社经营管理丛书》（9种）、《农具改革丛书》（16种）。文艺类通俗读物中，则以演唱文学作品、歌谣歌册、门画春联为最大宗。

中共华南分局明确规定华南人民出版社的工作方针是："根据党在华南地区的工作要求，围绕国家的社会主义建设和当前的政治宣传任务，出版指导实际工作和教育干部群众的初级政治读物，适当地注意为了满足群众生产和文化需要，出版一些有助于推进人民文化生活的文艺、文化教育、科学技术、卫生常识等通俗读物。"③ 出版社在具体的编辑工作中强调："在各类读物中，面向农村的读物第一；在对读物质量的各项要求中，政治质量第一；在保证读物质量的各项措施中，调查研究第一。"④ 出版社的图书类别主要有："a.讲解马列主义原理、宣传毛泽东思想和当前各项政策的通俗读物；b.传播科技知识和比较成熟的生产经验；c.供当地学校和教育用的各种课本教材；d.当地作家和工农业业余作家的文艺创作；e.演唱材料、连环画、年画和挂图等。"⑤ 由此看来，"三化"方针贯彻于地方出版工作的所有各个环节。

据统计，1951—1962年（含华南人民出版社、广东人民出版社）共出版新书（不包括重版、租型、活页文选、杂志）2674种，总用纸量为1438000千印张。平均每年出版新书约222种，用纸量119833千印张。"大跃进"高潮中，1958年出版新书最多，达546种；用纸量1959年最多，达230528千印张；新书种数及用纸量

---

① 中国出版科学研究所、中央档案馆编：《中华人民共和国出版史料（8）》，中国书籍出版社，2001年，第103页。

② 中国出版科学研究所、中央档案馆编：《中华人民共和国出版史料（2）》，中国书籍出版社，1996年，第643页。

③ 《广东人民出版社第一个五年计划总结》，广东省档案馆藏档案，卷宗号：308-1-20-006-022。

④ 《广东人民出版社关于主攻方向的一些设想》，广东省档案馆藏档案，卷宗号：308-1-0036-001。

⑤ 《对几年来编辑工作中若干问题的体会》，广东省档案馆藏档案，卷宗号：308-1-0065-012。

均超过年均数一倍以上。最大宗的出版物是"宣传党的各项政策、配合工农业生产运动、普及科学文化知识和歌颂新人新事"的各类通俗读物，占比达90%以上。①

上述统计未计入租型产品和杂志印刷。这是最能体现中央"统筹"、地方"分工"出版特色的两类产品。租型产品主要是课本和《毛泽东选集》。在新中国成立初期，物资紧缺，书刊用纸必须首先保证租型产品供应，本版书有时不得不让位于租型产品，时停时缓在所难免。

华南人民出版社成立之时，全国教科书出版会议刚刚结束，出版社的首要任务就是当年秋季的教科书供应。为此，立即成立了秋季教科书出版工作委员会，统筹协调人力配备、纸张供应、资金与贷款、印刷与装订等事宜。当年出版秋季教科书36种，印造6565000册，用纸10234令。由于书刊印刷力量薄弱，初期中学、师范课本及教学参考书等由湖北人民出版社代印，交广东省新华书店发行。1959年起，改由湖南、广东、广西三省协作印造。随着书刊印刷力量不断加强，1960年起，除个别品种由湖南代造外，课本基本由广东人民出版社自行印造。到1964年，广东已成为文化部确定的全国七个地区图书租型印造点之一，每年承担中央版图书印造任务5—7万令。

租型印造《毛泽东选集》是出版界的大事。《毛泽东选集》第一卷1951年出版发行，第二、三卷1952年出版发行，第四卷1961年出版发行。1961年广东人民出版社印造毛选第四卷及11种单篇本合计990万册，用纸6580令。用纸量已超新中国成立初期全省秋季中小学课本的六成。第四卷出版前后适逢"三年经济困难时期"（1959—1962），课本与毛著印造成为出版工作的优先事项。广东人民出版社将1962年的主要任务确定为："整顿内部，集中人力、物力做好毛主席著作和学校教科书的出版工作。至于一般书籍，只出版一些确有需要而质量又较高的著作。"②

一般的书刊出版方面，主要为以下四个方面。

（一）宣传地方党委政府方针政策的通俗读物

这是地方出版社的重要任务。虽然由于运动频繁，为了赶出版，经常"剪刀

---

① 《广东人民出版社事业发展十年规划（1963—1972）》，广东省档案馆藏档案，卷宗号：308-1-20-006-022。

② 《对几年来编辑工作中若干问题的体会》，广东省档案馆藏档案，卷宗号：308-1-0065-012。

加糨糊"从报纸或文件上选编;又由于政策常变,造成极大浪费,但也出版了一些群众喜闻乐见的优秀通俗读物,如《中华人民共和国婚姻法图解》《华南通书》《为什么要把粮食卖给国家》等。

（二）广东作家原创的文艺作品

先后出版反映广东土改的长篇小说陈残云著《喜讯》《香飘四季》和华嘉著《冬去春来》；欧阳山著《前途似锦》和"一代风流三部曲"中的《三家巷》《苦斗》；韩北屏著《高山大峒》；秦牧著《黄金海岸》；杜埃著《乡情曲》；吴有恒著《山乡风云录》等。基本反映了"十七年"广东长篇小说创作的面貌。

另外,陶铸主政广东时,广东人民出版社先后出版了他的散文集《理想·情操·精神生活》（1961年）《思想·感情·文采》（1962年）,还有他主编的《广东民歌选》。一定程度上反映了地方主政官员对文艺界的重视和出版社在地方文化建设方面的重要地位。

（三）各种演唱文学、歌册、连环画、年画（门画）、春联等

这是完全面向农村的读物。品种多,印量大。主要由文艺编辑室和美术编辑室承担。以演唱文学为例,1956年文艺编辑室发稿147种,其中88种是演唱文学（包括粤剧、粤曲、山歌、山歌剧、琼剧、雷剧、话剧以及音乐舞蹈等）,占比在六成以上。1959年出版的《广东民歌选》丛刊（1—6）是省委书记陶铸主编的,同时还出版了《广东民歌》第一集、《广东民间歌曲》。至于门画、年画、春联等,每年年底大量印行,出版统计报表单独分类。以出版用纸极为紧张的1961年为例,共出版门画、年画23种,2384200册,用纸量1585令；当年全部用纸量为118820令,绝大部分为必须确保的课本及租型文件、书刊,其中本版书刊用纸2584令,而门画、年画用纸就超过六成,说明这一类读物在当时也是一定程度上需要优先保证的。

（四）杂志、丛刊的编辑出版

中央的杂志在广东省发行,华南（广东）人民出版社负责印造,类似租型。省内杂志则由出版社负责编辑出版和印刷,但由杂志主办单位负责组稿。省内办的有些是丛刊,甚至内部刊物。前者有《红旗》（中共中央机关刊物）、《时事手册》《政治学习》（均为人民出版社主办的杂志）。后者有《上游》（中共广东省委机关刊物）、《共产党员》（中共广东省委宣传部主办）、《工交战线》（中共广东省委经济领导小组主办）、《学习通讯》（中共广州市委宣传部主办）、《广东画报》

（广东省美术创作室编辑，后转为《南方日报》主办）、《象棋》月刊（广东省体育运动委员会主办）、《学术研究》（广东省社会科学联合会主办）、《作品》（中国作家协会广东分会主办）、《华南农业科学》季刊。1958年前后最多达到12种。

"文化大革命"爆发后，毛主席著作印造、出版和发行成为出版界压倒性的政治任务。期间，广东人民出版社几经变动，一度改称"毛主席著作出版办公室"；1968年广东省新华书店并入后，称为"广东省毛主席著作出版发行站"。各省市自治区出版机构变动大体如是。

由于负责印造、出版和发行毛主席著作有着极为严格的质量、时间要求，并需要全面统筹纸张、油墨、书刊印刷、储运、配送等物资供应，在有限的人力物力条件下，为全力以赴确保毛主席著作出版发行，本版图书编辑出版被迫停止。因此，广东人民出版社、广东省新华书店成建制地改为"广东省毛主席著作出版发行站"，可以说是形势发展的必然。

由于全力保证毛著和课本出版发行，本版书出版几乎停止。1966—1970年图书出版情况见下表。

1966—1970年广东省图书出版统计表[①]

	1966年	1967年	1968年	1969年	1970年
出版图书（种）	155	4		101（全部为新出）	312
其中					
书籍	99（新出58种）			18	168
课本	14				43
图片	42		6	83	101
活页文选、歌册等		42			10
租型图书（种）	156	86	95	77	13
其中					
书籍	88				12
课本	54				
图片	14				1
总印数（万册）	24434	7113	8868	3698	10533
其中					
租型	21762	6293	8786	2334	1063
总印张（千印张）	343024	206877	128794	115524	204213
其中					
租型	309520	201402	128238	105433	28482

① 本表根据广东省档案馆藏档案（卷宗号：379-A1.2-5-13）综合制成。

1969年10月，广东省毛主席著作出版发行站撤销，广东人民出版社恢复建制和编辑出版本版图书。然而不久，编辑人员又大多下放到英德黄陂"五七干校"劳动改造。1971年3月，全国出版工作座谈会在北京召开。会议期间，周恩来总理两次接见会议领导小组成员。尽管这次会议受到极"左"路线干扰——张春桥、姚文元将"两个估计"（即新中国成立以来出版界是反革命黑线专政、资产阶级知识分子占统治地位）写入文件，由中央转发全国贯彻执行，但还是对"文化大革命"开始后出版界的乱象起到了一定的拨乱反正作用。在此背景之下，广东人民出版社下放黄陂"五七干校"的领导和编辑人员陆续调回。

1971年9月，为学习贯彻国务院《关于出版工作座谈会的报告》，广东省召开全省出版发行工作会议。会后，中共广东省委决定广东人民出版社由省委政工组宣传办领导，改为由省委政工组直接领导。接着，省委任命黄文俞为广东人民出版社革命委员会主任。黄文俞（1917—1996）是新闻战线的老兵，早年曾任香港《大公报》助理编辑，广东人民抗日游击总队机关报《前进报》编辑，香港《正报》社长。中华人民共和国成立后，先后任新华通讯社华南总分社副社长，新华通讯社广东分社社长，《南方日报》社社长、总编辑，《羊城晚报》总编辑等职务。据岑桑回忆，"他一上任，立即点名从'五七干校'把大批下放干部调回到人民社，其中原属人民社的老成员不多，主要是报社和社科院的。我就是被他点名调回的那一个"。① 在黄文俞领导下，广东人民出版社的编辑出版工作得到恢复和发展。1972年，全年出版书画279种，印行6137万册，比前几年均有大幅增长。短篇小说集《禾苗正绿》，报告文学集《踏遍青山》，儿童文学《海花》等发行全国，有的印数超过100万册。还出版了连环画《半夜鸡叫》及科技图书《常用中草药彩色图谱》等。

1973年6月，广东省科技局经由省科教办向省委呈送《关于将广东省科学技术图片社改为广东省科学技术出版社的请示报告》，省委批复同意。这是全国最早成立的地方科技出版社（中央级出版社和上海科技出版社除外）。由于我国出版体制采取中央和地方分工协作，而地方出版社普遍又是综合性的人民出版社一家，广东人民出版社与广东省科学技术出版社在出书范围上产生矛盾。1975年10

---

① 转引自金炳亮：岑桑访谈录，载《岭海书香：广东人民出版社60年发展历程》，广东人民出版社，2011年，第165页。岑桑（1926—2022）曾任广东人民出版社社长、总编辑。

月，根据省委批复，两社分工为：广东省科学技术出版社负责出版普及的和专门性的科技书刊，广东人民出版社负责出版大学和中小学的科技教科书。

1974年10月，杨奇接替黄文俞任广东人民出版社革委会主任。杨奇（1922—2021）也是新闻战线老兵。曾任东江革命根据地《东江民报》主编、《前进报》社长、香港《华商报》代总编辑。新中国成立后任《南方日报》社长、总编辑，《羊城晚报》总编辑。黄文俞和杨奇两位老新闻人接连掌舵广东人民出版社（1971—1978），使全省出版事业较快得到恢复，并为改革开放以后的迅猛发展打下了良好基础。至1977年，全省出版书画293种，用纸13430吨，达到历史最高水平。

与此同时，随着广东新华印刷厂（由广州市轻工业局领导）、广东省印刷器材公司（1970年成立，由广东省工业战线领导小组领导）划转到广东人民出版社，该社成为一个集编（辑）、印（刷）、发（行）、供（印刷物资供应）为一体，兼具编辑出版业务和出版行政管理职能的综合性机构。到1977年底，广东人民出版社下属单位包括：广东省新华书店、广东新华印刷厂、广东省印刷器材公司、广东美术印刷厂；企业编制人员增至345人。在此基础上，1978年3月，中共广东省委决定成立广东省出版事业管理局（简称"省出版局"）。广东人民出版社改为处级单位，由省出版局领导，原下属单位成为省出版局独立核算的直属单位（与广东人民出版社平行）。1978年5月，省委同意将广东省科学技术出版社从省科技局划转给新成立的广东省出版局。经省科技局和省出版局协商，在广东人民出版社科技编辑室（编制5人）和广东省科学技术出版社（编制10人）基础上重新组建广东科技出版社，由省科技局调任广东省出版事业管理局副局长的许实（1919—2004）兼任广东科技出版社社长。①

四、"三化"方针与地方出版的历史评价

虽然中央和地方党委政府对"地方化、通俗化、群众化"方针进行了反复强调和解释，但在具体执行过程中，地方出版社往往仍有"偏差"。

1956年4月9—17日，文化部党组召开地方出版社工作座谈会。根据会上反映，地方出版社对于"地方化"的困惑，主要是地方党委政府要求配合宣传的时政读物、群众需要的科普实用读物都没有地方特点。华南人民出版社的自我批评："机

---

① 参见微音（许实）：《微音忆旧》，羊城晚报出版社，2003年，第354页。

械地理解地方化及中央与地方分工的方针，认为如果不是讲广东地方事情的，不是大量引用地方事例的稿子，都不算地方化。"① 确实有点无奈。事实上，除了创作文艺作品的本地作家，很少有符合要求的通俗读物作者，虽然花了很多气力去培养工农兵作者，但达到要求的不多，造成书籍质量低下，很多时候只好编辑亲自上阵。对"群众化"的困惑主要是书籍印行量太大，群众却没有如此巨量的需求，造成积压浪费。

在这种"偏差""困惑"之下，出版社的编辑在组稿上束手束脚，"广东提出有三怕：怕组来稿件不符合方针任务；怕组多了处理不了，得罪作者；怕高级知识分子书稿组来不用，有伤情面"。②

由于只能出版地方题材的图书，但又规定要围绕党的中心工作，加上选题计划、组织关系都由地方党委政府直接领导，地方出版社实际上成为地方党委政府宣讲政策、配合工作的舆论工具，与党报功能类似。实际工作中，"剪刀加糨糊"式的出书情况相当普遍。"把图书与报刊等同起来，把为政治服务和为中心服务等同起来，不适当地强调以办报的精神来办出版社。好像无论什么中心工作和较大的事件都要出书。""三服务"（即"为无产阶级政治服务、为工农兵服务、为社会主义建设服务"），变成了"三脱离"（即脱离政治、脱离实际、脱离群众）。③ "出得早不保险，迟了又变成'马后炮'，这样的书寿命不长，运动过后很少有再版价值。"④

在这种情况下，管理部门在强调地方出版社要继续贯彻"三化"方针的同时，也适当地放宽了一些限制，"省的出版社一般应在本省范围内组稿……在特殊情况下，也可以到外地组稿"⑤，"除通俗读物外，因地制宜地出版一些中级读物也是地方出版社的重要工作"，"地方出版社可以并且应该出版当地作家的学术著

---

① 《华南人民出版社编辑工作若干问题的总结报告》，广东省档案馆藏档案，卷宗号：308-1-0053-039。

② 中国出版科学研究所、中央档案馆编：《中华人民共和国出版史料(8)》，中国书籍出版社，2001年，第60页。

③ 《对几年来编辑工作中若干问题的体会》，广东省档案馆藏档案，卷宗号：308-1-0065-012。

④ 《广东人民出版社工作情况介绍》，广东省档案馆藏档案，卷宗号：308-1-0025-33。

⑤ 中国出版科学研究所、中央档案馆编：《中华人民共和国出版史料(8)》，中国书籍出版社，2001年，第105页。

作"。①

改革开放以后,地方出版冲破"三化"的限制,开启了一轮"去地方化"的改革。以 1979 年 12 月在长沙召开的全国出版工作座谈会(史称"长沙会议")为起点,地方出版不再受"三化"限制;至 1984 年 6 月在哈尔滨召开以"地方出版"为主题的最后一次全国地方出版工作会议(史称"哈尔滨会议"),地方出版汇入全国出版的洪流,作为特定历史时期的一种出版形态,"地方出版"成为一个历史名词。

那么,如何评价"三化"方针和地方出版呢?

"长沙会议"后,地方出版社基本否定了"三化",当时为了寻求改革突破,还将其作为"左"的思想进行了揭批。广东省出版事业管理局在一份揭批材料上就说:"(过去)对古的、洋的限制极严,只准中央一级和上海出版单位出版,其他地方出版社不能出版,在体制上,中央与地方出版社分工太死。地方出版社'画地为牢',形成了一个'地方化、通俗化、群众化'的'三化'方针,组稿、发行都不能跨省,结果出书品种越搞越窄,数量越搞越少。"②在这个否定的基础上,进一步提出"立足广东,面向全国,兼顾海外"的新的出版方针。

站在新中国出版事业发展七十多年的历史新起点上,我们有必要对这一段历史进行新的总结,作出新的评价。

(一)地方出版是世界出版史的伟大创举

古今中外出版史表明,一个国家在某一个历史时期的出版中心大都集中于一两个地方,要么是政治中心,要么是经济中心,要么是因为交通、技术等原因自然形成的集镇,如明代福建的建阳、清代广东顺德的马冈等。新中国的地方出版,将民国时期单一出版中心上海扩大到以北京、上海为主要中心,以各省市自治区首府所在地城市为次中心的多点网状布局。新中国初期,这是中央计划经济体制的一部分;改革开放后,中国在各方面都发生了历史巨变,但地方出版的格局并没有发生根本改变。由于新中国初期大多数地方一穷二白的状况,地方出版在相当程度上发挥了地方政策宣教和文化普及中心的重要作用,大量发行的通俗书刊

---

① 中国出版科学研究所、中央档案馆编:《中华人民共和国出版史料(9)》,中国书籍出版社,2004 年,第 128 页。

② 《清理"左"的思想,把出版工作搞活》,广东省档案馆藏档案,卷宗号:379-A1.4-4-2。

在扫除文盲、普及教育、巩固新政权等方面具有无可替代的作用。早在地方出版布局基本完成的1955年,中央对地方出版就有这样的评价:"地方人民出版社出版的书籍,在历次社会民主改革运动及整个经济文化建设的事业中,发挥了一定的作用。地方人民出版社已逐渐成为地方党委教育人民和指导工作的有力助手。"①

比较中央级出版社(北京)和全国性出版社(上海),地方出版发展速度惊人。1957年文化部在关于地方出版社工作问题的意见中指出:"地方出版社出版的书籍,在全国出版的书籍中占很大比重,质量也在逐步提高。"②1958年(有"大跃进"的特殊因素),中央级出版社出书品种比上年增长29%、印数增长56%,地方出版社分别增长105%和99%。③笔者将不同历史时期零散资料加以综合之后发现,除期刊品种偏少、编辑人员明显偏弱之外,在出版社数量、出书品种等方面,地方出版社并不亚于中央级(全国性)出版社,详见下表。

"文革"前后中央级出版社、地方出版社和广东省出版社相关情况比较④

		1956年	1965年	1970年
中央级(全国性)出版社	出版社数	47,副牌14	38(不包括副牌,下同)	20
	出版新书		5619	776
	编辑人员		全国合计:4570	166
地方出版社	出版社数	42,副牌2	49	33
	出版新书		6733	3681
	编辑人员	348(根据28个地方出版社的统计)		1189
广东省出版社	出版社数	1	1	1
	出版新书	280		
	编辑人员	44		

---

① 中国出版科学研究所、中央档案馆编:《中华人民共和国出版史料(7)》,中国书籍出版社,2001年,第168页。

② 中国出版科学研究所、中央档案馆编:《中华人民共和国出版史料(9)》,中国书籍出版社,2004年,第125页。

③ 中国出版科学研究所、中央档案馆编:《中华人民共和国出版史料(9)》,中国书籍出版社,2005年,第100—101页。

④ 根据《中华人民共和国出版史料》第8辑第195页"全国出版社名单"、第14辑第481页"1965、1966—1976年中央和地方出版社图书出版统计"、第14辑第485页"1965、1966—1976年全国期刊出版统计"综合而成。

续表

		1956 年	1965 年	1970 年
期刊	中央		495	17
	地方		295	4

可以说，地方出版完全改变了中国出版业仅集中于个别区域，书刊阅读由少数精英垄断的局面。中华人民共和国人民出版事业在短短二十多年间取得这样的成就，地方出版居功至伟。

（二）地方出版为改革开放后中国出版事业迅速发展积聚了势能

广东、湖南、四川、浙江等省出版业先于中央级出版社和上海的出版业而相继崛起，是改革开放后中国出版业迅猛发展的一大特征。根据1984年5月全国地方出版社工作会议材料，1983年全国地方出版社（不含上海）出版图书17500种，印数44亿册，分别比1978年增长110%和48.7%，高于同期全国图书出版情况，占全国出版比重分别为49%和76%。

这样的发展速度，既有改革开放出版生产力得到全面解放这个"引力"的带动作用，也与新中国地方出版积聚的势能产生的巨大"推动"作用密不可分。很难想象如果没有地方出版创建发展的基础，改革开放以后各省市自治区出版事业如何发展！

事实上，地方出版突破"三化"限制，在1971年出版事业从"动乱"中开始慢慢恢复后就已露端倪。广东人民出版社就连续参与了多项全国性的大型出版合作项目。

1. 外国史翻译出版项目

1971年9月8日，中央批转国务院出版口领导小组《关于收集、翻译、出版世界各国历史书籍的情况》的报告，建议外交部、中联部及北京、上海、天津、辽宁、吉林、黑龙江、江苏、福建、山东、湖北、广东、四川等12个省市组织翻译、出版世界各个国家和地区的国别史，中央各单位翻译的交商务印书馆出版，12省市翻译的，交地方人民出版社出版。文件中专门提到，"北京、上海、广东、吉林、江苏等地翻译力量较强"。[1] 这应该是广东被选中的主要原因。

---

[1] 中国出版科学研究所、中央档案馆编：《中华人民共和国出版史料(14)》，中国书籍出版社，2013年，第78页。

中共广东省委政工组立即召开翻译出版外国史工作会议,指定广东人民出版社负责联系和出版亚太地区国别史的工作。具体由吴紫函负责。据吴紫函回忆,"我通过广州地区高等院校的教育革命组,拿着尚方宝剑,得到高等院校专家学者的支持,在编辑同仁的帮助下,凡我驻外使馆能引进的新版本,基本上按时翻译出版"。① 陆续出版的著作有:唐陶华、朱杰勤翻译的《关岛全史》(上中下3卷);何肇发、金应熙翻译的《澳大利亚简史》;马采翻译的《萨摩亚史》;陈一百、吴江霖翻译的《新几内亚简史》;张华能等翻译的《新西兰简史》,以及《1900年后的西南太平洋》《菲律宾革命史》。列入计划但未完成的则有《斐济史》《玻利尼西亚文化史》《澳新地区和太平洋群岛现状》等。在组稿编辑过程中,吴紫函还约请中山大学历史系撰写出版了《世界简史》一书,成为当时读者了解世界的一扇窗口。

2. "农村版图书"项目

1973年9月,国务院出版口发出《关于选编出版"农村版图书"的通知》,由各地出版社推荐,人民出版社供型,全国租型造货,"不发城市,专发农村,优先照顾偏远地区"。② 人民出版社从全国各出版社选送图书中选出35种"农村版图书",广东人民出版社入选3种(《破除封建迷信》《南海民兵(民兵斗争故事)》《县委书记》)。

3. 外国地理书翻译出版项目

1973年9月,国务院批转出版口《关于翻译出版外国地理书的请示报告》。北京、上海、天津、江苏、福建、广东、湖北、河南、四川、陕西、甘肃、河北、辽宁、吉林等14省市,因"都有地理研究机构,或在大专院校设有地理系,并有一定翻译力量",③ 承担外国地理书翻译出版任务。同年12月,翻译出版外国地理书座谈会在北京召开。广东人民出版社负责的选题有:《西南太平洋》《所罗门群岛》《美拉尼西亚地理概述》《法属太平洋群岛》等。

4. 法家著作注释出版项目

---

① 吴紫函:《坚守宣传阵地四十年》,未刊稿,家属提供。
② 中国出版科学研究所、中央档案馆编:《中华人民共和国出版史料(14)》,中国书籍出版社,2013年,第163页。
③ 中国出版科学研究所、中央档案馆编:《中华人民共和国出版史料(14)》,中国书籍出版社,2013年,第160页。

1974年7月5日至8月8日，法家著作注释出版规划座谈会在北京召开，12省市52人参会。会议讨论通过《法家著作注释出版规划（草案）》，列入48种著作（包括选注、新注和校点等）。广东人民出版社承担《〈论衡〉新注》《王安石诗文选注》《龚自珍诗文选注》《魏源诗文选注》《法家经济思想史资料汇编》共5种。

5. 中外语文词典编撰出版项目

1975年5月23日至6月17日，国家出版局和教育部联合在广州东方宾馆召开中外语文词典编写出版规划座谈会。8月，国务院批转国家出版局《关于中外语文词典编写出版规划座谈会的报告》。160种中外语文词典列入编写出版规划，由全国17个省市承担。大部分省市1部—2部，但上海14部，北京和广东各10部。除牵头修订《辞源》之外，广东还承担《汉语谚语词典》《汉语虚字用法字典》《简明现代美国俚语词典》《英语基本词用法词典》《英汉图解词典》《泰汉词典》《简明英汉词典》《简明法汉词典》《简明德汉词典》9部中外语文词典，涉及英法德泰4个外语语种。

这一宏大计划当中，修订《辞海》《辞源》和新编《汉语大字典》《汉语大词典》是重中之重。其中，《辞海》修订由上海人民出版社负责；《辞源》修订由广东省牵头，广西、河南、湖南等省（区）协作，商务印书馆出版；新编《汉语大字典》由湖北、四川负责，湖北人民出版社出版；新编《汉语大词典》由上海市牵头，山东、江苏、浙江、安徽协作，上海人民出版社出版。实施过程中，上海、四川、湖北均成立了专业的辞书出版社，广东则未能如愿（申报未批），这是后话。

《辞源》由商务印书馆在1915年出版正编，1931年出版续编。其后又出版过合订本和改编本，是阅读、研究古籍的工具书。由于内容权威，不断重印，成为商务印书馆的镇馆之宝。新中国成立后，商务印书馆即着手修订，1964年出版了修订版第一分册。

为什么这样一部篇幅庞大、专业艰深的商务版重头书会由广东省牵头修订？当时担任商务印书馆总经理的陈原是广东新会人，在语言学方面颇有造诣。中外语文词典编写出版规划座谈会代表115人，来自全国13个省市自治区，原定在北京召开，后来才改到广州。会议召开之前，确定由广东、广西、湖南、河南四省区与商务印书馆共同完成《辞源》修订任务。多方合作的情况下，"谁来挂帅？"这个问题不好解决。此时杨奇（当时主持广东的出版工作）挺身而出，他来'牵头'。……他不仅'牵头',而且'牵'出了一头羊,那就是黄秋耘"。① 有趣的是,陈原、杨奇、黄秋耘,还有当时参与主事的许力以(时任国家出版局出版部主任)均是说粤语的广东人。或许正是这些偶然的因素,促成国家出版局将修订《辞源》重任落实给广东省。

黄秋耘是 1936 年就加入中国共产党的老革命,能文能武。新中国成立后先后任华南文艺学院教员、《南方日报》编委、中共中央联络部研究员、新华通讯社组长、新华社福建分社代社长。1954 年任中国作家协会《文艺学习》杂志常务编委。1959 年调中央宣传部《文艺报》工作。1966 年南下到《羊城晚报》社任编委。"文革"期间下放英德"五七干校"劳动。1971 年调广东人民出版社工作。以黄秋耘的资历和"本事",愿意担任这项耗时费力的艰巨任务,连陈原也深感意外。当时就有人说黄秋耘是"遁入空门"。对此,黄秋耘并不完全认同。他表示:"杨奇找我负责修订《辞源》可算找对了,我大抵是最适合做这个工作的人。"同事问他:"文坛是非多,你不是逃避是非吧?"他回答:"逃避不能说完全没有,主要的是如今文学领域禁区太多,工作没甚意思。修订《辞源》可是一项实实在在的巨大的文化建设的基础工程,书成后它将惠及后代。"② 1975 年 10 月 25 日,黄秋耘致信张光年,形容自己年轻时参加革命、晚年参与修订《辞源》是"青春作赋,皓首穷经"。信中说:"对于我来说,这种工作也许是更为合适的。我已年近六旬,总希望在自己的晚年对党对人民多少作出一点贡献,聊以补过。"③ 广东省委对此极为重视。1976 年 1 月,成立广东省中外语文词典工作领导小组,且立即在广州召开了第一次修订《辞源》四省协作会议。国家出版局副局长陈翰伯、商务印书馆总经理陈原到会讲话。广东人民出版社专设广东省修订《辞源》编辑室,负责此项工作。4 月,国家出版局批准成立修订《辞源》编审小组,组长黄秋耘(时任广东人民出版社革委会副主任、广东省中外语文词典领导小组成员)。此项工作遂由黄秋耘负责统筹,后期黄秋耘在北京统稿审订,改由吴康(时任广东科技出版社副社长,此前一年广东省出版事业管理局成立后,《辞源》修订工作改为由省出版局统筹)负责此项工作。编辑室最初仅黄秋耘和黎作骥 2 人。经

---

① 《陈原出版文集》,中国书籍出版社,1995 年,第 317 页。
② 黎作骥、容洁心、邱世友:《修订〈辞源〉五春秋》,载《黄秋耘书信集》附一,花城出版社,2004 年,第 281 页。
③ 《致张光年》,载《黄秋耘书信集》,花城出版社,2004 年,第 3 页。

黄秋耘多方奔走，借调了 16 人到编辑室工作（最多时达到 20 多人）。①1976 年 5 月、12 月，1977 年 6 月又分别在郑州、桂林、长沙召开协作会议。1978 年 2 月，接国家出版局通知，作为修订《辞源》三位总纂之一，黄秋耘赴京，进行《辞源》定稿工作。此后连续数年，黄秋耘每年入京三四个月，与商务印书馆编辑一起审校稿件，最后一次（1979 年）更是长达一年有余。当时文艺界春风乍起，"有人劝我继续搞文艺工作，但在我现在承担的任务完成之前，恐怕很难兼顾了"。②可见黄秋耘对于这项工作的重视和投入。由于在修订《辞源》方面的贡献，黄秋耘于 1991 年获得首届国务院政府特殊津贴（每月 100 元）。③

1979 年，新《辞源》四个分册，共 1400 多万字，全部修订完成，其后陆续出版，至 1983 年全部出齐。修订本《辞源》由著名教育家、出版家、作家叶圣陶题写书名。学术界和辞书界一般将修订本称为是新《辞源》，而将 1915 年出版的《辞源》称为旧《辞源》。"新《辞源》以收古旧词语为主，旧《辞源》努力收集和扩充的却是新词新语。这是一个很大的改变，由普通百科性辞典变成了普通古汉语词典"。④彻底改变了"《辞源》无源"的状况。

地方出版社参与全国性出版项目，一方面是全国出版"统筹兼顾，分工合作"的题中应有之义，另一方面也有地方出版长期受限于"三化"而寻求突破的动因。这也成为 1979 年"长沙会议"冲破"三化"限制，地方出版转向"立足本省，面向全国"的先声。作为亲历者，老出版家岑桑说："20 世纪 70 年代是广东出版事业大发展的酝酿期，在这期间，人民社各个科室的同志们都埋头为未来的大发展做各种各样的准备。"⑤这个评价是恰如其分的。

---

① 黎作骥、容洁如、邱世友：《修订〈辞源〉五春秋》，载《黄秋耘书信集》附一，花城出版社，2004 年，第 282 页。

② 《致胡德培》，载《黄秋耘书信集》，花城出版社，2004 年，第 21 页。

③ 黄秋耘似乎对此颇不以为然，在致友人信中，他表示："由于担任修订《辞源》主编，我也榜上有名，数目虽有限，亦不无小补。至于我在文学方面的贡献，根本没有人提及。"（《致王岱》，载《黄秋耘书信集》，花城出版社，2004 年，第 259 页）显然，他更倾向于认可自己的文学成就。

④ 郭良夫：《〈辞源〉修订本简评》，中国出版工作者协会编：《1980 中国出版年鉴》，商务印书馆，1980 年，第 138 页。

⑤ 转引自金炳亮：岑桑访谈录，载《岭海书香：广东人民出版社 60 年发展历程》，广东人民出版社，2011 年，第 166 页。

随着地方出版布局的形成和发展，书刊印刷也由弱转强。新中国成立之初，广东连课本印刷都要借助省外力量。此后，在国家计划推动和书刊出版的带动下，尤其是大规模租型印造毛主席著作，广东省的书刊印刷力量快速增长，除广东新华印刷厂产能急剧提升，韶关、汕头、肇庆、梅县、湛江等地先后创建新华印刷厂，以适应不断增长的毛著印刷需求。到1970年代初，广东已成为全国六大印刷基地之一。为改革开放后广东成为全国印刷大省强省，奠定了良好基础。

（三）"地方出版"虽已成为历史名词，地方出版的核心资源和主要经营模式则传承延续至今

地方出版的核心资源，包括出版社，省、地(市)、县三级新华书店，书刊印刷厂，书刊用纸及印刷物资供应这样一条出版产业链（编、印、发、供），主要是围绕着中央租型文献和教科书印制发行而建立起来的。改革开放前，大部分省市自治区已完成这条产业链建设，并在其基础上组建省市自治区出版局；改革开放后实行政企分开，出版局只负责出版行业的行政管理，而出版产业链（出版业务资产）则被出版集团（个别地方新华书店系统另外组建独立于省出版集团之外的发行集团）所继承。及至目前，虽然历经多次体制机制改革，出版集团的核心资产和核心竞争力仍是这条出版产业链。

新中国成立初期，租型出版模式帮助大部分省市自治区高效率地解决了几乎从零开始的地方出版布局，并为改革开放以后地方出版崛起奠定了良好基础。随着改革的步步深入，出版物全国统一市场逐步形成，"地方化、通俗化、群众化"的"三化"方针完全消解，以"三化"为主要特征的"地方出版"事实上已经终结；然而"租型出版模式"作为"地方出版"的历史遗产，被各省市自治区的出版集团、发行集团所继承。具体而言，多数情况下，人民社继承了中央文献租型印造、出版集团继承了中小学义务教育教材租型印造、发行集团（省新华书店）继承了教材和中央文献的专有发行。在市场化改革进程中，这项历史遗产曾受质疑（垄断），也曾遭受冲击（教材发行改革），个别地方甚至一度丧失（如福建新华书店在人教版教材发行招投标中失手），但在教材作为公共文化产品由政府统一采购确立之后，围绕中央文献及教材出版租型而建立的地方出版产业链得以完整保留，构成独具中国特色的社会主义出版事业产业生态。

（四）地方出版在服务地方尤其是服务农村上有着巨大历史贡献，在新时代乡村振兴战略背景下，仍有许多做法可以借鉴学习

新中国的地方出版主要面向农村，主要为农民服务，是因为人民共和国是以工农联盟为基础而建立，巩固新政权必须紧紧依靠农民。显然，这一目标的实现，地方出版做出了不可替代的贡献。改革开放后，"三化"逐步消解；1990年代中国走向社会主义市场经济后，出版业重新走向精英化，出版社工作重点由农村转入城市，农业、农民读物，农村图书发行几被遗忘，这一过程"逆转"，出版界有着不可推卸的责任。表面上看，这种逆转似乎是必然；实质上看，则是对"为人民服务，为社会主义服务"初心的背离。

在乡村振兴国家战略背景下，政府在农家书屋、文化下乡等方面有一些部署，出版界围绕政府公共文化服务也有一定作为，但总体而言，仍属薄弱。

"三化"虽已消解，但出版社服务地方，服务当地群众，仍是古今中外出版史反复证明的出版业生存发展之道。面向农村，出版通俗读物，如何既做到公共文化服务不缺位，又在为农村读者服务中获取市场收益，仍是大有文章可做的。这方面，新中国成立初期的地方出版所积累的经验仍有借鉴意义。

［原载华中师范大学文学院《华中学术》2021年第3期（总第35辑），华中师范大学出版社2021年9月］

地方出版何以崛起：
以广东为中心的研究（1978—1985）

地方出版崛起，是改革开放后中国出版业发展的显著特征。其崛起的时间，早于中央级出版社（大多崛起于1990年代中后期中国实施社会主义市场经济体制后）；其崛起进程，与中国改革开放由基层开始，从沿海向内地推进的轨迹基本吻合。遗憾的是，中国出版史的叙事大体是以中央制定出版政策、中央级出版社贯彻实施为脉络进行；而改革开放史的叙事，主要"以经济建设为中心"，出版事业的贡献则付阙如——作为时代脉搏、反映时代先声的出版业居然缺席改革开放史！本文试以改革开放先行一步的广东为例，填补中华人民共和国出版史和改革开放史的双重空白，并探讨地方出版之所以先于中央级出版社而崛起的时代背景和历史动因。

一、从"地方化"到"面向全国"

中国出版的改革开放是通过三次会议徐徐展开的。1977年12月，王匡（时任国家出版局局长）在北京主持召开全国出版工作座谈会，批判"两个估计"（即所谓新中国成立以来出版界是"反革命黑线专政"和"资产阶级知识分子占统治地位"），从思想上对出版界进行了拨乱反正。1978年11月，陈翰伯（时任国家出版局局长）在庐山主持召开全国少儿读物出版工作座谈会，"对整个出版领域的解放思想、拨乱反正都起了重要的、积极的促进作用"。[①]1979年12月，国家出版局在长沙召开全国出版工作座谈会。长沙会议原来确定的主题是"提高书籍质量"，但是参会代表，特别是来自地方出版社的代表对"地方化、通俗化、群

---

① 转引自方厚枢、魏玉山：《中国出版通史（9）》（中华人民共和国卷），中国书籍出版社，2008年，第208页。

众化"的"三化"方针讨论异常热烈。地方代表几乎不约而同地提出"三化"方针束缚了手脚,影响了地方出版社的发展。

以中央级专业出版社和地方出版社(主要是各省市自治区人民出版社)进行统筹兼顾和分工合作,是新中国"人民出版事业"的重要特色。地方出版的"三化"方针大体形成于1950年代初期。1952年7月召开第二届全国教科书出版会议,会上确定了"中央出版社和地方出版社的分工"。三个月后召开的第二届全国出版行政会议,强调:"通行全国的一般图书,由中央一级的国营专业出版社出版。地方国营出版社的任务为:按照当地人民生活状况和每一时期的中心任务,出版当地所需要的、解决群众思想问题的,传播先进经验、介绍先进人物的,指导工农群众的生产、学习的通俗读物。"① 对地方出版社分工职责的表述,后来被概括为"地方化、通俗化、群众化",成为指导地方出版的"三化"方针。

"三化"方针对于大多数省市自治区从零开始的地方出版的创建和发展,以及新生的中华人民共和国政权的巩固,发挥了重要作用。② 可是,"三化"对于地方出版手脚的束缚也是显而易见的。

粉碎"四人帮",特别是广东省出版事业管理局成立后,对以阶级斗争为纲的"左"的指导思想进行了清算。"三化"被作为"左"的思想路线受到批判。"(过去)对古的、洋的限制极严,只准中央一级和上海出版单位出版,其他地方出版社不能出版,在体制上,中央与地方出版社分工太死。地方出版社'画地为牢',形成了一个'地方化、通俗化、群众化'的'三化'方针,组稿、发行都不能跨省,结果出书品种越搞越窄,数量越搞越少。"③

长沙会议上,"立足本地,面向全国"几乎成为地方出版社的共识。在这种情况下,陈翰伯明确表态:"地方出版社的同志要求立足本省、面向全国或兼顾全国,可以试行,地方出版社出书不受'三化'限制。"④ 针对有些代表提出如突

---

① 中国出版科学研究所、中央档案馆编:《中华人民共和国出版史料(4)》,中国书籍出版社,1998年,第319页。

② 参见金炳亮:《新中国的地方出版:以广东为中心的研究(1950—1978)》,载《华中学术》(集刊),2021年第3期,华中师范大学出版社,2021年。

③ 广东省出版事业管理局:《清理"左"的思想,把出版工作搞活》(1981年8月18日),广东省档案馆藏档案,卷宗号:379-A1.4-4-2。

④ 转引自方厚枢、魏玉山:《中国出版通史》9(中华人民共和国卷),中国书籍出版社,2008年,第211页。

破"三化"限制,地方出版社与中央出版社在出书上势必加剧矛盾(这样的矛盾过去也一直存在),陈翰伯表示:"要充分发挥中央和地方出版社两个积极性,目前要特别注意发挥地方出版社的积极性。"①

长沙会议之后,大受鼓舞的广东省出版事业管理局提出"立足广东,面向全国,兼顾海外"的新的出版方针,取代原来的"三化"方针。广东出版事业随之迅猛发展,成为出版事业改革开放的尖兵。1983年6月,中共中央、国务院发布《关于加强出版工作的决定》,明确指出:"出版工作要在统一领导下发挥中央和地方部门的积极性。地方出版社立足本地、面向全国。"

当地方出版迅速崛起之后,也出现了一系列问题,出版界受到"一切向钱看"的指责,处在改革开放前沿的广东出版界面临的指责更多、更激烈。在这个大背景下,"立足本地,面向全国"方针受到尖锐批评,"甚至把近几年出版工作中出现的问题(主要是过多出版中国古旧小说、武侠小说和外国侦探小说)同长沙会议确定的地方出版工作方针联系起来,要求'纠偏'"。②

1984年6月在哈尔滨召开的全国地方出版工作会议对此作了"调动两个积极性(指地方出版社和中央出版社),共同发展"的正面回应。③类似批评从此偃旗息鼓。

以地方出版为主题的全国性会议,哈尔滨会议为最后一次。根据会议材料,1983年全国地方出版社(不含上海)出版图书17500种,印数44亿册,分别比1978年增长110%和48.7%,高于同期全国图书出版情况,占全国出版比重分别为49%和76%。全国出版社由改革开放初的75家,增至160家(含副牌社)。④在这次会议上,作为先进典型,广东省出版总社社长罗宗海作了重点发言。

继广东崛起之后,江苏、浙江、湖南、四川等地方出版相继崛起。1985年后,中国出版的历史有着新的走向。作为一个时期的特殊出版形态,地方出版在完成"去地方化"之后,全方位地走向全国,汇入了全国出版的洪流。

---

① 转引自《宋木文出版文集》,中国书籍出版社,1996年,第58页。
② 《宋木文出版文集》,中国书籍出版社,1996年,第92页。
③ 《宋木文出版文集》,中国书籍出版社,1996年,第94页。
④ 全国地方出版工作会议(1984年6月)材料。

二、丛刊热潮引领出版界的改革开放

春江水暖鸭先知。《伤痕》《班主任》等小说的发表，使人们感知到早春的气息。出版界闻风而动。1979年2月，人民文学出版社在京召开中长篇小说部分作者座谈会。10月30日—11月16日，广东人民出版社原副社长、时任广东省出版事业管理局副局长黄秋耘，广东人民出版社文艺编辑室主任岑桑作为广东文艺界的代表，出席第四次全国文艺工作者代表大会。这是粉碎"四人帮"后首次召开全国性的文艺大会，参会代表多达3000余人。这次会议正式昭示着文艺春天的到来。

其时，广东人民出版社文艺编辑室阵容鼎盛。编辑室副主任李士非、编辑易征、邝雪林（司马玉常）都是成名作家，林振名、罗沙崭露头角，更为年轻的陈俊年、廖晓勉跃跃欲试。分管文艺编辑室的苏晨（1930— ）不久前刚提拔为副总编辑、副社长。显然，他们感受到了文艺界和出版界的早春气息，期待能够大干一场。苏晨敏感地意识到，"在社会意识形态沸腾下，都有过杂志创刊如雨后春笋的史实。'文革'收摊儿，国家拨乱反正，平反冤、假、错案，实行改革开放，社会意识形态的极其沸腾中，我们难道不能也参照历史的经验？于是我想到了创刊杂志"。①1979年4—6月，广东人民出版社接连创办大型文学丛刊《花城》和散文丛刊《随笔》。

改革开放前，广东人民出版社编辑出版的杂志最多时达12种，然而出版方式多是代为刊印和租型造货。自主创刊和编辑出版的杂志先后有1969年12月创办的《红小兵》丛刊，1974年创办的《农村文化室》月刊，1977年创办的《辅导员》和1978年创办的《广东儿童》月刊。因此，对于编办刊物，可以说是驾轻就熟。

1979年前后，各省市自治区的人民出版社相继创办文学丛刊，一定程度上印证了苏晨的话。试举如下：

湖北人民出版社：《长江》（1950年代已成立长江文艺出版社，为湖北人民出版社的副牌社）；

江苏人民出版社：《译林》（后在此基础上成立译林出版社）；

上海人民出版社：《文化与生活》《青年一代》等；

江西人民出版社：《百花洲》（后在此基础上成立百花洲文艺出版社）；

辽宁人民出版社：《春风》（后在此基础上成立春风文艺出版社）；

---

① 苏晨：《〈随笔〉的降生》，载《随笔》2019年第3期。

安徽人民出版社：《清明》；

四川人民出版社：《红岩》；

广东人民出版社：《花城》（后在此基础上成立花城出版社）、《随笔》；

浙江人民出版社：《东方》《山海经》；

湖南人民出版社：《芙蓉》；

广西人民出版社：《叠彩》；

贵州人民出版社：《创作》；

吉林人民出版社：《新苑》；

新疆人民出版社：《边塞》；

……①

这是新中国成立以来出版社的第一波办刊潮。1980 年创刊的《中国出版年鉴》在图书类别中专门辟出一个"丛刊简目"，罗列各出版社创办的丛刊，可见丛刊出版之盛况。

引人注目的是，这一波文学刊潮，并不兴起于文学体制内的作协、文联，而是在文学体制之外的出版社。在这波丛刊潮中，上海数家出版社仅在 1979 年就创办了《文化与生活》《青年一代》等 12 种期刊。广东人民出版社派何启光专程赴上海考察出版社办刊情况②，随后，在一年多时间内（1979 年 4 月—1980 年底），接连创办 10 余种丛刊。广东省内 6 家出版社 1979—1985 年共创办 22 种丛刊（详见下表）。

1979—1985 年广东省各出版社创办丛刊一览表

刊名	创办时间及刊期	类型	主办单位	发行量	备注
花城	1979 年 4 月，双月刊	文学	广东人民出版社	创刊号发行 20 万册，至 1980 年代初增至 60 万册	1981 年后改为花城出版社主办，仍在刊行
随笔	1979 年 6 月，双月刊	文学	广东人民出版社	创刊初期发 5 万册，1980 年代初增至 6.5 万册	1981 年后改为花城出版社主办，仍在刊行

---

① 参见李频：《中国期刊史》第四卷（1978—2015），人民出版社，2017 年，第 33 页。《中国出版年鉴 1980》"丛刊简目"。

② 微音（许实）：《微音忆旧》，羊城晚报出版社，2003 年，第 355 页。

续表

刊名	创办时间及刊期	类型	主办单位	发行量	备注
旅游（旅伴）	1979年	旅游	广东人民出版社	1980年代初增至12万册	1981年后改为花城出版社主办，不久停刊
风采	1979年，月刊	文化	广东人民出版社	创刊初期发行8—10万册，很快增至30万册	1981年后改为花城出版社主办，不久停刊
海韵（青年诗坛）	1979年	诗歌	广东人民出版社	不详	1981年后改为花城出版社主办，不久停刊
剑花	1979年	漫画	广东人民出版社	创刊号发行8万册	1981年后改为岭南美术出版社主办，不久停刊
科技世界	1979年	科普	广东科技出版社	创刊初期发行7.5万册	不久停刊
译丛	1980年初，不定期	文学	广东人民出版社	不详	1981年后改为花城出版社主办，不久停刊
画廊	1980年初，双月刊	艺术	广东人民出版社	创刊号发行2万册	1981年后改为岭南美术出版社主办，仍在刊行
周末画报	1980年初，四开四版，周报	文化	广东人民出版社	1980年代初期均发行超过100万份，最高达167万份	1981年后改为岭南美术出版社主办。1990年代改名为《城市画报》。仍在刊行
实用知识	1980年初		广东科技出版社	不详	每期出口香港1000册
少年探索者	1980年	少儿	广东人民出版社	不详	不久停刊
希望	1980年，双月刊	青年	广东人民出版社	初期均发行10多万册，1983年超过20万册	经历多次改版，2011年停刊
科普画刊	1980年代初	科普	科普出版社广州分社	不详	1995年后改为广东经济出版社主办，后改为《汽车与你》
旅潮	1981年	旅游	广东旅游出版社	不详	不久停刊
译海	1981年5月，不定期	文学	花城出版社	不详	不久停刊
影视世界	1981年5月，月刊	文化	花城出版社	初期均发行超过10万册，1983年，期发行超过20万册	后改刊名《文化广场》，1990年代停刊

续表

刊名	创办时间及刊期	类型	主办单位	发行量	备注
武林	1981年7月，月刊	文化	科普出版社广州分社	期均发行数十万册，最高超过200万册	1995年后改为广东经济出版社主办，后改为《消费者报道》
美与生活	1981年，季刊	文化	广东人民出版社	不详	不久停刊
中学生之友	1983年1月，月刊	学生	广东人民出版社	到1983年，期发行超过20万册	1985年后改为广东教育出版社主办，1990年代停刊
历史文学	1983年	文学	花城出版社		不久停刊
香港风情	1985年夏，月刊	文化	广东人民出版社	1987年期发38万册，为最高峰	经历多次改版，2006年停刊

其中广东人民出版社文艺编辑室创办7种丛刊，分别是《花城》《随笔》《旅游》《风采》《译丛》《译海》《海韵》。1979年4月创刊的《花城》，第一、二期18万册起印，上市后很快销售一空，又各加印15万册。第三期起印22万册，后加印15万册。创刊不到一年，期发行已增至60多万册。1983年刊发的25部中篇和7部短篇小说，有6部中篇、2部短篇被转载、3部中篇被改编为电影搬上银幕。创刊两三年间，就"以鲜明的时代精神和浓重的岭南色彩享誉全国文坛"，成为文学期刊的一个标杆。1979年6月创刊的《随笔》印行四五万册不等。刊名由著名作家茅盾题签。作者名家荟萃，除省内的吴有恒、秦牧、商承祚、黄秋耘等，省外的高晓声、廖沫沙、杨沫、黄药眠、冯亦代、姚雪垠、臧克家等也经常光顾，潘天寿、刘济荣、关山月、李可染等美术名家的作品经常出现在封二封三的美术专栏。《译丛》约请著名文学家、翻译家冯亦代主编，主要刊发世界各国不同流派、不同风格的翻译小说。不定期出版。《旅游》"从多方面展示祖国，特别是岭南山川的美、风物的美、人文的美、社会主义建设的美。还刊登外国游记、旅游小说、散文小品、历史掌故"。创刊号发行5万，很快增至12万。《风采》以"揭示生活中的真善美，批判生活中的假丑恶，焕发生活中的社会主义新风采，在宽阔的范围内发表各种形式的生动活泼的作品"为办刊宗旨，刊名题字取自明代大儒陈献章（白沙）为粤北韶关风采楼题写的横额。在杂志形态上模仿上海的《文化与生活》。创刊号发行8万册，很快增至30万册。《译海》与《译丛》都是刊登外国文学作品，区别在于前者刊登长篇小说，由于每集刊登一部长篇小说，实际上

相当于丛书；后者则以"推荐外国文学作品，介绍外国文学流派，促进中外文化交流"为宗旨，是翻译工作者发表译作的园地。《海韵》为诗歌丛刊，后来改刊名为《青年诗坛》。

广东人民出版社美术编辑室创办3种丛刊，分别是《画廊》《周末画报》和《剑花》。美术编辑室同样人才济济，云集了一批既有画家身份，同时又是出版行家的优秀人才。编辑室主任罗宗海（1935—2020），毕业于中南美专油画系，1960年代开始从事美术创作，擅长书籍插图、宣传画、年画和水彩画。1978年任美术编辑室主任。编辑室副主任王家振（1916—1983）曾任《南方日报》出版处副主任兼美术印刷厂厂长，具有丰富的画册印制经验。王维宝、梁鼎英、苏华、洪斯文是成名书法家、画家。分管美术编辑室的副社长李昭（1924—1996）是抗战时期参加中国共产党的老革命，新中国成立后曾任华南军区《士兵文艺》杂志编辑。1953年转业至华南人民出版社，1956年任文艺编辑室主任，在广东文艺界有一定的影响力。《画廊》美术丛刊，12开，彩色精印，以刊发美术新作为主，反映广东美术创作成果和特色，同时面向全国，兼顾海外，旁及古今中外美术。创刊号发行2万册。《周末》连环画报，四开四版，两色套印，逢重大节日印彩色版，每周六出版，定价5分；面向青少年读者，主要刊发故事性强的连环画，具有艺术性、知识性、趣味性和浓郁的岭南地方特色，发行量很快达到数十万份。创办《剑花》漫画丛刊是来自漫画家廖冰兄的建议，且由他担任主编，[①] 主要刊发讽刺、幽默作品，创刊号发行8万册。

出版社竞相办刊，先行一步的广东人民出版社内各编辑室大有踊跃争先之势。由于丛刊是连续出版物，势必与原编辑室业务有冲突，独立办刊势在必行。《花城》《随笔》、《风采》、《旅游》（后改名《旅伴》）从文艺编辑室独立；《希望》从少儿读物编辑室独立；《中学生之友》则在筹备之时，就单独成立编辑室。文艺编辑室虽有4个丛刊独立，仍办有《译丛》《海韵》，还在筹办《译海》《七海》《两地》《侨乡》（后3种未办成）等，业务扩充极为迅猛。为此广东人民出版社专门向广东省编制领导小组办公室提出申请，增加文艺编辑室企业编制5人，并得到批复同意。据陈俊年同志回忆，当时几个编辑一时兴起就办丛刊，一个编

[①] 微音（许实）：《微音忆旧》，羊城晚报出版社，2003年，第354页。

辑室没有几本丛刊,一个编辑如果不编丛刊,似乎就落后于时代了。① 由于出版社对丛刊"热度"太高,1981年5月,广东省出版事业管理局出台规定,要求"今后新办丛刊,要报局党组审议,经同意后由局上报省委宣传部,经批准后方可出版"。

1981年1月,在广东人民出版社文艺编辑室和美术编辑室基础上,分别组建花城出版社和岭南美术出版社,上述丛刊及编刊团队划入两社,成为两社建社的基本"家底"。此后(截至1985年),广东人民出版社又创办了《少年探索者》《希望》《中学生之友》《香港风情》,还与广州市轻工进出口公司合作创办《美与生活》杂志(美化生活知识季刊),与香港书谱出版社合作出版《书谱》杂志(双月刊,梁披云主编、督印),在内地公开发行。1980年7月创刊的《希望》杂志,面向城镇青年,刊登思想修养、学习辅导、科学知识等文章,形式生动活泼,为青年提供高尚健康的精神食粮。创刊初期发行十多万册,1983年1月创办的《中学生之友》,定位为中学生课程学习辅导读物,发行量从初期的18万册,逐步上升到40多万册。1985年6月,《香港风情》创刊,刊名由国画大师关山月题签,是中国内地首个专门介绍香港风土人情的杂志,上市后颇受欢迎,期发行量最高时达到43万册。作为香港回归前中国内地唯一一本公开出版发行的专门介绍香港的杂志,《香港风情》在十多年间是内地读者了解香港的一扇窗口,在普通读者还难以实现实地游览香港的那一段特殊时期,"它所起的历史作用是一般刊物所不能替代的"。②

广东人民出版社开启的这波刊潮,逐浪翻滚,涌向省内其他出版社,又由出版界向全省漫延,逐渐形成八十年代的广东期刊现象。1980年,广东有34种期刊,总印数为1927万册,1985年增至170种,总印数增至12768万册,五年间丛刊、期刊种数增长10倍,总印数增幅超过8倍。经省批准新创办的期刊每年都在30种以上,1985年达到50种,一年新办刊物就超过"文化大革命"前10多年创办期刊的总和。全省期刊平均期印数超过40万册的共有7种。1978—1985年各年情况详见下表。

---

① 访谈陈俊年记录,2019年9月1日。陈俊年当时是广东人民出版社文艺编辑室年轻编辑,《旅游》丛刊创办人之一。曾任广东省新闻出版局局长、广东省出版集团首任董事长。

② 袁灿华:《在〈香港风情〉的那些日子》,载《岭海书香:广东人民出版社60年发展历程》,广东人民出版社,2011年,第271页。

1978—1985 年丛刊、期刊出版情况一览表[①]

年份	种数（种）	总印数（万份）	总印张数（千印张）
1978	17	1519.2	37491
1979	22	1880.9	57155
1980	34	1927	58717
1981	73	4364.1	118542
1982	91	4597.1	131964
1983	73	6656.7	235094
1984	128	10992.1	345225
1985	170	12767.9	402682

以广东省出版局所属出版社为主体的这波丛刊出版热潮，对于出版界的改革开放可以说意义非凡。

首先是冲破"地方化、通俗化、群众化"的限制。中华人民共和国成立以来地方出版的定位，各省市自治区只有个别的文艺类期刊（一般由省作协主办）、画报（一般由省党报主办）、自然科学和社会科学杂志（一般由地方科研机构主办），并没有全国性的期刊（不包括大学学报）布局。1978 年 10 月中宣部发布《关于改变期刊审批办法的通知》，仍然规定：出版全国性的社科、文艺、体育及工、青、妇等群众教育期刊，全国性的自然科学和医药卫生期刊，由中央和国务院有关部委批准；地方性的期刊，仍报各省、自治区、直辖市党委批准。[②] 为了规避这个程序，很多期刊创刊时往往冠以所在省、自治区、直辖市名称，如《广东儿童》《广东文艺》《广东妇女》《广东青年》。

"丛刊"之名，大体介乎"丛书"与"期刊"之间。由于用书号出版，管理部门仍将其作为一个图书类别。[③] 丛刊出版在审批程序上类同图书，编辑室提出设想，出版社领导同意即可付诸实施。因此，1979 年开始的这一波丛刊热潮，就在事实上规避了期刊的审批程序；同时，又与地方出版以"面向全国"取代"地方化"的动机不谋而合。与过去以"地方+文艺"为刊物起名的方式不同，丛刊名称大多弱化地域色彩，而强化文学色彩，使得丛刊出版具有明显的"去地方化"特征。一些刊物意识到这里的"窍门"，也纷纷"去地方化"，如 1981 年《广东青年》

---

① 参见《广东省志·出版志》，广东人民出版社，1997 年，第 212 页。
② 转引自李频：《中国期刊史》第四卷（1978—2015）人民出版社，2017 年，第 20 页。
③ 参见《中国出版年鉴 1980》"丛刊简目"。

改刊名为《黄金时代》，1983 年《广东妇女》改刊名为《家庭》，从而掀起一波全国范围"去地方化"的改刊名浪潮。

1985 年，中国实施国际标准刊号 ISSN，1988 年实施国内统一刊号 CN，统称"中国标准连续出版物号"。此后，丛刊热潮逐渐退去，部分有影响、有效益的丛刊转为具有正规刊号的期刊，一些未取得刊号或市场效益差的丛刊则停刊。因无法获取刊号而用书号出版的丛刊被管理部门视为"以书代刊"，虽禁而不止。

其次，刊潮迭起的盛况对于广东省出版事业的迅猛发展并走在 20 世纪 80 年代全国出版界前列起了极大作用。广东省出版事业管理局局长黄文俞就将《花城》创刊视为"打开广东出版工作新局面的重要标志"。他说："按照惯例，地方出版社是不兴办刊物的，广东也不例外。由自己编印的刊物，除《广东儿童》以外，就没有别的了。三中全会举行不久，《花城》面世，而且颇为畅销。随后陆续出版了《随笔》《风采》《旅游》（后来改为《旅伴》），又有美术刊物《画廊》、连环画报《周末》等。两年（1979—1981）之间，由各出版社编印的刊物有十几种。这个 30 年所未见之盛况，发轫于《花城》，则是客观存在的事实。"①

针对一些人对出版社办刊"不务正业"的议论，黄文俞风趣地说："出版社应以编印图书为'正业'，但是把办刊物作为'副业'可以不可以呢？这好比农村应当主产粮食，但同时搞点经济作物可以不可以呢？实践证明，由于办了刊物，联系了众多作者，组成了一支作者队伍在出版社周围，结果是广开稿源，带出了一大批图书，丰富了图书的品种，促进了'正业'的发展，对活跃出版工作起了良好作用。"②"实践证明，出版各种丛刊有利于贯彻'双百'方针，适应当前大转变形势；同时也有利于发现人才，培养人才，是个好形式。"③

最后，丛刊热潮真实反映了改革开放后出版界思想解放的盛况。前已述及，丛刊热潮是对改革开放后活跃的思想潮流的反映，丛刊出版形式是出版界对原有出版体制的一种突破。在丛刊热潮中，往往相伴着各种争议。《风采》创办之初，有人批评它宣扬"吃喝玩乐"。杨重华（时任广东人民出版社总编辑）公开回应说：

---

① 《黄文俞文集》，广东人民出版社，1997 年，第 178 页。
② 《黄文俞文集》，广东人民出版社，1997 年，第 179 页。
③ 黄文俞：《1980 年出版工作的一些设想》，广东省档案馆藏档案，卷宗号：379-A1.3-1-33。

"'吃喝玩乐'是客观存在,不是我们办刊物之后才有的。"① 《花城》先是封面的裸女雕塑被人告状,接着1981年第一期发表《不断自问》挨批,当编辑部审读遇罗锦《春天的童话》(后发表于《花城》1982年第一期)存在不同意见时,省出版局"一把手"黄文俞毅然"同意作为一篇引起争议、开展讨论和批评的作品发表"。当中央指出《花城》杂志连续刊出"有偏离四项基本原则的政治性错误"时,黄文俞主动检讨,承担责任。② 《周末画报》创刊后一纸风行,大有洛阳纸贵之势,这时有人撰文公开批评"小报热",且点名《周末画报》是"南国报界的怪现象"。对此,黄文俞泰然处之,他理直气壮地说:"四开小报,既然北京办得(指当时发行量很大的《讽刺与幽默》),那广州也应该办得。"广东省委领导在接到相关报告后则如此回应:"南国有怪现象,不知北国又如何?"③《香港风情》创办时,有人非议"风情"之名不好(碰巧创刊号封面又是香港美女),有"卖弄风情"之嫌,编者在封面印上"展现香港风貌,透露香港世情",一方面宣示办刊宗旨,另一方面也可以起到"以正视听"的作用。④ 省出版局对于"把关"的指导思想是:"要着重积极引导,而不要仅仅是消极把关。"黄文俞这样阐述"把关":"把关是必要的,但光把关而不出主意,下面出点问题,就搞得很紧张,那就必然使下面束手束脚,这也不敢想,那也不敢做。"⑤

这里要特别提到1980年11月担任中共广东省委第一书记的任仲夷同志。其时文艺界春潮涌动,对于作家、作品的各种争议非常多,广东人民出版社出版的戴厚英长篇小说《人啊,人!》、张洁的小说集《爱,是不能忘记的》都引起了广泛争议。1981年春节茶话会上,任仲夷专门谈到这个问题,据在场的黄秋耘说,"他的态度是倾向于和缓和开明的,主张对文艺要采取'奖励政策',反对粗暴批评"。⑥《人啊,人!》出版之后,在社会上掀起轩然大波,签发稿件的岑桑(时任广东人民出版社副总编辑)承受了很大压力,官司打到高层,任仲夷、吴南生等主要

---

① 杨重华:《加强编辑工作,繁荣出版事业》,载《出版工作》1980年第1期。
② 参见黄文俞:《我与〈花城〉及其他》,载《黄文俞文集》,广东人民出版社,1997年,第175页。
③ 黄文俞:《我与〈花城〉及其他》,载《黄文俞文集》,广东人民出版社,1997年,第180页。
④ 司徒汉平:《有一种精神,叫——开拓、进取》,载《岭海书香:广东人民出版社,60年发展历程》,广东人民出版社,2011年,第277页。
⑤ 《黄文俞文集》,广东人民出版社,1997年,第185页。
⑥ 《致谢永旺》,载《黄秋耘书信集》,花城出版社,2004年,第51、54页。

领导对此进行"冷处理"（不介入争议，不组织讨论，不公开表态）①。1982年夏，任仲夷还专程到一度受到非议的《周末画报》编辑部，与编辑人员座谈。都是上述"奖励政策"的具体实践。

可以说，如果不是管理部门的宽容，没有省委领导的开明，出版社编辑人员的思想解放和勇于实践是难以落到实处的。丛刊热潮真实地反映了这一段历史。

三、一社变多社，广东出版迅速崛起

改革开放前，各省市自治区大多只有一家综合性的人民出版社，只有个别地方有文艺、美术或民族出版社。专业出版社则大多集中于北京。这是计划经济时代中央出版社和地方出版社的典型布局。改革开放后，读者需求的极速爆发和出版事业迅猛发展，这样的布局显然已大大不适应形势发展，各地纷纷成立具有专业特色的出版社。

广东省出版事业管理局成立后，归口管理全省出版事业。为理顺关系，中共广东省委将原来归属省科技局的广东省科学技术出版社划给省出版局。省出版局决定，省科技社与原广东人民出版社科技编辑室合并，重新组建广东科技出版社（1978年5月成立）。

广东人民出版社文艺和美术编辑室在丛刊热潮中爆发式发展，使得成立文艺、美术专业出版社成为当务之急。省出版局在《关于成立岭南美术出版社、花城出版社并创造条件于明年成立教育出版社的请示报告》中表达了这样的强烈心情："近年来该社（指广东人民出版社）的业务已比过去大大发展，规模比过去大得多，但是与四化建设形势的要求仍相差很远。为适应形势发展的需要，出版社的业务与规模仍需继续扩大。这就需要逐步改变把复杂多样的编辑业务包罗在一个综合性出版社的状况，分别成立一些专业性的出版社，朝着专业化的方向发展。北京、上海这些全国性的文化中心向来都是这样办的。"②

如前所述，广东省出版局和广东人民出版社强烈要求突破"三化"，"立足广东，面向全国"。在这种情况下，强调"专业性"具有明显的对冲"地方性"的意味，特别是广东要对标的是"北京、上海这些全国性的文化中心"。

---

① 金炳亮：《敢于开拓，勇于负责——岑桑访谈录》，载《岭海书香：广东人民出版社，60年发展历程》，广东人民出版社，2011年，第167—168页。

② 广东省档案馆藏档案，卷宗号：379-A1.3-1-22。

1981年1月，岭南美术出版社、花城出版社成立。"岭南""花城"之名虽然仍带有地方痕迹，但比起"华南""广东"，则明显是去"地方化"的。其强调的是"专业性"："岭南"有着岭南画派的源头，人民社不久前出版《岭南名画家画丛》，社会影响极大；人民社已在对外合作出版中使用"岭南书画社"的名称。"花城"是广州的美誉，广东著名作家秦牧的散文名篇《花城》入选人教社语文课本而享誉全国，而大型文学丛刊《花城》更使这一名号锦上添花。

一社变多社，关键在于人才队伍建设。由于广东人民出版社人才储备充足，岭南美术出版社和花城出版社似乎早已完成助跑，从创建伊始就以奔跑的姿势快速发展。两家专业社成立，人民社文艺、美术编辑室几乎成建制离开，所创办的丛刊也几乎全数划走。文艺方面，人民社副社长、副总编辑苏晨调任花城出版社副社长、副总编辑，由于社长、总编辑是省出版局副局长林坚文兼任，实际上由苏晨主持日常工作；人民社副总编辑岑桑、文艺编辑室主任李士非调任花城出版社副总编辑（后提为总编辑），岑桑则在半年后调回人民社。此外，人民社文艺编辑室调去花城出版社的易征、陈俊年、廖小勉先后提任副总编辑；范汉生后来任花城出版社社长、总编辑，兼《花城》杂志主编。美术方面，人民社副社长、党总支书记李昭调任岭南社副社长，由于社长、总编辑由省出版局局长黄文俞兼任，实际上由李昭主持日常工作；人民社副总编辑罗宗海调任岭南社总编辑，美术编辑室主任王家振提为岭南社副社长。此外，还有梁鼎英（后提为岭南社副总编辑、总编辑）、洪斯文（后提为岭南社副总编辑、《周末画报》主编）等业务骨干。可以说，这批"能人"既是人民社在1980年前后走在全国前列，为出版界改革开放披荆斩棘的功臣，也是花城出版社、岭南美术出版社创建后快速崛起，享誉全国的主力干将。

1981年11月，广东人民出版社向省出版局提出：在少儿读物编辑室、《广东儿童》编辑室、《希望》杂志编辑室和教育编辑室基础上成立希望（少儿）出版社和教育出版社。1982年8月再次打报告要求成立广东教育出版社和广东少年儿童出版社。1984年岑桑任社长、总编辑后，加紧申报工作。1985年上半年，经文化部批准，新世纪出版社、广东教育出版社先后成立。两社均为副牌社。前者主要出版少年儿童读物，兼出青年读物，包括《希望》杂志（青年综合性双月刊）。后者主要出版各种本省自编教材，教育科学方面的学术著作，教学参考书及中、小学生课外读物等，包括《中学生之友》杂志（辅助课堂学习综合性月刊）。

一社变多社,效果非常明显。"一九八三年同一九七八年相比,广东科技出版社比原人民社科技编辑室出书品种增加 111 种,印数增加 1105 万册;花城出版社比原人民社文艺编辑室出书品种增加 106 种,印数增加 2321 万册;岭南美术出版社比原人民社美术编辑室出书品种增加 112 种,印数增加 4032 万册(张)。"①

到 1985 年,全省已有 13 家出版社,其中省出版局直属 6 家,其他包括高等教育及大学出版社 3 家(广东高等教育、中山大学、华南工学院),行业性出版社 2 家(省地图、省旅游),地方综合性出版社 2 家(海南人民、深圳海天)。改革开放后八年间广东省各出版社和出书情况变动见下表。

1978—1985 年广东省图书出版(不含课本、图片和租型图书)统计表②

	出版社数量	图书品种(不含课本、图片和租型图书)	印数(万册)	印张数(千印张)
1978	3	134 种,其中新出 114 种	1470	50915
1979	3	192 种,其中新出 170 种	2126	128783
1980	4	449 种,其中新出 416 种	3491	120378
1981	7	562 种,其中新出 488 种	10190	395234
1982	7	628 种,其中新出 492 种	10562	345416
1983	9	852 种,其中新出 664 种	12605	393439
1984	11	727 种,其中新出 561 种	17613	563218
1985	13	862 种,其中新出 677 种	16628	562018

各类丛书大量出版。文艺图书方面,《潮汐文丛》集中反映了粉碎"四人帮"后涌现出来的新时期作家面貌,每人选编一本。收入的作家包括张洁、刘绍棠、刘心武、邓友梅、王蒙、丛维熙、林斤澜、梁晓声、韩少功等,成为反映新时期文学的代表性丛书。《越秀文丛》收录省内作家最新创作的文学作品。美术读物方面,组织出版了《岭南名画家画丛》(10 册),选印从明代画家林良到现代画家何香凝共 10 位广东籍中国书画名家作品,每人一集,以画册形式出版。还有大型画册《关山月画集》等。《七剑下天山》(6 集连环画),每集印数达 159 万册。

---

① 罗宗海:《在全国地方出版工作会议上的发言》(会议材料),1984 年 6 月,第 1 页。
② 参见《广东省志·出版志》,广东人民出版社,1997 年,第 201—202 页(原表中"印张数"的单位,应为千印张,不是"万册、万份")。表中出版社包括科普出版社广州分社(1978 年成立,1990 年撤销),海南人民出版社(1988 年归入海南省)。

哲学社会科学方面，有《马列主义经典著作浅说丛书》《哲学社会科学基础知识丛书》《政治理论基础知识丛书》等。有的出版品种达数十种。如《语文丛书》包括：《普通话语音常识》《汉字常识》《词汇常识》《常用词辨识》《现代汉语虚词》《学点语法》《学点修辞》《病句例析》《说和写》《农村应用文》《怎样办黑板报和写广播稿》《和中学生谈作文练习》《标点符号的用法》《朗读常识》等。少儿图书方面，有《少年连环画库》、《儿童文学作家集》（收入黄庆云、秦牧、岑桑、柯岩等作家创作的儿童文学精品，每人一集）、《幼儿益智童话丛书》（全国少儿读物重点选题出版规划（1981—1985）项目）等。学术著作方面，则有《广东地方文献丛书》《岭南学术文丛》《天风阁丛书》（夏承焘主编）等。

值得一提的是，广东人民出版社接连出版著名经济学家卓炯（1909—1987，时任广东省社会科学院副院长）的三本著作：《论社会主义商品经济》《政治经济学入门》和《政治经济学新探》。较为系统地反映了经济学界的"卓炯革命"。其中《论社会主义商品经济》系统收入作者关于社会主义商品经济的系列论文，明确提出"社会分工决定商品生产的存亡，而所有制形式只能决定商品生产的社会性质和特点"。其开创性的理论有力地呼应了风起云涌的商品经济大潮。一些省内外知名学者的著作，如蒋学模的《论社会主义经济》、丁宝兰等的《岭南历代思想家评传》、陈乐素的《求是集》、陈旭麓的《近代史思辨录》《中国近代史论集》、彭明的《中国现代史论集》、张磊的《孙中山论》、蒋祖缘和方志钦主编的《简明广东史》、李江帆的《第三产业经济学》等也都产生了较强的影响。李江帆（时为华南师范学院副教授，还不到40岁）的《第三产业经济学》荣获中国经济学界最高奖——孙冶方经济科学奖和中国出版最高奖——国家图书奖（首届）提名。在首届（1984年）全国通俗政治理论读物评选（1979—1983）中，《大众政治经济学》《科学社会主义常识》入选优秀图书。

在"面向全国"的前提下，广东出版界也没有忘记"立足广东"，出版了大量具有广东地方特色、反映岭南文化的各类著作。如《岭南学术文丛》《广东地理丛书》等。其中尤以卢权（1980年代任广东人民出版社副总编辑、社长，党史学家）组织编辑出版的广东地方党史著作为人称道。如革命回忆录系列（包括《琼岛烽烟》《东纵一叶》《珠江怒潮》《挺进粤中》《巍巍五岭》《逐鹿南疆》《浴血天涯》等），《南粤英烈传》系列图书（分辑出版），等等。1982年创刊的《广东党史资料》丛刊，由中共广东省委党史研究室组稿，不定期分辑出版，至2020

年已出至第 45 辑。

广东曾有成立专业的古籍和辞书出版社的动议，因种种原因未能如愿。这两个领域虽说不如文艺、美术和学术著作"出彩"，但广东出版界也奋力开拓。古籍方面，《广东地方文献丛书》1978 年就已列入广东人民出版社重点图书出版计划，先后出版《岭南三家诗选》《历代名人入粤诗选》《康有为诗文选》《梁启超诗文选》《陈白沙诗文选》《黎简诗选》《宋湘诗选》《黄节诗选》《黄遵宪诗选》《曲江集》《南汉书》《广东通志·前事略》（清阮元监修，李默点校）、《楚庭稗珠录》《南越五主传及其他七种》（清梁廷枏等著，杨伟群校点）、《岭表录异》（唐刘恂著，鲁迅校勘）等，成为后来提出"岭南文化"和出版《岭南文库》的先声。1985 年广东人民出版社出版的《明本潮州戏文五种》，收入五种明代潮州戏文抄本、刊本，其中 2 种为古墓出土，3 种是流失国外后再重新访回，极为珍贵。国家古籍整理工作领导小组组长李一氓为这本书题写书名，省委书记吴南生作序，饶宗颐先生则专门写了具有重要学术价值的"说略"。

辞书方面，除面向中小学生编辑出版的一系列工具书之外，吴紫函（时任广东人民出版社副总编辑）主持广东方言工具书的编辑出版，尤为引人注目。早在 1971 年，为解决长期以来在广东方言区推广普通话难题，吴紫函与华南师范学院（今华南师范大学）中文系联系，编写出版《方言字典》，包括广东省内四种方言（广州方言、潮汕方言、客家方言和海南方言）与普通话对照字典。1974 年，除客家方言外，其他三种基本脱稿。然而因排字困难，书稿在印刷厂迁延多年。[①]1978 年底，《潮汕方言普通话常用字典》首先出版。1983 年，《广州音字典》正式出版。虽然延误了近十年才出版，但由于主编饶秉才在此期间又对书稿进行了极为细致认真的统稿、校审，且编写小组又在广州市和各方言区广泛征求意见，所以《广州音字典》出版后极受欢迎。其后每年都有数次重印，畅销数十年，累计销量达数百万册，有如粤版的《新华字典》，其黑底红字封面成为方言工具书的标志。其后，《海南音字典》（普通话对照，梁猷刚主编）、《客家音字典》《广州话正音字典》（詹伯慧主编）也相继出版。

有关潮州音字典，还可以多说几句。1957 年，广东人民出版社出版了第一本粤方言工具书《北京语音潮州方音注音新字典》（吴华重编写，刘昆炀责编）。

---

① 吴紫函：《坚持宣传阵地四十年》，未刊稿（家属提供），第 20 页。

1975年，又约请中山大学中文系教师李新魁编写《普通话潮州方言常用字典》。1983年，为了配合《广州音字典》出版发行，将1957年版稍做改动，以《潮州音字典（普通话对照）》书名出版。2008年，张晓山博士（师从詹伯慧先生）编著的《新潮汕字典（普通话潮州话对照）》出版，饶宗颐先生题写书名。由于上述几个版本都曾在潮汕地区大量发行，有雄厚的群众基础，本书出版后相当畅销，且不断重印，成为常销书。

广东科技出版社、岭南美术出版社和花城出版社成立后，作为"母社"的广东人民出版社大量人才输出，出书范围收窄。在这种情况下，调整战略，开拓新领域势在必然。其重点开拓的领域主要有教育读物、少儿读物和青年读物。

教育读物为广东人民出版社的基础产品之一。1980年成立教育编辑室。由于社会效益与经济效益明显，次年就向上级提出成立专业性的教育出版社申请。1983年1月创办《中学生之友》丛刊（后成立专门编辑室办刊，广东教育出版社成立后由其主管主办）。1985年成立广东教育出版社（副牌社）。出版了大量中小学生课外读物，比较重要的有北京大学中文系编的《小学生字典》，中山大学中文系编的《汉语谚语小辞典》，王屏山、李锡槐编著《中学德育纲要》，丁有宽著《中学语文读写结合法》，何九盈、李学敏编著《中学文言知识手册》，等等。

少儿读物编辑室是广东人民出版社改革开放之初的五大编辑室之一（少儿、美术、文艺、文史和政治理论）。编辑出版《广东儿童》杂志和《少年探索者》《希望》丛刊。1985年成立新世纪出版社后，《希望》杂志由其主管主办。少儿读物方面，出版的重要图书有《快乐的幼儿园丛书》（与浙江人民出版社合作）、《幼儿文明礼貌丛书（彩色小画册）》、《幼儿益智丛书》、《新编绘图古诗词读本》（3册）、《广东儿童文学获奖作品选》《中国一百帝王图》《中国一百后妃图》等。

20世纪80年代，城市青年求知欲强烈，各种思想思潮泛起，加之大学生群体迅速扩大，青年读物成为图书市场上很受欢迎的品种。这一时期，广东人民出版社编辑出版了大量青年读物，比较重要的有：《当代大学生丛书》（由北京、上海、天津、广东的人民出版社共同组稿，分别推出）、《青年思想修养丛书》、《人与创造丛书》（岑桑主编）、《开拓者丛书》等。其中，《在人生的斜坡上》（杨越主编）被全国总工会列为向全国职工读书、自学活动推荐书目；《幸福家庭的奥秘》获全国首届（1986年）优秀青年读物一等奖。

四、对外合作出版开全国先河

如前所述,广东提出"立足本省,面向全国,兼顾海外",作为改革开放后的新的出版方针,取代原来束缚地方出版的"三化"方针。"兼顾海外",是广东作为改革开放前沿阵地,根据自身特点提出的有别于内地的新政策。罗宗海在全国地方出版工作会议上有这样的总结:"广东地处祖国南大门,毗邻港澳,兴办特区,又是华侨最多的省份,内外交往频繁。从历史、地理状况和广东的政治、经济、文化发展的特点出发,我们提出我省出版工作不仅要'立足本地,面向全国',还应'兼顾海外'。'兼顾海外'是'立足本地,面向全国'的方针在我省贯彻执行的必要补充。"①

1979年10月,中共广东省委宣传部批复同意广东人民出版社以"朝花出版社"和"岭南书画社"名义出版和组织适合外销的书画出口,开启了广东省出版界"兼顾海外"之路。1980年5月,经国务院批准,国家出版局下发文件,出版社可以开展对外合作出版业务。当年10月,经广东省政府批准,广东省出版进出口公司成立,成为全国首家地方出版进出口公司。其经营范围为"办理同港澳和国外出版商社合作出版图书和印刷设备器材进出口,印刷品来料加工、补偿贸易,代销港澳和进口国外图书等"。同年12月,省出版进出口公司加挂中国出版对外贸易总公司广东分公司牌子。省出版进出口公司对内是广东省出版事业管理局的一个处室(对外经济工作办公室),对外是做出版进出口业务的公司。这是改革开放初期政府主导经济活动的常见做法。这样,省出版进出口公司就成为省出版局实施"兼顾海外"政策的重要抓手。

历史上,粤港澳往来密切,加上国家鼓励创汇的政策导向,书刊出口遂成为广东省出版局对外经济工作和省出版进出口公司开拓业务的一个重点。进出口公司以邮购、批销、代销等多种形式出口粤版书刊,年出口书刊品种逐渐由开始时不到100种,增加至500多种,1981—1985年累计出口书刊近2000种,50多万册。各年情况详见下表。

---

① 罗宗海:《在全国地方出版工作会议上的发言》(会议材料),1984年6月,第6页。

1980—1985年广东省图书出口情况[①]

年份	种数（种）	册数（册）	出口码洋（元）
1980	57	37900	26400
1981	189	139686	91126
1982	362	116977	79704
1983	562	137448	122747
1984	587	136389	127850
1985	2375	161801	234672

书刊类别有武术、保健、中医中药、语言工具书、明信片、年画、挂历，也有学术著作等专业书籍。销售5000册以上的有《汉英分类插图词典》、《图解汉英日常用词典》、《饮食疗法》系列、《罗坤点心选》、《气功三百问》、《霍元甲》（连环画）等。多卷本的《沈从文文集》和《郁达夫文集》销售达2000套以上，科技社的期刊《实用知识》每期出口1000册。省外文书店年外销《广州风光》明信片3万套以上。1983年，广东人民出版社与广东省出版进出口公司、广州古籍书店合作（共同投资，共同拓展销售渠道）复制《点石斋画报》（5集44册，布套函装），一开始就瞄准海外市场，海外销售成为主要收入来源。书刊出口地区除港澳台外，还有东南亚及北美等地。

另一个重点是对外合作出版。

广东人民出版社与三联书店香港分店（现名香港三联书店）合作出版的《汉英分类插图词典》（1981年版），成为全省第一本以合作出版方式出版的图书。一批港澳和海外华人作者的研究成果成为对外合作出版的重点。如广东人民出版社引进的加拿大籍华裔知名学者叶嘉莹《王国维及其文学批评》《中国古典诗歌评论集》，是她最早在中国大陆出版的两本著作；香港武侠小说作家梁羽生著《萍踪侠影》（内部发行），是中国内地最早出版的新派（港台）武侠小说。花城出版社1981年与三联书店香港分店合作出版的《沈从文文集》《郁达夫文集》打破了文学界的某种禁忌，是内地改革开放后首次集中推出沈从文、郁达夫的作品。到1985年，省出版局所属4家出版社共开展合作出版项目71种，其中人民社12种，科技社24种，花城社31种，岭南社4种。以上数据未包括租型港版而在内地印刷发行的图书。合作对象以香港的出版社为主，包括三联书店香港分店、香港商

[①] 参见广东省地方志编纂委员会：《广东省志·出版志》，广东人民出版社，1997年，第330页。

务印书馆、香港中华书局、南粤出版社、上海书局、书谱出版社、龙珠图书出版有限公司、港青出版社等；另外还有泰国的南美有限公司、新加坡的智力出版社等。① 需要指出的是，一些合作出版的图书，在版权页和图书封面上，同时标出香港和内地出版机构的名称。

对外合作出版的方式，有合作编辑、合作印制，也有对外租型出版及互相转让版权。试分述之。

（一）合作编辑、合作印制

这是一种在编辑力量上更多依赖内地出版社，而在印刷上更多依赖香港的先进制版技术、内地低廉的印刷工价的互惠合作模式，有利于发挥各自优势，提高印刷质量，加快出书进度。例如篇幅浩大的《沈从文文集》（12卷）和《郁达夫文集》（12卷），以及印刷质量要求较高的《实用皮肤病彩色图谱》（英文版）、《中草药真伪识别图谱》、《罗坤点心选》等。采取港方制版、内地印刷的图书，如版权属于港方，则结算时港方以外销图书抵偿制版费用，内地支付印刷费用，内地销售收入双方分享；如版权属于内地，港方支付制版费用并获得外销图书收入，内地支付印刷费用并获得内地销售收入。这样灵活处理可以节省极为紧缺的外汇（当时用汇审批手续很烦琐）。

（二）相互供稿或供型（租型出版）

过去租型出版主要针对人教版教材及中央文献。改革开放初期由于中国未加入国际版权公约，无论引进还是输出图书，多采用租型出版形式。供稿或供型方向对方收取资料费（或版税）。如人民社就曾一次性从香港三联、商务印书馆和中华书局租型《中国历代诗人选集》《中国古典诗歌评论集》等20种古典文学书籍在内地出版发行；科技社则一次性将《气功三百问》《广东菜》等生活类实用图书20余种租型给香港港青出版社。

（三）转让外文版权

由于中国未加入国际版权公约，转让外文版权一般通过香港的出版社作为代理。如人民社就通过港三联将《白雪公主》等9种儿童读物的英文版权转让给新加坡智力出版社。

---

① 广东省出版总社：《对外合作出版工作情况小结》（内部材料），1985年5月22日，第1—2页。

对外合作出版也扩展到丛刊、期刊领域。《美与生活》初创时期"就曾与香港大道文化公司合作出版"。[①]1984年7月,省委宣传部批准同意广东人民出版社与香港书谱出版社合作出版《书谱》杂志(双月刊,梁披云主编、督印),在内地公开发行。在海外(境外)作者的作品一般只能"内部发行"情况下,一本香港杂志可以在内地公开发行,显然是一个大胆创举。

此外,20世纪80年代初期出版的丛刊、期刊,大多开有港澳栏目。如《随笔》丛刊,第二集开始出现香港作者(汪岐《十日游》),第三集起连载香港知名作家曾敏之的《望云楼随笔》。后来专辟"港澳随笔"栏目,经常供稿的港澳作者有:曾敏之、张君默、刘锦庆、彦火、谷旭、谢雨凝、夏易、林真、杜渐、濠上叟(澳门)、梅萼华(澳门)等。《希望》创刊号在"阅读与欣赏"推介香港小说《黑裙》和《寒夜的微笑》。

1985年12月,中国出版工作者协会与香港三联书店联合在香港举办"中国书展"。这是中华人民共和国成立以来首次在境外举办图书展览,标志着改革开放后中国图书开始走向世界。广东出版界由于与港三联的密切关系,以及多年对外合作出版的经验,成为这次书展的绝对主力。广东省出版局组织了庞大的代表团,参展图书品种达611种,参展人数和参展品种均为各省市自治区之首。

广东省出版界开展书刊出口和对外合作出版引起了省对外宣传部门的注意,省出版局专门上报《搞活出版事业,扩大对外宣传》的材料,介绍相关做法。[②]其做法对广东的改革开放(对外开放,对内搞活)和中国出版事业发展,都有先行一步的示范意义。它们既是改革开放后中国对外合作出版的先声,也是中华文化"走出去"的早期探索,理应在中国出版史、改革开放史占有一席之地。

对于出版社而言,对外合作出版产生了直接的明显效果。首先是极大拓展了作者队伍和选题范围。当内地一些地区还在为"面向全国"犯难时,广东出版界已将作者范围扩大到了境外及海外作者,花城出版社的《海外文丛》(18种)、岭南美术出版社的《海外华人画家画丛》均为与香港出版社的合作成果。一些选题是内地不敢做的,如沈从文、郁达夫的书;一些选题是内地想做而一时很难做出来的,如《中国鸟类画册》;一些选题是内地出版社极少涉足的,如英文版的《实

---

① 司徒汉平:《有一种精神,叫——开拓、进取》,载《岭海书香:广东人民出版社60年发展历程》,广东人民出版社,2011年,第276页。

② 广东省档案馆藏档案,卷宗号:379-A1.7-1-8。

用皮肤病彩色图谱》；等等。其次是经受了市场经济的锻炼。香港出版社与广东出版界合作，一切从市场出发，处处精打细算，遵循互惠互利、按约办事的商业伦理和市场准则。所有合作项目都取得较好的经济效益。最后，培养了编辑队伍。花城出版社成立之初就设立了对外合作编辑室，与香港的出版社合作成为重要的选题来源。广东人民出版社与港三联合作出版了一批古典文学图书，使出版社在花城社分出去之后依然保持了一定的文学图书市场份额，在这一领域的深耕，具有明显的市场识别度。广东科技出版社与香港万里书店在实用生活类图书方面广泛合作，极大提高了编辑的选题策划能力。

五、余　论

改革开放后地方出版迅速崛起，是中华人民共和国出版史的重要现象。作为改革开放前沿阵地的广东，扮演了先行者的角色。地方出版何以崛起？从广东的实践看，显然是一系列因素综合作用的结果。除了本文前面论及的各个具体因素之外，至少还有以下两个因素。

首先，中华人民共和国地方出版的布局和发展为改革开放后的崛起奠定了基础。对于广东而言，1971 年之后杨奇、黄文俞两个老报人连续执掌广东人民出版社，连续参与全国性的重大出版项目，更是为此后的大发展积聚了势能。① 改革开放后，一度离开人民社的黄文俞再度回到新组建的广东省出版事业管理局，以一把手的身份（党组书记、局长）主持省出版局的工作，这使得广东出版事业的发展，较少受到政治局势巨大动荡所造成的断裂，而是保持了一定的连续性。

其次，黄文俞主导下的广东省出版工作，呈现出鲜明的改革开放先行一步特色。1980 年 4 月，中央宣传部转发国家出版局《出版社工作暂行条例》，规定：出版社实行党委领导下的社长、总编辑分工负责制。仅仅过了一个多月时间，省出版局所属的广东人民出版社和广东科技出版社就成立党委，实行党委领导下的社长、总编辑分工负责制。1982 年 8 月，国家出版局发出《关于图书发行体制改革工作的通知》，发行体制实行"一主三多一少"（即建立以新华书店为主体，多种经营成分、多条流通渠道、多种购销形式、少流转环节的图书发行体制），从而打

---

① 参见金炳亮：《新中国的地方出版：以广东为中心的研究（1950—1978）》，载《华中学术》（集刊），2021 年第 3 期，华中师范大学出版社，2021 年。

破了新华书店单一发行渠道垄断经营的局面。省出版局所属4家出版社闻风而动，与省新华书店制订《寄销本版图书试行办法》，试行寄销制，改变原来出版社只管生产、新华书店只管销售的完全计划经济做法，双方共担风险、共享收益。同时，各出版社成立发行科，自办发行从此起步。其中朱迅领导的花城出版社发行科在两三年内成为全国文艺出版社系统的先进典型。1983年，广东省编制领导小组办公室发出通知，确定出版社为企业单位，在全国率先开启了"去事业化"的改革。1984年6月，全国地方出版工作会议在哈尔滨召开。会上提出要适当扩大出版社自主权，推动出版社逐渐由单纯的生产型向生产经营型转变。同年，广东省出版总社进行干部人事制度改革，省出版局只管处级干部（出版社领导班子成员），出版社内部机构设置及人事任免不必再上报批准；以此为背景，局属出版社开始试行编辑人员岗位责任制。

广东先行一步的出版改革，或许并非孤例。20世纪80年代初任国家出版局局长、党组书记的宋木文在地方科技出版社年会上的讲话中就说："地方出版社的改革比中央出版社的改革步子迈得快些，劲头足，闯劲大，条条框框少。……许多改革的经验可能来自地方出版社，在科技出版方面可能来自地方科技出版社。"[①] 这与中央有关部门的工作思路"首先推动地方出版社的改革，进而推动整个出版行业的改革"是一致的。[②]

（原载《中国出版史研究》2022年第1期，中华书局2022年1月。中国人民大学复印报刊资料《出版业》2022年第5期全文转载）

[①] 《宋木文出版文集》，中国书籍出版社，1996年，第199页。
[②] 《宋木文出版文集》，中国书籍出版社，1996年，第87页。

早期《随笔》（1979—1983）若干问题的历史考察

2019年是《随笔》创刊40周年。《随笔》一如既往地低调。40年来，中国期刊有过20世纪80年代的集体爆发，有过90年代的迷茫与困顿。进入21世纪，在互联网和新媒体的轮番冲击下，期刊生存愈发困难，许多刊物停了，也有许多刊物不断改版改刊名改宗旨，改到全然没有了原来的踪影。《随笔》是为数不多能够坚持办刊宗旨、坚守内容品格而维持经营的杂志之一。对于一本以思想见长的杂志，对于一家需要经济效益支撑的地方文艺出版社，这是非常不容易的。对早期《随笔》进行出版史层面的历史考察，无疑具有出版史，乃至思想史、文化史上的意义。

一、草莽时代的野蛮生长

《随笔》创刊于1979年6月。当时正是党的十一届三中全会召开之后，全国掀起"解放思想，实事求是"的热潮。《随笔》的创刊背景是："在社会意识形态沸腾下，都有过杂志创刊如雨后春笋的史实。'文革'收摊儿，国家拨乱反正，平反冤、假、错案，实行改革开放，社会意识形态的极其沸腾中，我们难道不能也参照历史的经验？于是我想到了创刊杂志。"[①]文艺界在"文革"中受压抑严重，出版社是知识分子集中的地方，思想需要找到出口。出版社纷纷创办文学刊物。1979—1980年，仅全国各地人民出版社创办的文学期刊就有：《长江》（湖北人民出版社）、《译林》（江苏人民出版社）、《百花洲》（江西人民出版社）、《春风》（辽宁人民出版社）、《清明》（安徽人民出版社）、《红岩》（四川人民出版社）、《花城》《随笔》（广东人民出版社）、《江南》（浙江人民出版社）、《芙蓉》

---

① 苏晨：《〈随笔〉的降生》，载《随笔》2019年第3期。

（湖南人民出版社）。① 在此基础上，地方文艺出版社纷纷成立，其中一些文艺社的名字直接来自文学期刊的刊名，如辽宁的春风文艺出版社，广东的花城出版社，江西的百花洲文艺出版社，江苏的译林出版社。

这是中华人民共和国成立以来出版社的第一波办刊潮。其所以由地方人民出版社发动，与原来中央对地方人民出版社按"地方化、通俗化、群众化"（简称"三化"）的工作定位有关。按照"三化"要求，地方人民出版社只能出版当地作者的作品，也不能跨区域销售。图书尚且如此，杂志出版除了社会主义改造完成之前个别出版社曾经办过刊物之外，基本是空白。广东人民出版社只在1969年12月至1970年11月办过12期用统一书号出版的丛刊《红小兵》，48开骑马钉装，内容极其简单，主要是毛主席语录和小故事。因此，出版社办刊潮的兴起，可以视为是冲破出版禁锢的第一个浪潮。1979年上海几家出版社共办了《文化与艺术》《青年一代》等12种期刊，广东人民出版社则办了《花城》《随笔》《旅游》《风采》4种期刊。② 1979年12月在长沙召开全国出版工作会议，地方出版方针由"地方化、通俗化、群众化"转变为"立足本地，面向全国"。③ 由于广东地处改革开放前沿，毗邻港澳，省出版事业管理局还加了一条"兼顾海外"。

这波办刊潮也有力推动了地方出版社的发展。黄文俞（1978—1983年任广东省出版事业管理局局长）就说，《花城》创刊"是打开广东出版工作新局面的重要标志"，"按照惯例，地方出版社是不兴办刊物的，广东也不例外。由自己编印的刊物，除《广东儿童》以外，就没有别的了。三中全会举行不久，《花城》面世，而且颇为畅销。随后陆续出版了《随笔》《风采》《旅游》（后来改为《旅伴》），又有美术刊物《画廊》、连环画报《周末》等。两年之间，由各出版社编印的刊物有十几种"。④

《随笔》与《花城》几乎同时酝酿于1979年的早春。《随笔》创刊时间虽然晚于《花城》两个月，但从她的发刊词《繁荣笔记文学——〈随笔〉首集开篇》写于1979年3月16日的情形看，两个刊物酝酿筹备应该是同时进行的。苏晨（时

---

① 李频：《中国期刊史》第四卷（1978—2015），人民出版社，2017年，第33页。
② 李频主编：《共和国期刊60年》，中国大百科全书出版社，2010年，第129页。
③ 方厚枢、魏玉山：《中国出版通史》第9卷（中华人民共和国卷），中国书籍出版社，2008年，第211页。
④ 黄文俞：《我与〈花城〉及其他》，载《花城》1983第1期。

任广东人民出版社副社长、副总编辑）带着文艺编辑室的几位资深编辑，还请了《广州日报》副刊部的赖澜，前往高鹤开会，"用了一周时间，遍读被批判的所谓'伤痕文学'作品后深入讨论，一致决定持支持态度，创刊《花城》杂志。在会上我又谈到打算创刊《随笔》"。①1979年4月，《花城》创刊；6月，《随笔》创刊。在1979年全国各地人民出版社创办文学期刊潮中，其他省仅创办了大型文学期刊，唯有广东人民出版社是一胞二胎，《随笔》与《花城》犹如孪生兄弟，从此在中国出版史、文学史占着一席之地。

像当时绝大多数期刊一样，《随笔》以丛刊名义，用书号出版，后来称之为"以书代刊"。按照1978年10月中宣部《关于改变期刊审批办法的通知》，出版全国性的社科、文艺、体育及工、青、妇等群众教育期刊，全国性的自然科学和医药卫生期刊，由中央和国务院有关部委批准；地方性的期刊，仍报各省、自治区、直辖市党委批准。②很多期刊创刊之初均有所在省、自治区、直辖市名称，如《广东儿童》《广东妇女》《广东青年》，显然是为了规避报中央批准的程序。事实上，新中国成立以来地方出版的定位，省、自治区、直辖市并没有全国性期刊（不包括大学学报）的安排，个别文艺类期刊（一般由省作协主办）、画报（一般由省委党报主办）一般冠以所在省、自治区、直辖市名称，由省、自治区、直辖市党委批准，在当地发行。《随笔》创刊由广东省出版事业管理局批准，版权页署有"广东省期刊（丛刊）登记证第14号"，由广东省新华书店发行。因为是丛刊，封面以阿拉伯数字"1"表示第1集，版权页刊有"第1集"字样，并有出版、印刷、发行等相关信息。1—12集为大32开，标有印数。13—19集改为16开。改大开本的原因跟出版周期、出刊成本有关："出版周期可能缩短，费用可能稍降低。这样，刊物的成本可能低了，售价也就要变动，读者可收实惠。"③15集（1981年4月）起由广东人民出版社转为花城出版社出版。20集起改回大32开本。由于各集篇幅、页数差异，每集的印张数不同，定价也相应不同。现根据版权页信息较全的1—12集，并参考内文目录，将相关情况整理成如下表格。

---

① 苏晨：《〈随笔〉的降生》，载《随笔》2019年第3期。
② 转引自李频：《中国期刊史》第四卷（1978—2015），人民出版社，2017年，第20页。
③ 本刊编辑部《改版的话》，载《随笔》第13集，1980年12月。

《随笔》第 1—12 集出版信息一览表

	出版时间	印张（个）	定价（元）	印数（册）	封面题字	栏目
1	1979 年 6 月	8.25	0.76	48000		1—7 集不设栏目。第 8 集起设栏目，比较固定的栏目主要有：玫瑰园、诗文漫步、观余随谈、人物记、风物记、读书与思考、古诗文欣赏、开放与争鸣、文史荟萃、史缝杂想、笔记文学零谈、窗口（域外）、港澳随笔等。各集都有一些栏目调整，新增栏目有民俗篇、革命回忆录、文物与考古、花开时节、河山春、生物小品、科海拾贝、体坛撷拾、鲁迅与我们、怀念与随想、五湖四海、怀念茅盾、广东今昔、文苑手记、哲坛撷拾、改革的火花、"文革"一角、文坛往来、园丁手记、生活之歌等
2	1979 年 7 月	8.25	0.76	未载		
3	1979 年 10 月	8	0.74	42000		
4	1979 年 12 月	5.875	0.55	52000		
5	1980 年 1 月	6.625	0.62	62000		
6	1980 年 2 月	5.25	0.51	65000		
7	1980 年 4 月	7.125	0.61	65000		
8	1980 年 6 月	6.875	0.59	60000		
9	1980 年 7 月	6.75	0.58	52500	茅盾	
10	1980 年 8 月	6.375	0.55	48000	艾青	
11	1980 年 9 月	6.125	0.54	30000	黄药眠	
12	1980 年 11 月	5.25	0.47	未载	臧克家	

前 4 集出有精装、平装两个版本，但定价不变。据说是因为"外国有订户，你拿着平装不好意思"。① 这个肯定是赔本买卖，所以第 5 集之后就只出一个平装本了。前三期的目录页用的是双色，大约是出于美观的考虑，但考虑到成本，也可能是不协调，第 4 集改回全部单色印刷。封面题字也一直处于变动之中，原来设想过每期请知名作家题写，但做开之后发现难度很大，因此第 13 期之后，固定用茅盾题字。

种种无序，变动不居，说明《随笔》创刊并没有经过周密的筹备，同时也说明编辑部人手非常紧张。开张之时，"《随笔》的编辑人手，目前总加起来未足一丁，全是三两个人在完成既定编辑任务之余，各抽一些时间加码办起来的"。之后由于出版社不断创办新刊，编辑任务超额，这种情况并未有所改观。可以说，早期《随笔》主要是编辑兼职干出来的。

总第 24 期起，封面出现 1983 年第 1 期（1983 年 1 月 22 日出版）的标志，版权页显示，已有正式刊号：本刊代号 46-90；定价 0.50 元；发行由广东省新华书店改为广州市邮局。1983 年第 3 期起，版权页显示，已有国外代号 BM662，国外总发行为中国国际书店（北京 2820 信箱），即现在的中国国际图书贸易总公司

---

① 苏晨：《〈随笔〉的降生》，载《随笔》2019 年第 3 期

（北京399信箱）。在中国实施国际标准刊号（1985年）和国内统一刊号（1988年）之前，本刊代号和国际代号（其实是发行代码），就是正式的刊号，是国内外公开发行的通行证。《随笔》在诞生四年之后，总算拿到了"出生证"，从此由草莽时代步入正规化。

二、《随笔》格调的形成

早期《随笔》虽然在开本、印张、封面题字、栏目设置等方面有着那个时代常见的变动不居，但杂志的格调则在表面的无序之中，开始逐渐成形。

《随笔》的"格"，是"讲真话"；《随笔》的调，是她的文学调性。

新中国成立后的文学大体分为小说、诗歌、散文、评论四大块，这也是当时文学期刊普遍的版块设置。但因为先有了《花城》杂志，《随笔》当然要另辟新径。笔记作为一种文体，是中国文学的传统，《随笔》将刊物定位为"笔记文学"，是想继承发扬这一传统。苏晨提出编刊思路，还有自己一点小小心思，是"注意到一些老作家、老教授、老专家等，在'文革'的可怕环境下也收不住手，往往有偷偷写的若干或系统或零散的'抽屉文学'，我称之随笔的精美短文，我想把它们挖掘出来"。"叫《随笔》是因为这个范围大，叫'笔记'就窄了"。①

创刊号第一篇文章《繁荣笔记文学——〈随笔〉首集开篇》明白宣示了这一意图："《随笔》专收用笔记文学语言写的笔记、札记、随笔之类，上下三千年，纵横八万里，古今中外，五花八门，力求能给读者带来一些健康的知识，有益的启示，欣然的鼓舞。"由于涉及题材十分广泛，作者学科背景庞杂，编辑部在第2集重点强调了《随笔》的文学调性："希望它首先要注意使用文学语言，……须知《随笔》终究是一种文学读物。"②

早期《随笔》一直在探讨"随笔"这一文学体裁，或刊发作家来信笔谈，或开设专栏"笔记文学零谈"各抒己见。第24集刊发了三篇知名作家谈随笔文体的文章：廖沫沙《大题也不妨小做》，唐弢《谈随笔》，黄秋耘《因小即大》。角度虽有不同，却都是作家的经验之谈。

《随笔》内容十分广泛，主旨却是"讲真话"。这既是笔记文学这一文体的

---

① 苏晨：《〈随笔〉的诞生》，载《随笔》2019年第3期。
② 《〈随笔〉的天地——〈随笔〉二集开篇》，载《随笔》第2集，1979年7月。

性情所在,也是深受"文革"假大空之害的作家们反思精神的体现,更是广大读者对《随笔》的一种期待。

早期《随笔》讲真话主要体现在她的包容和开放。《随笔》作者非常广泛,省内作家和知名学者自然是近水楼台,吴有恒、秦牧、商承祚、戴镏龄、王起、杨越、陈炜湛、黄秋耘、杨羽仪、蒋星煜、李育中、金钦俊、刘逸生、许锡挥、冼玉清、陈华新等名字是经常见到的,省外名家经常供稿的则有高晓声、廖沫沙、杨沫、黄药眠、王西彦、白夜、新凤霞、柳嘉、冯亦代、姚雪垠、臧克家、舒展、蓝翎、陈学昭、田间、唐弢、姜德明、钱君匋、徐开垒、端木蕻良、章明、李汝伦、周良沛、曾彦修、韩石山、舒芜、叶君健、赵家璧等。可能是由于初创时期稿源紧张,省内作者比重较大,出版社里能写文章的也多被发动起来,苏晨、黄伟经、李士非、易征、司马玉常(邝雪林)、岑桑、廖晓勉、杨亚基、杨光治等都曾出现在早期《随笔》的作者名单上。正是因为早期奠定的基础,1995年11月《随笔》百期的时候在北京举办庆典,在京的知名作家悉数到场,"是一次中国当代文艺群星的大荟萃"。① 除了刊发压抑许久的老作家们的新作佳作,《随笔》对年轻作者是非常爱护和扶持的。

《随笔》第14集发表遇罗克(1942—1970)的《出身论》,这是这篇广受关注和争议的文章首次全文发表,引起极大反响。

早期《随笔》积极刊发域外和港澳作者文章,显示其开放的胸襟。《随笔》自第二集开始出现香港作者(汪岐《十日游》),第三集起连载香港知名作家曾敏之的《望云楼随笔》。设置专栏后,"港澳随笔"是常设栏目,经常供稿的港澳作者有:曾敏之、张君默、刘锦庆、彦火、谷旭、谢雨凝、夏易、林真、杜渐、濠上叟(澳门)、梅萼华(澳门)等。

早期《随笔》十分注意刊登美术作品,封面封底和封二、封三都是各类美术作品的刊发园地。潘天寿、刘济荣、关山月、李可染、潘鹤、谢稚柳、朱屺瞻、廖冰兄等名家作品都曾出现。一批初出茅庐的广东本土画家杨之光、林墉、方楚雄、陈永锵、王维宝、卢延光、黄树德、洪斯文、苏华、苏家芬、梁鼎英、苏小华、杨小彦、梁培龙、苏家杰、杨白子、陈汉中、张永齐等也在《随笔》发表美术作品,其中许多是当时广东各出版社的美术编辑。1983年《随笔》连续刊发杨之光的"文

---

① 《〈随笔〉三十年精选》,谢日新序,花城出版社,2010年,第4页。

艺群星"画像系列（包括陈学昭、曹靖华、端木蕻良、杨沫、黄药眠、秦牧等，均有名家配诗）。后来这个系列由陈振国等画家接棒，连续刊登至21世纪初期，基本囊括了中国现当代著名作家群体（同时也是《随笔》作者群体）。美术作品与作家随笔融于一体，相映成趣，成为《随笔》一大特色，也作为传统相沿至今。

《随笔》第5集发表种炎写的《漫谈讲真话》一文，除此之外，并没有宣布"讲真话"的办刊宗旨，也未就此展开过讨论。不过，知识界、读书界对《随笔》"讲真话"的共识，大约形成于20世纪80年代，这应该不会有错。

考证《随笔》"讲真话"的历史，必得说到黄文俞。黄文俞在新中国成立初期是《南方日报》总编辑，后负责创办《羊城晚报》，对"文革"时期宣传战线的"假大空"深有体会，也有深刻反思，如他针对"大跃进"时报纸"放卫星"，就有如下反思："版面上搞得火红火绿的'三面红旗'宣传报道，归结到一点就是一个'假'字。过去说它是'浮夸'，明显地是估低了的。"① 改革开放后黄文俞转岗到广东省出版事业管理局，作为广东出版界最高领导，他坚持"对外开放，对内搞活"；对于办刊过程出现的偏差，他勇于自我检查，承担责任，而对捅了娄子的下属却十分包容。主持《花城》《随笔》刊务的苏晨因《花城》发表《不断自问》受到严厉批评（当时定性是"有偏离四项基本原则的政治性错误"），黄文俞对其个人未进行任何处理，只是让其暂时脱离编务，深刻反思。他还反复强调，"要着重积极引导，而不要仅仅是消极把关"。"把关是必要的，但光把关而不出主意，下面出点问题，就搞得很紧张，那就必然使下面束手束脚，这也不敢想，那也不敢做"②。1986年2月16日，黄文俞给《随笔》编辑部写信："依我看来，《随笔》路子正，格调高，言之有物，力求跟上时代的进程。几年间，在内容、形式上虽有过一些变动，然其基调没有变……可说是以其特有的风格自立于文苑，也可算做文艺百花中的一花了吧。"③ 他还在信中这样坦露心迹："我生平只有未说出来的真话，却没有说了出来的假话。讲真话，做实事，是我本分。一瞑以后，言行两亡。届时或有一二知己写点悼念文章，如能把这六个字写上去足矣。"④ "讲真话，做实事"。黄文俞自己这样做人做事，也要求主持《随笔》工作的同志这

---

① 《黄文俞文集》，广东人民出版社，1997年，第245页。
② 《黄文俞文集》，广东人民出版社，1997年，第185页。
③ 《黄文俞文集》，广东人民出版社，1997年，第187页。
④ 《黄文俞文集》，广东人民出版社，1997年，第188—189页。

样做人做事。据曾任《随笔》主编的黄伟经同志说，黄文俞"年年对我们的嘱托都是讲真话"。出版界的另一位老前辈黄秋耘对《随笔》也是这么嘱托的。据谢日新说，"每次拜访他，他的嘱托也是讲真话"。①

也是在20世纪80年代，知识界、读书界产生了"北有《读书》，南有《随笔》"的说法。《读书》比《随笔》早创刊两个月（1979年4月），当时文件显示，"这个刊物名义上是三联书店出的，实际上是（国家）出版局的"。②因为根正苗红，所以一开始就获得了正式刊号。据首任主编陈原（广东新会人）忆述，从筹备开始，他们就这样要求自己："办一个讲真话的杂志。办一个不讲'官话'的杂志。开垦一个破除迷信、破除偶像崇拜，有着'独立之人格'和'自由之思想'的园地。不讲大话、空话、套话、废话，不崇尚豪言壮语，不夸夸其谈，不随风倒，也不凑热闹。"③也就是说，《读书》杂志是从一开始就定下了"讲真话"的办刊宗旨。两本杂志一北一南，几乎同时创刊，出身虽有不同，办刊的人却都崇尚"讲真话"；题材范围各有所异，文字风格却颇为相似。"北有《读书》，南有《随笔》"的说法遂不胫而走。不过，随着20世纪90年代《读书》杂志弃"问题"而扬"主义"，学术品味渐浓，而文字风格也越来越趋向学院派，其与《随笔》已经异向殊途，渐行渐远了。

三、《随笔》的读者情怀

为读者服务，这是党的出版工作的优良传统。然而在新中国成立后的很长一段时间，出版工作主要围绕"为政治服务"。1979年12月底长沙会议（全国出版工作座谈会）明确了出版工作"为人民服务，为社会主义服务"的两为方针。

早期《随笔》极为重视读者，尊重读者，处处为读者所想。创刊号具有发刊词性质的《繁荣笔记文学——〈随笔〉首集开篇》一文对《随笔》读者表现出充分的信心："《随笔》的编者有感于笔记文学的天地是那样的广阔无边，群众基础是那样的文学深厚，因而对办好《随笔》满怀信心。"《随笔》一开始就每期刊登读者来信，并不时在目录之前刊登"开篇短语"，或在最后一页撰写"编后"，这些编余的话，既是编辑的体会感想，也在回应读者心声，读来异常亲切。实际

---

① 《〈随笔〉三十年精选》，谢日新序，花城出版社，2010年，第3页。
② 转引自李频：《中国期刊史》第四卷（1978—2015），人民出版社，2017年，第116页。
③ 转引自李频：《中国期刊史》第四卷（1978—2015），人民出版社，2017年，第120页。

上是编辑与作者、读者交流的一个平台。后来又专门设置《编读桥》栏目，与读者互动。第 16 集内文附了一张"征求读者意见表"，列出了一些请求读者答复的问题：你最喜欢哪几篇作品？不喜欢哪几篇作品？哪些栏目比较好？怎样加强它的特色？怎样改进杂志的编排、插图？对发行工作有什么要求？又设计了一张"邮资整付"（出版社付邮资）读者的通讯地址专页，读者只要撕下填好，并粘在信封之上，扔进邮筒就行了，很是替读者着想。第 13 集改为 16 开本之后，"一年多的时间过去了，各方面的反映听了不少：有热情的肯定，有严正的批评，有细致的补遗，有诚恳的驳正，有入微的建议，也有衷心的祝愿……据相当多的读者意见，希望我们'一仍旧贯'，'保持自己的特色'，改回保存翻查和携带都较方便的大三十二开本"①。"许多读者在栏目安排、内容取舍、组稿方向、印刷发行等诸方面提出了很好的意见，我们当择其善者而从之，并且量力而为，逐步做去。"②针对读者要求"《随笔》应该年轻化一点"，编辑部在第 22 集的"编后"回应："我们将从两个方面着手努力改进，一是从刊物的读者对象上，将努力使刊物能为更大范围的读者服务。《随笔》不仅应该是中老年知识分子的朋友，它也应该成为广大有文化素养、勤于思考、勇于探索的青年人的朋友。二是从内容上应更多地体现时代脉搏的跳动，文笔情调要不拘一格，不千篇一律，不板着面孔，努力达到生动活泼，清丽隽永，经久弥新。"

《随笔》的几任主编曾在不同场合谈过，《随笔》风格的形成，读者有很大的推动。"读者朋友把《随笔》当成自家的刊物。觉得哪篇文章敢说真话，就来信致谢；觉得哪篇文章质量欠佳，就来信批评。与其说编辑部在编这刊物，不如说是读者假我们之手在编。"③秦颖（曾任《随笔》主编）将编辑部形容为"音响"："一台好的音响是在听音乐时，感觉不到它的存在"；"杂志只是作者和读者见面的平台"，主编和编辑们是隐身的。④

与《花城》等大型文学期刊动辄发行数十万册，一旦刊发的小说引起轰动，杂志脱销，还要加印的盛况相比，《随笔》一直低调潜行，发行量大约五六万册；20 世纪 90 年代文学大潮退去，文学期刊发行量不断走低，部分甚至关门大吉，但《随

---

① 《〈随笔〉19 集"编后"》，载《随笔》第 19 集，1982 年 2 月。
② 《〈随笔〉19 集"编后"》，载《随笔》第 19 集，1982 年 2 月。
③ 《〈随笔〉三十年精选》，谢日新序，花城出版社，2010 年，第 4 页。
④ 《〈随笔〉双年选（2005—2006）》，秦颖序，花城出版社，2007 年，第 1 页。

笔》仍能维持三四万册的发行量，显示《随笔》读者群是相当稳定的。这也印证了黄文俞早年的判断："《随笔》销路不广，但很稳定，这说明它拥有特定的读者群。"①

那么，这个"特定的读者群"是哪些读者呢？2005年初，《随笔》杂志编辑部做过一次读者问卷调查，在读者职业构成中，人文社科研究人员、律师、公务员、编辑记者等占49.2%，自然科学、工农兵商及金融界人士等占32.2%，大、中学教师占17.2%。②《随笔》"讲真话"的品格及其文学调性，与这样的读者群体，在气质上高度契合，或许这正是杂志发行量一直比较稳定的原因。

早期《随笔》这样的发行量，如果仅从经济效益上考量，是不符合投入产出的。20世纪80年代初期出版社一般图书起印数三五万是很平常的，很多图书开印就是十数万。但出版社必须考虑经济效益，事实上一下子创办那么多刊物，搞活经营和经济创收是重要原因。正因为这样，很多杂志也因为发行量上不去而停刊。80年代花城出版社期刊群体中，除《花城》《随笔》之外，尚有《旅伴》《译丛》《时代的报告》《影视世界》《历史文学》《海韵》等，这些刊物在经历了不长时间后又逐渐消失，其中一个原因就是并没有创造达到出版社期待的经济效益。可是对于《随笔》，无论困难再大，出版社领导和历任主编却从未动摇。80年代中期，黄文俞就坚定地说过："《随笔》亏本，值得。……有些权威刊物，也不惜降低格调，欲广招徕，可是实行起来，未能如愿。这因为东摇西摆、非驴非马的东西，人家是不会欢迎的。结果是新读者招引不进来，老读者则怀着惋惜心情逐渐散掉。这样一来，刊物跌势不停，亏损依旧。说实在，这样办的刊物，亏了本，我以为不值得。"③

黄文俞这么说，从出版社经营的角度包括了两个层面的意思：一个是精神层面的，《随笔》有稳定的读者群，在社会上有影响力，这样的刊物，仅从经济效益出发去考虑，显然是不够的。当时社办期刊亏损最厉害的是《画廊》，一年办四期，亏损10万元，然而黄文俞却说："只要这份美术刊物能够代表广东的水平，反映出广东美术工作的新的成果、新的探索、新的动向，因而对广东美术界有所

---

① 《黄文俞文集》，广东人民出版社1997年，第187页。
② 《〈随笔〉双年选（2005—2006）》，秦颖序，第1页，花城出版社，2007年。
③ 《黄文俞文集》，广东人民出版社，1997年，第188页。

贡献，对全国美术界有点裨益，即使每年亏钱 10 万，也是值得的。"①《随笔》也是如此。另一个是物质层面的，《随笔》为出版社聚集了一批优秀作者，这是出版社最重要的财富；《随笔》发行量虽然不大，难以实现像《花城》杂志这样"以刊养书"的目的，可是却有"书刊互动"的功效。这方面，早期《随笔》比之《花城》犹胜一筹，仅从杂志刊登的出书预告中，《〈随笔〉丛书》就有如下图书出版：

  姜德明：《书叶集》
  黄药眠：《面向着生活的海洋》
  蒋星煜：《以戏代药》
  赵仲邑：《蜗庐漫笔》
  杨泓：《地下星空（考古随笔）》
  陈学昭：《浮沉杂忆》《难忘的岁月》
  王西彦：《书和生活》
  袁鹰：《留春集》
  蓝翎：《断续集》
  谢雨凝：《雨凝集》
  陈榕甫：《诗词漫话》
  张学忠编著：《古代笔记小品选读》
  夏易：《港岛驰笔》
  司马玉常：《秋水新编》
  黄裳：《花步集》
  陈从周：《书带集》《端木蕻良散文新作》
  邓进深选注：《历代名人日记选》
  陆文夫：《小说门外谈》
  白夜：《侧影》
  董楚青：《忆我的爸爸董必武》
  张学忠选注：《郁离子》

---

① 《黄文俞文集》，广东人民出版社，1997 年，第 188 页。

完全可以说，《随笔》杂志为初创时期的花城出版社开辟了一个广阔的出书领域。

心中有读者，始终对读者负责，或许是出版社和编辑部40年来坚守的一大动因。

余话：祝《随笔》长寿

为写这篇文章，笔者跑了出版社资料室和图书馆，希望能够看到早期《随笔》的全貌。广东人民出版社资料室存有创刊以来的前12集，花城出版社资料室仅存零散的几本，广东省立中山图书馆特藏室存有按年装订的《随笔》合订本，但缺了第20集。仅仅过了40年，一本中国名刊的归宿就已如此凄凉！今后研究者要寻访，怕只能向《随笔》的忠实读者征集，或者去海外图书馆了。

在技术的迭代冲击之下，期刊关停在加速。适逢出版社主要领导调整、主编更换等原因，《随笔》的未来走向颇引人关注。1982年迎春之际，一位可爱的哈尔滨读者写信给《随笔》编辑部："愿编辑们长寿，多编选好文章。"[①]1995年，《随笔》出满100期，著名报人许实（微音）专门撰文《〈随笔〉，愿你长命百岁！》。这也是我的祝愿。

[原载中华书局《中国出版史研究》（季刊），2020年第2期]

---

① 《〈随笔〉19集"编后"》，载《随笔》第19集，1982年2月。

粤港澳近现代出版史人物专论

梁发与中国近代出版业

1931年，在基督教中国化运动高涨之时，上海广学会出版新西兰传教士麦沾恩（George Hunter McNeur, 1874—1953）撰著、胡簪云翻译的《中华最早的布道者梁发》（Liang A-fa: China's First Preacher, 1789—1855），引起广泛关注。此时距梁发去世将近八十年。梁发"失传"，是因为在他生活的年代，作为一个异教徒，他不可能入正史；而作为一个并非中国主流文化的边缘人物，文人们也没有兴趣记录。事实上，麦沾恩研究梁发，主要引用西方文献，间或一些藏于西方图书馆的梁发中文著作。

梁发是首位华人牧师，基督教新教传入中国的重要人物，也是中文出版的先驱，在诸多方面对中国近代史具有深远影响。

一、首位华人牧师

梁发（1789—1855），字济南，号澄江。又号学善，别署学善居士。英文名A-fa，中文写作"阿发"，或"亚发"，应该是粤人对男性的俗称。梁发是清代广东省肇庆府高明县三洲司罗俊乡西梁村人。因家贫，11岁才入读私塾，15岁辍学到广州打短工，先做制笔，后学做雕版。1810年起入十三行学习印刷技术。后被英国传教士马礼逊（Robert Morrison, 1782—1834）、米怜（William Milne, 1775—1822）雇佣，刻印传教册子。因经常听其宣讲教义，皈依基督教。1816年11月3日在马六甲（今属马来西亚）由米怜为其施洗，是继蔡亚高（Tsae A-Ko, 1786—1818，1814年7月16日由马礼逊施洗）之后，中国第二位基督教徒。鸦片战争之前，在清政府厉行禁教和澳门天主教势力的双重挤压之下，西方传教士在华传教极为艰难，追随其后的仅限于极少数为其雇佣的仆役和工匠。据梁发发往伦敦会的信中报告，截至1834年，也就是西方传教士入华后历经二十余年，广州也仅有12名基督教徒。

马礼逊 1807 年到广州，是第一位来华的基督教传教士，以英国东印度公司中文译员的合法身份在华活动。米怜 1813 年到澳门，因无合法身份，主要在南洋一带活动，常年居住马六甲。两人均由英国伦敦会派遣来华。根据清政府规定，外国人除非是有贸易关系，可以住在广州十三行区域，否则不能在华活动。

梁发在广州打工不久就遇上马礼逊，再结识米怜，显然是一种机缘巧合。梁发原来崇信佛教，经常念经，既为赎罪，亦求来生"必往西天极乐之世界"。不过在与马礼逊（梁发尊称其为"老先生"）、米怜（梁发尊称其为"先生"）接触之后，对佛教开始半信半疑。

当时西方传教士常住澳门，偶去广州，也是小心翼翼。梁发 1813 年与米怜认识，1815 年 4 月 17 日随米怜去马六甲，次年即皈依基督教，在西方传教士在华传教布道异常艰难的情况下，显然是一个了不起的成绩。

梁发在马六甲待了四年多，1819 年返回家乡高明，娶黎氏为妻。在梁发的劝化之下，1821 年黎氏成为中国第一个基督教女教徒。1823 年 10 月，马礼逊为梁发年仅三岁的长子梁进德施洗。一个月后，马礼逊要回英国，因此前一年米怜去世，为免伦敦会传教士在华留下空白，遂指定梁发为伦敦会的平信徒传道人（Lay evangelist）。梁发成为中国境内首位华人牧师。"自此以后，以至于死，他的薪水由伦敦会支发。" 1826 年，马礼逊回到中国，梁发为其助手，直至 1834 年马礼逊在广州去世。

梁发在中国传教极其艰难。在清廷的严密监控下，数次避祸于澳门，避居马六甲的时间则长达 11 年（第一次 1815—1820 年，其间两次短期回乡；第二次 1820—1823 年；第三次 1835—1839 年，其间一次短期回国）。

梁发传教大多从散发或赠送传教册子开始。西方传教士为大量印刷传教册子，带来西方印刷机器，雇佣中国人雕版刻印。因为刻印传教册子，梁发与中文出版结缘，成为中国新闻出版史的先驱人物。

二、中文出版的先驱

中国古代四大发明中，与出版相关的造纸术在东汉已经成熟，宋代的活字印刷术则使图书出版可以批量生产。然而由于统治者对知识的垄断，以及手工操作的局限，图书难以大量复制，古代出版始终难以走向大众。造纸术和印刷术经由陆路和海上丝绸之路传到西方。1433 年，德国古腾堡发明机器印刷，在技术的驱动下，图书出版效率极大提高。16—17 世纪，随着殖民扩张，天主教耶稣会士将机器印刷带到东方，但由于"本土化"传教策略，机器印刷未能推广，耶稣会士仍然沿用中国传统雕版印刷刻印书籍。19 世纪初，马礼逊、米怜等西方传教士在华传教，需要借助各种宗教册子；在华外国人之间的沟通，其与母国的联系，亦需借助于报刊。这就是以活字排版和机器印刷为标志的中国近代出版产生的时代背景。

很难想象，只念过几年私塾就辍学外出打工的梁发在宗教信仰的激励之下，不顾安危，冒着生命危险，刻印马礼逊翻译的中文《使徒行传》和《圣经》各个部分。与此同时，梁发也尝试撰著中文传教书籍。

1815 年，梁发跟随米怜至马六甲，成为后者刻印传道书和传教活动最重要的华人助手，并参与创办《察世俗每月统记传》（*Chinese Monthly Magazine*，1815—1821）的编辑出版工作。这是历史上第一份中文期刊，主要内容为阐释教义，也刊登一些科学知识。因当时尚无中文活字，梁发统管该刊木刻印刷事宜。1819 年，梁发撰著 37 页小册子《救世录撮要略解》，在广州刊印 200 册，散发亲友，宣传教义。这是他撰著的第一本传道书。因被人告发，拘到官府打了 30 大板，并罚银 70 两，书、版俱毁。后经马礼逊救出，避往澳门。1826 年梁发撰著《希伯来书注释》和《救世真诠》。1828 年，撰著《熟学圣理略论》（现藏英国牛津大学德利图书馆），详述其皈依、受洗经过和传教经历，这是梁发最早的自传。1829 年撰著《真道问答浅解》（现藏英国牛津大学德利图书馆），以问答形式介绍上帝、基督、罪、十诫等教义，并有祈祷词等。期间每逢广东省县试或府试时，则潜回广州，赶往考棚，散发宣教小册子。1830 年，撰著《日记言行》，记述了他和新近皈依的屈昂往返省城、高州等地考场、街墟店铺散发宣教小册子并沿途向各色人等宣教的事迹，其中提到自己撰写了《真道寻源》《灵魂篇》《异端论》3 本宣教小册子，是否付印刊行则未知，从内容判断，可能是其后出版的《劝世良言》的一部分。1832 年，撰著 3 卷本《圣书日课初学便用》，是译自英国国内外学校协会的圣经课本。1833 年在澳门出版《祈祷文赞神诗》，介绍英国教会的晨间仪式。这本传教册子由梁发翻译祷告词，其他人翻译赞美诗。

梁发最为世人所熟知的是 1832 年首次在广州刊行的《劝世良言》（英文书名为 *Good Words Exhorting The Age*），现藏美国哈佛—燕京图书馆。该书共九卷，实为九个小册子（《真传救世文》《崇真辟邪论》《论真经圣理》《圣经杂解》

《圣经杂论》《熟学真理论》《安危祸福篇》《真经格言》《古经辑要》）合刊，也可以视为是上述各种传教册子的集大成之作。因为经过马礼逊订正，在教义的阐释上显然更为权威。

梁发"知真经圣理之旨，将其意义，编辑小书，分送劝诫世上之人，不可拜人手随意所作弄神佛菩萨之像"。他撰著和刊行上述宗教册子，目的在于传教。但在朝野官民都视其为"邪教之书，异端之道理"的氛围下，其困难可想而知。这又进一步促使梁发以最具"中国特色"的观念、语言和传播手段撰著教义册子，刊刻散布。

梁发避居的澳门和马六甲，正是中国近现代出版的两个最重要的源头。1814 年 9 月成立的澳门东印度公司印刷所（英文名称为 The Honorable East India Company's Press），是中国最早使用铅合金活字排版、机器印刷的出版机构。早期使用铅活字为英国传教士马施曼（Joshua Marshman）在澳门创制。为印制马礼逊的巨著《华英字典》（A Dictionary of the Chinese Language），彼特·汤姆斯带领中国刻工刻制铅合金活字约十万枚，用雕版浇铅版后割开制成，是中国最早的一副中文铅字。1818 年，马礼逊、米怜等传教士在马六甲创建英华书院（Anglo-Chinese College，1843 年迁往香港），两年之后附设印刷所，米怜担任首任院长直至 1822 年去世。梁发与澳门东印度公司是否有关联待考，但其与马礼逊、米怜的关系则非同寻常。他们既是梁发的雇主，后者为他们雕刻中文活字，刊行和散发各种宗教册子，这些册子成为最早用现代印刷技术出版的中文书籍；他们也是梁发的老师，其中文著作引导梁发信仰基督教。1823 年英华书院印刷所出版马礼逊和米怜翻译的圣经中文版《神天圣书》（俗称马本圣经），更是成为梁发日夕研读的随身宝书。梁发阐释基督教新教主要依据马本圣经。梁发随米怜到马六甲之后，一方面在英华书院学习，另一方面在附设印刷所张罗印刷刊行中文书籍事宜，是米怜编辑出版《察世俗每月统纪传》的最得力的助手。米怜阐释教义的十余种中文册子对梁发影响至为深远。

1834 年 8 月，梁发因刻印传道书事发被广州官府抓捕，经美国传教士裨治文（Elijah Coleman Bridgman）等化钱救出，经伶仃洋逃往新加坡，协助美国传教士特雷西（Ira Tracy）印刷传道书。

基督教在华传教活动深刻影响了近现代中西文化交流，而在新闻出版、医疗卫生，以及科技、教育等领域，均属于开创性的。很难想象，如果没有华人的参与，这些影响何以发生？可是因为异教徒的身份，在很长一段时间，他们难以进入官方文献和士人记载，而淹没于茫茫的历史河流。仅从新闻出版而言，华人参与早期中文报刊书籍印刷出版的，除了梁发、梁进德父子之外，还有：①屈亚熙、屈昂（英文名 Kew A-Gong）父子，屈昂，也就是梁发在《日记言行》中一路伴随他散发传教册子的同伴；②蔡兴、蔡高（1786—1818，英文名 Tsae A-Ko，中国第一个基督教徒）兄弟；③何亚新（Ho Ah Sun，香港首位华人议员何启的祖父）等。1807 年起，他们先后在广州、澳门、马六甲和香港等地，或为马礼逊、米怜、裨治文等传教士雇佣，或供职于印刷出版机构，如澳门东印度公司印刷所、英华书院印刷所等，从事木刻雕版、铸造活字和机器印刷工作。这些人都同时具有基督教徒和活字刻工的双重身份。由于清政府厉行禁教政策，同时严禁中国人为外国人刻印图书，梁发、屈亚熙都曾被广州官府抓捕，再经传教士救出。传教士在发往母国的信函中满怀敬意地称赞他们是"有独创性的活字刻字工"。

三、梁发怎样影响了洪秀全

省城广州的考场，是梁发散发传教小册子的一个主要地方。据史家考证，1833 年秋季，洪秀全前往省城参加科考（癸巳童试），得到《劝世良言》，秀才落第，加上梁发著作的启发，成为他创立拜上帝会的初始动因。

关于洪秀全与《劝世良言》，以及基督教与太平天国的关系，学界已有诸多研究。"太平"一词，在《劝世良言》中出现过两次，而"天国"一词，则出现了三次。梁发对天国的描绘："贫者守分而心常安，富者慕善义，心亦常乐，上不违逆神天上帝之旨，下不干犯王章法度，不独贪慕世乐之欢，不空费光阴之宝，君政臣忠，父慈子孝，官清民乐，永享太平之福，将见夜不闭户，道不拾遗的清平好世界矣。"与洪秀全在《原道醒世训》中描绘的"异梦"世界："遐想唐、虞、三代之世，天下有无相恤，患难相救，门不闭户，道不拾遗，男女别涂，举选尚德。"如出一辙。

梁发描绘的"天国"，也就是"神之国"，与洪秀全在南京所立"天父天兄天王太平天国"，显然系出同源。太平天国不过是"神之国"的衍称，其政教合一、教统天下的体制，也不过是"神之国"在地上的投射。

而据周伟驰的研究，《劝世良言》对洪秀全的影响，核心是末世论和千禧年主义。据洪秀全胞弟洪仁玕口述，当初他们读到"创世历代圣经第六、七章全旨论洪水剿灭世界上之人物"之时，极为震动。《劝世良言》中，以善恶总报应总清算来敦促各人信教是其主线；而洪秀全创立太平天国，以天父下凡、天王受命拯救中国，比附末日基督复临。梁发的新教观念——要么世界之人归于上帝之国，要么归于魔鬼撒旦；则直接促成洪秀全视清为妖，以降妖伏魔、斩邪留正为己任的造反理论。

　　清廷在镇压太平天国之后，对与其关系密切的基督教恨屋及乌，《劝世良言》等教义册子几乎全部被收缴焚毁，梁发从此归于寂灭，直到新西兰人麦沾恩在将近一百年之后"重新发现"。现存梁发刊行的中文著作几乎都在海外。《劝世良言》重回中国人视野，则要晚至 1965 年美国印第安纳大学华裔学者邓嗣禹对哈佛—燕京图书馆藏 1832 年广州版《劝世良言》所做的研究：《〈劝世良言〉与太平天国革命之关系》（台湾学生书局版）。中国大陆直到 1979 年才由中华书局根据这一底本出版简体字版的《劝世良言》。

　　有意思的是，一方面清廷对西方传教士的活动严加防范，另一方面西方传教士借助列强在华势力不断渗透，双方冲突不断，教案频发。清廷支持反教的义和团，传教士则支持孙中山反清。孙中山早年自命"洪秀全第二"，或许在基督教身份和洪秀全的革命思想两个方面都有契合。孙中山的早期追随者多为基督教徒。中国近代两场革命，基督教的这条隐线，于宏大的历史叙事中，是不应该被忽略的。

四、晚年及家庭生活

　　梁发发妻黎氏（1799—1849）生育二子一女。长子梁进德（1820—1862），英文名 Liang Tsin-deh 或 Leang Atih，又名来秩。3 岁（1823 年 10 月）时由马礼逊施洗成为基督教徒。10 岁起随美国传教士裨治文学习英文和希伯来文。裨治文是美部会（The American Board of Commissioners for Foreign Missions，美国公理会的海外传教差会）派遣来华的首批传教士之一，1830 年抵达广州，长期在广州活动，直到 1847 年前往上海。1832 年裨治文在广州创办《中国丛报》（The Chinese Repository），这是外国人在华创办的首份英文期刊。《中国丛报》以"提供有关中国及邻近地区最可靠、最具有价值的资料"为宗旨。裨治文长期担任主编。他是中国通，著有《美理哥合省国志略》《广州方言土话字汇》，具有丰富的中国历史文化知识。《中国丛报》是当时发行量、影响力较大的报刊，被誉为"有关中国的知识宝库"。

　　1834 年 10 月，梁进德随父逃往南洋传教。1839 年 5 月应两广总督林则徐之聘，成为其英文幕僚，直至次年底。其间，从广州出版的英文《广州周报》和澳门出版的其他外文报刊中，选译与中国有关的重要新闻，编入林则徐入粤后专门设立翻译馆创刊的《澳门新闻纸》；还译印了《番鬼在中国》和《四洲志》。《四洲志》编译自英国著名史地学者慕瑞（Hugh Murray）编著的《地理百科全书》（An Encyclopaedia of Geography），为首部中文版的百科全书（1839年12月14日《澳门新闻纸》最早出现了百科全书的音译名"燕西果罗啤呢阿"），收入魏源所著《海国图志》，为林则徐"开眼看世界"贡献良多。1844年后先后受雇于粤商潘仕成、两广总督耆英。1847年陪同裨治文前往上海，参与修订中文《圣经》工作。1854年随裨治文及美国驻华公使麦莲溯长江而上，到天京（今江苏南京）考察和交涉，与太平天国领导人有所接触；又随英美两国公使乘舰北上天津要求订约。后在潮州海关任职五年，官至副税务司。约1862年病逝。

梁进德虽然幼时受洗，且长期追随裨治文，但对基督教却是若即若离。据麦沾恩说：梁进德在父亲离世后，"竟并未到医院去守过一次礼拜，而他与别人交谈的时候也似乎并不自承其为基督徒"。

黎氏所生另外子女早夭。黎氏去世之后，梁发还先后娶过两个女人，均无所出。

1839年7月，年过半百的梁发由马六甲返回广州河南（珠江南岸）长住。他主要在美国传教士伯驾（Peter Parker）开设的广州眼科医院（中文文献称为"新豆栏医局"，中国最早的西医医院，博济医院前身）传教。伯驾毕业于耶鲁大学医学院，受美部会派遣，1834年到广州，1838年在广州发起成立"中国医务传道会"，是医务传教的开创者。此时广州鸦片泛滥，两广总督林则徐发起禁烟运动，英国发动鸦片战争。梁发及时撰著出版《救世之神谕》，明确反对鸦片贸易，认为其不符合基督教的真经道理，导致人心堕落。

1845年7月，梁发协助伦敦会传教士吉勒斯皮（William Gillespie）在广州城西门附近建成第一座教堂"真神堂"（temple of the true God），此时距1844年9月中美《望厦条约》签订、外国人获准在华兴建教堂仅仅一年左右时间。"真神堂"是一座三层砖构建筑，位于珠江边，距外国商馆仅一英里。据裨治文描述："教堂面向大街，对外开放。阿发按自己的口味和判断力对之加以装饰，所有的东西都朴素、整洁并摆放妥当。这在中国是一件非常新鲜的事物。教堂上用朱红色楷书写着'真神堂'几个大字。"宗教仪式由吉勒斯皮和梁发共同主持，裨治文、伯驾等传教士经常在此布道。

1845年7月，美国浸礼会传教士罗孝全（Issachar Jacox Roberts）在广州南关天字码头东石角成立"粤东施蘸圣会"（The Uet-tung Baptist Church），梁发是四位长老中唯一的华人长老（其他三位是裨治文、罗孝全和吉勒斯皮）。1848年，梁发帮助马礼逊女婿合信（Benjamin Hobson）在广州西关附近一个叫金里埠（Kam-li-fau）的地方设立西医诊所，作为伦敦会在广州的传教基地，梁发每个礼拜日前往诊所布道。

1855年4月12日，梁发在广州病逝。

（原载《中华读书报》文化周刊，2020年6月10日14版）

金仲华期刊编辑生涯述评

金仲华同志离开我们已经24年了，然而他的思想与业绩，他的人格，依然散发着隽永的魅力，吸引后学如我辈者去探求。本文只选取他作为一个优秀现代期刊编辑家（他同时还是著名的国际问题专家、社会活动家和外交家）的编辑生涯进行评述，暨以纪念这位杰出的新闻出版工作者。

一

从20世纪30年代初到1949年的20年间，金仲华同志作为进步的、革命的新闻出版工作者，活跃在革命文化战线上。金仲华先后参与编辑和担任主编的期刊主要有8种中文期刊（《妇女杂志》《中学生》《世界知识》《大众生活》《永生》周刊、《生活星期刊》《抗战三日刊》《星岛周报》）和《远东通讯》《上海新闻》《中国建设》3种英文期刊。

1928年，金仲华考入商务印书馆，担任《妇女杂志》的助理编辑（后提升为主编），开始了他期刊编辑生涯的第一站。1932年，商务印书馆毁于战火。日本人撤退后始重建，《妇女杂志》撤并到胡愈之主编的《东方杂志》"妇女栏"，仍由金仲华主编。同年夏天，由中共地下党介绍，金仲华进入苏联塔斯社上海分社，担任电讯翻译，开始对世界政治发生浓厚兴趣。年底，应邀担任开明书店《中学生》杂志编辑。[①] 20世纪30年代初，金仲华就"已经是进步的爱国的出版工作者"了。[②]

1933年，胡愈之、金仲华、钱亦石、曹亮、张仲实、沈志远、毕云程、张明养、王纪元、章乃器、钱俊瑞等一群关心国际政治形势的志同道合的朋友在上海成立"苏

[①] 金仲华早年的生活经历甚少文献记载，本文主要采用他的胞妹金端苓女士写的回忆文章《仲华哥战斗的一生》（载《解放日报》1988年4月5日），以及沈忠于《卓越的新闻出版家金仲华》（载浙江省新闻出版局编《浙江出版史料》第6辑）。

[②] 胡愈之：《忆金仲华同志及其他》，载《我的回忆》，江苏人民出版社，1990年。

联之友社"。同年冬天，他们决定创办《世界知识》。1934年9月，《世界知识》问世，金仲华是主要的发起人和撰稿人。1936年，他开始担任主编。"以后，从上海、武汉、重庆、香港，再回到上海，一直到全国解放为止，他在十分困难的环境下，不倦怠地主持这一刊物的编辑和出版工作。"① 《世界知识》从创办到现在已半个多世纪过去了，它多次被迫停刊，又多次顽强地复刊，在这过程中金仲华呕心沥血，贡献最大。金仲华主编《世界知识》的时间最长，撰稿最多。《世界知识》的存在，与金仲华的工作是分不开的。

从《世界知识》创刊开始，金仲华就由小资产阶级的爱国主义者发展成为革命的文化战士了。② 他响应中国共产党的抗日号召，积极参加抗日救亡运动，为全面抗战和参加国际反法西斯斗争做了大量的舆论工作。

1935年9月，金仲华担任生活书店编辑部主任，同时参加邹韬奋主编的《大众生活》的编辑工作。1936年3月7日，金仲华在上海创办《永生》周刊，担任主编兼发行人，表示要在迷茫中看到希望，在动荡中求得个人与民族的"永生"。③

1937年7月7日，抗日战争全面爆发。8月13日，日寇进攻上海，人心浮动，邹韬奋立即作出反应，创办《抗战三日刊》，于8月19日正式出版。金仲华作为编者和主要撰稿人，为此做了大量工作。从创办之日起，金仲华每期写稿一篇，论述时势。④ 9月1日，《世界知识》联合《妇女生活》《中央公论》和《国民周刊》，出版《战时联合旬刊》，表示要团结一致抗战到底。金仲华是《战时联合旬刊》的编辑之一。⑤

1938年初，金仲华抵达香港，立即将《世界知识》复刊，并继续担任主编。这时人才奇缺，"编辑部的繁重工作差不多全由他一个人承担，只有一个青年做他的助手，帮他搞校对、剪报和跑印刷所的工作，从选题、组稿、定稿、看清样，到'瞭望台'专栏和重点文章的撰写以至资料图片的收集整理，封面图案的选择、

---

① 胡愈之：《忆金仲华同志及其他》，载《我的回忆》，江苏人民出版社，1990年。
② 胡愈之：《忆金仲华同志及其他》，载《我的回忆》，江苏人民出版社，1990年。
③ 金仲华：《求"生"的道路》（创刊词），《永生》周刊创刊号。
④ 第1期发表《国际间一致反对侵略者》，从第2期开始，连续两个多月在首篇位置，以《战局一览——抗战的最近形势》为总题发表系列文章。
⑤ 其他编辑是沈兹九、王志莘、杜佐周、张志让、张仲实、郑振铎、钱亦石、谢六逸、王纪元，其中至少有五位是金仲华在研究妇女问题和国际问题上的同道朋友。

设计，大都由他一个人承担"。① 这种情况一直持续到时他担任《星岛日报》总编辑，才将一部分编务交给刘思慕担任。

1938年底，金仲华应聘担任胡文虎星系报纸之一香港《星岛日报》的总编辑。在他主持下，《星岛日报》面貌一新，很快就受到港澳与海外读者的欢迎。但《星岛日报》编辑人员情况复杂（有胡文虎的亲信，也有国民党特务在里面），金仲华受到限制。同时，日报以登载消息、通讯为主，难以发挥金仲华分析时事的专长，这样，金仲华在征得《星岛日报》老板胡好（胡文虎之子）同意后，联合戴望舒、张光宇等创办《星岛周报》，于1939年5月14日正式出版。《星岛周报》"论其内容则应有尽有，论其定价则最平民化，故出版以来备受读者欢迎，销路逐期激增，竟不胫而走"。②

留港期间，金仲华频繁地活跃于香港新闻出版界。1939年他参与创办香港新闻界的统战组织——青年记者学会香港分会，在该会创办的香港新闻学院担任副院长。1941年邹韬奋到香港，他与夏衍、乔木（乔冠华）等协助韬奋创办香港版《大众生活》，并加入宋庆龄组织的中国保卫同盟执行委员会，负责保盟出版委员会的工作。

1944年，金仲华由中共地下党安排，担任重庆美国新闻处译报部主任。1945年9月回上海，同年12月再将《世界知识》复刊。1948年又在香港创办英文《远东通讯》，此后，金仲华以更多的精力投入到中国人民的解放事业中，直到1949年10月中华人民共和国成立。

二

金仲华从事期刊编辑工作20多年，所主编和参与编辑的期刊影响了整整一代人的人生观。他是一个谦虚的人，很少谈到自己，对期刊编辑方面的成功经验也没去总结，他又过早地离开了人世，从这个意义上说，他留给我们的东西真是太少了。也正因为如此，我们就更有必要去认真加以思考和总结。

第一，金仲华把期刊作为政治斗争的有力武器，期刊在政治斗争的风云中应运而生。

---

① 颜秋辑：《著名的新闻活动家金仲华》，载暨南大学新闻系、广州业余大学中文系编《中国新闻事业史研究资料》。

② 胡好：《本报一年来的概述》，《星岛日报》1939年8月1日。

1934年，是世界政治形势极为复杂的一年，日本帝国主义侵占华北，大小独裁者希特勒、墨索里尼粉墨登台，蒋介石为首的国民党反动派步法西斯的后尘，采取"攘外必先安内"的投降主义政策。中国共产党领导的革命转入低潮。形势错综复杂，读者既难以看清形势，也看不见未来的希望。正是在这种情况下，胡愈之、金仲华等决定创办《世界知识》，利用期刊这一讲坛，与法西斯主义作斗争，拨开读者心中的疑云。

1936年，国内形势又发生大变化，日本帝国主义咄咄进逼，而以蒋介石为首的国民党政府仍采取不抵抗政策，对中国共产党则继续围剿；资产阶级醉生梦死，小市民迷蒙度日，广大人民看不见前途的希望之光，金仲华遂创办《永生》周刊，明确指出："在目前动荡不安的时代，被压迫的个人和民族求'生'的道路，只有这样显明的两条：个人的生命应该放在健全的集团中，使它在集团的抗争中延续下去；民族的生命应该在对于侵略压迫的不断斗争中，使它不致被消灭而能发展下去，获得最后的解放。"①

抗日战争全面爆发后，金仲华协助邹韬奋创办《抗战三日刊》，号召人民奋起抗战。1938年，金仲华到香港，利用香港的有利位置，恢复《世界知识》，创办《星岛周报》，大搞统一战线与抗日宣传，与其他进步文化人一道，把香港变作向港澳同胞及海外侨胞进行抗日宣传的桥头堡。

金仲华以期刊为讲坛，把期刊作为政治斗争的有力武器，一方面与国民党的反动宣传作针锋相对的斗争，另一方面及时把进步思想灌输给读者，为读者指明正确的方向。这是他的期刊深受读者欢迎的最主要的原因。

第二，金仲华编辑期刊，讲究编撰结合，走学者化的道路。

金仲华编辑的期刊，早期以青少年和妇女问题为主，中后期以国际问题为主，在这两方面，金仲华都经历了由爱好者到撰稿人，由撰稿人到编辑，由编辑到专家的过程。在从事编辑过程中，强烈的事业心促使他对期刊反映的主要问题进行深入研究，并以研究心得发表于杂志。1933年，他出版《妇女问题》一书，成为20世纪30年代"妇女问题研究热"可数的开拓者之一。1934年，他参与创办《世界知识》后，又把大量精力投入研究国际政治当中，一有机会，他就抓紧时间学习和锻炼。1942年10月，金仲华出版国际问题专著《世界战争中的印度》，以后

---

① 金仲华：《求"生"的道路》（创刊词），《永生》周刊创刊号。

陆续出版有关国际问题的其他著译（如《现代十国论》和《战地间谍的故事》等）。其他发表在各报刊的专论国际问题的文章则不计其数。

编撰一身的学者身份，不但使金仲华自己的文章成为"重头戏"而深受读者喜爱，还使他团结到大量的作者，大家共同切磋，分工写作，成效很大。据钱俊瑞回忆，"《世界知识》每期的主要内容都由一些党员和党外进步作家座谈决定，然后分工担任或约请专家撰写"。①

第三，金仲华编辑的期刊图文并茂，雅俗共赏。

金仲华本人及经常给他主编或编辑的期刊撰稿的，大都是一些专家学者。学者办刊，注意在"雅"字上下工夫，要做到雅俗共赏并不容易。金仲华在这方面是作了一些努力的，他自己的文章，就算阐述理论，分析时事，也写得鞭辟入里，通俗易懂，饶有趣味。在期刊的技术处理方面，他力求设置较多的栏目，并配上地图、漫画或新闻照片，使得版面生动活泼。徐伯昕在谈到金仲华主编《世界知识》时说："他孜孜不倦，潜心钻研，在《世界知识》的大众化和形象化方面有独特的创造，我们现在从报刊上看到的一些国内画家制作的国际政治漫画和世界形势地图，就不禁要想起仲华同志在这方面的才华。"② 张明养也说："他非常重视图片和国际漫画的选登，竭力做到图文并茂。他还首倡绘制国际形势图解，配合文章，或以图解来说明某一国际事件发生的经过和发展趋向，深受读者的欢迎。"③

大量运用手绘形势图，并将它在报刊上穿插发表，是金仲华的创造。为什么要用形势图这种表现方式呢？金仲华解释道："在研究国际问题的时候，缺少一个清楚的地理背景，你会把许多事实弄模糊的。同时，一般应用的地图书，疆界和地名虽然完全，却不能把国际的情势表示出来，看起来又是索然无味的。我的计划是要把时事与地图联系起来，增加一般人对于世界情势的了解。"④ 这样，从1935年主编《永生》周刊开始，金仲华就策划绘制起形势图来，《永生》专辟了"每周漫画"和"时事图解"两个专栏，金仲华策划并撰写文字说明（有时也绘图），对日本掠夺华北资源，控制华北、粤汉铁路接轨反映出英日矛盾等重大事件作了

---

① 钱俊瑞：《回顾与前瞻》，载《世界知识》1984年第16期。
② 徐伯昕：《〈世界知识〉与生活书店》，《世界知识》1984年第9期。
③ 张明养：《怀念三位老编辑金仲华、冯宾符、吴景崧》，《世界知识》1984年第13期。
④ 金仲华：《序〈第二次大战后世界政治形势图〉》，《世界知识》15卷9号，1947年3月8日出版。

简洁明了的图说。1936年，金仲华在上海出版《世界政治参考地图》，连印几版，深受读者欢迎。到金仲华在香港编辑《世界知识》和《星岛周报》时，他对漫画和形势图的运用已相当娴熟了。有关时事分析的文章大都配有漫画和形势图，《世界知识》还多以漫画作封面，甚至"世界大事志"这样的专栏，也以漫画的形式一一标出。[①]1944年，金仲华在桂林出版《第二次大战后世界政治形势图》，"出版以来，初版五千册，于十天内售罄"。[②]可见读者的欢迎程度。

照片、时事漫画和形势图的作用有二：一是把复杂的问题简洁化、图画化；二是在版面上穿插运用，使版面更富有跳跃感，图文并茂，赏心悦目，读者更乐于接受。

金仲华为此还亲自培养了几位绘画专家，先后有沈振黄、金端苓（金仲华的胞妹）和朱育莲。[③]形势图这一表现形式由此逐渐推广普及。

第四，人员精干，精诚团结，合作编刊。

金仲华参与编辑和主编的刊物人员都很精干。有两个时期他既当主编，还兼发行人或督印，集编、印、发于一身。一是在邹韬奋被捕后接办《生活周刊》，二是《世界知识》在香港复刊。当时的情况，编辑人员虽时有变动，但每一时期，编辑、发行人员都很精干，都能独当一面，像《世界知识》这样刊期很短（半个月）的期刊能持久而正常地出版，在解放前并不多见，这与人员的精明能干是分不开的。

金仲华编刊，注意团结各界人士，精诚合作。编辑人员虽少，编外人员却不受限制。金仲华中后期编的刊物都是讲国际政治与时事的，他就联合一批对国际形势兴趣浓厚的进步作家，经常聚会，畅所欲言，这些人中有夏衍、张友渔、刘思慕、乔木、王纪元、郑森禹、宋斐如等。另外，胡愈之、邹韬奋、胡仲持、张仲实、张明养、钱俊瑞等新闻出版工作者作为同行同道也经常聚会。往往一次聚会、一顿晚餐，就分工把一期的刊物稿件约齐，到时交来稍加整理，配上插图，就可发排。

在这里，我要着重提到金仲华与邹韬奋的友谊。金仲华比邹韬奋小12岁，当金仲华20岁刚出校门时，邹韬奋已因编辑《大众生活》和创办生活书店而名满天下了。1934年9月，金仲华参与创办的《世界知识》出版，由生活印刷所印刷，

---

① 见《星岛周报》第11期"世界大事志"。

② 见《世界知识》15卷22号"书刊广告"。

③ 金端苓、刘火子：《仲华哥战斗的一生》，《解放日报》1988年4月5日。

生活书店发行，金仲华开始与邹韬奋交往，并立即为韬奋出众的才华、忘我工作的精神和高尚的人格所折服，从此他们在工作上彼此合作，私人友谊也日增月长。1935年，金仲华被韬奋聘任为生活书店编辑部主任，同时参与《大众生活》的编辑工作。1936年邹韬奋因"七君子事件"被捕，金仲华接办《生活周刊》。1937年抗日战争全面爆发，金仲华协助韬奋在上海创办《抗战三日刊》，并且是最重要的撰稿人。1941年邹韬奋筹资在香港创办《生活日报》和《生活周刊》，金仲华是七位编委之一，同时他还与韬奋一起参加保卫中国同盟出版委员会的工作。这个阶段，"仲华同志是韬奋同志不分昼夜艰苦奋斗的得力助手。从此他与韬奋同志结成最亲密的战斗友谊。在抗日战争中，从国内到海外，很大一部分时间，他和韬奋同志是形影不离的。韬奋'热爱人民，真诚地为人民服务'的工作中，也有仲华同志的心血在里面……可以肯定地说，邹韬奋同志的道路，也就是金仲华同志经历的道路"。① 这是胡愈之对金仲华与邹韬奋友谊的客观评价。他们的友谊，是编辑团结合作编刊的典范。

三

金仲华的期刊编辑生涯所表现出来的优良作风，在今天仍具有普遍意义。

第一，舆论导向与读者心理。

"读者是上帝"，但这个上帝却并不是万能的，编辑的责任在于正确地引导读者，而不是放任自流，或一味迎合，这就是我们今天经常讲的舆论导向。金仲华办刊，不管是《世界知识》《永生》，还是《抗战三日刊》《星岛周报》，总是根据不同时期的政治形势、读者的心理状况和承受能力，作出正确的判断和引导。《世界知识》刚创刊时，发表大量文章分析法西斯上台的前后情况，日本侵略者的狼子野心等，拨开读者心中的疑团。"从此中国人民有了一个开向世界的窗户，从这个窗子里窥见世界变幻的风云，看到大大小小事件的来龙去脉。"② 《抗战三日刊》创办之前，国民党采取不抵抗政策，并散布亡国论一类投降主义观点，扰乱了读者的心，使一般读者在日本侵略者的咄咄进逼中心慌意乱，缺乏抗战必胜的信心，《抗战三日刊》紧紧抓住抗战必胜这个主题进行宣传，大量报道中国

---

① 胡愈之：《忆金仲华同志及其他》，载《我的回忆》，江苏人民出版社，1990年。
② 姜椿芳：《目睹五十年世界大变》，《世界知识》1984年第12期。

军队抵抗日寇的消息和抗战言论。在香港，内地文化人进入前，各种充斥低级趣味的小报流行，读者不问政治，被讥为"文化沙漠"。金仲华等到达香港后，立即肩负起"拓荒者"的责任，他将《世界知识》在香港复刊，创办《星岛周报》，向港澳及海外读者宣传抗战，鼓舞士气。

读者是需要引导，也是欢迎编辑的正确引导的，我们从《世界知识》《永生》《抗战三日刊》《星岛周报》等刊物所受的欢迎程度可以得到有力的证明。

第二，学者办刊与雅俗共赏。

编辑学者化是我们经常谈论的一个话题，可见颇成问题。在金仲华编刊的时代，做了编辑，自然而然成为某一方面（一般与刊物意旨有关）的专家学者，而早已成了专家学者的也自觉自愿地为刊物撰稿，并不觉得有失什么身份（如《中学生》这样的普及性刊物，也有大量一流学者为之撰稿，而《世界知识》的撰稿人大都是当时的国际问题专家）。又可见，这个问题在当时并不成问题。

学者编刊，往往"雅"有余而"俗"不足，以至读者觉得面孔太冷而不愿接受。金仲华编刊，一开始就以服务大众为宗旨，对刊物的大众化、形象化非常注意，力图把刊物办得生动活泼。增设栏目，大量运用照片、漫画和形势图等都表明这一点。一般的时势分析均写成漫谈形式，娓娓道来，和蔼可亲；就算长篇大论的政论文章，也因条分缕析、文理生动而为读者欢迎，真正做到了雅俗共赏。

第三，编与撰的关系问题。

因是学者办刊，写作自然不成问题，编撰系于一身，在自己所办的刊物大量发表文章在当时是极普遍的现象。又因为编辑对本刊物的宗旨、读者对象等了然于胸，下笔之际，有所侧重，文章往往是高质量的。这种情况俯拾皆是。金仲华在《中学生》《世界知识》《永生》《抗战三日刊》《星岛周报》等刊物的某一时期，几乎每期都有文章，并且时有佳作。编撰一身正是金仲华期刊编辑生涯的特色之一。这一点对我们今天的期刊编辑也是颇有启发的。

（原载《编辑之友》1994年第1期。本文参加新闻出版署党史资料征集工作领导小组办公室召集的近现代中国出版优良传统学术讨论会，该会于1992年10月在广西桂林召开，后收入《近现代中国出版优良传统研究》，中国书籍出版社1994年；又收入宋应离、袁喜生、刘小敏编《20世纪中国著名编辑出版家研究资料汇辑（全10辑）》第七辑，河南大学出版社2005年）

王云五与中国现代出版的转型

王云五在20世纪20年代至40年代身居中国乃至亚洲最重要的文化出版机构商务印书馆的权力核心,对中国出版由传统向现代转型起过重要的作用,并进而对中国现代的学术、文化、教育等方面发生重要影响。① 然而由于种种可以理解的原因,王云五的这一作用和影响并未受到足够的重视和研究,本文试从王云五在商务印书馆的两次改革,分析其与中国现代出版转型的关系。

一、王云五肩负商务转型的历史重任

1921年,是中国大变动时代的开始。商务印书馆这样一家非常著名的文化出版机构,却正走在发展的十字路口:是沿着原来的旧学路子继续走下去,还是转向新学,迎接新时代的挑战?

有人曾把北京大学和商务印书馆作为当时中国最重要的两个文化机构。然而事实上,在五四新文化运动中,这两家著名文化机构的表现却判若泾渭。北京大学是五四新文化运动的重镇,而身处上海、以远离政治风潮为企业宗旨的商务印书馆,在五四新文化运动中,却是波澜不兴、风平浪静。由此也就造成了两家机构截然不同的结果:北京大学成功地实现了现代转型,成为中国最知名的大学和现代民主政治的摇篮;商务印书馆却在民国前后巨大的商业成功之后逐渐归于平稳,趋向保守。

对此,曾经把商务印书馆引向快速发展之路的张元济、高梦旦等人认为,要改变这种状况,关键在于改变用人方式,大胆起用新人,特别是经过新文化运动

---

① 王建辉著《文化的商务:王云五专题研究》(商务印书馆2000年版)最早提出这一观点,他认为王云五用现代学科分类改组编译所,以科学管理法改革商务印书馆,因而是"出版近代化的探索者"。参见王著第二章《出版近代化的探索者》。

洗礼的西学人才。一批新人由此开始被大胆起用或从外部引进到商务印书馆。

1919年5月，攻读政法的日本留学生陶保霖（惺存）接替杜亚泉，任《东方杂志》主编。原主编杜亚泉转任编译所理化部主任。

1920年1月，年轻有为的沈雁冰（茅盾）任《小说月报》主编。他一改鸳鸯蝴蝶派的绵弱之气，使《小说月报》"成为新文学运动取得胜利的一个里程碑"（胡愈之语）。短短数年内，茅盾、郑振铎、叶圣陶几位年轻人将《小说月报》打造成新文学的主要阵地，使新文学的主战场从北京转移到上海。①

1920年底，思想进步的杨贤江被商务作为人才引进，主持《学生杂志》，使原来纯粹的课艺杂志一变而为教育青年走向社会、走向生活的进步杂志。

此外，《妇女杂志》改由章锡琛主编，并随即开展女性道德问题大讨论，引起社会强烈反响。《教育杂志》改由李石岑编辑，实际的负责人则是周予同。

在这种形势下，新文化运动的先锋人物、北京大学知名教授胡适很自然地进入了商务决策层的视野。不过，由于胡适另有想法，他改而推荐了他在上海新中国公学读书时期的英文老师王云五。

1921年9月，王云五进入商务印书馆编译所工作，年底被董事会正式任命为编译所所长。原所长、商务元老高梦旦到出版部任职。编译所的职能，相当于现在出版社的编辑部，而所内各组即相当于出版社的各个编辑室，自然，所长也就相当于现在的总编辑了。只是，因为商务出版的书，大部分是编译所内的各科专家所编写和翻译的。因此，编译所属于商务印书馆内容生产的核心部门应无疑问。

在五四新文化运动之后，已深感落后于形势发展的商务印书馆，为了加快发展，谋求由传统出版向现代出版的战略转移，改革已是势在必行。编译所的改革是这项战略转移的核心部分。王云五之入主编译所，正是商务决策层借助外力来改变商务的沉疴，以实现其现代转型的一项重要决策。因此，王云五主持商务编译所的工作，实在是肩负着商务转型的历史重任。

二、推行改革，实现出版物内容和营销机制的现代转型

商务印书馆为实现现代转型，大胆起用和引进年轻有为的西学人才，更换了编译所及下属各重要杂志的掌舵人。同样，王云五就任编译所所长后，也大量引

---

① 参见杨扬：《商务印书馆：民间出版业的兴衰》，上海教育出版社，2000年，第174页。

进西学人才，而"许多资格最老的编辑被淘汰"。①编译所下属各部，大多延聘专家主持工作，除少数留用原来的专家（如杜亚泉由理化部调任博物生理部，邝富灼留任英文部等），大部分是留学归国的专家，计有：朱经农，先后主持哲学教育部和国文部；唐钺，哲学教育部部长；竺可桢，史地部部长；段育华，算学部部长；任鸿隽，理化部部长；周鲠生，法制经济部部长；黄宾虹，美术部部长。

经过王云五的大力扩充和调整，短短两三年间，编译所人员比原来增加两倍以上，共达240人之多，其中王云五到所任职后调入者196人。可以说，在组织架构和编辑人员方面，编译所在王云五的手中已然脱胎换骨，人才云集，集一时之盛，为王云五在编译所推行改革做了组织上的准备，同时也为商务印书馆实现现代转型打下了良好基础。

王云五就任编译所所长不久，就根据自己的调研和思考，向商务印书馆董事会提交了《改进编译所意见书》并获得首肯。意见书提出的改革措施，涉及战略层面的出版理念、出书方向，经营层面的控制成本、提高效率，管理层面的用人和分配制度，等等。总体目标是为了实现出版物内容和营销机制由传统向现代转型。为此，王云五对出版物内容进行了两项调整：一是由旧学为主，转为新知为主，大大增加译著、自然科学著作等；二是由小教育（中小学校教科书）向大教育（各级学校教育和非学校教育）转移。

与此同时，在营销机制上也进行了相应的调整。

第一，出书方向由主要面向学校，转为面向学校和面向社会并举。

王云五充分利用商务编译所的资料创编各科小丛书，以深入浅出之方法，分请专家执笔，2万字一册。陆续推出百科小丛书、国学小丛书、新时代史地丛书、农学小丛书、工业小丛书、商业小丛书、师范小丛书、算学小丛书、医学小丛书、体育小丛书等。他充分利用现有资料，在中小学校教科书市场已充分占领的基础上，编印基础科学应用科学等专门书籍，供给未能进入学校而有进取之心的青少年。"虽一时或未能十分畅销，然以实际需要者之众多，苟从营业上特加注意，固不难逐渐发展，及效果渐著，则所谓'社会大学校'将成立于无形中。"②

第二，以公共图书馆为主要客户（服务对象）之一，创编大型丛书《万有文库》，

---

① 转引自汪家熔：《商务印书馆史及其他》，中国书籍出版社，1998年，第93页。
② 王云五：《改进编译所意见书》，转引自王寿南编《王云五先生年谱初稿》，台湾商务印书馆，1987年。

同时探索引入现代营销机制。

王云五从自己由图书馆获取知识的人生经验，推己及人，认为全国有许许多多的公共图书馆，但却苦于经费支绌和缺乏合适的图书入库充实，如果以编译所强大的编译著力量，兼商务印书馆雄厚的财力，以大规模出版的低廉普及读物出击市场，不但可以满足这一市场需求，且无相当之出版机构可以与商务印书馆竞争。根据这一理念策划出版的《万有文库》成为集中体现商务印书馆出版物内容和营销机制成功实现转型的标志性出版物。为了做好这套书，王云五亲自担任总主编，从总体规划、组织编写，到印制发行、市场营销，他都亲力亲为。《万有文库》在全国造成极大影响，至今仍是中国出版史上的一个成功案例。尤其是在营销机制上，《万有文库》从以下三方面体现了王云五营销理念的先进性：一是对潜在市场的开发。由于图书出版周期较长，丛书、文库等大型项目更需长时间准备和运作，因此仅仅关注现实市场是远远不够的，大型出版机构和有眼光的出版商往往更关注未来的潜在市场，从而抢占先机。王云五做《万有文库》，看中的就是正在兴起的公共图书馆这个潜在的未来市场。二是集团采购和图书直销。这是现代出版业与图书馆之间的商业运作模式。王云五做《万有文库》已然采用这种模式，在当时是十分超前的，在降低运营成本、扩大规模效益方面，成效显著。三是低价入市和增值服务。《万有文库》成套购买固然价格不菲，而每本单价则十分便宜，将图书馆成套购买和读者散买分别制定价格策略，各有其优惠。《万有文库》每集推出，均配售附四角号码检字索引的参考书，以供查阅和检索。每册图书均按中外图书统一分类法将分类检索号直接印在书脊上，以方便图书馆入藏书库和对外借阅。前者极大方便了读者查阅，后者极大方便了图书馆管理，还大大节约了图书馆编目和管理上的成本。即使今天，也只有个别有实力的分销商，才能做到类似的增值服务。

第三，大量增加市场供应，以达到普及知识、扩大市场占有率和战胜竞争对手的目的。

随着出书范围扩大和服务对象增加，出版物必然极大增加，否则难以满足读者需求和市场需要。1923年，在王云五主持编译所两年之后，商务印书馆的出版物总量已达历年之冠，达667种，2454册，而过去一般每年只出二三百种，数百或千余册。王云五在编译所推行的各项改革，以及商务拥有的当时最先进的印刷设备和印刷技术，为大量增加市场供应打下了良好的基础，提供了必要的前提条件。

三、实施科学管理法，推动管理体制由传统向现代转型

1929年，鲍咸昌突然去世，商务印书馆董事会不得不另外物色新的总经理人选。半年前离开商务印书馆到中央研究院任职的王云五再度受到商务董事会的垂青。1930年，王云五正式就任商务印书馆总经理。

如果说，王云五在编译所七年，使编译所在内容生产上成功实现了现代转型的话，那么，作为一家经营了三十多年的文化企业，商务印书馆同样面临企业管理体制上的现代转型。

长期以来，商务印书馆内部管理松散、人事关系复杂、工潮频仍等因素交互作用，对内容生产形成制约。为此，经过董事会批准，王云五专门就科学管理出国考察半年多。1930年9月11日，也就是王云五回国的第三天，他向商务董事会提交考察报告《采行科学管理计划》，要求在商务印书馆推行科学管理法。董事会经过讨论，一致通过了这份报告。9月13日，王云五召集商务印书馆的重要职员开会宣布"本馆采行科学管理法计划"，也就是经董事会批准将要推行的那份计划。该计划有十二个要点，亦即通过科学管理法要在商务推行的十二个方面的改革。

（1）办理预算。即对全公司、各科各所、各部各股乃至各个个人的收支情况进行周密预算，以预算约束支出，节约成本。

（2）办理成本会计。

（3）办理统计。（2）（3）两项都是为了使预算更准确周密，使各项工作和营业标准化，便于管理，并使决策更加科学。

（4）改良设备。使工厂及设备的安装、布局更加合理，各个工序紧密衔接，以发挥最大的效能。

（5）分析工作。将工作分类，明定其职责，然后量才录用，按职给酬（有如今日企业改制所实行的"四定"，即定岗、定员、定职、定薪）。每项工作还要分析其基本动作、所需时间，以最大限度提高工作效率。

（6）改良工作方法。在分析工作的基础上，对每项动作进行研究，找出效率最高而不易疲劳的动作要领，以此培训工人。

（7）规定工作标准。根据工作性质不同，分别以计时或计件给酬，使每一项工作的动作、职责、薪酬标准化，以方便量化考核。

（8）标准化和简单化。在设备、原料、产品等方面实行标准化，各项流程则尽量简单，以最大限度节约成本。

（9）发展营业。即将上述原则贯彻到各项工作之中，以取得最佳效能。

（10）改善行政。对组织架构进行重组再造，适应企业的发展。

（11）改善劳资关系。以诚恳态度迅速解决劳资矛盾，与工会代表经常接触，争取实现劳资双方共赢。

（12）改良出品。通过科学管理法使产品内容和印刷质量缩小与发达国家的差距。

在这份长达数万字的计划中，王云五所依据的主要是美国工程师泰勒（又译泰罗，Frederick Winslow Taylor，1856—1915）的思想。

对于泰勒，当时和现在，西方与中国，在不同的时空有着不同的评价。泰勒改造了资本主义社会企业的生产组织形式，将其生产工序标准化，将工人的薪酬标准进行计量化，用科学方法寻求成本最低、效率最高的工作模式，从而使大规模的现代化生产成为可能。这是泰勒制的核心。从发展生产力的观点看，泰勒制对资本主义生产贡献巨大，泰勒本人在资本主义社会也获得极高的评价，被誉为"管理之父"。但也有许多人，特别是代表工会利益的左翼人士提出批评，指出泰勒制旨在提高生产效率、减少生产成本的"科学管理"是以牺牲工人利益为前提的。像卓别林的电影《摩登时代》就把泰勒制描绘成资本家为了不断提高产量，将工人变成机器。列宁指出：泰勒制"既是资产阶级剥削的最巧妙的残酷手段，又包含一系列的最丰富的科学成就"。[①]

对泰勒制的这种不同的价值判断实际上是王云五在商务印书馆推行科学管理法不幸失败的最主要的思想根源。

这项旨在将编译工作标准化并进行量化考核，以提高产能和效率的措施，却有如在平静的水面掷下一颗炸弹，激起强烈反弹。编译所职工群起反对，并于职工会之外另组特别委员会，与馆方进行交涉。1931年1月15日，编译所职工会和特别委员会召集全体大会，对王云五在商务印书馆推行科学管理法进行全面的声讨，直指"敝馆总经理王云五以六个月另二天之短促时间，匆匆经历九国，稗贩此种运动中之所谓'科学管理法'之皮毛，不问国情，不察实业界之环境，便欲以实施之于有三十余年历史之商务印书馆，甚至痛斥王云五"不独同人等之公敌，亦社会之公敌也！不独三民主义之罪人，亦中国产业界之罪人也！""[②]

---

① 《列宁选集》第3卷（下），人民出版社，1972年，第511页。

② 《商务印书馆编译所职工会宣言》，张静庐辑注：《中国现代出版史料》丁编（下册），中华书局1959年，第420—421页。

王云五实施科学管理法失败，原因是多方面的，总的来说，新法是资本主义的舶来品，在中国半殖民地半封建社会，自然有一些水土不服。一个重要表现就是中国是人情社会，商务印书馆作为老牌文化企业，各种人情关系尤其浓厚，而以泰勒制为核心的科学管理法却撕破了人情这层面纱，将所有工作进行量化和标准化，等级分明，收入差距显著，这是许多人难以忍受的。除此之外，王云五在策略上操之过急，下药太猛，应是新法失败的技术层面的原因。

此后，虽然他暂时放缓了实施科学管理法的步伐，但还是调整策略，将科学管理法化整为零，"于不动声色中，实施对事物与财务之管理"。1932年"一·二八"事变，商务印书馆遭受重创，但一度受阻的科学管理计划，却反而在这突如其来的变故之后，有了重新实施的机会。一方面是全体职工解雇，为他重新选人用人提供了前提，前曾因利益冲突致改革中断的基础已完全不存在。另一方面是在短时间内要达到复业，特别是必须印出足够多的学校用书，商务各个部门和机构就必须保持极高的工作效率，而科学管理法的应用正好可以解决这个问题。

在这样一个非常时期，科学管理计划没有受到任何阻挠。王云五着重从以下几个方面对商务印书馆进行了改革。

第一，强化了总经理个人的权力。除了以总经理独任制代替总务处会议合议制外，王云五还兼任生产部部长和编审委员会主任。而生产部和编审委员会是商务印书馆组织架构改组后最核心的机构。

第二，重组商务印书馆的经营管理架构。7月22日，王云五宣布总管理处组织暂行章程及处理重要事务暂行规则。其重要的改变，一是将总务处改为总管理处，将原来的总务处和其他总馆各部门、各省分馆、各地分厂等所有商务系统的部门、职能全部归入总管理处，由总经理统管。组织架构的这种改变一者是科学管理计划的需要——我们可以看到，这种以垂直管理为主的架构，以及扁平化的部门设置，颇合现代管理之道。二者也是为了打破原有的阻挠改革的力量，主要是复杂的劳资关系和编译所的保守派势力。这是撤销编译所和设置人事委员会的直接动因。二是取消了编译所的建制，而以编审委员会取而代之，编审委员会隶属于生产部，实际上等于降格。生产部总揽编译、审查（审稿）、编辑、出版、印刷等各项工作，扩权明显。三是增设秘书处、人事委员会和清理旧厂委员会，作为横向的协调部门。

第三，人事制度改革。科学管理法的精粹是劳资双方实现共赢。复兴商务，须以科学管理法推进，而欲实施科学管理，人事制度改革至关重大。商务印书馆董事会做出先行解雇全体职工,等复兴后再争取返雇职工的决策,为王云五进行人事制度改革提供了良好条件。王云五在人事制度方面的改革涉及多个方面,其中最主要的是两条:一是设立人事委员会。所有复业后新录用的职工,副科长及编译员以上均由总经理直接聘用,其他则提交人事委员会核议。改变原来由各部门主管人员自行录用的办法。二是建立回避制度,直系亲属只能录用一人,一方面可使更多家庭因复兴而受益,另一方面则可避免近亲繁殖。三是对商务印书馆旧职工中的工会积极分子,在复职时须书面保证不再参加工潮。

第四,转变观念。王云五称之为"同人心理的改革"。① 王云五认为,过去商务印书馆对职工照顾不可谓不优厚,而工潮迭起,效率低下,全因制度赏罚不分明,使能干者得不到应得的报酬,不能干者却得到超过其能力以外的报酬。因此才产生种种不平的怨气,心理发生扭曲,效率自然低下。通过建立合理的制度,贯彻赏罚分明的观念,"同人心理"发生逆转,效率就能提高。

第五,企业制度改革。商务印书馆由总厂、各处分馆和各地印刷厂组成,机构庞大,人财物统一管理,王云五深感这种企业制度不但效率低下,更不利于调动各分馆分厂的积极性。经过改革,各分馆分厂实行股份制,全部独立经营,自负盈亏。商务印书馆总馆以出资人身份进行控股,只负责重大决策和实施大型项目。

经过改革,商务印书馆不但在遭受巨劫后不到半年就开工复业,一半以上职工陆续重签合同返工,生产效率也大幅度提高。上海各印刷厂成立一年多时间,"机器仅当从前百分之五六十,工人亦不及从前之半,而生产能力却当从前之两倍有半"。② 应该说,自"一·二八"事变至8月1日,遭到重创的商务印书馆能够在短短半年时间之内复兴,王云五个人的才干和他从国外引进的科学管理法,是一个十分重要的原因。

(本文参加广东省中山市政协召集的香山文化学术讨论会,该会于2005年8月在中山市举办。后收入《百年千年:香山文化溯源与解读》,广东人民出版社2006年)

---

① 《旧学新探——王云五论学文选》,学林出版社,1997年,第67页。
② 《旧学新探——王云五论学文选》,学林出版社,1997年,第70页。

晚年王云五对商务印书馆的精神传承与创新

民国时期商务印书馆是亚洲最大出版机构,世界三大出版机构之一。中华人民共和国成立后,商务印书馆由上海迁北京,由私营而公私合营,再转为国有,一度更名为高等教育出版社。1958年恢复建制,根据规定,以出版学术著作(含译著)和工具书为主要方向。

与此同时,1948年底成立的商务印书馆台湾分馆,在两岸阻隔之后,改称台湾商务印书馆,开始独立经营。1965年,王云五以77岁高龄入主台湾商务印书馆,全面复制商务印书馆的经验,使台湾商务印书馆取得迅速发展。

海峡两岸商务印书馆从不同角度,以不同方式,传承着商务印书馆的精神脉络。本文着重探讨王云五入主台湾商务印书馆以后,是如何传承和创新商务印书馆精神的。

一

王云五曾于1921—1929年任商务印书馆编译所所长,1930—1946年任商务印书馆总经理,是民国时期商务印书馆鼎盛时期的核心人物之一。

台湾商务印书馆的早期经营颇多艰难,"来台以还,物力式微,出版事业,有如停顿"。[①]其重要原因是主持工作的赵叔诚是商业会计人员出身,对出版事业兴趣淡薄,"其性情保守持重而有余,开展进取则不足"。[②]

1965年7月王云五任董事长之后,台湾商务印书馆一改萎靡不振状况,开始步入快速发展轨道。以王云五入主台湾商务印书馆九年之后的1972年,与赵叔诚主持工作的最后一年1963年比较,10年间,台湾商务印书馆的资本额增长10倍,

---

① 《王云五全集》第19卷,九州出版社,2013年,第257页。
② 《王云五全集》第1卷,九州出版社,2013年,第545页。

营业额增长9.34倍,利润(盈余数)增长36.28倍,每股红利增长8.39倍。"在此期间,原股东既未增付分文资本,书馆又未接受分文新投资。"①需要说明的是,台湾商务印书馆的资本额由100万元,增至1000万元,为馆屋地价增值及"云五大楼"新增资产所致,并非股东增加注资。这就是说,台湾商务印书馆在王云五入主之后发生的翻天覆地变化,完全是出版经营的结果。各年相关数据对比详见下表。

1962—1972年10年间台湾商务印书馆的主要财务数据一览②

(单位：新台币)

时间	资本额	营业额	盈余数	股东分红（每股红利）
1963年	100万	228.72万元	15.35万元	7.50元
1964年	不详	295.33万元	44.27万元	8.31元
1965年	不详	1055.24万元	330.18万元	41.73元
1966年	250万元	1055.96万元	145.67万元	46.09元
1967年	不详	2195.75万元	409.10万元	48.59元
1968年	400万元	1675.17万元	410.44万元	46.94元
1969年	不详	1519.87万元	372.30万元	54.48元
1970年	不详	1813.15万元	383.52万元	58.03元
1971年	1000万元	2280.07万元	585.21万元	62.50元
1972年	不详	2365.70万元	572.36万元	70.45元
1972年与1963年相比增长倍数	10	9.34	36.28	8.39

二

王云五在短短数年间能重振台湾商务印书馆,从客观的原因看,是他抓住了20世纪五六十年代台湾经济建设发展迅速、人民生活水平迅速改善、图书消费市场广阔的有利时机,并且充分利用了商务印书馆这一金字招牌。从主观上看,也是更为重要的原因,则是王云五全面复制了民国时期他成功经营商务印书馆的经验。

---

① 《王云五全集》第18卷,九州出版社,2013年,第550页。
② 表中数据由王云五所著《商务印书馆与新教育年谱》和《最后十年自述》相关年份的数据综合而成。

王云五总结商务印书馆在全面抗战时期三次劫难、四度复兴[①]的成功之道："一则有严密的管理规则，二则有相当的人才，三则各同人能够爱护公司。""如果说我办商务有什么成功的秘诀，第一是'科学管理'，第二是'老板主义'。"[②]

王云五将上述成功经验全面运用于台湾商务印书馆。在他入主台湾商务印书馆之后，台湾商务处处都有显著的民国时期商务印书馆的影子，可以明显地看出台湾商务印书馆与民国时期商务印书馆具有精神上的传承关系。王云五曾直言不讳地批评在他之前主持台湾商务印书馆工作长达17年的赵叔诚，之所以经营上毫无起色，是因为"多年来经理人无所秉承，对于出版业务遂未能发展"。[①]而他所"秉承"的，正是民国时期商务印书馆的成功之道。

（一）在出版理念方面，王云五继续贯彻以扩大出书规模带动出版经营的思想，同时对于有价值的学术著作，即使亏损也坚持出版

王云五认识到："社会对于一个出版家的期望，一是供给许多优良的图书，二是供给相当廉价的图书。"[④]因此，王云五很早就将"为读者提供大量优质和价廉的图书"作为自己的出版追求。其基本做法是大量推出各种丛书和大型文库。王云五入主台湾商务印书馆之后，延续了这一做法。首先他大量重印了民国时期商务印书馆的旧书，以"台一版""台二版"标注其版本排序；这些旧书内容并未过时，老一辈读者记忆犹新，又因为大多无须支付稿费或版税，出版成本低廉。其次，他继续以出版大型丛书、文库为主，几百上千种的大型出版项目比比皆是，这在经营上容易形成规模效应，降低边际成本，使单本书或成套书的定价大幅下降。

20世纪60年代台湾社会经济快速发展，人民文化需求急剧上升，相对而言，出版物品种却严重短缺，王云五大量出版优质价廉的图书，可以说正逢其时，台湾商务印书馆迅速扭转了经营上的不利局面。

[①] 王云五任商务印书馆总经理期间，经历了中国全面抗战的14年（1931—1945），其间，商务印书馆历经三次劫难，四次艰难复兴。1932年"一·二八"事变，商务印书馆停业，8月1日复业，为第一次复兴；1937年"八一三"上海战事爆发，商务印书馆再次停业，10月1复业，是第二次复兴；1937年11月上海沦陷之后，商务印书馆主要经营业务转到香港，是第三次复兴；1941年12月香港沦陷之后，主要经营业务转到重庆，是第四次复兴。

[②] 《王云五文集》五（上），江西教育出版社，2008年，第626页。

[①] 《访王云五谈老板主义》，载《中央周刊》第4卷第18号，1941年12月，翰堂近代报刊数据库。

[④] 《王云五文集》五（下），江西教育出版社，2008年，第993页。

据王云五 1972 年底的统计：将他入主台湾商务印书馆以后的八年半时间，与之前赵叔诚任经理的十七年半时间比较，出版新书品种相差竟达 44 倍；他到台湾商务印书馆以后大部分年份出书都在上千种，最多的 1965 年达 2896 种。大陆时期，王云五多次以"日出新书一种"为目标，这时已远远超过。详见下表。

王云五与赵叔诚主政时期台湾商务印书馆新书出版品种对比[①]

(单位：种)

	出版新书（含初版书及台一版）	平均每年	平均每月	平均每日
王云五任董事长的八年半时间（1965 年 7 月—1972 年 12 月）	15241	1798	149 多	接近 5
赵叔诚任经理的十七年半时间（1948 年 1 月—1963 年 6 月）	718	41	3.4	

大规模出书有利于降低图书成本，反过来，只有有效降低图书出版成本，才有可能开展大规模出版活动。王云五对廉价图书的追求几近苛刻。为了将图书定价尽量降低，王云五想了许多办法。一是尽量选用无须支付版税的旧版书重印，如《万有文库荟要》《丛书集成简编》等。二是采用缩印本影印古籍，如《四部丛刊》缩印本等，内容不变但改小字体，同时改用较为廉价的洋纸印刷。三是同时出版精装本和平装本，满足不同群体的消费需求。四是一些成套销售的丛书、文库或定价较高的影印古籍，多采取预约发售方式，出书之前预订往往可以获得优惠折扣，有的甚至新书推出初期就实行优惠折扣销售。此外，当时台湾图书市场盗版盗印盛行，王云五尽量压低图书定价，也是与盗版盗印争夺图书市场的一种竞争策略。

由于王云五精打细算的个性，有些人将王云五描绘成只顾赚钱的市侩。事实并非如此。王云五认为，出版是一项需要赚钱的事业，不能赚钱，出版事业就经营不下去，也就不能够对社会有所贡献；仅仅为赚钱而赚钱，是出版商所为，而非出版家所为。"余从事出版事业，自认与他人专顾成本与盈余者，迥异。"[②]

---

① 《王云五文集》六（下），江西教育出版社，2011 年，第 1249 页。
② 《王云五文集》五（下），江西教育出版社，2008 年，第 1181 页。

"十本书有三四本书亏本还不算亏本,只要都是好书。"① 这是王云五晚年经常说的一句话。出版经营算的是总账,事实上无法指望每一本书都能盈利。从某种程度上说,王云五追求大规模出书,恰恰是使一部分书赚钱而弥补另外一些书的亏损。

随着台湾商务印书馆经营情况的好转,王云五开始出版一系列具有重大文化积累和学术价值的大型图书,即使亏损也在所不惜。其中最为持久的是大型古籍出版项目《四库全书珍本》。《四库全书珍本》初集刊成于日本侵略中国和中华民族危亡之时,实肩负着文化救亡的使命,并寄托了中国人的文化传承梦想。1969 年,台湾商务印书馆的业务已经走向正轨后,王云五立即着手接续这项重大文化工程,并且发愿加速进行这项工作,先由重印《四库全书珍本》初集开始,"每年一集,但期对国家文化有所贡献,盈亏在所不计"。②

王云五从 1924 年开始参与筹划影印《四库全书》,1934 年出版《四库全书珍本》初集,到 1978 年出版《四库全书珍本》九集,前后历经半个多世纪。按《四库全书》文津阁本成书 3470 种,36275 册统计,《四库全书珍本》十集共印行 1568 种,13276 册,所收图书占《四库全书》的比例分别达到 45.19% 和 36.6%。

(二)在出版经营上,王云五强调科学管理,倡导"老板主义"

科学管理法是王云五抗战时期艰苦复兴商务印书馆的法宝,他根据商务印书馆科学管理的成功经验写成的《工商管理一瞥》(1943 年商务印书馆初版)受到工商界的欢迎,三年时间再版四次。

王云五到台湾商务印书馆后,对其管理流程进行了细致改造。他要求每个星期周末之前,要将各种营业数据汇总,具体到每一个营业点、每一本书的销售情况,周一上午他必须看到。这是他任商务印书馆总经理时养成的习惯。他每周必开周会,分析营业情况;每月必开月会,总结上月情况并部署下月工作重点。他制定了各种严格的规章制度。除了新的公司章程,还有《总管理处暂行章程》和《总管理处督导主持及分工负责暂行办法》。他还恢复了商务印书馆以总管理处统管内部业务流程和一切营业事务的做法。

他还经常宣讲和倡导"老板主义"。所谓"老板主义",是对公司"负绝对的责任"

---

① 《王云五文集》五(下),江西教育出版社,2008 年,第 1167 页。
② 《王云五全集》第 18 卷,九州出版社,2013 年,第 558 页。

的态度,是勇于担当、绝不后退的精神。王云五认为,张元济是"老板主义"的榜样,他做商务印书馆总经理,在精神上传承了张元济的"老板主义"。王云五说:"他(张元济)并不是大股东,可是他当总经理时,却以老板自居。他处处负责任做事。我承袭着他的作风来干总经理。"①

王云五入主台湾商务印书馆之初,公司百废待兴,近八十高龄的他,每日下午均到馆视事,与一个勤勉的 CEO 无异。由于王云五的编辑出版计划层出不穷,又是一旦制订就要贯彻到底的个性,因此他在台湾商务印书馆的工作量可想而知是十分之大的。他的学生徐有守任总编辑和总经理之后,"在董事长云五先生督导下综负全馆经营与编务之总责",竟因疲劳过甚和精神焦虑,"几至百病丛生",1967 年不得已辞去台湾商务印书馆的职务。②

王云五任台湾商务印书馆董事长之后,虽然进行了一系列改革,但在人事上,"并未革除馆中一人,亦未携带一人。仅一一约谈各同人,而后因才器使,略事调动,使各得其当"。③对于前任经理赵叔诚,王云五也做了妥善安排,不但赠以特别退职金,还聘为顾问一年。在人事管理上,如果说民国时期王云五因过于严苛而表现出"魔王姿态"的一面的话;那么,他经营台湾商务印书馆则更多表现出"菩萨心肠"的一面("魔王姿态,菩萨心肠"是王云五在受到外界批评其推行科学管理法时用以自辩的话)。科学管理法要旨在于灵活运用,"魔王姿态"要的是震慑人心,而"菩萨心肠"要的是笼络人心,如此"用心",显示了他在经营管理上,确实有其过人之处。

(三)注重"创造性出版物"的策划和出版

王云五说:"头等出版家,是创造市场;次等出版家才迎合市场。"④又说:"我认为一个出版家能够推进与否,视其有无创造性出版物。"⑤创造市场的前提,是能否策划和出版"创造性出版物"。民国时期商务印书馆的成功,原因之一是

---

① 《访王云五谈老板主义》,载《中央周刊》第 4 卷第 18 号,1941 年 12 月。此处王云五说张元济"当总经理"有误,但"以老板自居"为实。在夏瑞芳逝世至王云五接任总经理的 16 年间(1914—1930 年),印有模、高凤池、鲍咸昌先后任总经理,其间总经理位置也有过空缺;张元济则先后任编译所所长、监理和董事长,但没有担任过总经理。
② 《王云五全集》第 18 卷,九州出版社,2013 年,第 567—568 页。
③ 《王云五全集》第 18 卷,九州出版社,2013 年,第 554 页。
④ 《王云五全集》第 18 卷,九州出版社,2013 年,第 564 页。
⑤ 《王云五全集》第 17 卷,九州出版社,2013 年,第 283 页。

能够不断推出"创造性出版物"。

王云五晚年曾总结1949年之前商务印书馆的23种"创造性出版物",包括《华英初阶》英文系列读本、《最新小学教科书》《东方杂志》《辞源》《四部丛刊》《百衲本廿四史》《万有文库》《小学生文库》《中学生文库》《大学丛书》《中国文化史丛书》等。他主持台湾商务印书馆时期,则有13种"创造性出版物",包括《人人文库》《各科研究小丛书》《国学基本丛书四百种》《古书今注今译》《新科学文库》《云五社会科学大辞典》等。从他总结出的这些"创造性出版物"可以看出,不论是出版思想,还是选题思路、出书方向,台湾商务印书馆与民国时期的商务印书馆,有着明显的传承关系。

(四)高度重视人才,尤其重视总编辑一职

王云五说:"出版事业犹如开饭馆,要饭馆出名,必须要有名厨。厨子比老板还重要,他要拥有支配全饭馆饮食的全权,才能端出来精彩的菜肴,以飨食客。出版家最好是读书人,书读得博,不一定要专,这样才能推出各类可读的书。"① 早年商务印书馆由于引入了张元济这样的"读书人",才成就了它后来的辉煌出版事业;他自己入主商务印书馆编译所以及后来主持商务印书馆的工作,也充分说明"总编辑"一职对出版业是何等重要!

台湾商务印书馆长期以来"无所秉承",与主持工作的赵叔诚出身会计,对学术文化相对疏离有一定关系。王云五上任不久,鉴于自己年事已高,聘请其政治大学的学生徐有守为台湾商务印书馆的总编辑(后兼任总经理)。在徐有守因病离职之后,王云五又相继聘请周道济、杨树人、浦薛凤、马启华为总编辑,皆为台湾学界有一定名望的博学之士。

三

王云五领导台湾商务印书馆,面对的是一个与他民国时期任职商务印书馆完全不一样的环境。其一,台湾地方狭小,人口规模不大;其二,商务印书馆以教育出版起家,在中小学教科书出版方面,具有较大的市场份额,是主要的经济来源;而台湾商务印书馆根本不出教材,经济来源完全来自市场图书。

---

① 《王董事长对台湾商务印书馆全体同仁专题讲辞》,载徐有守《出版家王云五》,台湾商务印书馆,2004年,第211页。

因此，王云五除发挥商务印书馆的品牌优势，传承商务印书馆的成功之道外，在充分发掘市场方面，还有许多创新。

一是新书宣传。王云五入主台湾商务印书馆之后，一改出版界的低调作风，在主流大报头版刊登广告宣传推广图书。此前，台湾出版物广告向来仅刊于某些报纸之后页，王云五反其道而行之，"而尤以刊登《中央日报》首页出版广告，以此时之（台湾）商务印书馆为始"。① 虽然这是民国时期商务印书馆的传统做法，但今非昔比，那时的商务印书馆财大气粗，广告投入预算较大，此时的台湾出版业却经营困难，这种情况下，花大钱登广告，是需要一定气魄的，应该说也是一种创新。

二是灵活的销售政策。王云五大量采用预售打折的营销策略。网络时代，预售打折极为普遍，其用意一是快速回款，二是市场信息快速反馈，三是以低价吸引消费者的同时，逼退同类产品和挤垮同业的竞争。王云五对于预售打折的运用手法极为娴熟，几乎每一种大型丛书、文库，或定价高昂的单品贵重图书，都实行预售打折，而且越快订购，优惠越多。如《韵史》《汇刊涵芬楼秘笈》就在出书后的两个月内分别以七五折和七折的特价发售②。再如《人人文库》，"为鼓励多购多读，凡一次购满五单册者加赠一单册，购满十单册者，加赠二单册或一复册，悉听购者自选"。③ 后来发行的《人人文库》甲辑、乙辑因为多以团购为对象，又改为成套购买，八折发售。《国学基本丛书四百种》，同一套书，三个版本（精装1种，平装2种），三种定价。

三是引入杂志的出版方式，大型丛书化整为零，定期或不定期连续出版。这种出版方式曾在20世纪90年代的大陆出版界出现。而身在台湾的王云五早在20世纪60年代就用出杂志的方式出版图书，最著名的就是《人人文库》和《新科学文库》，均采用分辑编号出版，可单本出售，也可整辑购买，文库本身就像一个杂志出版平台，在统一的"办刊宗旨"之下，不断充实新的内容，连续出版，常办常新。《人人文库》自1966年7月创刊发行，其出版宗旨是"使青年学子得以廉价尽读有用之书"。④ 该文库连续出版时间长达近十年，出版图书三千余种，创

---

① 《王云五全集》第17卷，九州出版社，2013年，第283页。
② 《王云五全集》第18卷，九州出版社，2013年，第550页。
③ 《王云五文集》五（下），江西教育出版社，2008年，第1046—1048页。
④ 《王云五文集》六（下），江西教育出版社，2011年，第1252页。

造了台湾出版的一个奇迹。

四是引入社会资本,资助学术著作出版。王云五对西方的基金会制度十分赞赏。他先后担任嘉新文化基金会、中山学术文化基金会(简称"中山基金会")和孙哲生(科)先生学术基金会董事长。三个基金会设立的主要目的均为推动文化事业发展,其中就包括资助学术著作出版。

作为出版家,王云五深知台湾市场狭小,学术著作出版仅靠市场运营,难有作为。因此,当他担任基金会的董事长之后,资助学术著作出版作为一项公益事业,在他管理的基金会中就一直占有重要的一席之地。其中,嘉新文化基金会设有优良著作奖。孙哲生先生学术基金会主要致力于资助学术研究和学术著作出版。中山学术文化基金会除资助、奖励优秀学术著作、文艺创作的作者和资助出版专题研究成果之外,另设专门机构编译委员会。此外,王云五还利用其担任中华文化复兴运动推行委员会(简称"文复会")副主任委员、台北故宫博物院管理委员会主任委员等"职务之便",利用这些机构的资金资助或赞助学术著作的出版。

学术著作出版是商务印书馆的出版传统。王云五入主台湾商务印书馆之时,台湾被知识界讥为文化沙漠,学术著作由于不能盈利,出版更少。王云五以大量优质廉价的图书供应图书市场,又引入社会资本资助学术著作出版,一定程度上改变了台湾"文化沙漠"的面貌;台湾社会在经济高速发展的同时,出版界并未缺位,对文化繁荣也作出了应有的贡献。

在2017年8月21日召开的"商务印书馆与中国现代出版"专家座谈会上,中国出版协会理事长柳斌杰将商务印书馆的成功之道概括为"立意高远的出版宗旨,坚定不移的精品意识,面向国际的文化视野,重视人才的扶持培养"。[①] 虽然,王云五在台湾商务印书馆的实践,对于传承商务的传统,创新商务的精神,有其不可避免的时代局限性,但他确实做出了努力,也作出了贡献,同样是商务印书馆的一笔精神财富。

(原载武汉大学《出版科学》2017年第6期)

[①] 柳斌杰:《用好商务经验,建设出版强国》,《中国新闻出版广电报》2017年9月7日。

论商务精神的传承：
以张元济和王云五的交往为中心

张元济和王云五年龄相差20岁，性格迥异，志趣不同，两人先后执掌商务印书馆，成就了这家民国时期最重要的出版机构。1948年前后，两人在政治上作出不同的选择——张元济留在大陆，受到毛泽东主席的亲切接见；王云五迁居台北，受到蒋介石重用，先后出任台湾当局"考试院"副院长和"行政院"副院长。长期以来，学界存在褒张贬王的倾向，对两人交往多作"志不同而道不合"之类简单化的描述，缺乏深入研究。事实上，他们的关系十分密切，他们的友谊也超出一般人的想象。张元济是王云五的引路人，王云五是张元济的追随者。如果说，张元济是商务印书馆的旗帜，王云五就是商务印书馆的灵魂。民国时期商务印书馆的辉煌，是以他们为中心共同铸就的。1949年后，两人虽然身处海峡两岸，但晚年王云五仍以两人共同铸就的商务精神为依归，重振台湾商务印书馆。本文试图以两人的交往为中心，探讨商务精神的形成、核心、流变和传承，力求从另外一个维度来呈现商务精神的本质特征和当代启示。

一、商务精神的形成：张元济的胆识与王云五的锐意

商务印书馆在民元前后成功实现飞跃，成为中国规模最大和最著名的文化出版企业，奠定了"文化为魂、守正出新"的商务精神。但是，由于思想上的保守、经营上的失误以及人事纠纷等原因，1912年以后的十年间，商务印书馆发展趋缓。在五四新文化运动中，商务印书馆波澜不惊的表现，与风起云涌的北京大学形成鲜明对比，与其文化重镇的地位极不相称，受到知识界的强烈批评。

对此，商务印书馆核心人物张元济、高梦旦等认为，要改变这种状况，关键在于大胆起用或引进新人，特别是经过新文化运动洗礼的西学人才。但在用人和

一系列重大问题的决策上，商务印书馆内部以张元济为首的书生派（改革派）和以高凤池为首的教会派（守旧派）存在严重分歧。书生派多系文化人，重改革创新和向外发展；教会派多属创业元老及其亲朋故旧，偏向保守和固守本地小圈子。"高凤池主张用老人，张元济因为旧人里不能办事的人已不少，主张用年轻人；高主张用平素熟悉的人，张主张用能干的人，不论熟悉与否。"①

张元济想要的是像胡适这样留学欧美、回国后引领学界潮流的新派人物，而王云五显然算不上"新人"。所以，当 1921 年夏天胡适推荐王云五自代时，"自命为随时留意人才"的张元济、高梦旦等人却大感诧异，"竟不曾听见过这个名字"。②不过，胡适在介绍王云五时说的三个优点——道德高尚、读书广博、办事能力强，还是说动了张元济。张愿意引进王云五到编译所，先试用；三个月后，又建议先做副所长，协助高梦旦。由于高梦旦认准了王云五是个人才，相信他必能通过全面改革，打破编译所多年以来的沉闷局面，所以王云五直接接了高梦旦的所长职位。

1926 年，张元济年满 60 岁，董事会在批准他退休的同时，推举他为商务印书馆的董事会主席（董事长）。张元济继任董事会主席之后，鉴于鲍咸昌年事已高，精力不济，开始考虑总经理的继任人选。同时，他对商务印书馆的管理现状和频繁工潮也颇为不满，他希望继任的商务印书馆总经理至少在这两个问题上必须有所作为。1929 年 11 月，鲍咸昌去世。张元济在综合考虑了内部选拔和外部引入的诸多人选之后，认定其时已离开商务印书馆编译所转赴中央研究院社会科学研究所任研究员的王云五为最佳人选。

在编译所所长任上，王云五对编译所进行了全面改革。一是大量引进具有西学背景的新式人才，使编译人员由 100 多人扩充至 300 人左右。二是制定严格的稿酬制度，将编译、翻译、自编、外请、撰稿、译稿等情况进行分类，并按质分级，分别给酬；又使版税稿酬逐渐制度化。三是调整出书方向，由小教育向大教育转型，大量出版学生课外读物；一般读物由学术著作（包括古籍整理）为主向学术著作与普及读物并重转型。此外，王云五还在工潮迭起之时勇于担责，负起本不应他担负的责任，化解了许多日益激化的矛盾。

应该说，以张元济为首的董事会选择一个"外人"，而不是具有浓厚家族背

---

① 汪家熔：《大变动时代的建设者：张元济传》，四川人民出版社，1985 年，第 186 页。
② 胡适：《胡适的日记》（上册），中华书局，1985 年，第 208 页。

景的创始人子弟①来担任总经理,主要还是看中王云五的学识和"办事"能力。如果说,在引进王云五之时张元济还有所犹豫的话,那么,聘任王云五担任总经理则是对王云五高度认可之下作出的决定。从引进王云五这样一个连小学都未毕业,且在出版界毫无资历的人到全国最著名出版机构担任编译所所长,再到出面请回本已离职的王云五回馆担任总经理,张元济都是这一决策的关键人物。这一过程充分体现了张元济的用人胆识。张元济的胆识魄力和王云五的锐意进取,充分诠释了"文化为魂、守正出新"的商务精神。

王云五任商务印书馆总经理之后,全面实施科学管理,同样得到张元济大力支持。随着交往增多,作为董事长的张元济和担任总经理的王云五在出版理念上彼此认同,在工作中配合默契,逐渐建立起良好的私人感情,完成了商务精神的一脉承续。正如王云五所说,1932年"一·二八"事变之后,"菊老知我益深,不仅在公务上无事不尊重余意,力为支持;即私交上亦无话不说,取代了梦旦先生对余之关系地位"。②

二、商务精神的凝聚:患难之交助重建

王云五担任商务印书馆总经理的时间(1930年2月至1946年5月)大致与中国全面抗战的十四年时间(1931年9月至1945年8月)重叠。在此期间,张元济与王云五携手共进,克服重重困难,四度复兴商务印书馆。

1932年"一·二八"事变,商务印书馆馆舍被日军炸毁,经济损失高达1600余万元。东方图书馆四十余万册图书资料全部烧毁,其中很多是珍稀的古籍文献,损失不可估量。商务印书馆被迫停业。张元济和王云五为尽快复兴商务印书馆进行了不懈的努力。张元济不顾年迈,重返一线,担任商务印书馆善后委员会委员长和东方图书馆复兴委员会主席。在最艰难的日子,他每日到馆,"竭其垂敝之精力,稍为云五、拔可诸子分尺寸之劳"。③

王云五是商务印书馆善后委员会和东方图书馆复兴委员会主任,作为商务复兴事业的前线总指挥,可以说承受了最大的压力。为尽快复业,商务印书馆决定

---

① 当时夏瑞芳的儿子夏鹏(小芳)、鲍咸昌的儿子鲍庆林都在商务印书馆担任重要职务,是作为接班人培养的。
② 王云五:《王云五文集》五(下),江西教育出版社,2011年,第669—670页。
③ 张人凤编著:《张菊生先生年谱》,台湾商务印书馆,1995年,第306页。

先将全体职工解雇，复业之后再酌情招录职工。一方面，商务印书馆的经济极其困难；另一方面，职工对此决定又极不理解。而在这最困难的时候，他的老父撒手人寰。数重打击之下，王云五"须发皆白，而仍不见谅于人"①。

在复兴商务印书馆的过程中，张元济为首的董事会成为王云五的坚强后盾。1933年2月24日商务印书馆召开第406次董事会，王云五报告上年公司获得盈余82万元，主持会议的张元济特别提道："去年公司遭此大难，尚能有此成绩，皆属办事人之努力，极当佩慰。特代表股东向办事人致谢！"②在当年4月5日召开的第408次董事会上，张元济又临时提议："上年公司办理善后，为期六月，办事人辛苦异常，津贴仅占薪水六折至三折。炮声之中炎暑之下，无一日休息……公司另拨三万元，以一万元酬劳善后办事处常务委员王（云五）、李（拔可）、夏（小芳）、鲍（庆林）四君，二万元酬办事处同人。"③

这一段时间，王云五与张元济过从交往甚密，从张元济日记和年谱可以看出，两人互访（到家）次数较多，经常在一起议事，或一同出门访客、看戏等。1936年6月，张元济70岁生日，为了给一向"避寿"的菊老祝寿，王云五别出心裁地策划出版了《张菊生先生七十生日纪念论文集》作为"寿礼"，并亲自起草了征集论文公告，与胡适、蔡元培联署发布。公告之中，王云五满含敬重之情描述了他眼中的张元济："张先生是富于新思想的旧学家，也是能实践新道德的老绅士，他兼有学者和事业家的特长。"④这是笔者所见对张元济的出版家、学者身份以及其高尚人格魅力最为传神的描述。当年印出的由王云五策划和主编的商务印书馆重大出版项目《中国文化史丛书》的各书封里，都加印了王云五专门写下的话："张菊生先生致力于文化事业三十余年，其躬自校勘之古籍，蜚声士林，流播之广，对于我国文化之阐扬，厥功尤伟。'中国文化史丛书'之编印，实受张先生之影响与指导。第一集发行之始，适当张先生七十生日，谨以此献于张先生，用志纪念。"⑤其情深义重可谓溢于言表，令人感喟。

1937年11月上海沦陷之后，王云五先后辗转香港、重庆，主持商务印书馆

---

① 王云五：《王云五文集》六（上），江西教育出版社，2011年，第221页。
② 张人凤编著：《张菊生先生年谱》，台湾商务印书馆，1995年，第312页。
③ 张人凤编著：《张菊生先生年谱》，台湾商务印书馆，1995年，第313页。
④ 蔡元培：《张菊生先生七十生日纪念论文集》，商务印书馆，2012年重印本。
⑤ 张人凤编著：《张菊生先生年谱》，台湾商务印书馆，1995年，第352页。

的经营业务；张元济领导的董事会及李拔可、夏小芳、鲍庆林等高管则一直在上海坚守。商务印书馆作为经营管理层面的职能部门"总管理处"名存实亡，取而代之的是王云五根据需要临时成立的各种"办事处"和"业务组"。这是战争时期为求商务印书馆业务发展不停顿而被迫作出的一种特殊安排。从中可以看出张元济和王云五为商务印书馆的发展殚精竭虑的务实精神。由于王云五一直滞留香港、重庆，从未回到上海，而张元济在1940年5月曾以74岁高龄和董事长之尊，只身往港，与王云五晤谈，有人据此推测王云五与张元济之间存在不和。[①] 王云五去世之后，其子王学哲清理遗物，发现王云五一直珍藏着张元济的来信。[②] 2009年，台湾商务印书馆出版王学哲编的《艰苦奋斗的岁月（1936—1948）：张元济致王云五的信札》，共收入抗战期间张元济写给王云五的132封信。这批信件的刊布，可以一窥两人在抗战时期的种种交往细节。很可惜，王云五致张元济的信，笔者至今也没有见到，只能通过张元济在回信中的引述来了解一些事情的来龙去脉。从这批信件可以看出，张元济与王云五不但不存在任何芥蒂，反而在艰难困苦中更显情深意切。

首先，虽然张元济与王云五千里相隔，但两地人员互动和书信往返极为频繁。张元济致王云五的信函，1938年为30封，1939年为32封，1940年为24封，有些月份多至五六封，几乎是前函未到，后函又发。据此推测，王云五致张元济的信，数量应该也相当可观。如1938年3月31日张元济致函王云五说："岫庐先生阁下：本月十四、十五、十七、廿二、廿五叠上五函计均已达览。"[③] 两人往返书信的内容多为讨论商务印书馆的业务，涉及公司的大政方针、人事安排、财务支出等。太平洋战争之前，沪港两地交通畅顺，李伯嘉、史久芸等商务印书馆骨干都曾衔命访港；王云五虽然不曾返沪，没有参加在上海召开的董事会，但需由总经理报告的事项，他都事先书面拟好，由李伯嘉代为宣读。因此，商务印书馆的经营管理指挥系统并未因为董事长与总经理不在一起办公而受到影响。

[①] 汪家熔：《商务印书馆史及其他：汪家熔出版史研究文集》，中国书籍出版社，1998年，第137—138页。

[②] 这批书信的数量，根据王云五自述，"不下十余万言"。参见《王云五文集》五（下），江西教育出版社，2008年，第980页。

[③] 王学哲编：《艰苦奋斗的岁月（1936—1948）：张元济致王云五信札》，台湾商务印书馆，2009年，第49页。

其次，张元济对王云五在艰难困苦中复兴商务印书馆的工作成果和拼搏精神极为赞赏，对王云五由于在经营管理上的一些措施而开罪于人表示充分理解，对王云五推行的各项政策措施全力支持。1937年11月25日，张元济致函王云五，充分肯定他到香港后的工作。"港厂工作力量，自兄整理后，每日可由十万，增至二十万册，不胜钦佩。"①1938年5月12日，面对内部争论颇大的提薪要求，张元济致信表示："我兄思想精密，或弃或取，必能一言而决也。"②1938年11月29日，张元济在信函中称赞王云五："处此之时，犹能拼力治事，籍以志忧，此等精神，实不可及，令人钦佩无极。"③1939年8月15日，张元济在读完王云五托史久芸从香港带回上海的30页纸公司经营计划后，立即回函称："我兄于全局之事，无不思深虑远，措置周详，即沪处编译、印刷、发行诸事，极至细微之处，无不全神贯注，指示周密，至深钦佩。"④为了支持王云五的工作，张元济从上海派了蔡公椿、史久芸到香港协助王云五，又以李伯嘉、史久芸充当联络员，往来沪港，沟通联系。当沪港两地人员因为王云五减薪裁人而对他进行攻击时，张元济在董事会上和公司内外均力挺王云五，并力主对造谣诋毁之人"以法律起诉"。

再次，虽然分处两地，但张元济与王云五在商务印书馆的发展上，思想一致，配合默契。这段时期商务印书馆的重大计划和政策措施都是先经过两个人书信往返，充分沟通之后，由王云五写成书面意见或起草相关文件，再经董事会讨论通过和发布。有些私人之间的沟通，为开诚布公起见，张元济会将王云五的信函在董事会上宣读或在个别董事、高管中传阅。比如，关于公司1939年的股息分红，多位董事要求分到五厘，张元济则"以为公司财政窘迫至此，断难迁就"，主张减为三厘，王云五也主张三厘，但考虑到各方利益平衡，表示财政困难他能够克服，

---

① 王学哲编：《艰苦奋斗的岁月（1936—1948）：张元济致王云五信札》，台湾商务印书馆，2009年，第33页。

② 王学哲编：《艰苦奋斗的岁月（1936—1948）：张元济致王云五信札》，台湾商务印书馆，2009年，第52页。

③ 王学哲编：《艰苦奋斗的岁月（1936—1948）：张元济致王云五信札》，台湾商务印书馆，2009年，第61页。

④ 王学哲编：《艰苦奋斗的岁月（1936—1948）：张元济致王云五信札》，台湾商务印书馆，2009年，第72页。

五厘也行。最后董事会还是按张元济的提议通过,股息定为三厘。① 又比如,对同人怠工的处理。1939 年前后,沪港两地的商务印书馆职工为争取利益多次发生怠工,现场甚至出现争斗闹事场面,王云五处于舆论纷争的漩涡之中。张元济与王云五一样,"力主从严",同时因为上海情况更为复杂,王云五又不在现场,使得怠工情况有一段时间几乎失控。为此,张元济深为自责,在致王云五的信中表示:"弟于此事无法贯彻其主张,愧对吾兄,负疚无极。"②

张元济与王云五不但在工作上互通信息,互为协力,共同领导商务印书馆在抗战时期渡过难关,而且在生活上嘘寒问暖,互相照应。张元济的信件除了大部分谈工作之外,也有一小部分涉及私事。张元济对王云五家人常有问候,也经常托王云五在港办些私人的事。国民党军撤出上海之后,日军进驻,上海物价飞涨,张元济生活日益困难。1938 年 3 月 2 日,王云五写信表示,以后每月接济张元济 200 元生活费,张元济考虑公司经营困难,因而婉拒不受,但"愈感良朋之相知深也"③。1939 年底,为了应付生活,张元济卖掉房子,搬入"孤岛"租界租房生活。抗战后期,张元济在上海以卖字贴补生计,王云五在重庆为他吆喝,"邀集友人,代订润例",以增加张元济卖字的收入。④1942 年 11 月 18 日,张元济与李拔可联名致函王云五,要王云五自当年元月起,每月给自己加支"战时津贴一千元",用以缓解其一家人在重庆的生活困难。⑤抗战胜利之后,王云五一度想变卖上海北四川路的房子,托张元济在上海代为"探询市价"。⑥

总之,在全面抗战的十四年间(1931—1945),王云五与张元济两人之间关

---

① 王学哲编:《艰苦奋斗的岁月(1936—1948):张元济致王云五信札》,台湾商务印书馆,2009 年,第 104 页。

② 王学哲编:《艰苦奋斗的岁月(1936—1948):张元济致王云五信札》,台湾商务印书馆,2009 年,第 77 页。

③ 王学哲编:《艰苦奋斗的岁月(1936—1948):张元济致王云五信札》,台湾商务印书馆,2009 年,第 44 页。

④ 王学哲编:《艰苦奋斗的岁月(1936—1948):张元济致王云五信札》,台湾商务印书馆,2009 年,第 121 页。

⑤ 王学哲编:《艰苦奋斗的岁月(1936—1948):张元济致王云五信札》,台湾商务印书馆,2009 年,第 118 页。

⑥ 王学哲编:《艰苦奋斗的岁月(1936—1948):张元济致王云五信札》,台湾商务印书馆,2009 年,第 211—212 页。

系不仅毫无芥蒂，相反极为融洽。王云五说："在此时期，我的一切措施，他无不赞助，一方面由于他爱护商务印书馆，他方面也因为我们之间已经建立了深厚的友谊。"① 应该说，商务印书馆在抗战期间能够历尽各种劫难而不倒，两人之间的这种患难情谊和工作上的密切配合在其中发挥了重要作用。

三、商务精神的核心：民族大义铸就文化之魂

张元济、王云五两位出版家能够在全面抗战期间患难与共、通力合作，除了共同的事业追求（两人都将商务印书馆视同自己生命），在日本侵略者面前表现出的民族大义和爱国情怀，则是他们共同的思想基础。

1930年6月1日，美国《纽约时报》记者艾朋（H.Abend）以《为苦难中国提供书本而非子弹》为题，长篇报道了处于战争阴云密布下的商务印书馆和王云五（其时身在美国）的事迹。面对侵略者的残暴，出版家提供精神食粮，不但是战时的应尽之责，在振奋民族精神方面，其发挥的作用并不亚于子弹枪炮。这一战时出版宗旨，成为张元济和王云五在全面抗战时期四度复兴商务印书馆的强大精神动力。1932年"一·二八"事变之后，已经退休在家、主要时间都在整理和点校古籍的张元济第一时间赶回办公室，主持召开董事会紧急会议，商议对策。他以（商务印书馆）"设竟从此澌灭，未免太为日本人所轻"激励同人。连续数天，他都全天在馆中服务，表示只要"一息尚存，仍当力图恢复"。② 王云五也从这一突变中看到了商务印书馆作为文化重镇在国家民族危难之际所能发挥的巨大作用。他说："'一·二八'事变爆发后，商务印书馆的牺牲是很大的。我认为商务印书馆为能抵抗外侮的十九路军而牺牲，虽然损失极大，毕竟还算值得……商务印书馆因此而牺牲，比之出千万部书以贡献教育文化，其效力尤大。"③

董事会的全力支持，王云五的"苦斗"，使巨劫之后的商务印书馆很快获得重生。1932年8月1日，商务印书馆总管理处、上海发行所和租界内新设工厂，同时复业。"为国难而牺牲，为文化而奋斗"的大幅标语高悬在发行所大楼外墙，"同人与顾客见者无不动容"。④ 为了表示对日本侵略中国、妄图毁灭中国文化的

---

① 王云五：《王云五文集》五（下），江西教育出版社，2008年，第977页。
② 张元济：《张元济全集》第2卷，商务印书馆，2007年，第549页。
③ 王云五：《一·二八》（在国耻周的演讲），《申报》，1933年5月20日。
④ 王云五：《王云五文集》六（上），江西教育出版社，2011年，第223页。

愤慨,表达中国人复兴文化的坚强意志,商务印书馆在重印书的版权页上加署"国难后第一版"字样,又出版《复兴教科书》《复兴丛书》作为纪念。同年10月6日,《东方杂志》复刊,王云五在复刊的《卷头语》上说:"我所以不顾艰苦,不避嫌怨,力排万难把商务印书馆恢复,并没有什么高远的目的,只是为我们中国人争一点点的气。"再次表明他复兴商务印书馆是对日本文化侵略的反击。1933年4月,东方图书馆复兴委员会及东方图书馆复兴基金成立,张元济为复兴委员会主席,委员包括胡适、蔡元培、陈光甫、王云五、盖乐(美国)、欧特曼(德国)、张雪楼(英国)、李荣(法国)等人。① 商务印书馆董事会决议每年从公司盈余的公益金中拨出1/3充入基金,直至东方图书馆恢复对外开放。1933—1934年,商务印书馆连续两年共拨出9万元,张元济个人捐出1万元,充入东方图书馆复兴基金。王云五在国内外组织了9个赞助委员会,接受各项捐赠。1934年10月,德国捐赠大宗名贵德文图书3000余种。1935年6月,上海法租界公益慈善会捐赠法文名著1500余种。仅仅两年多时间,东方图书馆复兴基金已累积至约20万元,各类图书已累积至近15万册。

1937年张元济重新修订了旧著《中华民族的人格》,选取中国历史上著名的舍生取义的民族英雄故事,既是以书言志,表明气节,又是激励国人,振奋民族精神。淞沪抗战时,国民党政府推出"救国捐",稍后又发行"救国公债",上海书业积极捐献,认购34万余元,总额在各行业中排名第五,仅次于银行、钱庄、保险和棉布业。商务印书馆和中华书局各认购15万元,接近书业认购总额的九成。②

为解决职工生活困难,商务印书馆没有大规模解雇职工,更没有以歇业为名遣散职工。即使工潮爆发,也尽可能满足职工要求。

1937年11—12月,上海、南京相继沦陷,国民政府迁都重庆。随后,商务印书馆的出版业务相继在香港与重庆展开。但商务印书馆的总管理处、董事会仍在上海,董事长张元济,经理夏小芳、李拔可、鲍庆林,发行所长曹冰严,以及相当一部分职员也留在上海。从表面看,商务印书馆的决策、管理还在上海,实际上商务印书馆的决策和管理则随着王云五在香港和重庆而"应变"。这是商务印书馆在抗战时期为维持出版业务并振奋民族精神而不得不采取的灵活的"战时

---

① 张人凤编著:《张菊生先生年谱》,台湾商务印书馆,1995年,第313页。
② 周武:《二战中的上海》,上海远东出版社,2015年,第308页。

出版体制"。"八一三"事变后，王云五位于上海北四川路的房子周围成为淞沪会战的战区，全家被迫迁入公共租界威海卫路688号租住。上海沦陷之后，再次举家迁居香港。

王云五留居香港，既要统筹商务印书馆的通盘业务，又要协调上海总馆留守人员的各种关系。这段时间，留守上海的张元济与迁居香港的王云五书信往来频繁，张元济多次派李伯嘉、史久芸等高管人员到香港沟通，两人通过这种方式，共商馆务，共渡难关。有关战时的管理制度，往往由王云五在香港拟好后，经张元济与留守上海的李拔可、鲍庆林等共同商议，然后实施。重大事项，如确定节约委员会名单及章程、制定记功给奖暂行办法、工人要求提高薪折（"八一三"之后职工薪折减半）、股东要求股息分红升折等，张元济一定写信征求王云五的意见，甚至一些像员工在办公室吸烟这样的小事，张元济也写信问王云五"能否发一通告，直捷（接）禁止，若仅仅劝告，终归无益也"。①

事实上，留守上海的张元济常感孤立无援。1938年9月，由于夏小芳请长假赴美，鲍庆林代理经理一职；1940年7月，鲍庆林因身体病况，辞去代理经理职务；1941年7月，李拔可又辞去经理职务，鲍庆林不得不抱病再出，继任经理。张元济把李伯嘉提为代理经理。此时，张元济身边可以一起商量和做事的，只有李伯嘉一人而已。每当他要找人商量商务印书馆的事情，他就开始想念王云五，"公不在此，弟思之不禁傍（彷）徨无计"。②商务印书馆素有工潮传统，工会力量虽在"一·二八"后经王云五暗中做手脚有所削弱，但在"八一三"后商务印书馆做出不裁员工、薪酬减折的决定之后，不满情绪逐渐酝酿；再加上出版业务主要转去香港，在上海的工人生活更加困难，情绪开始激化。上海沦陷后，张元济就不断受到"同人闹事"的困扰。虽然张元济"力主从严"，但其多阻力。1939年1月23日，史久芸等人正在商务印书馆驻沪办事处吃饭，"忽有旧工人，当场掷粪，污及八人"。③

---

① 王学哲编：《艰苦奋斗的岁月（1936—1948）：张元济致王云五的信札》，台湾商务印书馆，2009年，第63页。
② 王学哲编：《艰苦奋斗的岁月（1936—1948）：张元济致王云五信札》，台湾商务印书馆，2009年，第67页。
③ 王学哲编：《艰苦奋斗的岁月（1936—1948）：张元济致王云五的信札》，台湾商务印书馆，2009年，第77页。

坐镇香港的王云五就在这样内外交困的处境下，艰难地进行着商务印书馆的复兴事业。对于这段时间的"苦"，王云五曾在致胡适的信中谈及："我这两年的苦真非'一·二八'时所能比拟，那时候痛定便可复兴，这时期则一面破坏一面复兴，一面复兴又是一面破坏，加以疆土日缩，营业日艰，成本日重，运输日难，而生活困难程度日高，同人之欲望亦日大，而'八一三'以来我的作风正和'一·二八'后相反，全体同人不使一人失所，全部事业不尝一日停顿，因此苦中加苦，不知从何说起。所幸身体尚能支持，'一·二八'后几年内黑胡子变成了白胡子，'八一三'两年内身体减重三十磅，精神上却还如常。"①

上海沦陷之后，商务印书馆在上海非常有限的出版活动只能退入相对还安全的公共租界和法租界，开始艰难的"孤岛"时期的留守出版。"孤岛"时期，商务印书馆在上海的出版业务由临时成立的驻沪办事处经办。一方面，上海物价飞涨，人心惶惶；另一方面，租界当局害怕日军滋事。因此，商务印书馆驻沪办事处主要经营库存图书，还有就是"在上海租界工部局随时警告之下，印刷一些古籍及纯学术的书"，②新书出版则基本停止。张元济想办法补印了战前已预售收款的《景印元明善本丛书》和《续古逸丛书》中的数种珍贵图书。经理李拔可、夏小芳带领小部分编辑人员主要从事《辞源》增订和《清代人名大辞典》编纂工作。面对危机，张元济积极倡言并身体力行节约办事，表示"欲维持公司之生命，开源非易，惟节流而已"，要求馆方停止他家的供热、雇用汽车及减少津贴，"盖此后情形全国人民及本公司均非穷干苦干不可"。③

太平洋战争爆发后，日军立即进驻上海公共租界和法租界，查封了商务印书馆位于租界内的发行所、工厂和仓库，抄去书籍460万册、排版用的铅字50余吨，商务印书馆在上海的出版事业由此基本停止。繁荣兴盛的上海出版业，"沦陷之后，却由报社和杂志充任了图书出版的主角。盛衰之判然，令时人有不胜今昔之感"。④曾经是远东最大出版中心的上海书业在抗战期间遭受前所未有的重创和摧残，元

---

① 《王云五书信三十六通》（1938年10月30日），耿云志主编：《胡适遗稿及秘藏书信》（第二十四册），黄山书社。
② 张人凤编著：《张元济先生年谱》，台湾商务印书馆，1995年，第458页。
③ 张树年、张人凤编：《张元济书札》（中），商务印书馆，1997年，第543页。
④ 王余光、吴永贵著：《中国出版通史》第8卷，中国书籍出版社，2008年，第145页。

气大伤,再未恢复,"书业黄金时代"由此终结。①

日军进驻"孤岛"之后,王云五曾派商务印书馆西安分馆经理借探亲机会赴上海拜访张元济、鲍庆林等,行前要他带话"无论如何,必须坚守国家立场,力拒与敌伪合作。第一不可参入敌伪资本,第二不可以任何方式与敌伪合作","万万不可有违反国策之出版物"。② 这与张元济的想法完全一致。

商务印书馆在上海留守,比之王云五在大后方碰到的情形,不知艰难几倍。物质的困顿,可以想办法克服;而精神的坚守,却需要更为坚强的意志。尤其是张元济要在日军的残暴烈焰和汪伪的威逼利诱中,一方面保持民族气节,一方面还要维护商务印书馆的火种,这就需要刚柔并济的策略和能屈能伸的手段。

面对日伪势力的步步紧逼,以张元济为首的商务印书馆董事会,在迫不得已的情况下,参与组建"中国联合出版公司",实在是委曲求全的非常之策。在大多数出版业同行变更资本、向汪伪政权注册登记的情况下,商务印书馆始终洁身自好,绝不随波逐流。为了避免外来资本(日资和汪伪资本)侵入,张元济煞费苦心,在沦陷时期,商务印书馆不开董事会、股东会,资本构成始终未曾改变。

王云五对于上海沦陷之后坚决维护商务印书馆"火种"的董事会给予高度评价:"上海沦陷后,公司备受敌伪胁迫、危害,但在菊生先生暨各位董事主持下坚决抗拒,始终不屈,不开股东会,不改选董事、监察人,不更改组织,甚至连公司的股本都未增加。我们实在可以自豪!诸位看看处在当时恶势力下工商机构改组的有多少,但本公司始终没有改组,增资的有多少,但本公司始终没有增资。这不能不归功于菊生先生和其他几位董事。"③

抗战期间,商务印书馆的资产被大量损毁和掠夺。据汪家熔的估算,扣除急速飞涨的通货膨胀因素,直到1947年,商务印书馆的实有资产仅及其股本500万元的1/3,而股票行市也仅及原值的1/3。④ 在极为困难的情况下,张元济、王云五带领商务印书馆在"一·二八""八一三"和日军突袭香港的三次巨劫后,由上

---

① 周武:《二战中的上海》,上海远东出版社,2015年,第307页。
② 王云五:《王云五文集》伍(下),江西教育出版社,2008年,第819页。
③ 转引自汪家熔:《商务印书馆史及其他:汪家熔出版史文集》,中国书籍出版社,1998年,第171页。
④ 参见汪家熔:《商务印书馆史及其他:汪家熔出版史文集》,中国书籍出版社,1998年,第171页。

海而香港,由香港而重庆,四度复兴商务印书馆。在战争突临这样的大灾大难面前,商务印书馆表现出的英勇不屈,无愧于中国读书界的重镇和中国人精神象征的荣誉。以张元济和王云五为代表的两代出版家在民族危难之际,不顾个人安危和荣辱,以民族大义为重,体现了商务精神的核心价值,铸就了中国文化之魂。

四、商务精神的传承:跨越海峡的文化守望

1948年12月19日,商务印书馆召开股东会,选出新一届的董事会,王云五不再担任董事职务。此时的王云五,币制改革彻底失败,财政部长职务也已辞去,身上还背着共产党"战犯"的罪名,他的心情坏到了极点。他与张元济的友情遂永成记忆,只有各自留在心底了。

1963年底,王云五从香港媒体获知张元济作古的消息(其实张元济于1959年8月14日去世)。当时,王云五无官一身轻,正考虑退休以后是多做些研究和著述的工作,还是再为台湾商务印书馆做些事。张元济去世的消息,促使王云五下了最后的决心:重振台湾商务印书馆。

台湾商务印书馆"来台以还,物力式微,出版事业,有如停顿"。① 王云五直指其原因在于主持工作的经理赵叔诚无所作为,"多年来经理人无所秉承,对于出版业务遂未能发展"。② 经过一番运作,王云五被台湾商务印书馆董事会推选为董事长。随后,王云五从出版理念、出书方向及经营管理等方面,对台湾商务印书馆进行了全面革新。短短十年间,台湾商务印书馆从几乎无以为继,发展成为台湾首屈一指的出版机构。王云五在台湾商务印书馆的全面革新,实际上是他对民国时期商务印书馆全方位的继承和发展,是对商务精神的传承。

在张元济为商务印书馆打造的精神气质中,王云五认为自己是当之无愧的继承者。商务印书馆的精神气质,在出书层面,是整理国故与传播新知并重;在企业管理层面,是严谨和规范的科学管理;在文化理念上,是追求学术独立,为读者供给优良读物,倡导健康向上的阅读。这几条,是张元济为商务印书馆规划设计和倡导践行的,也是王云五所努力追求的,无论王云五在编译所和全馆系统怎么改革,张元济作为舵手,牢牢把住了这几条,而王云五的一系列改革,则事实

---

① 王云五:《王云五全集》第19卷,九州出版社,2013年,第257页。
② 王云五:《王云五文集》五(下),江西教育出版社,2008年,第993页。

上强化了这几条。

王云五主政商务印书馆时期（1930—1946年），大力推行科学管理，实际上是对张元济设计的商务印书馆改革路线的贯彻实施；在出书方针上，他依然贯彻了张元济所制定的以教科书推动教育革新，以学术图书促进文化进步的思想。可以说，在大的方向上，他是完全按照张元济制定的商务印书馆发展战略来走的，这应该是张元济在公司事务上处处尊重和支持王云五的基础。王云五总结商务印书馆在全面抗战时期三次劫难、四度复兴的成功之道时说："一则有严密的管理规则，二则有相当的人才，三则各同人能够爱护公司。"① "如果说我办商务有什么成功的秘诀，第一是'科学管理'，第二是'老板主义'。"② "老板主义"是对公司"负绝对的责任"的态度，是勇于担当、绝不后退的精神。王云五认为，张元济是"老板主义"的榜样，自己做商务印书馆总经理，在精神上传承了张元济的"老板主义"。王云五说："他（张元济）并不是大股东，可是他当总经理时，却以老板自居。他处处负责任做事。我承袭着他的作风来干总经理。"③

中华人民共和国成立之后，商务印书馆开枝散叶，历经历史的风云变幻，新加坡、马来西亚以及我国台湾、香港的商务印书馆，与北京的商务印书馆既有历史的渊源，也有各自的经营特色。由于王云五与张元济的私人情谊及他对商务精神的文化守望，台湾商务印书馆在精神气质上是比较接近民国时期商务印书馆的。王云五去世之后，其子王学哲、其孙王春申先后执掌台湾商务印书馆，商务精神得以继续传承。

另外，虽然分处大陆和台湾，但在晚年从事公益事业上，张元济与王云五作出了相同的选择。张元济和王云五都是早期图书馆事业的开创者和参与者，张元济一手创建了商务印书馆的藏书机构——涵芬楼，并推动其向公共图书馆转型。1925年，涵芬楼更名为东方图书馆，向公众开放阅览。王云五以编译所所长兼任东方图书馆馆长。抗战时期，为保存珍贵的中国典籍，张元济联合一批藏书家创建合众图书馆，又将许多私人珍藏的稀有古籍捐赠给图书馆。王云五则多次表达了自己身后要将全部私人藏书捐赠以便建立一家图书馆的愿望。1972年5月，王

---

① 王云五：《王云五文集》五（上），江西教育出版社，2008年，第626页。
② 《访王云五谈老板主义》，《中央周刊》，第18号，1941年12月。
③ 《访王云五谈老板主义》，《中央周刊》，第18号，1941年12月。

云五创设财团法人"云五图书馆"。其本人捐出 100 万元（新台币，下同）和一部分股票（价值约 100 万元），另由台湾商务印书馆捐出 40 万元，他的学生们捐赠十多万元，作为云五图书馆的首批资金。图书馆用地是王云五早就买下的一块土地，面积五十多坪（1 坪约为 3.3057 平方米），就在台北市新生南路三段十九巷 8 号王云五住宅对面（王云五生前手订遗嘱，其住宅在他及夫人去世后捐出，供云五图书馆扩建之用）。1974 年 10 月 2 日，云五图书馆对外公开借书及开放阅览，完全免费。图书馆的基本馆藏是王云五来台之后搜购的 4 万余册图书和 200 多种中外杂志，台湾商务印书馆免费提供的样书样刊，以及社会热心人士的捐赠。

1985 年，张元济图书馆在浙江海盐（张元济故乡）落成，早年曾在商务印书馆工作过多年的陈云同志题写了馆名。以商务印书馆两任主政者命名的图书馆分别在海峡两岸向公众开放，显示了商务印书馆作为文化传承者超越意识形态的强大生命力。

余论：张元济与王云五的名利观

商务印书馆史研究专家汪家熔认为，商务印书馆前后有三位独当一面的人：夏瑞芳、张元济和王云五；职工在背后分别称呼"夏老板""菊老""王云五"。"三种称呼反映了商务印书馆职工对三任主政者不同作风、性格的看法和感情"。从性格上看，张元济刚毅，而王云五较为圆滑；张元济疾恶如仇，而王云五更善于隐忍；张元济大公无私，而王云五私心较重。不过，在工作作风上，两人又颇为相似，即在工作上雷厉风行，执行力较强；强调科学管理，用制度管人管事。性格上的不同并未成为张元济和王云五私交的障碍，反而为他们工作上的互补提供了良好的条件。

张元济对"办事"同人慷慨大方，对自己则颇为苛刻。退休之后，他对于馆中报酬从来分文不取，而对于商务印书馆的工作，则从来视作义务。虽然"不在馆中办事已有多年，其实每日在寓为馆所办之事，比之在馆时，有过之无不及，而对于报酬分文不取。就其亲自校订之书，出版后送其一二部作为纪念品，亦必谦逊不受"。[①] 张元济在主持编译所工作时，策划和组织编辑出版《辞源》《中国人名大辞典》《中国古今地名大辞典》《中国医学大辞典》，均属商务印书馆的

---

① 张人凤编著：《张菊生先生年谱》，台湾商务印书馆，1995 年，第 328 页。

标志性出版工程。在图书出版时，张元济却不署名，署名的是具体主持编辑工作的陆尔奎、藏励和、谢观。"遇公司有重要问题时，立即挺身而出，尽力帮助。平时疾恶如仇，数十年来不知不觉养成一种风气，稍知自爱者，无不翕然成风。"① 张元济无疑是商务印书馆内外的道德标杆。

王云五是上海洋行买办出身，有着广东人的精明和上海人的算计，长期在商界奋战，深受商业文化的浸润，有着强烈的名利思想。他发明四角号码检字法，虽说一开始就宣布放弃专利申请及经济上的收益，但他要求所有应用者必须注明"采用王云五氏四角号码检字法"的字样。因此，所有采用四角号码检字法编写的字典、词典工具书，均附有《四角号码检字法》，都标有"王云五发明"这五个字。商务印书馆的许多集体项目，如各种丛书和教科书，王云五都要挂名，什么主编、总编辑、总编纂、总纂述之类，不一而足。"在他掌握商务的实际活动以后，'王云五主编'五个字是商务出版物封面和内封上的'最常用字'。"② 王云五主持或自己动手编著的工具书，为了表示自己拥有著作权，当然更是为了商业上的利益和进一步的社会影响，干脆把自己的名字放在书名里，《王云五大辞典》《王云五小辞典》《王云五新词典》《王云五综合词典》《王云五小字汇》《云五社会科学大辞典》，等等。1967 年，台湾商务印书馆重建位于台北市重庆南路一段 37 号的办公大楼，更以"云五大楼"命名，"以余二三年来使商务书馆起死回生……以表敬意并志纪念"，③ 上述他自己出资成立的奖学金和图书馆，也无一例外地以他自己的名字命名。

如果说，王云五在经营思想和管理理念上与张元济多有共通之处的话，在对待名与利上，则与张元济形成鲜明的对比。然而，纵观两人一生，不管意识形态如何变化，性格、作风如何大相径庭，也并不影响两人相交相知的情谊。这一点，在王云五晚年对待张元济的态度上尤为明显。1963 年，王云五听说张元济去世（实际上是 1959 年，因两岸信息阻隔，王云五一直不知道），立即写了纪念文章《张菊老与商务印书馆》，追忆两人之间的交往和情谊，这说明张元济在王云五心中的地位，并没有因为两岸意识形态的对立和两人政治立场上的分道扬镳而改变。1979 年 7 月 25 日，也就是王云五去世前的十多天，他还为张元济著《涉园序跋集

---

① 张人凤编著：《张菊生先生年谱》，台湾商务印书馆，1995 年，第 328 页。
② 转引自汪家熔：《张元济》，上海辞书出版社，2012 年，第 309 页。
③ 王云五：《王云五文集》五（下），江西教育出版社，2008 年，第 1089—1090 页。

录》撰写了跋——这是一生著述不辍的王云五写的最后一篇文章。里面写道:"余于民国十年以后加入本馆,为第三任编译所所长,渐与菊老为忘年交,无话不谈。"①

2017年,在商务印书馆创立120周年之际,商务印书馆总经理于殿利在谈到商务精神时说:"我们各有所学,我们千差万别,是共同的理想和追求把我们编织在一起。"张元济和王云五两代出版家共同奠基的商务精神,必将继续传承并且发扬光大。

〔原载《河南大学学报》(社会科学版)2019年第4期。中国人民大学复印报刊资料《出版业》2019年第9期全文转载。本文在撰稿及发表过程中,得到南方传媒博士后科研工作站段乐川博士帮助,特此鸣谢!〕

---

① 王寿南:《王云五先生年谱初稿》(四),台湾商务印书馆,1987年,第1853页。

粤港澳近现代出版家小传

近现代粤港澳出版业的发展与一大批出版人的涌现是分不开的。他们当中，有西方传教士投身于出版业，有非粤籍而在岭南从事出版业，或粤籍而在岭南之外的地区从事出版业；有做报刊出版的，也有做图书出版的，还有做出版管理的；更多的情况是，他们集报人、出版人、作家、官员等身份于一身。在这里，我们统称为"粤港澳近现代出版家"。需要指出的是，以下选介的31位出版家，除了他们都在出版上做出重大贡献且全是已经去世的历史人物这两个共通点之外，这些人是否够得上出版家的标准，是否还有其他更具资格的出版家漏选，肯定是见仁见智的。之所以这样选，纯粹是出于我个人的认知范围和喜好，目的也是为了抛砖引玉吧。

马礼逊（Robert Morrison，1782—1834）

第一位来华的基督教传教士、中国近代新闻出版事业开创者。苏格兰人。1807年毕业于英国南部的高斯坡神学院，受伦敦会（London Missionary Society，英国基督教海外传教机构）派遣，于当年9月8日到达广州传教，为第一位来华的基督教传教士。1809年被澳门东印度公司聘为译员，得以合法地传教（当时清政府严厉禁教）。因传教需要，印刷出版各类宗教册子及有关中国语言、文字、文化等图书，并创办报刊。初时多雇中国刻工，用中国传统雕版印刷技术出版。1812年著成《汉语语法》。1814年译出《圣经》新约全书，在广州印刷2000部，为《圣经》最早中文译本；其后与米怜合作译出《圣经》旧约全书，于1823年在马六甲出版全本《圣经》（共21卷）。先后创办澳门东印度公司印刷所（1814年）和马家英式印刷所（1832年），编辑出版数十种书刊。其中《中文原本翻译》（*Translations from the Original Chinese, with Notes*）是第一本以西方读者为对象的系统翻译中国报刊——《京报》的作品。《华英字典》篇幅长达6卷，收入汉字 4 万多个，为中国第一部汉英对照字典。因其工程浩大，铸造中文铅活字达二十余万个，当中包含了两万个汉字。《广东土话字汇》是中国第一部粤语方言字典。《杂闻篇》为中国境内最早出版的中文报刊。《传教者与中国杂报》为中国历史上第一份中英文合刊的报刊。在宗教传播和新闻出版活动中，首次将西方近代活字印刷术应用到中文印刷中（1814 年），首次将西方石印技术引进中国（1831 年），直接推动了中国的印刷技术革命，催生了以西方先进印刷技术驱动、以新闻传播为特点的中国近代新闻出版事业。具有很高的汉学造诣。1824 年被选为英国皇家学会会员。1833 年任英国驻华商务监督汉文正使兼翻译。1834 年 8 月在广州病逝，安葬于澳门。遗嘱将个人图书捐赠英国的大学图书馆及在大学开设汉学讲座，有力推动了西方汉学发展。后人有"马礼逊教育会"和"马礼逊学堂"（中国第一所西式学堂，1839 年在澳门成立）为之纪念。其子马儒翰（John Robert Morrison，1814—1843），曾任英国驻华商务监督汉文正使兼翻译，参与多项父亲主持经办的新闻出版事务，也是中国近代新闻出版事业开创时期的重要人物。其妻编有《马礼逊生平事业回忆录》一书。

梁发（1789—1855）

首位华人牧师。中国近代新闻出版事业早期参与者。字济南，号澄江，又号学善，别署学善居士。小名阿发。英文名 A—fa。广东高明人。15 岁辍学到广州，先做制笔，后学做雕版。清嘉庆十五年（1810）起被英国传教士马礼逊雇佣，刻印其撰著的各种中文传教小册子。嘉庆二十年（1815）随英国传教士米怜至马六甲（今属马来西亚），参与历史上第一份中文期刊《察世俗每月统记传》（*Chinese Monthly Magazine*，1815—1822）的编辑出版工作，并为其撰稿；统管该刊雕版木刻事宜。嘉庆二十一年（1816）11 月 3 日，由米怜施洗入基督教（新教）。期间，曾在马六甲的英华书院听课，并在书院印刷所工作；两度回国招募刻书工匠，赴马六甲为马礼逊、米怜刻印其翻译的《神天圣书》。道光三年（1823）12 月，在澳门被马礼逊派充为伦敦会的平信徒传道人（lay evangelist），成为第一个华人牧师。曾在美部会传教士特雷西（Ira Tracy）负责的印刷所工作。道光二十五年（1845）7 月，美国传教士罗孝全（Issachar Jacox Roberts）在广州南关天字码头东石角成立"粤东施蘸圣会"，其为惟一华人长老。咸丰五年（1855）4 月 12 日在广州病逝。著有《劝世良言》《真道问答浅解》《圣书日课初学便用》。在中西文化交流史上具有深远影响。

黄胜（1827—1902）

报人、出版人。一名达权，号平甫，英文名 Ashing。广东香山人（今属中山市）。1841 年 10 月到澳门入读马礼逊教育会学校。1846 年随校长布朗赴美留学，同行者中有容闳、黄宽，为中国最早的留美学生之一。在美国受洗成为基督教徒。1848 年因水土不服回国。在香港入职《德臣西报》（China Mail），学习印刷并参与编辑工作。1853 年入香港英华书院（Anglo-Chinese College）印字局任监督。协助伦敦会创办《遐尔贯珍》月刊，协助理雅各（James Legge）翻译中国典籍"四书"。1858 年与伍廷芳共同创办《香港中外新报》，租用《孖剌西报》中文铅字，以《孖剌西报》晚刊名义发行，为香港首份中文报纸。1864 年到上海同文馆教授英文。1865 年成为香港法院首位华人陪审员。先后在香港英华书院、东华医院工作。1873 年与王韬等合作，在香港创办中华印务总局，为中国近代首家华人资本的民办出版机构。1873 年，英华书院停办后，协助清廷购入书院大小铅字两副，专程送到京师总理各国事务衙门，创立西法印书局。同年，中华印务总局在香港创办《循环日报》，一度任司理，后应清政府驻美公使陈兰彬邀请，带领第二批中国留美幼童赴美，协助陈兰彬、容闳管理留美幼童事务。1876 年返港后，获清廷保举升任知府，赏顶戴花翎。1884—1890 年获委任港府定例局（即后来的立法会）非官守议员，为香港第二位华人议员。1888 年与何启同获委任港府洁净局首批华人非官守议员。1902 年在香港病逝。曾与王韬合作翻译《火器说略》，介绍西方兵器知识。其弟黄宽（1829—1878），1855 年获英国爱丁堡大学医学院博士学位，1860 年入广州博济医院，为中国最早的西医医生。

邝其照（1836—1891）

报人、辞典编纂家。字容（蓉）阶，广东台山人。早年就读香港英文学校。清同治六年（1868）编纂出版《字典集成》（A Small English and Chinese Lexicon），为第一部由中国人编纂出版的英汉字典，因其实用不断修订再版，广受欢迎，在上海、香港、广州等地均有版本翻印。同治十三年至光绪元年（1874—1875）两次随中国留美幼童赴美，后寓居纽约。曾参观费城世界博览会。光绪七年（1881）在纽约出版《英语短语词典》。光绪九年（1883）回国，任上海海关译员。次年应两广总督张之洞之邀返回广州，仍任译员。光绪十二年（1886）7月24日，"经两广总督批准"，并获两广电报局总办王荣和支持，在广州创办《广报》。报馆初设两广总督署对面的华宁里，后迁双门底（今北京路北段）圣教书楼。该报从美国进口印刷机器，版式模仿上海《申报》，创办后即成为销量最大报纸。因其敢言及社会改良思想，两广总督李瀚章颇为不满，报纸经营陷于困难，光绪十七年（1891）6月积郁去世。同年10月，李瀚章以"妄谈时事，淆乱是非"之名查禁。其族人以英商必文（John Pitman）名义另创《中西日报》发行。

陈善言（1847—1905）

中国近代早期报人、出版人。又名陈贤、陈言、陈善贤，号蔼亭。新会潮莲乡人。1851年随父陈洪茂移居香港。圣保罗书院毕业后在港英政府巡理处（The Magistrate's Office）做书吏。1867年王韬赴英后，接手《近事汇录》编务。1871年任英文《德臣西报》副主笔，司理翻译事宜；不久创办该报中文版《中外新闻七日报》，以"知无不言，言无不尽"为办报宗旨。主张华人自主办报，以维护华人利益。1872年4月17日，改《中外新闻七日报》为《香港华字日报》，"译撰、遴选、命意、措辞，皆唐人为之主持，为之布置，而与西人无涉"。1874年中华印务总局创办《循环日报》，以其报业资历，聘为总司理，而以王韬为总主笔。

陈荣衮（1862—1922）

出版人、教育家，粤语白话文童蒙教材编撰先驱。字子褒，号耐庵，别号妇孺之仆。广东新会外海乡（今属江门市郊区）人。清光绪四年（1878）中秀才，在广州六榕寺附近设馆教学。后拜康有为为师，入万木草堂读书。光绪二十一年（1895）参与京师"公车上书"，又入强学会，倡导维新。编撰并刊行《妇孺须知》《妇孺浅解》《幼雅》等童蒙读物，提倡讲俗语，用俗字。戊戌变法失败后东渡日本，遍访各地中小学，考察教育方法。在日本思想家、教育家福泽谕吉创办庆应义塾启发下，决心教育救国。光绪二十五年(1899)在澳门荷兰园正街83号创办蒙学书塾，使用自创自编的粤语白话文教材《妇孺新读本》《妇孺论说入门》《妇孺学约》《妇孺中国舆地略》《幼学文法教科书》《小学国文教科书》《七级字课》等，为中国最早的白话文童蒙教材。其后陆续编撰的白话文教科书达数十种。由于内容贴近日常生活，在港澳地区广为流行，对于晚清白话文运动有一定推动作用。

光绪二十九年（1903），蒙学书塾改名灌根学塾，兼收女生，为中国较早实行男女同校的学校之一。1918年，灌根学塾迁香港，后改名子褒学校。冼玉清、陈德芸、利铭泽等知名人士曾在其门下就读。在港期间，编辑出版白话文的《妇孺报》《妇孺杂志》和《灌根年报》。晚年曾任全国孔教协会总干事。教育著述由后人辑为《陈子褒先生教育遗议》刊行。

冯自由（1882—1958）

资产阶级民主革命家、报人、出版人。原名懋龙，字建华。籍贯广东南海，出生于日本华侨家庭。父冯镜如，曾任兴中会横滨分会会长。1895年在日本横滨结识孙中山，不久加入兴中会，为该会年龄最小会员。入读华侨办的大同学校和日本早稻田大学。1900年与郑贯公在日本创办《开智录》半月刊，鼓吹自由平等思想。又与秦力山等留日学生合办《国民报》，宣传革命思想。1903年任香港《中国日报》（同盟会机关报）、《大同日报》（美国致公堂机关报）驻东京记者。1905年加入中国同盟会，旋奉派赴香港任同盟会香港分会会长兼《中国日报》社长、总编辑。发表长篇社论《民生主义与中国政治革命的前途》，阐述孙中山提出的"平均地权"思想。与保皇派报纸《商报》展开论战，产生很大影响。1910年赴加拿大域多利埠（今译维多利亚）任《大汉日报》主笔、同盟会加拿大支部长，与保皇派报纸《日新报》展开笔战。1911年赴美国旧金山任《大同日报》主编。民国初年任南京临时政府大总统机要秘书，后任稽勋局局长，征集革命史料。1927年后，先后任立法委员、国民政府委员、总统府国策顾问。1948年移居香港。晚年定居台湾。著有《中华民国开国史》《革命逸史》《华侨革命组织史话》等。

王云五（1888—1979）

出版家、编辑家。原名之瑞，号云五，又号岫庐。广东香山（今属中山市）人。1888年7月9日出生于上海。1905年起，先后在上海益智书室、同文馆、中国公学等教授英文。1909年兼任上海留美预备学堂教务长。1910年任上海《天铎报》主笔。民国初年任南京临时大总统府接待处秘书，后任教育部专门教育司职员、第一科科长。曾兼任国民大学法科教职。1913年9月加入中国国民党，兼任其机关报《民主报》撰述。1914年任筹办中的全国煤油矿事宜处编译股主任。1916年7月任苏粤赣三省禁烟特派员（驻上海），次年秋辞去。1917年起在上海从事编译工作。1920年，为公民书局主编《公民丛书》《公民杂志》。1921年9月，入商务印书馆编译所工作；三个月后，任编译所所长。实施整顿和编辑计划，编译所编译人员和出书品种激增。1925年兼任东方图书馆（原商务印书馆涵芬楼）馆长。其间，发明四角号码检字法，创立中外图书统一分类法，当选上海图书馆协会主席。1927年被商务印书馆股东会推举为董事。1929年离开商务印书馆编译所，转任中央研究院社会科学研究所研究员，兼法制组主任。1930年2月，被商务印书馆董事会聘任为总经理，旋出国考察半年。回国后在馆内推行科学管理法。在抗战的十四年间，以"为国难而牺牲，为文化而奋斗"为己任，三次在危难关头挽救商务印书馆。1938年6月，代表出版界，以社会贤达身份被选为第一届国民参政会参政员，此后连选连任；1945年7月，当选为参政会主席团成员。1946年，当选政治协商会议代表并出席会议。同年辞去商务印书馆总经理之职，赴南京出任国民政府经济部长、国民政府委员、行政院副院长。1948年5月转任财政部长，主持币制改革，发行金圆券。1950年在香港创办华国出版社，主要出版时政类书籍。1951年3月定居台北。先后出任台湾当局"考试院副院长""行政院副院长"等职。1964年6月任台湾商务印书馆董事长，将濒临破产的出版社重新振兴，成为台湾出版界的大社名社。著有《四角号码检字法》《中外图书统一分类法》《中国政治思想史》《商务印书馆与新教育年谱》等。大陆和台湾均有《王云五全集》出版。

陆丹林（1896—1972）

编辑家、作家、美术评论家。字自在，号非素。广东三水人，在广州出生。辛亥前接受革命思想，加入同盟会。1917年，入广州军政府任职。1918年，参与朱执信领导的顺德民军起义，讨伐军阀莫荣新。后供职于广州博济医院，主编《博济月报》，兼编《警魂报》及《自理报》。1922年起寓居上海，任中华道路建设协会编译部主任，连续16年主编《道路月刊》，编辑出版有关道路、市政的图书。曾短暂出任《中国晚报》总编辑。1937年初，任《逸经》半月刊（从22期起至1937年8月20日第36期停刊）主编。其中第33—34期发表谷（中共地下党员董健吾化名）撰写的《红军二万五千里西引记》，并刊登毛泽东像，显示办刊人的胆识。《逸经》停刊后，参与编辑出版《〈逸经〉〈宇宙风〉〈西风〉非常时期联合旬刊》7期。1938年2月，因上海沦陷转赴香港，与简又文一起创办并主编《大风》旬刊，宣传抗战，出至第 101 期香港沦陷而停刊。刊发郁达夫《毁家诗纪》。其间参与叶恭绰主持的广东文物展览会的筹备工作，重点负责展览图录的编辑工作。抗战胜利后返沪，任职于上海工务局。《逸经》《大风》均为民国时期著名文史掌故刊物，发表了大量近现代历史文化名人的史迹资料，是研究中国近现代史的重要历史文献。与美术界关系密切，参与编辑出版《蜜蜂画刊》《国画月刊》《美术年鉴》等重要美术书刊。斋名枫园、红树室，富藏张大千、吴湖帆、黄宾虹等名家字画。著有《革命史谭》《革命史话》《当代人物志》《市政全书》《道路全书》等。

伍联德（1900—1972）

　　编辑家、出版家。"中国画报之父"。广东台山人。毕业于岭南大学。1922 年入上海商务印书馆任美术编辑。后离开商务印书馆，创办《少年良友》画报，因销路不畅停刊。1925 年创办良友印刷所。1926 年创办中国第一本综合性大型画刊《良友》画报。1926—1927 年，先后去新加坡、槟城、吉隆坡、美国考察出版业。回国后，三次扩大招股 10 万元，将良友印刷所和《良友》画报改组为良友图书印刷公司。先后聘周瘦鹃、梁得所、马国亮为主编，大获成功，每期销量由初期的数千份逐渐上升到 4 万多份，成为同类画报中的翘楚。良友公司在出版《良友》画报的同时，编辑出版《孙中山先生纪念特刊》《北伐画史》《远东运动会特刊》《中国大观》《中华景象》等画册，10 年间出版达 100 多种，成为上海出版画册最多的出版机构。首创出版中外电影明星图片，有 100 多种，还出版中外著名歌曲专辑 600 多种，广受欢迎，亦获利甚丰。郑伯奇、赵家璧等为良友公司注入新文学元素，其中赵家璧主编的《中国新文学大系》成为现代文学经典丛书。1937 年"八一三"事变后，位于上海北四川路的良友公司是中日交战主战场，损失惨重，宣布破产。此后，用化名主编由爱国报人张似旭创办的《大美画报》。1954 年曾在香港复办《良友》画报，1968 年再度停刊。1972 年病逝于香港。

梁若尘（1903—1990）

　　报人、编辑。名公溥，又名工甫。广东丰顺人。1922 年投身新闻业，任汕头《群声日报》特约通讯员。1923 年任《潮商公报》外勤记者。1925 年任中国共产党领导的潮梅通讯社记者。1926 年加入中国共产党，同年创办汕头国民通讯社，任社长。一度担任《黄埔潮》主编。1927年初，在中共支持下，创办《岭东日日新闻》，仍兼汕头国民通讯社社长。广州"四一五"反革命政变后，《岭东日日新闻》和汕头国民通讯社均被查封。1927年12月参加广州起义，失败后逃亡南洋，从事教育和新闻事业。1938年以《南洋商报》记者身份回国，赴华东、华南等地采写抗战新闻。1941年后，先后在韶关创办《时报》《新报》《明星报》，任总编辑、社长。曾被国民党当局抓捕入狱，经中共党组织营救出狱。1945年7月，在中共广东省委负责人尹林平领导下在广州创办《晨报》，并任社长，不久被查封。翌年赴香港，加入中国民主同盟，被选为广九支部主任委员。先后任香港《愿望周刊》编辑、中国（香港）新闻学院教务长、达德学院副教授、中国新闻通讯社社长等职。1949年9月参加中共华南分局教导团。中华人民共和国成立后，历任广州军管会文教接管处新闻组长、广州人民印刷厂总厂厂长、《联合报》管委会副主委兼经理、《广州日报》经理、广州市文化局副局长、广州市文史馆副馆长、民盟广东省委副主委、民盟广州市委主委等职。1990年8月19日，在广州病逝。

刘思慕（1904—1985）

报人、出版人、国际问题专家。原名刘燧元，笔名思慕、君山、小默等。广东新会人。1923年岭南大学肄业后，创办《文学旬刊》。1926年赴莫斯科中山大学学习，任该校东方研究室编辑。1927年回国，先后在北平北新书局、上海远东图书公司任编辑。1932年赴德国、奥地利留学深造，次年秋回国。1936年被国民党政府通缉，流亡日本。抗战爆发后回国，先后任职香港国际新闻社、印尼《天声日报》、衡阳《力报》、《广西日报》和昆明美国新闻处等。1946年加入中国民主同盟，任复刊后的香港《华商报》总编辑、《文汇报》总编辑，并任中国（香港）新闻学院院长。中华人民共和国成立后任上海《新闻日报》总编辑，外交部国际关系研究所副所长兼世界知识出版社社长、总编辑。1957年加入中国共产党，任《新闻日报》社长、《解放日报》副总编辑。1979年任中国社会科学院世界历史研究所所长。为第一届中国人民政治协商会议代表，一、五、六届全国政协委员；一、二、三届全国人民代表大会代表。著有《欧游漫忆》《日内瓦会议散记》《国际通讯集》等。译有《歌德自传》。

梁得所（1905—1938）

出版家、编辑家。广东连县人。早年就读于山东齐鲁大学医科。1926 年应伍联德之邀出任《良友》画报第三任主编（13—79 期），至 1933 年辞职，是任职时间最长的《良友》画报主编。长于美术、音乐，是良友图书公司老板伍联德最得力的工作助手。1932 年率《良友》摄影团遍访各地，拍摄照片万余张，返沪后编辑《中华景象》《中国建筑美》《中国雕刻美》《中国风景美》等画册，由良友图书公司出版。1933 年创办大众出版社，刊行《大众画报》，至 1935 年 5 月停刊，共出 19 期。同时还以大众出版社名义刊行《小说》半月刊、《文化》月刊。编、著、译有《西洋美术大纲》《音乐辞典》以及各种流行歌曲和外国歌曲集等。

马国亮（1908—2001）

编辑家、作家。广东顺德人。青年时代赴上海闯荡。1929 年经梁得所介绍，入良友图书印刷公司工作。曾任《今代妇女》主编。1933 年 8 月（总第 80 期）起任《良友》画报主编，直至 1937 年上海沦陷。与梁得所、赵家璧并称"良友"三大名编。此后辗转多地，先后任香港《大地画报》总编辑、《广西日报》副刊编辑、新大地出版社总编辑、上海《前线日报》副刊编辑、香港《新生晚报》编辑等。1984 年，伍联德之子伍福强在香港复刊《良友》画报，聘其为顾问。曾加入中国民主同盟。晚年移居美国。著有散文集《昨夜之歌》、小说《露露》及回忆录《良友忆旧——一家画报与一个时代》等。

杨铁如（1908—1983）

革命书刊发行人、出版家。广东海丰人。第一次国内革命战争时期参加彭湃领导的海陆丰农民运动，加入中国共产党，任中共海丰县第七区委员会书记。后奉命转移到香港、南洋，继续从事民主革命活动，先后任中华反帝大同盟书记和新加坡海员总工会秘书。1934 年参加福建十九路军的反蒋事变，失败后转赴香港从事革命书刊出版发行工作。1933 年，与一同避居香港的潮汕籍作家丘东平、陈振枢合作创办《新亚细亚》月刊，仅办三期，就被港英当局迫令停刊。1935 年，在香港九龙弥敦道创办半岛书店。1936 年初，在广西梧州创办苍梧书店（抗战胜利后迁往南宁，改为春秋书店）。1940 年，在桂林创办白虹书店。以开办书店掩护中共地下党组织及从事革命活动。1940 年代先后加入中华民族革命大同盟、中国民主建国会。中华人民共和国成立后，回到广东工作。1950年9月，作为广东三名代表之一，出席第一届全国出版会议。同年，广州数十家私营出版机构联合成立南方通俗读物联合出版社，任副社长（社长由广东省新闻出版处副处长罗戈东兼任）。1956年南方通俗读物联合出版社并入广东人民出版社，任副社长。1958年广州文化出版社成立，任社长。1959年广州文化出版社并入广东人民出版社，仍任副社长，直至退休。曾任广东省政协委员、广州市人大代表。

杜埃（1914—1993）

报人、出版人、作家。原名曹传美。广东大埔人。1930年入中山大学学习。1932年参加广州"左联"，投身抗日救亡运动，开始用笔名杜埃发表作品。1936年加入中国共产党。1937年任中共香港工委代理宣传部长，兼任港九文化支部书记，后调八路军驻香港办事处负责高层文化人士的宣传工作。1940年3月，赴菲律宾组织抗日宣传活动，任《建国周报》主编、菲律宾华侨宣传部长。1945年，任《华侨导报》《现代文化》主编。1947年回到香港，参与筹办《华商报》，后任中共党刊《群众》周刊总编辑。新中国成立后，先后任新华书店华南总分店编审出版部主任、《南方日报》副总编辑、华南人民出版社副社长（1951—1954）。1954年后相继任广东省文教委副主任、广东省文化局局长。"文化大革命"期间，遭受不公正待遇。1977年，任广东省文联党组副书记。晚年致力党的新闻事业史料征集和研究，任《新华日报》史学会会长、《华商报》史学会会长。著有《人民文艺浅说》《论生活与创作》《风雨太平洋》等文艺作品10多部。

梅益（1914—2003）

翻译家、编辑出版家。中国共产党广播电视事业和新中国百科全书编纂出版事业创建者之一。广东潮州人。原名陈少卿，笔名梅雨。大革命时期杜国庠任金山中学校长时接受革命思想。1929年到上海入读中国公学。1932年到北平入读中国大学，在潮州会馆资助下学习。1934年开始发表翻译作品并加入"左联"。1936年到上海教书，参与编辑"左联"机关刊物《每周文学》。又与周扬、徐懋庸、周立波等联合创办《文学界》月刊。与洪灵菲、冯铿、戴平万、陈波儿、柯柏年（李春蕃）并称"'左联'潮州六杰"。1937年加入中国共产党。上海沦陷后，根据党的指示，与夏衍一道在法租界创办《译报》（八开四版），率先报道南京大屠杀消息，发行量从几千升至一万多。由于日伪干预，改名《每日译报》，任总编辑，继续出版。1938年8月23日起连载毛泽东《论持久战》。直至太平洋战争爆发被迫停刊。同期还创办《华美周刊》，转载毛泽东《抗日游击战争的战略问题》，发起"上海一日"征文活动，精选100万字编辑出版，真实反映了日军暴行和沪上抗战情况。受胡愈之委托，1938—1939年与人合作翻译斯诺《西行漫记》和斯诺夫人的《续西行漫记》，为斯诺英文著作《红星照耀中国》最早中译本。1942年翻译《钢铁是怎样炼成的》由上海新知书店出版，这本书累计再版和重印17次，发行500余万册，影响和教育了中国几代人。1942—1945年在中共华东分局宣传部工作，其间参与创建新四军江淮大学。抗战胜利后任中共上海文委书记，筹办《新华日报》。1946年赴南京任中共代表团新闻处处长、新华社南京分社社长。1947年在延安任新华社编委、副总编辑，负责党的广播事业。担任开国大典实况广播负责人。中华人民共和国成立后，先后任广播事业局副局长、中央人民广播电台总编辑。1957年当选中国新闻工作者协会副主席。1959年任广播电影电视总局局长。领导创建了中国第一座电视台和国际广播电台，创办了中国第一座培养广播电视人才的北京广播专科学校（今中国传媒大学）。"文化大革命"中受到迫害。1977年后历任中国社会科学院秘书长、副院长、党组副书记、党组第一书记。1986年应《中国大百科全书》总编辑委员会主任胡乔木之邀，以73岁高龄出任总编辑委员会副主任兼中国大百科全书出版社社长、总编辑。1993年8月，《中国大百科全书》74卷全部出齐。1995年离休。为中共十二大代表、中共中央顾问委员会委员，第一、二、三、六届全国人大代表，第六届全国人大常委会委员，全国政协第一、五届委员。著有《梅益论广播电视》《梅益论百科全书》等。

黄文俞（1917—1996）

出版家、中国共产党广东新闻出版事业领导者。曾用名黄承煊。广东番禺人。1935年入中山大学工学院机械工程系读书，后肄业。1938年任香港《大公报》助理编辑。1940年加入中国共产党。1941年参加东江纵队，先后任政治部宣教科副科长、科长，第一期青年训练班主任。参与广东人民抗日游击总队机关报《前进报》编辑出版工作。1946年6月，任香港《正报》社长。后《正报》改为杂志，作为中共广东区委的机关刊物，任主编。1948年2月任中共粤赣湘边区（临时）委员会委员。1949年1月任中国人民解放军粤赣湘边纵队党委秘书长。中华人民共和国成立后，先后任新华社华南总分社副社长、广东分社社长、广州市文化教育委员会委员。1954年2月至1966年8月任《南方日报》社长、总编辑，广东省委宣传部副部长。筹办《南方日报》农民版、《广东画报》等，1957年主持创办《羊城晚报》，任总编辑。在政策宣传和批评报道方面为人称道。1971—1973年任中共广东省委宣传部副部长，兼广东人民出版社革命委员会党的核心小组组长、革委会主任。1978—1983年任广东省出版事业管理局党组书记、局长。1981年主持创办岭南美术出版社，兼任社长、总编辑。1980年前后，主持制定"立足广东，面向全国，兼顾海外"的出版方针，取代原来"地方化、通俗化、群众化"的出版方针，广东出版事业取得迅猛发展，在丛刊（杂志）出版、对外合作出版、出版进出口业务等方面居全国领先地位。主张"讲真话，做实事"。为改革开放后广东出版作出极大贡献。1988年11月离休。曾任广东省新闻工作者协会主席、广东省顾问委员会委员。夫人黎笑，曾在《前进报》工作，为油印能手，曾创造一张蜡纸扫印逾万张报纸的油印纪录，在东纵部队传为佳话。作品收入《黄文俞选集》出版。

刘逸生（1917—2001）

报人，作家。原名刘日波。广东中山人。早年曾任香港《大同日报》杂役、《中兴报》见习校对。1939年入香港中国新闻学院学习。后任《星岛日报》校对室主任、编辑，《广州晨报》编辑主任等。1943年赴梧州任《言报》编辑部主任。解放战争时期先后任香港《正报》副总编辑、《华商报》编辑。中华人民共和国成立后，任中共中央华南分局宣传部干事，《南方日报》副刊部副主任，《羊城晚报》副刊部副主任、第二副刊部主任、编委，兼任暨南大学新闻系教授、中华诗词学会理事。著有《唐诗小札》《宋词小札》等畅销书，以及《龚自珍编年诗注》《学海苦航》等著作10余种。

黄秋耘（1918—2001）

作家、编辑出版家。原名黄超显，笔名昭彦、彦白等。籍贯广东顺德，在香港出生和度过青少年时代。先后就读于清华大学和中山大学。1935年在北平参加"一二·九"运动。1936年10月加入中国共产党。1938年起，先后在八路军驻香港办事处、国民党第七战区长官部编纂部工作，编辑《青年知识》等。解放战争时期曾任粤赣湘边纵队第一支队参谋,香港《大公报》《新建设》编辑。新中国成立后先后任华南文艺学院教员、《南方日报》编委、中共中央联络部研究员、新华通讯社组长、新华社福建分社代社长。1954年任中国作家协会《文艺学习》杂志常务编委。1959年任中央宣传部《文艺报》编委。1966年调《羊城晚报》社,任编委。"文化大革命"期间被关押三年,后下放英德"五七干校"劳动。1970年调广东省革命委员会宣传办工作。1971年调广东人民出版社工作,后任社革命委员会副主任。1976年兼任广东省《辞源》修订编审小组组长(机构设在广东人民出版社),为新编《辞源》三位总编纂之一。1978年任广东省出版事业管理局副局长。1980年7月,经省委批准"请创作假"。晚年参与编撰《"一二·九"运动史要》,并著回忆录《风雨年华》等。1987年离休(享受副省级待遇)。1991年起享受国务院政府特殊津贴。是中国作家协会理事,中国作家协会广东分会副主席,国际笔会中国广州中心会长。作品译成英文、日文、朝鲜文等出版。多次参加国际笔会大会,并应邀出国讲学。代表作有《丁香花下》《雾失楼台》等。主要作品收入《黄秋耘文集》。

杨重华（1919—2002）

编辑家、出版家。广东顺德人。1938年5月参加革命,并加入中国共产党。曾任中共连县、连山、阳江县委宣传部部长、粤桂湘边纵队连江支队政治部宣传科长等职。中华人民共和国成立后,曾任北江公学教育长、《北江日报》总编辑、中共北江地委宣传部教育科长、中共华南分局宣传部干部教育科副科长等职务。1951年7月调入华南人民出版社（广东人民出版社前身）。1957—1959年任广东人民出版社副社长（社长空缺,主持实际工作）,1960年任社务委员会主任。"文化大革命"期间下放黄陂"五七干校"劳动。1971年回到广东人民出版社,先后任编辑部主任、副社长、副总编辑。1981年任总编辑、副社长。策划和组织出版《广东地方文献丛书》《中国古典文学研究丛书》《天风阁丛书》等。开创性地与香港三联书店、中华书局、商务印书馆、万里书店等开展合作出版业务。1982年1月兼任广东省出版事业管理局党组成员。1984年5月任广东省出版总社审读研究委员会主任。1985年8月离休（享受厅级待遇）。对新中国广东出版事业发展作出突出贡献。在词学研究方面有一定造诣,1984年被推选为《中国韵文学刊》副主编,撰著《〈白雨斋词话〉小论》《弹指词与纳兰词》《梦窗词与定盦诗》

等文章,在学术界产生较大影响。

邓炬云(1919—1996)

广东新会人,在马来亚出生。1936年在吉隆坡加入共产主义青年团,1938年加入共产党组织。1940年底回国,先后在苏北新四军军部、鲁迅艺术学院华中分院教务科工作。1941年任苏中四分区《江海报》负责人。1945年任山东《鲁中报》总编辑。1949年7月任中共中央统战部研究员。1954年后,任中央侨委华侨图书编纂委员会秘书长、国内侨务司专员。1963年1月调任广东省文化局党组成员、出版处处长,兼任广东人民出版社社长。1978年4月任广东省出版事业管理局副局长。1984年7月离休。业余从事文学创作,是广东作家协会会员。

曾彦修(1919—2015)

中国共产党新闻出版事业领导人,出版家,作家。笔名严秀。四川宜宾人。1938年到延安陕北公学学习并加入中国共产党。先后在马列学院、中央政策研究室、中央宣传部、新华通讯社工作。中华人民共和国成立后,先后任中共中央华南分局宣传部副部长、《南方日报》社长。1951年4月兼任华南人民出版社社长(至1952年不再兼任)。1953年任广东省教育厅厅长。1954年3月任人民出版社副社长、副总编辑。1957年在"反右"斗争中受到不公正对待。1960—1978年在上海编辑《辞海》。1978年夏参与筹备中国大百科全书出版社。1979年秋任人民出版社社长、总编辑。创办《新华文摘》杂志。参与制定哲学社会科学著作12年出版规划。1983年离休。在杂文理论和创作上卓有成就。著有《严秀杂文选》《牵牛花蔓》等杂文集,及《平生六记》(回忆录)等。

马冰山(1920—2009)

新闻出版工作者。原名马元科。广东潮阳人。1920年生于柬埔寨,6岁时随外祖父回国。1937年"七七"事变后,在汕头青年抗敌同志会搞宣传工作,并主编《岭东诗歌》报。1938年4月赴延安抗日军政大学第四期学习,当年7月加入中国共产党。1939年任八路军战地记者团第二组组长,随115师部队东进山西抗日前线。曾任《冀鲁豫日报》《火线周报》等的编辑工作。解放战争时期,随刘邓大军挺进大别山,曾任中共濮阳市委宣传部长、白雀县委宣传部长等职。中华人民共和国成立后,曾任广州市人民政府秘书厅第一副主任、广州市教育局局长兼广州市教师业余进修学院院长等职。1980年调任广东省出版事业管理局副局长兼广东人民出版社社长。1985年2月离休。参与创办《华夏诗报》《现代人报》,曾任这两家报社社长。出版诗词集《冰山草》《花季风》。

杨奇(1923—2021)

报人,出版家。广东中山人。1933年(11岁)辍学赴香港,半工半读。1940年入香港中国新闻学院学习。1941年3月加入中国共产党。其间发起创办《文艺青年》半月刊,因刊发揭露皖南事变真相的文章开罪于港英政府,在中共香港地下党组织安排下,赴东江游击区办报,先后任《新百姓报》编辑、《东江民报》主编、《前进报》社长(华南人民抗日游击队东江纵队机关报)。香港沦陷后,在党组织领导下参与营救滞留香港的知名文化人行动。抗战胜利后,奉命赴香港筹办中国共产党领导的《正报》(4开,三日刊),1945年11月13日正式创刊,任社长兼总编辑(化名杨子清)。1946年6月,中共南方文委领导下的中国出版社在香港复业,任负责人。1947年协助乔冠华创办新华社香港分社。曾任《华商报》董事、经理、代总编辑。中华人民共和国成立前夕,协助方方、潘汉年、夏衍等中共在港领导人护送民主人士北上参加新政协的行动。中华人民共和国成立后,先后任广东省新闻出版处处长、《南方日报》副社长、总编辑。1957年参与创办《羊城晚报》,先后任副总编辑、总编辑。其办报方针"寓共产主义教育于谈天说地之中"和"移风易俗,指导生活"令人耳目一新,奠定了晚报轻松活泼的风格。"文化大革命"期间下放劳动四年,曾任中共肇庆地区行署宣传部长。1972年创办《肇庆日报》。1974年10月任广东人民出版社革命委员会主任,参与全国性的中外语文词典编写出版项目,主持广东、广西、湖南、河南四省(区)修订《辞源》工作。1978年5月任广东省出版事业管理局党组书记、局长(首任)。不久调任新华社香港分社副秘书长兼宣传部长,后任秘书长。1988年兼任香港《大公报》社长。1992年离休。将办报经历总结为:最惊险是在日伪心脏里办《前进报》,最困难是在港英管治下办《华商报》,最难忘是广州解放时办《南方日报》,最投入是在"反右"高潮中办《羊城晚报》。2007年入选"岭南文化名人五十家"。2012年获"广东省首届新闻终身荣誉奖"。著有《惊天壮举——虎穴抢救文化精英与秘密护送民主名流》(反映抗战时期香港文化人"大营救"和中华人民共和国成立前夕护送民主人士"大北上"史实）、《粤港飞鸿踏雪泥——杨奇办报文选》等。主编《香港概论》。

许力以（1923—2010）

出版家，中国共产党出版事业领导者。广东遂溪迈豪村（今属海康县）人。1938年参加遂溪青年抗敌同志会，宣传抗日。1941年加入中国共产党。1943年考入贵阳的大夏大学（从上海迁来）中文系，后因撰写揭露国民党反动统治的文章被校方开除。1945年奔赴大别山区的新四军根据地，先后在中共中央中原局机关报《七七日报》和晋冀鲁豫边区机关报《晋鲁豫日报》工作，任随军记者，同时担任新华社第二野战军总分社记者。1948年11月，入西柏坡马列学院（第一期）学习。1951年到中共中央宣传部出版处工作，后任出版处副处长、机关党委副书记。"文化大革命"中被打成"黑帮"分子，1969年下放宁夏贺兰山"干校"劳动改造。1973年5月到国务院出版口（后改为国家出版局）工作，先后任出版部主任、副局长。1974年参与制定《中外语文词典十年（1975—1985）规划》，并直接领导由四川、湖北两省负责的《汉语大字典》编纂工作。1978年，组织实施35种古今中外名著重印，缓解了"书荒"。1979年起主持对外合作出版工作，先后出访日本、欧洲、北美、澳大利亚等十几个国家、地区和港台地区，组织实施了《邓小平文集》（英文版）、大型画册《中国之旅》和《中国美术全集》等中外合作重大项目。1982年任中央宣传部出版局局长，主持起草中共中央、国务院《关于加强出版工作的决定》，是新时期指导出版工作的纲领性文件；主持起草《关于我国加入国际版权公约的报告》，经中央批准实施；主持起草《中华人民共和国版权法》。主持出版重大项目《中国美术全集》（60卷）、《中国大百科全书·新闻出版》《汉语大字典》等，创办《博览群书》（光明日报社主办）、《中国图书评论》（辽宁人民出版社主办）两种书评杂志。为大型标志性出版工程《中国美术分类全集》（共304卷，全国数十家出版社参加）付出极大心血。1986年离休后，积极推动海峡两岸出版交流。1988年组织实施上海"海峡两岸图书展览"，开启两岸出版交流与合作大门。曾任中国出版工作者协会第一、二届副主席，中国国际出版合作促进会会长。著有《许力以出版文集》《人类文明和出版》《出版和出版学》《论国际合作出版》《东方求索》等。获中国韬奋出版荣誉奖。入选"新中国60年百名优秀出版人物"。

李昭（1924—1996）

编辑、出版人。广东三水人。香港丽泽女子小学毕业后回广州读初中，初二时参加中国共产党领导的"青年抗日先锋队"，投身抗日救亡运动。1944年参加东江纵队并加入中国共产党。1946年随东纵北撤山东烟台，参加解放战争。1949年随第四野战军南下广州。中华人民共和国成立后转入编辑出版工作。1950年任华南军区《士兵文艺》杂志编辑。1953年转业至华南人民出版社，任文艺编辑室编辑。1956年后转任广东人民出版社文艺编辑室主任，编辑出版《三家巷》《高山大峒》《羊城暗哨》等图书。1976年任广东人民出版社编辑部副主任，负责少儿读物和美术读物编辑工作。1978年任广东人民出版社副社长兼党总支书记，为社编委会七位成员之一。1979年参与创办《周末画报》和《画廊》丛刊，组织出版《关山月画集》等大型画册。1981年参与创办岭南美术出版社，任（第一）副社长（社长、总编辑由省出版局局长黄文俞兼任），组织出版《黎雄才画集》等。1984年离休。

任志伟（1924—2002）

出版人。广东鹤山人。1949年4月参加革命工作，先后在香港三联书店、香港新民主出版社从事出版工作。广州解放后，随吴仲北上，参与创建广州新华书店，1950年任新华书店华南总分店出版组组长。1951年参与创建华南人民出版社，任出版组组长。1956年11月加入中国共产党。同年任广东人民出版社出版科科长。1975年任广东新华印刷厂革命委员会副主任。1978年任广东人民出版社副社长。1980年任广东省出版事业管理局出版发行处副处长。1986年离休。

岑桑（1926—2022）

编辑出版家、作家。广东顺德人。编审。1949年毕业于中山大学社会学系，历任广州市影剧场公司副总经理、广州文化出版社编辑部副主任。1959年后先后任广东人民出版社文艺编辑室副主任、主任、副总编辑。1981年曾短暂调任花城出版社副总编辑，后仍回广东人民出版社任副总编辑。1984年任广东人民出版社社长兼总编辑。期间成功申办广东教育出版社和新世纪出版社，创办《香港风情》杂志。1989年8月退休后返聘。1991年由省委宣传部聘为《岭南文库》执行副主编（主编由省委常委、宣传部长兼任），2002年起任执行主编。晚年致力于岭南文化建设，组织出版《岭南文库》《岭南文化知识书系》《广府文库》等数百种图书。1991年起享受国务院政府特殊津贴。1998年获中国出版工作者协会颁发"伯乐奖"。2006年获韬奋出版新人奖（即第九届韬奋出版奖）。业余从事文学创作，1962年当选中国作家协会会员，1979年出席中国文学艺术工作者第四次代表大会，1985年当选广东省作家协会副主席。发表各类文学作品数百万字，《失败是个未知数》《画杨桃》入选义务教育语文教材，《当你还是一朵花》再版重印10多次，累计印数60多万册。

吴紫函（1928—1993）

编辑出版家。福建晋江人。副编审。1949年毕业于香港沙田华侨工商学院文史系，参加了港九电车工人罢工斗争。1950年9月加入中国共产主义青年团，参加广东土改，任土改工作队副队长、调研员。1953年11月加入中国共产党。历任广东人民广播电台新闻部政法文教记者组组长、要闻编辑组组长。"文化大革命"期间下放英德"五七干校"劳动。1970年借调省委宣传办工作。1971年正式调到广东人民出版社工作，先后任政文、文史编辑室主任。1981年任副总编辑，1987—1990年任总编辑。1991年退休后，任广东省粤版报刊审读委员会审读员。组织编辑和出版了《马列主义经典著作浅说丛书》《哲学社会科学基础知识丛书》《语文丛书》《广东地理丛书》《宋词散论》《詹安泰词学论稿》《广州音字典》等重点图书。

李士非（1930—2008）

出版家、诗人。江苏丰县人。编审，中共党员。1949年初参加革命。毕业于中原大学。中华人民共和国成立之初先后在新华书店中南总分店和华南总分店工作。1951年参与创建华南人民出版社（广东人民出版社前身），为最早一批骨干编辑之一。先后任编辑组组长，文艺编辑室副主任、主任等职。1979年参与创办大型文学期刊《花城》。1981年参与创建花城出版社，先后任副总编辑、总编辑，《花城》杂志主编。1984年创办花城文学奖，在文学界产生重要影响。1990年离休。业余从事文学创作，1951年开始发表作品，1979年加入中国作家协会，后被选为中国作家协会广东分会副主席（第三届），著有《北大荒之恋》（诗集）、《转型期报告》（散文集）等。《热血男儿》获全国优秀报告文学奖。

卢权(1931—2020)

出版家、党史学者。曾用名卢方山。广东东莞人。1949年8月加入中国人民解放军粤赣湘边纵队。1956年加入中国共产党。1957年从中山大学历史系毕业后,入广东省哲学社会科学研究所(今广东省社会科学院)工作。"文化大革命"期间下放顺德黄陂"五七干校"劳动。1971年调广东人民出版社工作。1982年参与创办《广东党史资料》丛刊。1984年5月任副总编辑。1986年6月任社长。1991年离休,享受厅级待遇及国务院政府特殊津贴。策划和组织出版了《中华文化辞典》《中国工人运动史》等重大图书项目。业余时间从事中共党史研究,在党史人物研究方面卓有成就,著有(部分与褟倩红合著)《省港大罢工史》《苏兆征传》《叶挺传》等十多种。被选为全国中共党史人物研究会理事兼编委,广东中共党史学会副会长、常务理事,广东中共党史人物研究会副会长。获国务院专家特殊津贴。

罗宗海(1935—2020)

出版家、画家,改革开放后广东出版事业领导者。广东潮州人。1958年中南美专油画系毕业后,入广东人民出版社任美术编辑。20世纪60年代开始从事美术创作,擅长书籍插图、宣传画、年画和水彩画。1961年调入中国美术家协会广东分会美术编辑部,参与大型画册《广东美术选集》《中国现代美术家丛书》的编辑出版工作。"文化大革命"期间下放黄陂"五七干校"劳动。1972年调入《广东文艺》编辑部,任美术编辑、出版组长。1979年调回广东人民出版社,先后任美术编辑室主任、副总编辑。参与创办《周末》连环画报(后来改为《周末画报》)、《画廊》丛刊、《剑花》漫画丛刊。参与创建岭南美术出版社。1981年7月任岭南美术出版社副总编辑,兼《画廊》主编。组织编辑出版了《关山月画集》《黎雄才画集》《岭南名画家画丛》等大型画册。1983年6月任广东省出版总社社长、党组书记。1986年1月任广东省出版事业管理局局长、党组书记。1987年3月任广东省新闻出版局局长、党组书记。1991年5月任广东省美术家协会党组书记。1996年任广东省政协文史资料委员会副主任。是19世纪80年代广东出版事业快速发展的主要领导者,为之作出较大贡献。在美术理论和美术创作上卓有成就,先后担任广东省美术家协会学术委员、水彩画艺术委员会主任,省美协副主席(第四、五届),广东省水彩画研究会会长。作品多次参加全国美展,在广州、深圳、香港及海外举办个展,出版水彩画集《感受乡土》《罗宗海水彩画作品》。

刘扳盛（1944—2021）

版权专家、翻译家、作家。又名刘板盛。广东广州人。1968 年毕业于中山大学外国语言文学系。1970 年参加中国人民解放军，先后担任报道干事、法文教员、翻译组组长。1975 年加入中国共产党。1982 年从部队转业至广东人民出版社，先后任社务委员会委员、副总编辑。1990 年任代总编辑。1988 年加入中国作家协会。1991 年起，先后任广东省新闻出版局版权法规处副处长、处长和报刊管理处处长。2001 年任广东省新闻出版局助理巡视员。2004 年退休。曾任广东省版权保护联合会会长、广东省科普作家协会副理事长。著有《法国文学名家》《凡尔纳评传》等。出版译著 20 部，计 600 余万字，主要译作有《漫漫长夜》《孤岛历险记》《风月笺》《孤独女郎》《一个罗马皇帝的临终遗言》《人类艺术史》等。

倪康华（生卒年不详）

报人、出版人。20 世纪 40 年代中期参加革命，在山东临沂创建中共领导的秘密书刊印刷厂，任厂长。参与创建中共山东滨海区党委机关报《滨海农村》，任报社秘书长。1948 年 6 月任中原支队四中队（抽调新华书店、印刷厂干部组成）指导员，赴河南郑州参与筹建《中原日报》。1949 年 5 月南下武汉负责接管国民党出版机构。中华人民共和国成立后，先后在华中新华书店总店、新华书店华南总分店工作。1951 年 4 月参与筹建华南人民出版社（广东人民出版社前身），任副社长。1954 年调中共中央华南分局宣传部工作。1956 年调中国文字改革委员会工作，参与筹建文字改革出版社，任副社长。1963 年参与筹建中国印刷公司，曾任总经理。

吴仲（生卒年不详）

书刊发行人、中华人民共和国广东图书发行事业创建者。1942 年夏在桂林加入生活书店。1944 年在广西贺县八步镇参与创办兄弟图书公司，发行革命书刊。后随公司迁到广东连县、广州，任副经理。1946 年五六月间，国民党特务捣毁公司，撤至香港。1946 年参与创建新民主出版社（为中共领导的《华商报》所属）。同年 5 月，任香港新民主出版社经理。1949 年 5 月，根据中共中央文委指示，带领新民主出版社 14 名员工秘密北上广东解放区参与教导营培训，为新中国成立做准备。中华人民共和国成立后，任广州市军事接管委员会出版组长。11 月 7 日，广州新华书店成立并开业，为首任经理。1950年7月，广州新华书店改称新华书店华南总分店，管辖广东、广西各地新华书店，任经理。同年9月，作为广东三名代表之一，出席第一届全国出版会议。1952年4月调广东省委统战部工作，其后调任广东省政协文史工作委员会主任、省政协副秘书长。1985年离休。

［选自《岭南文化辞典》（总主编黄天骥，本人主编其中的新闻出版卷），广东人民出版社2023年］

粤港澳近现代出版史大事记（1800—1999）

1800（清嘉庆五年）

1800年代初，约书亚·马施曼（Joshua Marshman）等西方传教士在孟加拉的雪兰坡（Serampore）建立了宣教站，翻译中文《圣经》，编辑出版中文的语法书、字典等。

1807（清嘉庆十二年）

9月，英国伦敦会传教士马礼逊（Robert Morrison，1782—1834）抵达广州。

1809（清嘉庆十四年）

蔡轩（Tsae Heen，一译"蔡兴"）、蔡高（Tsae K'o）、蔡运（A Yun）兄弟帮助马礼逊刊刻其从《圣经》新约全书中节译出来的《第一使徒圣彼得行传》（A Work on the 1st Apostle of St. Peter）等传教册子。

1810（清嘉庆十五年）

马礼逊雇佣梁发（1789—1855）刻印传教册子。马礼逊在广州或澳门以中文雕版刊印一千册《耶稣救世使徒行传真本》（Acts of the Apostles）。

1813（清嘉庆十八年）

7月，英国传教士米怜（William Milne）与其新婚夫人一起抵达澳门。

1814（清嘉庆十九年）

9月，英国东印度公司委派的印工汤姆斯（Peter Perring Thomas）抵达澳门。

同年，澳门东印度公司印刷所成立。该所首次将西方近代活字印刷术应用到中文印刷中。马礼逊译出《圣经》新约全书，在广州印刷2000部，为《圣经》最早中文译本。

1817（清嘉庆二十二年）

澳门东印度公司印刷所出版《中国一览》，是第一本向西方世界介绍中国历史的英文图书。

同年，香山县丞以擅自雇佣华人为由，搜查澳门东印度公司印刷所并带走一些中文活字，迫使印刷所禁用中国刻工。

同年，阮元调任两广总督。

1820（清嘉庆二十五年）

广东刊行《海录》，为中国第一部介绍世界概况的图书。

1822（清道光二年）

9月，葡文《蜜蜂华报》（*A Abelha da China*）在澳门创刊，为中国最早出版的报刊。

同年，阮元纂修《广东通志》334卷刊成。

1823（清道光三年）

马礼逊著《华英字典》（*A Dictionary of the Chinese Language*，又译《马礼逊字典》）由澳门东印度公司印刷所全部出版。共6册，5000多页，收入汉字4万多个，为首部汉英对照字典。出版时间长达八年，反映了近代早期的出版形态和艰难状态。

1824（清道光四年）

1月，《澳门钞报》（*Gazeta de Macau*）创办，为葡澳政府官报。

阮元在广州创建学海堂，刊刻大量经典古籍。

1827（清道光七年）

11月，《广州纪事报》（*Canton Register*）创办，为中国内地出版的第一家英文报纸。

戴尔（Samuel Dyer）抵达槟榔屿，开始铸造汉字。

1828（清道光八年）

澳门东印度公司印刷所出版英文版《广东土话字汇》（*Vocabulary of the Canton Dialect*），是最早介绍粤方言的专门工具书。

1830（清道光十年）

1830年代，亚美尼亚印刷所（Tipografia Arménia）在澳门创建，编辑出版多份报刊。

1831（清道光十一年）

6月，《广州杂文编》（*The Canton Miscellany*）在澳门创刊，为中国出版的首份英文期刊。

7月，英文《华人差报与广东钞报》（*Chinese Courier and Canton Gazette*）在广州创办。

9月，英文《广州周报》（*The Canton Press*）创刊。

同年，澳门东印度公司印刷所首次将西方石印技术引进中国。

1832（清道光十二年）

5月，《中国丛报》（*The Chinese Repository*）在广州创刊。

11月，马礼逊在澳门家中自设私人性质的印刷所，史称"马家英式印刷所"（The Morrison's Albion Press，又称亚本印刷厂）。"马家"即马礼逊家，"Albion"是印刷机的名称。

同年，马礼逊在广州发起成立美国海外传道会会长理事会书馆（又称美部会广州印刷所），刊行《中国丛报》等。澳门东印度公司印刷所出版瑞典学者龙思泰（Anders Ljungstedt）著的《早期澳门史》、麦都思（W. H. Medhurst）编撰的《福建方言字典》（*A Dictionary of the Hok-këèn Dialect of the Chinese Language*）。

1833（清道光十三年）

4月，马礼逊在澳门创办《杂闻篇》（*A Miscellaneous Paper*），是中国境内最早出版的中文报刊及第一份用铅活字排印的报刊，也是同一时期发行量最大的报刊。

5月，马礼逊在澳门创办《传教者与中国杂报》（*The Evangelist and Misellanea*

Sinica），为中国首份中英文合刊之报刊。林则徐主持编译的《澳门新闻纸》和魏源的《海国图志》中称之为《依泾杂说》（"依泾"，是 Evangelist 的音译）。

6月，澳门东印度公司印刷所被葡澳政府以刊印违反罗马天主教教义出版物为由关闭。

8月，普鲁士传教士郭士立（Charles Gutzlaff）在广州创办中文期刊《东西洋考每月统记传》（Eastern Western Monthly Magazine）。

10月，美国传教士卫三畏（Samuel Wells Williams，1812—1884）作为传教印工（missionary printer）抵达广州。

1834（清道光十四年）

8月，马礼逊在广州逝世。

11月，郭士立发起在广州成立中国益知学会（Society for the Diffusion of Useful Knowledge in China），编辑出版各类中文书刊。

同年，梁发因在广东乡试科场附近大量散发传教书刊，引起广州当局不满，10名中国印工和分书人被当局逮捕。

1838（清道光十八年）

9月，葡文《澳门政府官报》（Boletim Official do Governor de Macau）创办。作为政府公报，刊名屡经变更，至今仍在发行。

10月，英国伦敦会传教士麦都思（Walter Medhurst）在广州创办《各国消息》，是第一本采用西方石印技术印刷出版的中文期刊。

1839（清道光十九年）

林则徐在广州设立翻译馆，编译出版《澳门新闻纸》《四洲志》等书刊。

广东刊行《意拾喻言》，为《伊索寓言》的最初版本。

1841（清道光二十一年）

5月，马儒翰（John Robert Morrison，马礼逊之子）在香港创办英文《香港公报》（Hong Kong Gazette），为香港第一份英文报刊。作为政府公报，刊名屡经变更，至今仍在发行。

1842（清道光二十二年）

3月，英文《中国之友》（The Friend of China）在香港创刊。为英国割据香港初期影响最大的报刊。

1843（清道光二十三年）

10月，戴尔（Samuel Dyer）在澳门逝世。生前在南洋和澳门致力铸造中文活字，1838年发明钢冲压铸造中文字模，铸造1840个中文活字，用于广州、澳门等地的中文印刷出版。

11月，英华书院（Anglo-Chinese College）印字局（又称"伦敦会香港书馆"）在香港创建。

1844（清道光二十四年）

2月，澳门花华圣经书房（The Chinese and American Holy Classic Book Establishment，又称"华英校书房"）创建。

同年，罗郎也印字馆在香港创建，承印和出版多种在粤港澳三地出版的中、英、葡文报刊。罗郎也（Delfino Joaquim de Noronha）为澳门土生葡人。

1845（清道光二十五年）

2月，《德臣西报》（The China Mail）在香港创刊。至1974年停刊，是香港发行时间最长、影响力最大的英文报纸。

4月，澳门花华圣经书房迁去浙江宁波，1860年再迁上海，改名为美华书馆。

1846（清道光二十六年）

《澳门土生之声》在香港创办。

1849（清道光二十九年）

潘仕成辑《海山仙馆丛书》刊成。

1853（清咸丰三年）

6月，伦敦会传教士麦都思（Walter Medhurst）在香港创办中文期刊《遐迩贯珍》（Chinese Serial），为中国最早刊登书评和广告的杂志。

同年，柏林活字完成，整套字模4361个活字，可以拼合22031个汉字，从

1859 年起在宁波的"华花圣经书房"使用。

1856（清咸丰六年）

英法联军进攻广州，十八甫书店街被炮轰，"烧书百万"。

1857（清咸丰七年）

10 月，《孖剌西报》(Hong Kong Daily Press) 创刊，为香港第一家英文日报。"孖剌"为报纸创办人之一、英商孖剌（Yorck Jones Murrow）的中文名字，长期担任该报主编。

1862（清同治元年）

4 月，广州纬经堂刊刻出版唐廷枢、唐廷桂、唐廷庚兄弟编纂的《英语集全》(English words collected complete)，为首部中国人编写的以"英语"命名的汉英词典。畅销全国几十年。

1863（清同治二年）

10 月，葡文《大西洋国》周刊（Ta-Ssi-Yang-Kuo）在澳门创办。

1864（清同治三年）

《香港中外新报》创刊，为香港第一份中文报纸。前身是 1857 年 11 月 3 日孖剌报馆创办的中文商业报纸《香港船头货价纸》。后改名《中外新报》。

同年，广州设立同文馆。

1865（清同治四年）

1 月，《中外新闻七日录》在广州创办，为中国内地首份中文周报。由英国传教士湛约翰（John Chalmers）主编。

同年，《广州新报》(The Canton News) 创刊，为中国首份西医科普刊物。

1867（清同治六年）

方浚颐在广州创建菊坡精舍，聘陈澧为山长，刊刻大量古籍图书。丹桂堂刊行《寒宫取笑》（即京剧《二进宫》），为现存最早的粤剧唱本。

1868（清同治七年）

8月，葡文《独立报》（*O Independente*）在澳门创刊，为施利华家族报纸之一。

同年，两广盐运使方浚颐在广州创办广东书局，延请陈澧主持编校事务。

1872（清同治十一年）

4月，陈霭亭创办中文日报《香港华字日报》。

1873（清同治十二年）

2—3月，中华印务总局在香港创建，由王韬（1828—1897）主持局务，为中国近代首家华人资本的民间印刷出版机构。

7月，中华印务总局用铅活字排印出版王韬著《普法战纪》。

1874（清同治十三年）

2月，《循环日报》在香港创刊，为中国第一份"华人资本、华人操权"的报纸，也是中国最早宣扬资产阶级改良思想的报纸。王韬任主编。

1876（清光绪二年）

广州翰墨园刊刻六色套印的《杜工部集》。

1880（清光绪六年）

汕头英国长老会书馆（The English Presbyterian Mission Press）成立，主要出版以潮汕方言写成的教会书籍和《基督教每月消息》杂志。

中华印务总局刊行郑观应著《易言》（36卷，约6万字），为《盛世危言》的最早版本。

1881（清光绪七年）

6月，《士蔑西报》（*Hong Kong Telegraph*）在香港创刊。"士蔑"为报纸创办人兼主编约瑟夫（Robert Frazer-Smith）的中文名字。

1882（清光绪八年）

海墨楼石印书局在广州成立，仿西法机器点石印书。

1884（清光绪十年）

4月，《述报》在广州创刊，由海墨楼石印书局出版。

同年，巴黎外方传道会在香港创办拿撒勒印书馆，以中文、法文、拉丁文、马来语等 12 种语文刊印书籍。

1886（清光绪十二年）

6月，邝其照在广州创办《广报》，为广州首份铅印日报。

同年，两广总督张之洞在广州创办广雅书局。规模宏大，有校书堂、藏书楼、藏板楼等。为清代"四大官书局"之一。书局设址广州文明门外聚贤坊（今文德路 81 号孙中山文献馆）。

1891（清光绪十七年）

《岭南日报》（*The Southern Times*）在广州创刊，为面向市民阶层的商业性报纸。

同年，邝其照带领《广报》原班人马创办《中西日报》（*Chung His Ybt Pao*）。

1893（清光绪十九年）

7月，葡汉双语《镜海丛报》（*Ching-Hai Ts'ung-Pao*）在澳门创刊，为施利华家族报纸之一。创办人弗兰西斯科·飞南第（Francisco Hermenegildo Fernandes，又译作飞若瑟，俗称"飞二"），为孙中山密友。

1895（清光绪二十一年）

秋冬，广州富文堂刊行黄遵宪著《日本国志》（40 卷，50 多万字，1887 年撰成，先在内部小范围传阅），深刻影响了当时的知识阶层。

康有为撰《日本书目志》，始创图书新分类法。

1896（清光绪二十二年）

梁启超撰《西学书目表》出版。

1897（清光绪二十三年）

2月，维新派在澳门创办《知新报》，康广仁（康有为弟弟）为总经理。

孙中山撰英文《伦敦被难记》在英国出版（1912年商务印书馆出版中文版）。

1898（清光绪二十四年）

维新派在广州创办《广智报》，宣传戊戌维新及变法图强。

中华印务总局刊行何启、胡礼垣合著的《新政真诠》，是维新变法思想的代表作。

1899（清光绪二十五年）

广州美华浸信会印书局（The China Baptist Publication Society Press）成立。

1900（清光绪二十六年）

1月，《中国日报》在香港创办，为资产阶级革命派第一份报纸，由陈少白主持。

同年，安雅书局在广州创办日报《世说编》，倡导维新变法，推广新学。中华印务总局刊行全面反映中日甲午战争的长篇白话历史小说《说倭传》。

20世纪初，蒙学书局、岭南小说社在广州创办。

1902（清光绪二十八年）

年初，《羊城日报》在广州创刊。

3月，《鮀江辑译局日报》在汕头创办，为潮汕地区首份日报。

5月，《岭东日报》在汕头创办。蒙学书局在广州创办《文言报》半月刊，机制白报纸两面印刷，为广东首创。

同年，《真光杂志》在广州创刊，为中国基督教杂志之鼻祖。康有为完成《大同书》撰著。

1903（清光绪二十九年）

3月，《岭南女学新报》在广州创刊，为岭南地区最早的妇女杂志。

11月，英文《南华早报》（South China Morning Post）在香港创刊，至今仍在刊行。

12月，《潮州白话报》在汕头创办，为潮汕地区首份潮语白话报。

1904（清光绪三十年）

3月，《广东日报》在香港创刊，宣传资产阶级革命思想。

同年，中兴通讯社在广州创办，为中国第一家通讯社。

1905（清光绪三十一年）

6月，《有所谓报》在香港创刊，宣扬反美拒约的爱国运动。

8月，《拒约报》在广州创刊，宣扬反美拒约的爱国运动。

9月，《时事画报》在广州创刊，为广东最早的画报。

1906（清光绪三十二年）

9月，保皇党在广州创办《国事报》。

11月，革命党人在广州创办《国民报》。

1907（清光绪三十三年）

5月，《广东白话报》在广州创刊。

6月，《农工商报》在广州创刊。

8月，《广东七十二行商报》在广州创刊。

同年，商务印书馆广州分馆设立。

1909（清宣统元年）

2月，侨刊《新宁杂志》在台山创办，至今仍在刊行。

6月，广东同盟会的机关报《南越报》在广州秘密创刊。

同年，悟群著书社（广东首家新小说刊行机构）、华南圣教书会在广州成立，伦敦圣教书会在香港设立香港圣书公会。汕头启新书局刊行《潮州乡土格致教科书》系列乡土教材。

1910（清宣统二年）

10月，《震旦日报》在广州创刊，宣传民主革命思想。

同年，《广东教育官报》出版发行。嘉应启新书局刊行《嘉应新体乡土地理教科书》系列乡土教材。

1911（清宣统三年）

3月，《人权报》（The Yan Kun Po）在广州创刊。革命党人在广州创办《可报》，仅出版一个多月就被当局查封。

6月，《两广官报》刊行。

12月，《光华报》创刊，是广东光复之后出版的首份报纸。

1912（民国元年）

3月，民国临时政府颁布《民国暂行报律》及《出版法》，为中华民国第一部报业及出版业管理法规。

同年，广州共和书局、新会文明印书局成立。

1913（民国二年）

11月，张弼士在汕头创办《公言日报》。

同年，中华书局广州分局设立。澳门商会主席卢廉若（1878—1927）创办中文日报《澳门通报》。中国首部《著作权法》颁布。

1914（民国三年）

中国首部《出版法》颁布。

华南基督教图书公司在广州成立。

商务印书馆在香港成立分馆，挂"香港商务印书馆"的牌子。

1915（民国四年）

广州五桂堂在香港开设分局。经营至1972年关闭。

1916（民国五年）

《广东中华新报》在广州创刊，宣传马克思主义学说。

香港资深报人陆庆南在澳门创办中文日报《澳门时报》。

1917（民国六年）

广东省长李耀汉在广州设立广雅板片印行所，附设于广州市文德路广东省立图书馆内，由馆长徐信符主持。

1919（民国八年）

7月，《民风日刊》在广州创办，提倡新文化。

1920（民国九年）

10月，广东社会主义者同盟在广州创办《劳动者》周刊。

《广东群报》在广州创刊，宣传马克思主义学说。

1921（民国十年）

2月，《广州市政公报》创办。

3月，《劳动与妇女》在广州创办，宣传劳动解放和妇女解放。

4月，《新青年》迁到广州出版。

同年，《广东省教育会杂志》创办。世界书局广州分局成立。

1922（民国十一年）

6月，《青年周刊》在广州创办，为广东社会主义青年团机关刊物。

10月，《珠江评论》创刊，宣传新文化和社会主义思想。

12月，岭南大学创办英文学术期刊《岭南农事》和《岭南农业学刊》，后合并为《岭南科学杂志》（*Lingnan Science Journal*）。

同年，中共中央在上海的出版机构人民出版社在广州昌兴街成立临时机构，刊行《马克思全书》《列宁全书》等革命书籍。香港商务印书馆购地建成印刷厂。

1923（民国十二年）

4月，中共中央机关刊物《向导》（*The Guide Weekly*）周刊迁到广州出版。

5月，广东农业专门学校创办《农声》杂志。

7月，中共中央机关刊物《前锋》在广州创刊。

同年，国民党在广州创办《广州民国日报》（国民党《中央日报》前身）。平民书社在广州成立，出版发行革命书刊。

1924（民国十三年）

秋，中共广东区委宣传部在广州创办国光书店，大量翻印和发行革命书籍。国民党在广州创办民智书局广州分局。王梦云在海口创办海南书局。广东大学成立出版委员会及出版部，编辑出版学术书刊。

1925（民国十四年）

1月，黄埔军校特别区党部青年军人社创办《青年军人》半月刊。

2月，黄埔军校青年军人联合会创办会刊《中国军人》。

5月，中华全国总工会省港罢工委员会在广州创刊《工人之路》周刊。

6月24日（"沙基惨案"次日），出版《工人之路特号》，作为中华全国总工会省港罢工委员会机关报,每日刊出。

同月,《华侨日报》在香港创刊。

7月,《工商日报》在香港创刊。

10月,黄埔军校政治部创办《黄埔潮》。

12月,国民党中央执行委员会机关刊物《政治周报》在广州创刊。由毛泽东(时任国民党中央宣传部代理部长)提议创办并任主编。

同年,潮梅通讯社在汕头创办,为中国共产党创办的第一个通讯社。

1926(民国十五年)

1月,国民党中央农民部在广州创办《中国农民》,毛泽东任主编。国民党在汕头创办《岭东民国日报》。周恩来为其副刊《革命》题字。

2月,中共广东区委机关刊物《人民周刊》在广州创办。

4月,广东省农民协会机关刊物《犁头周刊》在广州创办。

5月,国民党中央军事政治学校政治部在广州创办校刊《黄埔日刊》。

5—9月,毛泽东任第六届广州农民运动讲习所所长期间主持编辑出版《农民问题丛刊》26种。

8月,《广东财政公报》刊行。

11月,共青团广东区委员会机关刊物《少年先锋》在广州创刊。

12月,《广东建设公报》创刊。

同年,《中华基督教会广东协会会刊》在广州创办。中国共产党在汕头创办国民通讯社。

1927(民国十六年)

3月,《中华民国国民政府公报》创办。

5月,《国立中山大学日报》创办。

10月,《私立岭南大学校报》创办。恽代英(时任中共广东省委宣传部长)在广州秘密创办《红旗》,并任主编。广州起义爆发后,立即出版《红旗日报》号外。

11月,《国立中山大学语言历史学研究所周刊》在广州创办。

同年,中山大学成立出版委员会及出版部,编辑出版学术书刊。中华书局香港分局创立,又挂"香港中华书局"的牌子。

1928（民国十七年）

3月，中山大学语言历史学研究所民俗学会创办《民俗》周刊。

11月，中山大学法学院创办《社会科学论丛》。

1929（民国十八年）

12月，岭南大学创办学术期刊《岭南学报》（Lingnan Journal）。

1931（民国二十年）

陈济棠主政的国民党中央执监委员会西南执行部设宣传组，并建立广州市出版物审查委员会、西南出版物审查会，加强对新闻出版控制。

1932（民国二十一年）

11月，《朝阳日报》在澳门创刊。

同年，广东省建设厅开始编辑出版《计划丛书》，广东省农林局编辑出版《报告丛书》《农业推广丛书》，共达数十种，集中反映了陈济棠治粤期间的建设成就。

1933（民国二十二年）

1月，中山大学史学研究会创办学术期刊《现代史学》。《新广东》在广州创刊，主要反映陈济棠治粤时期建设成就。

7月，《大众报》在澳门创刊，至今仍在刊行，为澳门出版时间最长的日报。

1934（民国二十三年）

广东省立编印局在广州成立，前身是广雅板片印行所。设有总务部、发行部、编辑部，主要职责为：广雅版片的整理印行，广东文献的征集印行，世界名著的编译印行，整理国故，近代学术的介绍。

广州市政府编辑出版《广州市政建设丛刊》。

1935（民国二十四年）

杨铁如在香港创办半岛书店，售卖进步书刊。

1936（民国二十五年）

6月，邹韬奋在香港创办《生活日报》。

1937（民国二十六年）

4月，中共中央在延安成立新华书店。

7月，《广东省银行月刊》在广州创刊。

11月，中国共产党领导的大型统一战线刊物《抗战大学》在广州创刊，党领导的统一出版社在广州成立。国际新闻社香港分社成立。《华侨报》在澳门创刊，至今仍在刊行。因上海沦陷，中华书局创始人兼总经理陆费逵率上海总部人员迁到香港，领导全国各地分支机构。

12月，《新战线》在广州创刊，宣传抗日救国。因上海沦陷，商务印书馆设驻港办事处，总经理王云五常驻香港，指挥全国各地的分支机构，成为商务印书馆实际运营的总部。

同年，中华民族解放行动委员会广东省委员会机关刊物《南针》在广州创刊。

1938（民国二十七年）

1月，郭沫若、夏衍等在广州复办《救亡日报》。

3月，《华侨战线》半月刊在广州创办，向海外华侨宣传抗日救亡。金仲华在香港复刊《世界知识》。

4月，新华日报广州分馆成立，印刷发行《新华日报》。《文艺阵地》在广州创刊，茅盾为主编。读书生活出版社在广州成立分社。

6月，保卫中国同盟出版委员会在香港成立，编辑出版英文盟刊《新闻通讯》（China Deffence League News Letter），以及宋庆龄主编的《妇女与抗战丛书》等。

7月，夏衍在广州创办南方出版社。生活书店香港分店开业。

8月，《救亡呼声》在广州创刊。胡文虎在香港创办《星岛日报》，至今仍在刊行。胡政之、徐铸成等人在香港创办《大公报》，至今仍在刊行。

10月，广州沦陷，广东省军政部门迁往粤北，新闻出版部门随之北迁曲江。

同年，香港商务印书馆创办《东方画刊》及《健与力》杂志。年底，新建设出版社在曲江成立。

同年，中共中央南方局设立文化工作委员会，领导抗战大后方的文化工作。

1939（民国二十八年）

年初，中心出版社在曲江成立。

4月，中共广东省委机关刊物《新华南》在韶关创刊。

10月，国民政府第七战区长官部编纂部在曲江成立，设有新建设出版社，出版发行抗战书刊。

12月，《新建设》创刊。

同年，中共琼崖特委机关报《抗日新闻》在海南岛琼山县树德乡创办。

1940（民国二十九年）

年初，广东省新生活运动促进会妇女工作委员会在韶关创办《广东妇女》。

1941（民国三十年）

1月，国民党广东省党部成立广东文化运动委员会，省长李汉魂兼任主任。下设研究、辅导、编译和出版组。民族文化出版社在曲江成立。

3月，吉少甫在香港创建南洋图书公司，印行各类进步文艺书籍。

4月，八路军香港办事处创办《华商报》。

7月9日，中华书局创始人、总经理陆费逵在香港病逝。

12月，香港沦陷，进步文化人撤回内地。

1942（民国三十一年）

3月，广东人民抗日游击总队机关报《前进报》创刊，社长杨奇。

1943（民国三十二年）

6月，东江抗日根据地创办《抗日杂志》。

1944（民国三十三年）

夏，生活书店、新知书店、读书生活出版社联合在广西贺县八步镇设立兄弟图书公司。12月迁至广东连县。

同年，东江纵队成立前进出版社。

1945（民国三十四年）

5月，中共琼崖区党委创建琼崖出版社。

11月，杨奇在香港创办《正报》，为中共党报。广州市印刷职业工会成立。

12月，中共广州市工委创办学习知识出版社及《学习知识》杂志。兄弟图书公司迁到广州。

1946（民国三十五年）

年初，李嘉人在广州创办广州书报杂志供应社。

1月，因香港沦陷而停刊的《华商报》复刊，由中共南方文委领导。

3月，农工民主党在香港创办《人民报》。社长李伯球。中共南方文委领导在香港创建新民主出版社，由《华商报》出资和管理，先后出版马恩列斯著作24种，马克思、列宁、斯大林传记6种。

4月，广州市石印工业同业公会成立。

5月，广州市印刷工业同业公会成立。国民党特务捣毁兄弟图书公司、《华商报》广州分社、《正报》广州分社、广州书报杂志供应社等进步机构。

夏末，中流出版社在广州成立，编辑出版进步书刊。

9月，中国出版社在香港复业，在中共南方文委领导下开展工作，主要出版政治类书籍。

10月，中印文化企业公司在广州成立，下设《每日论坛报》、中印出版社和中印印刷厂，编辑出版进步书刊。

1947（民国三十一年）

1月，中共党刊《群众》周刊在香港创刊，中共南方局工委书记章汉夫（化名章潮）为发行人。

同年，黄新波、陈实等进步作家在香港发起成立人间书屋。广州市出版商业同业公会成立。

1948（民国三十一年）

9月，徐铸成等在香港创办《文汇报》，至今仍在发行。

1949年

10月1日，中华人民共和国中央人民政府成立。中央人民政府政务院设立出版总署，指导和管理全国出版事业，署长胡愈之。

10月19日，吴仲带领香港新民主出版社14位同志进入广州。

11月7日，广州新华书店开办，吴仲为经理。

11月，广东新华印刷厂成立。

1950 年

1月，广东人民印刷厂（广东新华印刷厂前身）成立，由新华印刷厂等三家地方国营印刷厂合并组建。

7月，新华书店华南总分店成立，负责广东、广西两处分店和东南亚的图书发行工作。设有编审出版部，杜埃为主任，负责书刊出版任务。华南总分店经理吴仲，副经理龚稼华。店址设于广州市汉民北路170号（原世界书局广州分局所在地，今北京路316号）。

8月，广东省、广州市人民政府分别设立新闻出版处，省新闻出版处处长杨奇，市新闻出版处处长王匡、副处长罗戈东。受地方人民政府和中南区新闻出版局双重领导。

9月，第一届全国出版会议在北京召开，罗戈东、杨铁如、吴仲代表广东出版界出席。会议确定："为人民大众的利益服务是人民出版事业的基本方针。"

12月，人民出版社正式成立。出版总署署长胡愈之在成立大会讲话中指出：人民出版社"应当负起领导各地方人民出版社的责任"。

1951 年

2月，毛泽东为人民出版社题写社名。

3月，由65个单位集资组建的南方通俗读物联合出版社成立，罗戈东兼任社长，杨铁如任副社长。社址设在广州市永汉北路（今北京路财厅前）263号。

3月26日至4月3日，第一届全国教科书出版会议在北京召开。确定教科书出版方针是"调整生产，准时出版，及时供应"。

4月，在新华书店华南总分店编审出版部基础上，成立华南人民出版社。中共华南分局宣传部副部长曾彦修兼任社长（1951—1952），杜埃（兼）、倪康华为副社长。隶属广东省、广州市新闻出版处领导。设置机构有：社长办（内设人事组、总务组、文书组），编辑部（内设编辑组、美术组和资料组），经理部（内设财务组、材料组、校对组和出版组）。初仍在新华书店华南总分店办公，后搬到广州市大南路43号办公。华南人民出版社成立后，立即设立秋季教科书出版工作委员会。

7月,补行华南人民出版社成立典礼,中共华南分局宣传部副部长李凡夫等参加并讲话。

10月,《毛泽东选集》第一卷出版发行。

11月,南方通俗读物联合出版社由私人联营转为公私合营。

同年,华南人民出版社编辑出版《中华人民共和国婚姻法图解》《华南通书》等。全年印造课本,春季5242000册,秋季6720000册。

据统计,全国各省市人民出版社已成立12家。

1952年

4月,新华书店华南总分店更名为新华书店广东分店,不再辖管广西新华书店。

同年,出版总署提出地方出版社要遵循"地方化、通俗化、群众化"的出版工作方针。

同年,华南人民出版社印造课本,春季小学9604228册,中学884435册,总计10488663册。当时小学人数(估计数)4250000人,中学人数(估计数)193600人,总计4443600人。人均两册多。

据统计,截至本年年底,华南人民出版社自成立以来,共出版图书347种,总印数2600万册。

1953年

1月,《广东画报》创刊,由广东省美术创作室编辑,华南人民出版社出版。

春,中共华南分局宣传部副部长陈越平兼任华南人民出版社社长(1953—1954)。

4月,《毛泽东选集》第二、三卷出版发行。

同年,据统计,华南人民出版社共72人,其中中共党员9人。文化程度大学4人,高中17人。年龄全在45岁以下,约六成26—45岁,四成15—25岁。机构设置有:社长办(内设出版组、财务组、人事组、文书组、总务组、计划组和材料组),编辑部(内设第一、二、三编辑组及美术设计组、通联组、校对组、资料组)。

同年,由广东文化界知名人士创办的人间书屋并入华南人民出版社。

1954年

6月,余苏奇任华南人民出版社副社长。倪康华调华南分局宣传部工作。杜埃调任广东省文教委副主任，不再兼任华南人民出版社副社长。

9月，广东省文化局新闻出版处处长罗戈东兼任华南人民出版社社长（1955—1956）。

10月，中共华南分局宣传部召开部务会议，专题研究出版工作。李心清部长主持，华南人民出版社罗戈东、余苏奇、杨重华（编辑部副主任）列席。会后发出《关于对华南人民出版社出版方针任务的意见》。

12月，文化部出版事业管理局成立，承接原出版总署职责。

同年，华南人民出版社出版陈残云著《喜讯》、华嘉著《冬去春来》等反映广东土改的长篇小说。

同年，位于广州市南区凤凰岗新民八街32号的华南人民出版社河南纸张仓库建成，并投入使用。

据统计，本年全国共有出版社160家，其中国营57家，公私合营6家，私营97家。广东省有2家，即公营的华南人民出版社和公私合营的南方通俗读物联合出版社。

1955 年

4月，广东省、广州市新闻出版处分别并入广东省、广州市文化局，内设新闻出版处。华南人民出版社由其领导，直至1968年广东省文化局撤销。

同月，中国作家协会广东分会主办的《作品》杂志创刊，华南人民出版社代印出版。

5月，广东省体育运动委员会主办的《象棋》杂志创刊，华南人民出版社代印出版。

6月，华南人民出版社出版秦牧的长篇小说《黄金海岸》。

同年，华南人民出版社成立农业读物编辑室，负责编辑配合农业合作化运动及农业科技读物。华南人民出版社出版欧阳山著《前途似锦》、韩北屏著《高山大峒》等。

同年，在广州举办的苏联展览会期间，苏联出版专家别尔金娜、美术专家扎莫什金到华南人民出版社交流访问，并作报告。

同年，人民教育出版社编辑出版第一套统编教材，开启教科书"一纲一本"时代。

同年，《中山大学学报》创刊。

1956 年

1月19日，中共广东省委宣传部批复同意，华南人民出版社改名为广东人民出版社。

4月，地方出版工作座谈会在北京召开，广东人民出版社副社长余苏奇参会。会议要求各省市的人民出版社继续贯彻"地方化、通俗化、群众化"出版方针。"面向农村，以教育农民为首要任务"。

同年，《少先队员》创刊。

5月，南方通俗读物联合出版社并入广东人民出版社。原南方通俗读物联合出版社副社长杨铁如任广东人民出版社副社长。

6月，广东人民出版社河南纸张仓库扩建完成，面积2000平方米，最多可入储纸张1400吨。

8月，罗戈东任广东省文化局副局长，不再兼任广东人民出版社社长。

同年，广东人民出版社编制95人，实有99人，其中编辑部44人。中共党员26人，共青团员22人。文化程度大专以上22人，高中36人。

同年，《华南师范学院学报》创刊。

1957 年

1月，汕头《工农兵》杂志编辑室并入广东人民出版社，作为第五编辑室（第一至四编辑室分别是政治理论、文教、文艺和美术），有职工13人。编辑出版《工农兵》月刊及潮州歌册等。

同月，《理论与实践》创刊。

3月，杨重华代理广东人民出版社副社长职务。

4月，陶铸主持全省宣传工作会议，会上杨重华吁请上级解决出版社办公条件、职工宿舍、书刊印刷等一系列困难。陶铸指示，广东人民印刷厂由广州市轻工业局划归广东省文化局领导。

8月，出版陈残云著《羊城暗哨》。

秋，匈牙利出版局局长葛培兹到广东人民出版社访问、座谈。

同年，《华南农业科学》（16开，季刊）创刊，广东人民出版社代印出版。出版《新字典》（北京语音潮州方音注音）、《鲁迅在广州的日子》，以及陈锡祺著的《同盟会成立前的孙中山》等。

同年，《华南工学院学报》创刊。

1958 年

2月，出版陶铸（时任中共广东省委第一书记）主编《广东民歌选》（第一辑）。

2月9—11日，国务院科学规划委员会古籍出版规划小组在北京召开成立大会。规划小组组长齐燕铭（文化部副部长兼任），办公室主任金灿然（中华书局总经理兼任）。广东杜国庠参会。

7月，中共广东省委理论刊物《上游》杂志创刊，广东人民出版社代印出版。

夏，广州文化出版社成立，杨铁如任社长。社址为广州永汉北路230号。由广州市文化局领导。

1959 年

年初，中南五省出版协作会议在广州召开，中共广东省委宣传部部长吴南生到会讲话。

2月，广州文化出版社出版该社编辑部副主任岑桑等合作采写的长篇报告文学《向秀丽》（署名仰英），共发行100余万册。

3月，广东人民出版社出版本社编辑李士非写的长诗《向秀丽》，引起强烈社会反响。

5月，《华南农学院学报》创刊。

9月，广东人民出版社出版欧阳山著《三家巷》（一代风流三部曲第一部）。

10月，广州文化出版社并入广东人民出版社，办公用房及19名职工一同转入。

秋，广东省文化局副局长潘彦修兼任广东人民出版社社长（1959—1962）。

同年，中共广东省委机关刊物《广东支部生活》创刊。

1960 年

5月，广东人民出版社从广州市大南路43号迁至光孝路17号新址办公。

7月，文化部制定《关于出版工作的若干规定（草案）》，规定"所有出版社都由企业单位改为事业单位"；"出版社实行党委会领导下的社长（或总编辑）负责制"。

1961 年

2 月，省委批转宣传部《关于调整报刊书籍出版和控制新闻出版用纸问题的报告》。根据这个指示，广东人民出版社停止了本版书出版。6 月恢复本版书出版，但选题、印数须报省委宣传部审批。

9 月，广东人民出版社出版大型画册《广东名画家选集》，中共广东省委第一书记陶铸题写书名。

11 月，广东人民出版社出版杜埃著《乡情曲》，中国美术家协会广东分会编《梁永泰画集》。

12 月，广东人民出版社出版刘逸生著《唐诗小札》。

同年，据统计，广东省全年出版图书（包括课本和租型图书）292 种，5902.8 万多册，用纸 118820 令；印造《毛泽东选集》第四卷及 11 种单篇本合计 990 万册，用纸 6580 令。

1962 年

1 月，广东省社会科学界联合会主办的《学术研究》（前身为《理论与实践》）杂志创刊，广东人民出版社代印出版。

8 月，出版吴有恒著《山乡风云录》、岑桑（署名谷夫）著《当你还是一朵花——和青年朋友们谈心》。

10 月，出版《广东美术选集》（中国美术家协会广东分会编），收入何香凝、方人定、卢子枢、黄新波、关山月、黎雄才、陈金章、胡一川、徐坚白等艺术家的作品 74 幅（包括国画、版画、油画、水彩、年画及雕塑等），反映了中华人民共和国成立以来广东的美术创作成就。

12 月，出版欧阳山《苦斗》（一代风流三部曲第二部）。

1963 年

1 月，广东省文化局党组成员、出版处处长邓炬云，兼任广东人民出版社社长（1963—1966）。出版陈残云著《香飘四季》。

8 月，出版陶葆荪编著《金匮要略易解》。

9 月，出版广州市卫生局、中科院华南植物研究所编著《广东中药》。

同年，编制《广东人民出版社事业发展十年规划（1963—1972）》。

1964 年

2 月，出版陶铸散文集《思想·感情·文采》。

5 月，出版《花儿朵朵开》（黄庆云诗，林琬崔画）。

6 月，清理呆滞图书 1139 种，其中 724 种经广东省文化局批准报废。

同年，文化部决定广东为全国七个地区图书租型印造点之一，每年承担中央级出版社图书印造任务 5—7 万令。

同年，中国唱片社广州分社成立，是为广东省第一家音像出版单位。

1965 年

1 月，《作品》停刊。

9 月，广东省农业科学院与华南农学院合办的《广东农业科学》杂志创刊，广东人民出版社代印出版。

同年，广东人民印刷厂改名为广东新华印刷厂。

同年，据统计，全国共有出版社 87 家（不含副牌社），其中中央级出版社 38 家，地方出版社 49 家。

1966 年

1 月，出版陶铸散文集《理想·情操·精神生活》。

5 月，广东省文化局对 1962—1963 年出版的《柜中缘》《楼台会》等 158 种图书作封存处理。

9 月，广东省毛主席著作印制办公室成立，与广东人民出版社合署办公。

1967 年

3 月，广东省军事管制委员会成立。

5 月，毛主席著作出版办公室成立，代行原文化部出版局的领导职权。

同年，《广东画报》停刊。

1968 年

2 月，广东省革命委员会成立。

12 月，广东人民出版社与广东省新华书店、广东省毛主席著作印制办公室合并成立广东省毛主席著作出版发行站。下设政工组、发行组、后勤组，管理河南仓库（纸仓）和大沙头仓库（书仓）。主要负责人为郑宝玲。此后，直至次年10月，停止本版书出版。

同年，印造发行毛主席著作（包括《毛泽东选集》《毛主席语录》及各种单篇、汇编本等）4490万册；"毛主席像"和"单张毛主席语录"9300万张。

1969 年

10月，广东省毛主席著作出版发行站撤销，广东人民出版社恢复建制。社革命委员会军代表郭秀生，代主任张彬，副主任郑宝玲。广东省新华书店、广东新华印刷厂仍归广东人民出版社领导。下设各组不变，增加编辑组，恢复出版本版书。

12月，广东人民出版社创办《红小兵》丛刊。

同年，广东人民出版社一批编辑下放英德"五七干校"劳动。

1970 年

1月，广东省印刷器材公司成立，负责全省印刷机械设备的分配、调配和供应。由广东省工业战线领导小组领导。

10月，中共广东省委决定：郭秀生任广东人民出版社革命委员会主任，房松为副主任。免去张彬主任职务。

5月，国务院出版口成立，承接原文化部出版局职责。

10月，毛主席著作出版办公室并入国务院出版口。

1971 年

3月，全国出版工作座谈会在北京召开。会议期间，周恩来总理两次接见会议领导小组成员。

4月，经广东省革命委员会政工组宣传办公室批准，广东人民出版社创办《工农兵画刊》，不定期出版，试刊五个月。

9月，经广东省革命委员会批准，广东人民出版社定为局级单位，由原来省革委会政工组宣传办公室领导，改为由政工组直接领导，行使全省出版行政管理职权。下设政工组、出版组、发行组、后勤组和编辑组。编辑人员由22人增加到38人。广东省革委会政工组召开翻译出版外国史工作会议，指定广东人民出版社负责联系和出版工作。

10月，中共广东省委决定：黄文俞任广东人民出版社革命委员会主任，阎百洪（军代表，原为南方日报社革委会办事组组长）任副主任。免去郭秀生主任职务。

同年，黄秋耘从广东省革命委员会政工组宣传办公室调到广东人民出版社。杨重华等一批骨干编辑从黄陂"五七干校"调回广东人民出版社。

广州市革委会城建办公室规划勘测处批准同意广东人民出版社报建的大沙头四马路"宝书仓库"。共五层，用途为书仓、办公室、会议室、资料室等。

1972 年

3月，广东人民出版社出版短篇小说集《禾苗正绿》，报告文学集《踏遍青山》，为恢复本版图书出版后的第一批文艺作品。

5月，中共广东省委决定：黄文俞任广东人民出版社党的核心小组组长，阎百洪任副组长。房松、郑宝玲、梁平、何志洁任小组成员。

8月，广东新华印刷厂由广州市轻工业局划归广东人民出版社领导。广东省印刷器材公司由广东省工业战线划归广东人民出版社领导。

10月，《广东画报》复刊，由广东人民出版社代印。

同年，广东人民出版社出版书画279种，印行6137万册，比上年均有大幅增长。

1973 年

6月，中共广东省委决定：李冲任广东人民出版社党的核心小组组长、革委会主任。免去黄文俞相应职务。

7月，国务院决定撤销出版口，成立国家出版事业管理局（简称国家出版局），直属国务院领导。

9月，中共广东省委批复同意：广东省科学技术图片社改为广东省科学技术出版社，由广东省科技局领导。国务院批转出版口《关于翻译出版外国地理书的请示报告》。广东等14省市承担翻译出版任务。

10月，广东人民出版社出版发行《澳大利亚简史》（上、下册）。

12月，翻译出版外国地理书座谈会在北京召开。广东人民出版社负责的选题有：《西南太平洋》《所罗门群岛》《美拉尼西亚地理概述》《法属太平洋群岛》等。

同年，广东人民出版社机构设置：办公室、政工组、编辑组、出版组和发行组。职工282人，其中干部184人，工人98人。

同年，《广州文艺》创刊。

1974 年

7月5日至8月8日，法家著作注释出版规划座谈会在北京召开。会议讨论通过《法家著作注释出版规划（草案）》，列入48种著作（包括选注、新注和校点等）。其中，广东人民出版社承担《〈论衡〉新注》《王安石诗文选注》《龚自珍诗文选注》《魏源诗文选注》《法家经济思想史资料汇编》共5种。

10月，杨奇任广东人民出版社革委会主任，免去李冲相应职务。

同年，广东人民出版社《破除封建迷信》《南海民兵（民兵斗争故事）》《县委书记》入选"农村版图书"（全国各出版社选送，入选35种，人民出版社出版，全国发行）。

1975 年

5月，广东人民出版社迁入广州市大沙头四马路10号办公（共五层，一楼为书仓）。

5月23日至6月17日，国家出版局和教育部联合在广州召开中外语文词典编写出版规划座谈会。

6月，广东人民出版社出版发行《新几内亚简史》。

8月，国务院批转国家出版局《关于中外语文词典编写出版规划座谈会的报告》。160种中外语文词典列入编写出版规划。由全国17个省市承担。其中上海14部，北京10部。大部分省市1—2部。广东9种：《汉语谚语词典》《汉语虚字用法字典》《简明现代美国俚语词典》《英语基本词用法词典》《英汉图解词典》《泰汉词典》《简明英汉词典》《简明法汉词典》《简明德汉词典》。

9月，广东美术印刷厂成立，为广东人民出版社直属单位。

10月，中共广东省委批复《关于广东人民出版社和广东省科学技术出版社出书分工的请示报告》，要求：省科技社负责出版普及的和专门性的科技书刊；广东人民出版社负责出版大、中、小学的科技教科书。

12月，《龚自珍诗文选注》出版发行。

同年，共青团广东省委创办《广东青年》杂志。

1976 年

1月，广东省中外语文词典工作领导小组、广东省修订《辞源》编辑室成立。

行政管理由广东人民出版社负责。第一次修订《辞源》四省协作会议在广州召开。国家出版局副局长陈翰伯、商务印书馆总经理陈原到会讲话。

4月，国家出版局批准成立修订《辞源》编审小组，组长黄秋耘。

5月，省委办公厅复函省委宣传部，广东人民出版社定为局级机构。机构设置为：办公室、政治处、出版印刷处和编辑部（内设政治理论、文史、文艺、美术4个编辑室及编务室）。下属单位有广东省新华书店、广东新华印刷厂、广东美术印刷厂。

10月，省委决定：杨奇任广东人民出版社党的核心小组组长、革命委员会主任，孙再昭、林坚文、阎百洪为副组长、副主任，李冲、黄秋耘、邓炬云为小组成员、副主任，房松、梁平、何志洁、郑宝玲、孔环基为小组成员。

同年，广东人民出版社出版《天工开物》《关岛全史》（全三册）。

1977年

4月，《毛泽东选集》第五卷出版发行。

6月，广东省编制领导小组办公室批复：广东人民出版社企业编制345人（包括下属单位）。

10月，广东人民出版社党的核心小组向省委宣传部报送《关于成立广东省印刷技术研究所的请示报告》。

11月，广东人民出版社党的核心小组向省委宣传部及吴南生同志报送《关于建议成立广东省出版事业管理局的报告》。

12月，杨奇赴京参加全国出版工作会议。国家出版局局长王匡批判"两个估计"（即新中国成立以来出版界是"反革命黑线专政"和"资产阶级知识分子占统治地位"）。会议期间提出，中南四省区（广东、广西、湖南、湖北）人民社联合出版《政治理论基础知识丛书》。

同年，广东人民出版社共出版书画293种，用纸13430吨，为历史最高。印造和发行《毛泽东选集》第五卷985万多册。

1978年

2月，广东人民出版社出版《新西兰简史》。

3月，中共广东省委决定：成立广东省出版事业管理局（简称"省出版局"）。

广东人民出版社改为处级单位。编制120人，其中《辞源》编辑室15人为临时编制。实行局、社一家体制。

5月，杨奇任广东省出版事业管理局党组书记、局长。林坚文为党组副书记、副局长。黄秋耘、阎百洪、邓炬云、许实为党组成员、副局长。房松、梁平、何志洁、郑宝玲为党组成员。

同月，广东人民出版社科技编辑室与原广东省科学技术出版社合并组建广东科技出版社。出书范围包括自然科学、工业技术、农业技术、医药卫生以及技术经济、理工科教学参考书等类图书。由省出版局领导。社址在广州市新基路37号。

8月，《红小兵》改刊名为《广东儿童》。

10月，广东人民出版社成立编辑委员会。编委会成员共九人：许实、梁平、杨重华、苏晨、李昭、张宝锵、陈海仪、岑桑、顾锡麟。

11月，广东省印刷技术研究所成立，为省出版局直属单位。

12月，广东人民出版社出版短篇小说集《醒来吧，弟弟》（刘心武小说篇名），发行40多万册。

同年，广东人民出版社制定《八年出书规划》和《广东省出版事业基本建设八年规划》。拟于八年内编辑出版以下十三套丛书：《马列主义基础读物丛书》《中学生学习丛书》《科学普及读物丛书》《广东历史知识丛书》《广东地理知识丛书》《广东地方文献选注》《粤海文丛》《少年文艺丛书》《南方诗丛》《文化室演唱丛书》《幼儿读物丛书》《岭南画丛》《广东民兵革命斗争故事连环画》。

同年，林坚文兼任广东人民出版社社长，梁平为副社长兼总编辑，杨重华为副社长、副总编辑，李昭为副社长兼党总支书记，苏晨、张宝锵、李世平为副总编辑。机构设置：秘书科、行政科、财务科、出版科、编务室、政治理论、少儿、美术、文艺、文史编辑室，共10个部门。

1979年

1月，太平洋影音公司成立，出版中华人民共和国第一盒立体声录音带。

2月，接国家出版局通知，作为新版《辞源》三位总纂之一，黄秋耘赴京，进行《辞源》定稿工作。

3月，广东人民出版社出版《简明德汉词典》。

4月，广东人民出版社创办大型文学丛刊《花城》。

6月，广东人民出版社创办散文丛刊《随笔》。《广东文艺》恢复原刊名《作品》，作为省作协机关刊物，由广东人民出版社出版发行。

7月，许实调离广东省出版事业管理局，任《羊城晚报》副总编辑。

10月30日—11月16日，广东省出版事业管理局副局长黄秋耘、广东人民出版社文艺编辑室主任岑桑被推选作为广东代表，出席中国文学艺术工作者第四次代表大会。

12月，国家出版局在长沙召开全国出版工作座谈会。"立足本省，面向全国"成为地方出版共识。会后广东省出版局提出"立足广东，面向全国，兼顾海外"的新的出版方针。

同年，广东人民出版社出版《关山月画集》、《岭南名画家画丛》（10册）、《常用中草药彩色图谱》等，创办《剑花》《风采》《旅游》等丛刊。

1980年

1月，深圳市新华书店成立。

4月，中央宣传部转发国家出版局《出版社工作暂行条例》，将"三为"出版方针（"为无产阶级政治服务、为工农兵服务、为社会主义建设服务"）调整为"两为"出版方针（"为人民服务、为社会主义服务"）。要求出版社实行党委领导下的社长、总编辑分工负责制。"不同性质的出版社，按照各自的分工和特性，确定出书范围"。

6月，广东人民出版社成立党委，实行党委领导下的社长、总编辑分工负责制。

7月，省出版局与广东人民出版社政企分开，广东人民出版社经济独立核算，自负盈亏。

9月，广东人民出版社创办《海韵》（后改名《青年诗坛》）诗歌丛刊。

10月，广东省地图出版社成立。广东省出版进出口公司成立，为省出版局直属单位。"办理同港澳和国外出版商社合作出版图书和印刷设备器材进出口、印刷品来料加工、补偿贸易、代销港澳和进口国外图书等"。

11月，广东人民出版社出版戴厚英著的长篇小说《人啊，人》，引起强烈反响。

同年，广东人民出版社创办美术丛刊《画廊》，连环画报《周末》《希望》《译丛》等丛刊（杂志）。广东省科学院在广州创办《热带地理》，中国热带农业科学院在海南儋州创办《热带作物研究》。

同年，广东人民出版社出版《潮汐文丛》，收录刘心武、王蒙、林斤澜、丛维熙、冯骥才、张洁、刘绍棠、邓友梅、梁晓声、韩少功等作家最新创作的文学作品；出版《越秀文丛》，收录省内作家最新创作的文学作品。

同年，广东人民出版社机构设置：编务室、办公室、人事科、出版科、校对科、财务科、广告邮购科、行政科，以及政治理论、文史、文艺、《花城》、《随笔》、《风采》、《旅游》（后改名《旅伴》）、《希望》、美术、少儿读物、教育等11个编辑室，共19个科室部门。

1981年

1月，花城出版社、岭南美术出版社成立。广东人民出版社出版卓炯著《论社会主义商品经济》。

同月，《广东青年》改刊名为《黄金时代》。

3月，《随笔》第14集首次公开发表遇罗克《出身论》，引起极大反响。

4月，《随笔》第15集起，由广东人民出版社转为花城出版社主办。

5月，《花城》《随笔》《风采》《旅伴》《译丛》《海韵》6个丛刊，以及新批准创办的《译海》《影视世界》，共8个丛刊改由花城出版社主办。《希望》《广东儿童》《少年探索者》仍由广东人民出版社主办。

6月，花城出版社出版香港武侠小说作家梁羽生著《萍踪侠影》（内部发行），开内地出版港台武侠小说先河。

同月，广东省出版事业管理局、省新华书店、广州市新华书店联合在广州文化公园举办首届羊城书市，全国各地103家出版社参加，是为国内第一个全国性的书市。

7月，《武林》杂志创刊，连载金庸武侠小说引起轰动。

8月，广东旅游出版社成立。

9月，中共中央发出《关于整理我国古籍的指示》，指出："整理古籍，把祖国宝贵的文化遗产继承下来，是一项十分重要的、关系到子孙后代的工作。"根据中央的指示精神，国务院恢复了"古籍整理出版规划领导小组"建制，李一氓任组长。随后，一批古籍专业出版社成立。

11月，广东人民出版社向省出版局提出在少儿读物编辑室、《广东儿童》编辑室、《希望》杂志编辑室和教育编辑室基础上成立希望出版社、教育出版社的请示。

同年，广东人民出版社与三联书店香港分店合作出版《汉英分类插图词典》，为全省最早开展对外合作出版图书。

同年，省出版局局长黄文俞兼任岭南美术出版社社长，省出版局副局长马冰山兼任广东人民出版社社长（1982—1984），杨重华任总编辑、副社长，张相林任副社长。苏晨任花城出版社副社长、副总编辑。李昭任岭南美术出版社副社长，罗宗海任副总编辑，王家振任副社长。

同年，中国唱片社广州分社在全国率先出版和发行盒式音带。

同年，《第一军医大学学报》创刊。

1982 年

1月，杨重华任省出版局党组成员，仍兼任广东人民出版社总编辑。

3月，国务院古籍整理规划小组在北京召开全国古籍整理出版规划会议。李一氓讲话。会议讨论和制定了《1982—1990年古籍整理出版规划》(简称"九年规划")。

4月，广东省妇联创办《广东妇女》，深圳市文联创办《特区文学》。

5月，太平洋影音公司与青年歌手沈小岑签约，在全国首创歌手签约制度。

8月，广东人民出版社向省出版局提出成立广东教育出版社、广东少年儿童出版社的请示报告。

夏，中共广东省委第一书记任仲夷视察《周末画报》，并与编辑部员工座谈。

同年，广东人民出版社出版《广东党史资料》（中共广东党史研究委员会办公室编）丛刊第一辑。《广东儿童》《少年探索者》停办。花城出版社与生活读书新知三联书店香港分店合作出版多卷本《沈从文文集》《郁达夫文集》，打破了两位现代著名作家的出版禁区。广州市社会科学研究所创办《广州研究》。

同年，中国科学院南海海洋研究所创办《热带海洋学报》。

1983 年

1月，广东人民出版社创办《中学生之友》杂志。深受广大中学生欢迎，印数由初期的18万册，逐步上升到40多万册。《广东妇女》改刊名为《家庭》。

2月15日，中共广东省委第一书记任仲夷致信岭南美术出版社和《周末画报》编辑部。信中说："《周末画报》堪称图文并茂，老少咸宜，雅俗共赏，健康有益。"

5月，广东省出版事业管理局改为广东省出版总社。罗宗海任社长、党组书记。

6月，中共中央、国务院发布《关于加强出版工作的决定》。明确我国出版事业"必须坚持为人民服务、为社会主义服务的根本方针"（简称"两为"方针）。明确规定："各省、市、自治区人民出版社的干部配备、政治待遇，应与当地同级报社相同。"

8月，中山大学出版社成立。

同年，广东人民出版社与广东省出版进出口公司、广州古籍书店合作复制《点石斋画报》（5集44册），重点向海外推广。

同年，在首届年全国通俗政治理论读物评选（1979—1983）中，广东人民出版社《大众政治经济学》《科学社会主义常识》（责编均为袁耀文）获二等奖。

同年，广东省文史馆创办《岭南文史》杂志。

同年，广东省语言音像出版社成立。

1984年

3月，广东高等教育出版社成立。

5月，岑桑任广东人民出版社社长兼总编辑，张相林为党委副书记、副社长，顾锡麟为副社长，卢权、吴紫函、汤中光为副总编辑。杨重华任广东省出版总社审读研究委员会主任。

6月，全国地方出版工作会议在黑龙江哈尔滨召开。广东省出版总社社长罗宗海参加会议，并重点发言。会上提出要适当扩大出版社自主权，推动出版社逐渐由单纯的生产型向生产经营型转变。

7月，海南人民出版社成立。

9月，广东省社会科学院创办《广东社会科学》。

12月，广东人民出版社从香港引进出版梁披云主编的《中国书法大辞典》（上下册）。

同年，广东省出版总社进行干部人事制度改革，只管下属单位处级干部（领导班子成员），下属单位内部机构设置及人事任免不必再上报批准。试行编辑人员岗位责任制。

同年，广东人民出版社、广东科技出版社、花城出版社、岭南美术出版社与广东省新华书店制定《寄销本版图书试行办法》，试行寄销制，改变原来出版社只管生产、新华书店只管销售的完全计划经济，双方共担风险。

1985 年

1月，广东人民出版社出版《明本潮州戏文五种》，中共广东省委书记吴南生作序；出版于幼军、黎元江编著《社会主义四百年》（上），年内重印三次，获"全国优秀畅销书"奖。

2月，经文化部批准，新世纪出版社成立，为广东人民出版社副牌社。主要任务是出版少年儿童读物，兼出版青年读物。

4月，海天出版社在深圳成立。

5月，经文化部批准，广东教育出版社成立。为广东人民出版社副牌社。主要任务是出版各种本省自编教材，教育科学方面的学术著作，教学参考书及中、小学生课外读物等。

6月，广东人民出版社创办《香港风情》杂志。

7月，华南工学院出版社成立。

9月，广州日报社创办《南风窗》杂志。

12月，中国出版社工作者协会与香港三联书店联合在港举办"中国书展"，为中华人民共和国成立以来首次在香港举办图书展览。

同年，广东省新华书店将市县新华书店人财物下放给当地管理。

1986 年

1月，广东省出版总社改为广东省出版事业管理局（简称"省出版局"）。省局所属出版社由企业性质，改为事业单位、企业管理，独立核算，自负盈亏。

5月，全国首届优秀青年读物评选，广东人民出版社《幸福家庭的奥秘》（责编谷惟）获一等奖。

6月，卢权任广东人民出版社社长，岑桑为总编辑，张相林、顾锡麟为副社长，吴紫函、汤中光、陈作筠、何剑萍为副总编辑。

10月，文化部所属国家出版事业管理局恢复为国务院直属机构。

11月，广东省出版工作者协会成立。《花城》杂志第6期刊发路遥长篇小说《平凡的世界》（第一部）。

同年，首届北京国际图书博览会举办。首届全国书市在北京举办，为新中国成立以来规模最大的全国图书展览，广东13家出版社参加，送展图书、期刊共1170种。

同年，花城出版社引进台湾作家柏杨《丑陋的中国人》，为柏杨作品首次在内地出版，引起轰动。

同年，省内出版、文化、广播、电视、公安、工商等管理部门联合组成广东省社会文化管理委员会，管理包括出版物在内的文化市场。

同年，据统计，截至年底，广东省登记并公开发行的报刊430种，其中报纸110种，期刊225种，侨刊95种。在这些报刊中，平均期印数超过20万份的有《广州日报》《广东农民报》《中学生之友》《少先队员》《广东法制》《南方周末》《语文月报》等25种；期印数超过50万份的有《南方日报》《支部生活》《周末》《法制画报》《黄金时代》《武林》等7种；期印数超过100万份的有《羊城晚报》《广东电视周报》《家庭》《家庭医生》等4种。

1987年

1月，国家新闻出版署成立，为国务院直属机构。

3月，广东省出版事业管理局改为广东省新闻出版局。

6月，广东省作家协会创办《少男少女》杂志。

同年，广东人民出版社出版蒋祖缘、方志钦主编《简明广东史》，周汝昌主编《红楼梦辞典》。

同年，广州文化出版社、广东音像出版社成立。

同年，花城出版社出版台湾女作家席慕蓉诗集《七里香》，引起轰动。

同年，太平洋影音公司出版发行全国第一张激光唱片《蒋大为金曲》。

同年，省新闻出版局与省版协举行首次粤版优秀图书编辑奖评奖活动，评出1985—1986年出版的获奖图书93种。

1988年

5月，中央宣传部和新闻出版署联合发文，要求扩大出版单位自主权，实行社长负责制和多种形式的责任制；发行改革实行"三放一联"，即放权给基层店、放开批发渠道、放开购销形式与发行折扣，开展横向联合。

8月，国家进行书刊定价制度改革：除课本外，书刊由出版单位自主定价，国家只控制定价利润率。

11月，广东省杂志出版协会（1995年改为广东期刊协会）在广州成立，是为全国第一个省级杂志行业协会。共青团深圳市委创办《深圳青年》杂志。

12月，新闻出版署举办第二届全国通俗政治理论读物评选，广东人民出版社《社会主义四百年（上）》（责任编辑何天静）获一等奖（全国一等奖8种图书）。《领导就是服务——新时期农村工作讲话》（责任编辑吕良铁）获二等奖。

同年，白天鹅音像出版社成立。广东省纪委创办《广东党风》杂志。

同年，全省首次开展出版系统职称评定工作。

同年，国家教委委托王屏山（教育家、原广东省副省长）主持编写九年制义务教育沿海版教材，编委会由广东、福建、海南三省派人参加。为国家教委重点规划的全国六套九年制义务教育教材之一。

1989年

2月，由国际合作出版促进会发起，在深圳越华酒店举办首届合作出版洽谈会。

5月，广东省新闻出版局将出版事业管理处分为图书、报刊、印刷、发行和版权管理处，并分别成立了图书、报刊审读委员会，以加强出版管理。

同月，广东人民出版社出版丁守和主编《中华文化辞典》（黎澍序）。

9月28日至10月7日，为庆祝建国40周年，广东省新闻出版局举办广东省首届图书展览，共展出全省14家出版社精选出的图书5000多种。

10月，中央办公厅、国务院办公厅发出关于压缩整顿报刊和出版社的通知。

秋，沿海版教材在省内部分地区试用。

11月，广东省新华书店举办建店40周年纪念活动。40年里，全省累计发行图书75亿册，25亿元，实现利润达1.58亿元，上缴国家税利达1.6亿元。

同年，暨南大学出版社成立。广东优秀科技专著出版基金成立。

1990年

4月，经广东省人民政府批准，广东省版权局成立，与广东省新闻出版局合署办公。

5月，召开全国人民出版社工作研讨会。广东人民出版社社长卢权参加会议并发言。新闻出版署副署长刘杲在会议总结报告中强调，要贯彻中央1983年24

号文,给各地人民出版社解决政治待遇。(据统计,截至会议召开之前,全国19家人民出版社已落实,尚有广东、广西、天津、山东、山西、河北、安徽、浙江、云南9个地方仍为处级单位。)要求各省新闻出版局对人民出版社进行经济扶持。

7月,卢钟鹤副省长主持召开会议,专题研究沿海版教材的编写、审查、试验及出版发行工作。明确规定该教材由广东教育出版社出版,广东省新华书店发行。

夏,原省委第一书记任仲夷到广东人民出版社视察。

9月,首届香港书展在香港会议中心举办。

12月,广东省新闻出版局从直属企业的留利中拨出60万元人民币,资助9套重点图书的出版。

同年,广东省新闻出版局组建广东省重点图书规划审议小组。

同年,顾锡麟任广东人民出版社社长,兼任广东教育出版社社长。刘扳盛为广东人民出版社代总编辑。

同年,广东省新闻出版局及局属的科技社、花城社、岭南社迁入广州水荫路11号新址办公。大沙头四马路10号办公楼全部交广东人民出版社使用,但产权仍由省新闻出版局所有。

根据中央统一部署,全省共压缩报刊社、出版社48个,广州文化出版社、科普出版社广州分社及一批报刊被撤销。

1991年

1月,大型地域文化丛书《岭南文库》项目启动。省委常委、宣传部长黄浩任主编,广东人民出版社原社长岑桑任执行副主编。广东人民出版社专门成立《岭南文库》编辑部,朱仲南兼主任。

1月1日起,书报刊印刷正式实行定点印刷制度。全省经国家新闻出版署批准的国家级书报刊定点印刷企业有广东新华印刷厂等20家。

4月,广东省教育厅、广东教育出版社、广东省新华书店签订《关于加强练习册类用书编辑出版发行的协议书》(简称"三家联营"),有效期三年(至1994年春季)。

5月,中共广东省委决定:省委宣传部副部长周圣英,兼任广东省新闻出版局党组书记、局长。

7月,廖晓勉任广东人民出版社社长。深圳市证券交易所创办《证券市场导报》,

为中国第一家证券类杂志。

8月,新闻出版署发布《关于出版社自办发行暂行规定》,出版社自办发行"合法化"。8月1日起,广东教育出版社由副牌社独立,改为与广东省出版公司合署办公,两套班子,一套人马。黄尚立任广东教育出版社社长。

9月,第四届全国书市在广州举办,进场人次55万,销售1150万元,订货码洋4000多万元,均创历史纪录。

10月,广东省新闻出版局召开"繁荣广东图书出版研讨会"。以"多出好书"为主题,围绕广东图书出版现状、基本估计、主要优势和主攻方向进行研讨。会议提出"重振粤版书雄风"的号召。

11月,广东省书报刊发行业协会在广州成立。

同年,黄秋耘、岑桑、卢权获国务院政府特殊津贴(首届)。

同年,广东省新闻出版局实施重点图书出版工程,计划1991—2000年共投入资金2000万元给予扶持。广东人民出版社《岭南文库》、花城出版社《海外华人文学大系》、广东科技出版社《广东植物志》等被列为第一批重点图书出版规划选题。

同年,《中华人民共和国著作权法》实施。

1992年

6月,广东人民出版社《香港风情》《希望》杂志进行工商注册登记,独立经营,自负盈亏。实行主编(法人代表)负责制,主编由出版社领导兼任。

9月,经中共广东省委批准,廖晓勉任广东省新闻出版局党组成员,仍兼任广东人民出版社社长。

11月,广州新华书店企业集团正式挂牌成立,是为我国首家图书发行企业集团。

同年,广东省新闻出版局确定第二批重点图书,包括广东人民出版社的《孙文全集》、花城出版社的《世界诗库》、广东高教出版社的《广东通史》等34种,局拨出80万元重点图书补贴。

同年,广州市人均购书89.20元,居全国大中城市第一位。

同年,汕头大学出版社、广州出版社成立。《广州研究》改刊名为《开放时代》。《佛山文艺》每期发行量达到44.8万份,引起全国关注。广东旅游出版社在全国率先由事业单位改制为企业。

1993 年

3月，广东省机构编制委员会批复省新闻出版局，局属出版社实行企业管理，事业编制由省编办收回，今后编制由出版社自定，自定编制数报省编办备案。

5月，广东科技出版社社长联合全国数家科技出版社与台湾淑馨出版社合资成立百通科技图书信息公司，通过互换版权方式出版图书，并帮助对方在海峡两岸推广华文图书。广东科技出版社社长欧阳莲兼任百通董事长。

7月，广东省新闻出版局发布《关于局属出版社体制改革的决定》。要求局直属出版社转变经营机制，"进一步完成出版社由生产型向生产经营型的转变，增强出版社的生机和活力，使出版社真正成为自主经营、自负盈亏、自我发展、自我约束的法人实体"。一是实行社长负责制，副社长由社长提名，局任命；二是推行策划编辑制度；三是改革用工、分配制度，按能定职，论功行赏。

秋，广东省教育厅所属广东教育服务公司（教育书店）提出发行中小学配套教学用书，受到省新闻出版局抵制。经省领导协调，在确保省新华书店作为总发行单位条件下，部分教学配套用书委托教育书店（作为二级批发单位）发行。

11月，广东人民出版社出版饶宗颐编《法藏敦煌书苑精华》（全八册，周绍良作序）。

12月19日至26日，广东省委宣传部和省新闻出版局联合在广州举办首届南国书香节。中共中央政治局委员、广东省委书记谢非题词"改革开放，南国书香"。

同年，首届国家图书奖评出。广东省《冼星海全集》《第三产业经济学》《陈序经东南亚古史研究合集》和《沈从文文集》4种图书获奖。

同年，珠海出版社成立。

同年，全省图书销售总额以8.6亿元位居全国第一位。

1994 年

秋季起，沿海版教材交广东省新华书店发行。

11月，广东省人大审议通过《广东省书报刊市场管理条例》，并开始正式实施。

11月23日，广州购书中心开业，为全国首座大型书城。

同年，广东科技出版社在全省出版社率先实行工效挂钩。

同年，学而优书店成立。《佛山文艺》改为半月刊，月发行量突破100万份，被誉为"佛山文艺现象"。

1995 年

1月，中共中央、国务院颁布《关于进一步加强和改进出版工作的报告》。提出"要进行建立现代企业制度的试点"，"进行组建出版、印刷、发行集团的试点"。

5月，省出版局成立广东经济出版社筹备工作小组，庄昭任组长，张文为副组长，谭立生为组员。

6月，新世纪出版社由副牌社独立运营，社长符绩才。

7月，广东省新闻出版局发出《关于深化图书发行体制改革的意见》，以及与之相配套的《广东省农村发行网点建设方案》和《粤版图书发行考核奖励办法》。其主要内容是：在出版社方面，确立出版社本版图书的发行地位，推行粤版图书发行代理制，试行粤版图书寄销制，建立图书推销员制度。

12月，广东经济出版社成立，社长庄昭。

同年，岭南文库出版基金成立，原始资金450万元。

同年，广东教育出版社出版《新三字经》，发行3500万册，掀起全国学习热潮。

同年，广东彩色印务有限公司建成投产，广东美术印刷厂和广东第二新华印刷厂顺利搬迁。广东大沿海出版工贸公司在珠海成立。

同年，广东科技出版社荣获新闻出版署表彰的全国优秀出版社荣誉称号。全省音像出版单位24家，音像复录单位45家，激光唱、视盘生产单位15家，珠三角地区成为中国最重要的音像生产基地之一。

同年，第二届国家图书奖评出，花城出版社《世界诗库》、广东科技出版社《昆虫病理学》荣获提名奖。广东教育出版社《新三字经》荣获中宣部"五个一工程奖"。广东人民出版社《孙中山辞典》等5种图书获中国图书奖。

1996 年

8月，广东省新闻出版局印发《关于广东省新华书店职责和粤版图书发行考核任务》的通知，规定：组织粤版图书发行是省新华书店的首要职责。粤版图书发行考核任务与教材发行挂钩。

同月，广东省新闻出版局创办《新周刊》杂志。

10月，海天出版社出版郁秀长篇小说《花季·雨季》，成为当年超级畅销书，开启青春文学阅读热潮。

11月，卞恩才任广东人民出版社社长、党委书记。

同月，深圳书城开业，第七届全国书市在这里举行。全省出版社共订货2559万元，名列全国第四，创历史最高水平。

同年，广东海燕电子音像出版社成立。广东音像城作为第一个"国家级音像制品批发市场"在广州开业，广州成为国内音像电子出版物最大的集散地。

同年，广东教育出版社的《帅星升起丛书》、海天出版社的《花季·雨季》荣获中宣部"五个一工程"奖。

中山大学学术著作出版基金成立。

1997年

1月，国务院颁发《出版管理条例》。广东省新闻出版局首次对获全国"三大图书奖"获奖图书及责任编辑进行表彰和重奖。

2月，中共广东省委批准：卞恩才任广东省新闻出版局党组成员，仍兼任广东人民出版社社长。

4月，省出版局印发《广东省出版社发行工作管理规定》。规定出版社发行工作的主要任务是：承担本社出版物的总发行责任，社店联合开拓市场，扶持和依托中盘组织流通，协调产销关系，加强图书宣传和促销工作，通过开展特约经销、系统供应、专业类图书批发等形式补主渠道的不足，努力实现粤版图书发行量和市场占有率的最大化。

5月，花城出版社一次性推出王小波时代三部曲《黄金时代》《白银时代》《青铜时代》，并在北京万寿寺现代文学馆召开作品研讨会。此前的4月11日，王小波因病突然去世，年仅45岁，作品因而成为绝唱。

6月，省委宣传部、省新闻出版局和相关出版社发起成立优秀社科、少儿、文艺、教育专著出版基金会。其中广东优秀哲学社会科学著作出版基金由省委宣传部、省新闻出版局和广东人民出版社共同发起，初始资金600万元（三家各出200万元）。召开首次基金管理委员会和评审委员会会议，专题研究资金管理、评审程序、资助原则等问题，评审第一批资助项目。

8月，香港书展在新落成的会展中心新翼举办，又增设国际版权交易会和亚洲出版研讨会，加强其国际影响。

同年，《岭南文库》获第三届国家图书奖。岑桑获中国出版工作者协会首届伯乐奖。

全年共查获地下非法光盘生产线49条，关闭违规光盘生产线11条。

同年，广东威雅光电有限公司建成投产，总投资5000万元，由广东省出版总公司控股，拥有6条光盘生产线，年生产CD、VCD、CD—ROM等各类光盘4000万片，是我国三大光盘生产基地之一。

1998年

5月，《家庭》杂志月发行量达280多万份，世界期刊联盟宣布其在全球综合类期刊发行排行榜上排名第10。

8月，广东教育出版社荣获新闻出版署表彰的全国优秀出版社荣誉称号。

同年，广东省新闻出版局制发了《关于实施精品战略的若干意见》，提出了广东精品战略的目标和任务，制定了实施精品战略的领导机制、资金保障机制、激励机制、质量保障机制以及推介发行机制等。

同年，《孙中山与宋庆龄》在内的7种图书荣获中国图书奖。

1999年

1月，《家庭》杂志、《希望》杂志改为半月刊。

6月，广东新华发行集团股份有限公司、广州市新华书店集团有限公司先后成立。

12月，广东省出版集团成立，是全国出版改革试点单位。陈俊年任董事长，黄尚立任总经理。所属成员单位有广东人民出版社和广东教育出版社等。

同年，广东人民出版社《邓小平理论在广东》获第七届中宣部"五个一"工程奖，实现零的突破。《一个革命的幸存者——曾志回忆实录》在人民大会堂召开出版座谈会，中央电视台新闻联播报道。

同年，深圳市人均购书240元，居全国大中城市第一位。全省多种杂志期发行量超100万册，分别是：《家庭》《家庭医生》《广东支部生活》《人之初》和《广东第二课堂》。

截至20世纪末，近70%的香港地区印刷企业迁入内地，其中近千家落户珠三角地区。广东省书刊印刷企业达一万多家，成为名副其实的书刊印刷大省。

后 记

在临近退休之年出版这么一本文集，是对自己三十多年出版事业的一个小结，同时也是自己做出版史研究的一个阶段性总结。

1989年，我从中山大学历史系研究生毕业分配到广东省新闻出版局，工作任务是编纂出版史志。这使我得以继续从事与学术相关的工作。出版史志编修是新中国成立之后第一轮全国范围编纂地方志的一部分。当时国家新闻出版署设有党史资料征集工作委员会，执行机构设在中国出版科学研究所（即现在的中国新闻出版研究院）。他们抓住全国性的修志热潮，以各省新闻出版局史志办公室为抓手，每年召开不同主题的出版史研究学术会议。我最初的几篇出版史学术论文就是由此写出来的。因为做的是地方史志，论文多与广东有关；又因为广东出版史、出版人多与港澳关系密切，因此从一开始就将港澳出版史纳入视野范围。

随着《广东省志·出版志》正式出版发行，我的工作岗位发生变动，出版史研究嘎然而止。2016年，我从出版一线退出，为了充实自己，决定回归学术。

这的确是一种回归。我大学毕业时国家不再包分配，必须自己找工作。我的导师林家有教授为我多方联系，他还专门找了系主任陈胜粦教授，说是已征得陈老师同意，我要是在外面找不到合适的单位，就留在系里。这是一个既肯定我有学术研究的潜力，又顾及万一我在外面找不到工作的"保底"方案，我万分感激，铭记在心。那些年，人们用"造原子弹不如卖茶叶蛋，拿手术刀不如拿剃头刀"形容知识贬值，名声在外的中山大学历史系中国近现代史专业竟然连续几届毕业生都未能留校！那时候年轻，明知自己有学术兴趣，还是经不起外界的诱惑，当了学术的逃兵。好在进入出版界之后，一直保持着与学界的密切联系。有机会回归学术，我从内心里觉得这是命运的安排。

我做了三十多年出版，从出版行政管理到编辑出版业务，从图书出版到报刊出版，再到数字出版，从出版社社长、总编到报刊公司老总，再到出版集团领导，可以说，几乎干遍了出版业的各个岗位。既有出版业实践积累，又有出版史研究基础，我对回归学术还是有信心的。之所以把重心放在近现代粤港澳出版史方面，主要还是发挥自己学术背景和人缘地缘的优势。

本书收入的 20 多篇文章全部发表过，时间跨度超过 30 年。这次结集出版，除个别地方做了订正外，基本保留原貌。这么处理，一方面固然是敝帚自珍，另一方面也是因为所涉内容十分小众，一些文章虽然发表时间较早，但相关研究并无多大进展，拙文仍有其价值。

在离开学术和科研环境的情况下从事出版史研究，存在很多局限。如果不是内心热爱和执着的性格，我多半会半途而废吧。曾经有一段时间，"以学术为志业"（马克斯·韦伯语）差点成为我的座右铭，真正沉入学术，才深知这有多么艰难不易！非常幸运的是，我得到了众多师友的鼓励和支持，近几年陆续发表了一些论文，有的还产生了较大的影响，其中有两篇被中国人民大学复印报刊资料《出版业》全文转载。在本书出版之际，我想对以下师友表示衷心感谢：华中师范大学教授范军，中国新闻出版研究院院长魏玉山，中国书籍出版社原社长王平，中国社会科学院文学研究所编审、知名出版人祝晓风，武汉大学教授张美娟、吴永贵，中国传媒大学教授李频，南京大学教授杨海平，《河南大学学报》编辑部编审、教授姬建敏，中华书局《中国出版史研究》编辑部主任张玉亮，北京外国语大学国际新闻与传播学院教授段乐川，以及广东人民出版社王俊辉副编审、香港三联书店资深编辑林冕、华南师范大学刘晖博士、西北政法大学狄蕊红博士，等等。

非常感谢我的老领导陈俊年同志为拙著作序。我在多个工作岗位上都曾在他的领导下工作，得到他的帮助和提携。他是一个有魄力敢担当，却又宽厚仁义的领导，工作上严肃细致，生活中平易近人。他在 20 世纪 70 年代中期到广东人民出版社工作，先后任花城出版社副总编辑、党委书记，广东省新闻出版局副局长，广东省出版集团董事长，广东省新闻出版局局长。研究广东出版史，他是很关键的人物。我曾多次对他做正式访谈，也经常与他闲聊，从中获得许多珍贵史料和诸多教益。为了撰写序言，他查阅资料，寻访旧闻，征询友朋，写出近万字的长文。序言着重回忆了改革开放后粤港澳出版界的一些往事，具有重要的史料价值（已在中华书局《中国出版史研究》2022 年第 5 期发表），也是对本书的一个重要补充。

范军教授 20 世纪 90 年代就开始关注我的研究。我回归出版史研究的这些年，他对我视若知己，多次邀请我参加华中师范大学文学院组织的华中学术论坛，为我这个"游子"重新融入学术圈创造机会。他在编辑出版方面和学术上贡献良多，出版史只是其中之一。他为拙著作序，使拙著大为增色！

人生何其短暂，刚参加工作时的情景还历历在目，转眼间要步入晚年。如果人生是一场 NBA，我希望即将展开的退休生活，是一个始终留有悬念的第四节，而不是早早分出胜负的垃圾时间吧。

2022 年夏秋之际于万锦乡下